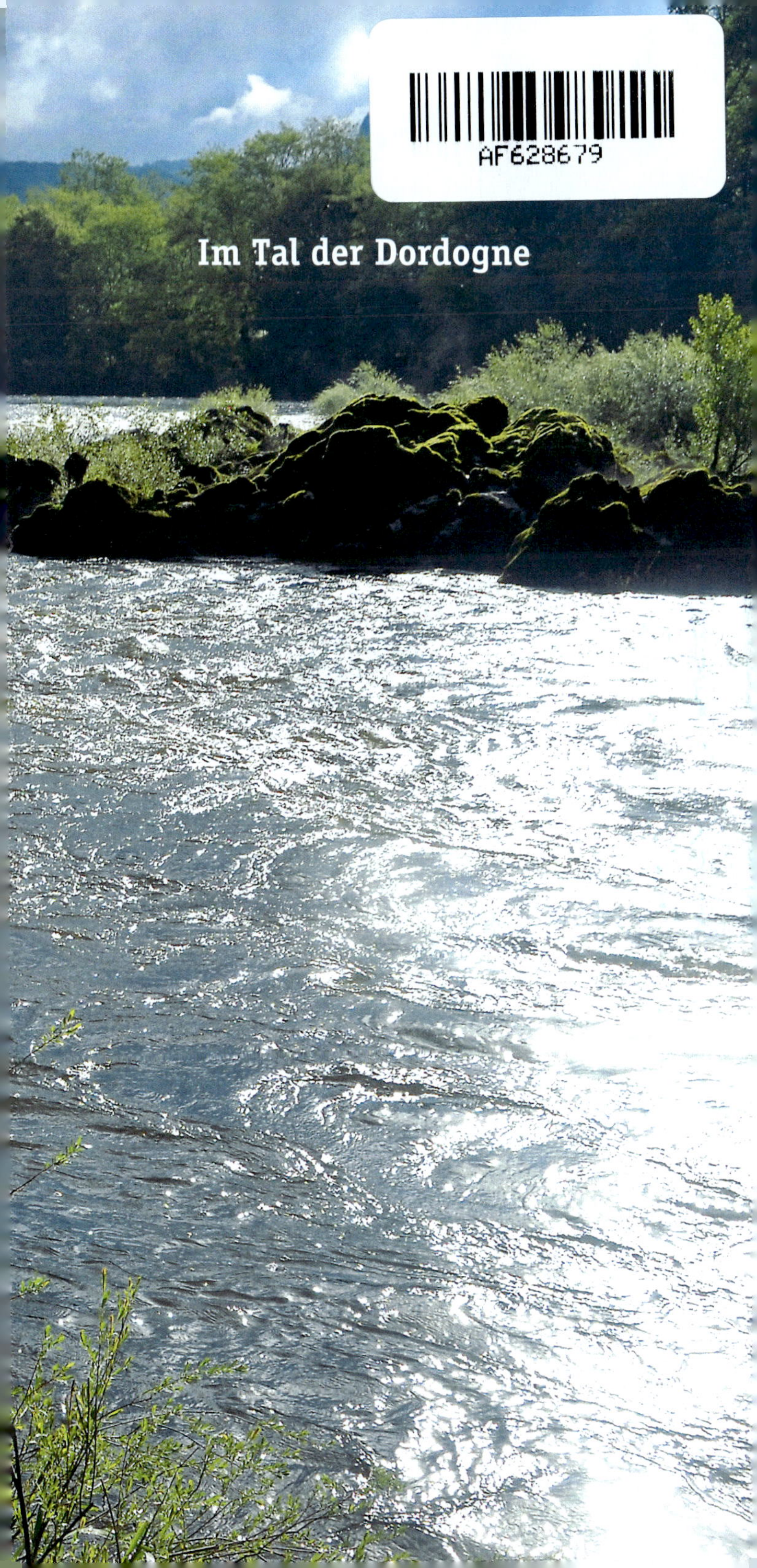

Im Tal der Dordogne

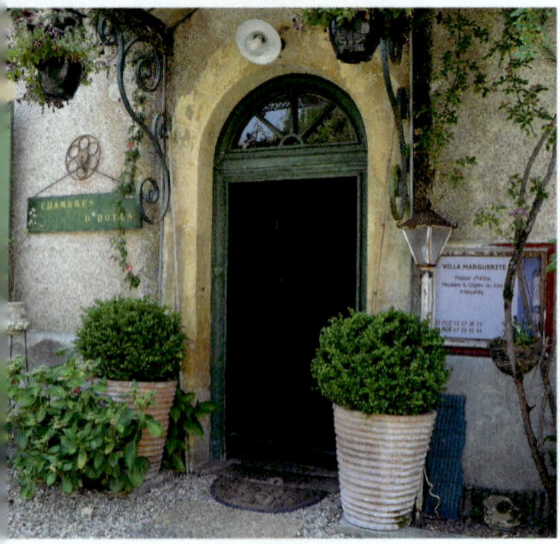

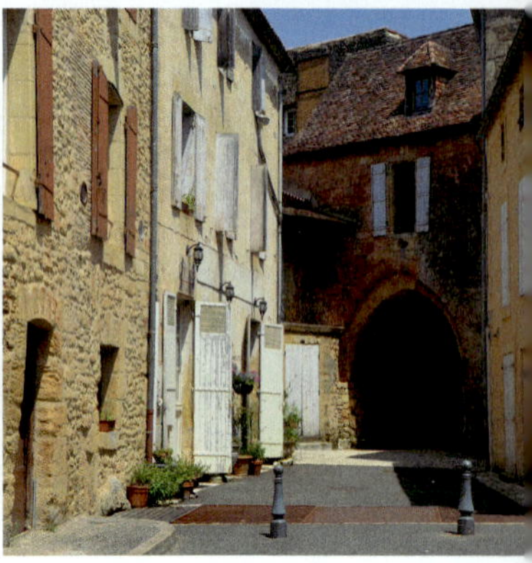

Im Tal der Dordogne

Wander- und Entdeckertouren

GORGES DE LA DORDOGNE

OBERE DORDOGNE / QUERCY

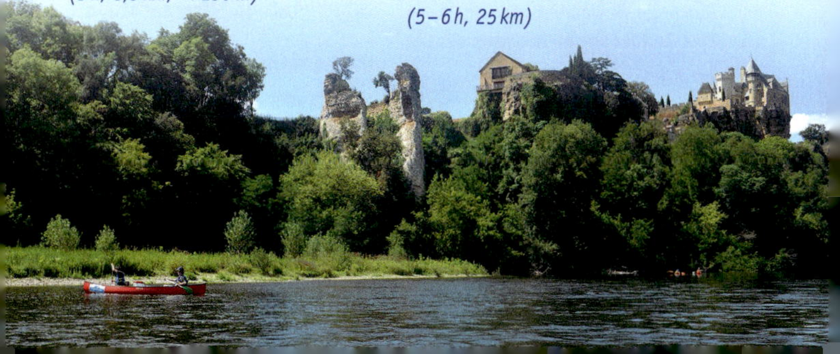

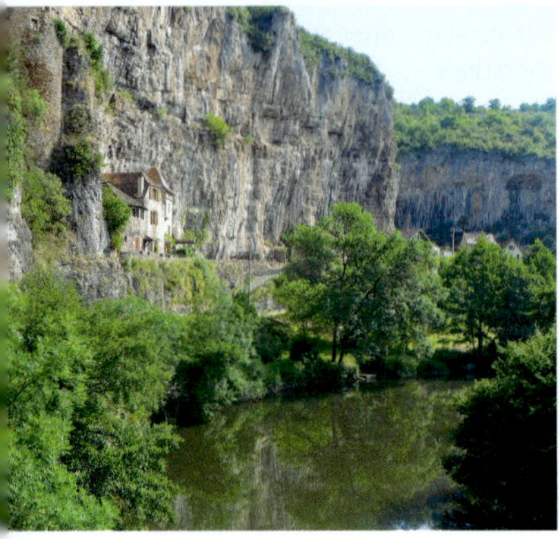

Im Tal der Dordogne

Die Dordogne – vom Massiv Central zum Atlantik

In den Vulkanbergen der Auvergne entspringt die Dordogne am Hang des 1885 Meter hohen Vulkanes Puy-de-Sancy aus den beiden Quellbächen Dore und Dogne. Der Vulkan ist lange erloschen, genau wie die anderen kegelförmigen Berge in seinem Umkreis. Die Fahrt von Saint-Étienne oder Clermont-Ferrand abseits der Autobahn durch den »Parc des Volcans d'Auvergne« zur Dordogne ist landschaftlich grandios, aber durch die vielen Kurven recht zeitraubend.

Der Name Dordogne leitet sich vom keltischen Begriff »du unna« ab – schnelles Wasser. Früher suchte sich der Fluss seinen Weg durch Täler zwischen den Vulkanbergen, und rauschte dann wild und ungebremst ins Tal. Mitte des letzten Jahrhunderts begann man, Staudämme zu errichten und die Schluchten der Dordogne zu fluten. Eine der größten Wehranlagen ist die 1951 in Betrieb genommene Barrage de Bort bei Bort-les-Orgues mit einer Höhe von 43 Metern. Fünf Wehre regulieren heute oberhalb von Argentat den Wasserstand der Dordogne und dienen gleichzeitig der Stromgewinnung.

Unterhalb des letzten großen Staudammes windet sich die Dordogne als Wildfluss in weiten Schleifen durch Weideland, Nussbaumhaine und Wald. Zwischen den steil aufragenden Felswänden der angrenzenden Plateaus durchquert sie manch wildromantische Kulisse. Der Boden des Quercy besteht aus Kalkstein, in den das strömende Wasser im Laufe der Jahrhunderte ein gut geschütztes Tal zwischen die als »Causse« bezeichneten Hochebenen gefressen hat. Hinter Beaulieu beginnt die weite, dünn besiedelte Ebene der Causse du Gramat. Auf der rechten Flussseite liegt die Causse du Martel.

Unten im Flusstal reihen sich am Dorgogneufer kleine Dörfer mit gut erhaltener mittelalterlicher Bausubstanz und endlos viele Schlösser und Burgen. Im

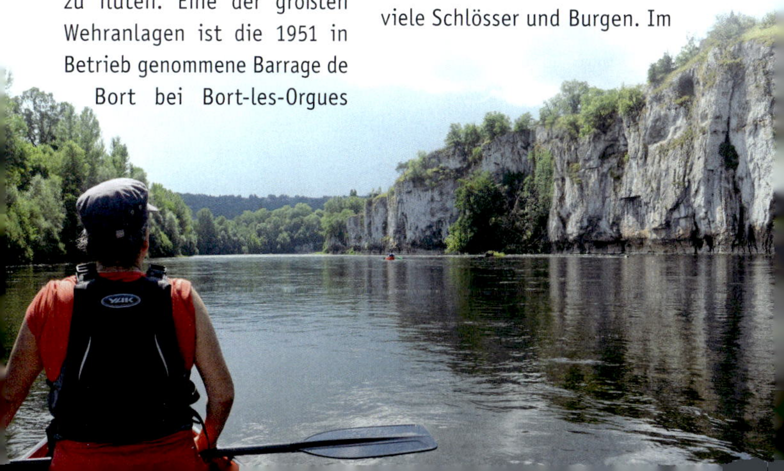

Mittelalter lag die Dordogne am Rand des englischen Territoriums und war immer wieder hart umkämpft. So baute man neben den Burganlagen selbst die Dörfer als wehrhafte Bastiden innerhalb einer sicheren Stadtmauer. Viele der Burgen, Klöster und Dörfer blieben bis heute beinahe unverändert und verleihen der Region ihren besonderen Charme. Im zweiten Weltkrieg war die abgelegene Gegend eine Hochburg der Résistance, deren Quartiere sich in den vielen Höhlen, die die Kalkplateaus durchlöchern, gut verbergen ließen.

Unterhalb von Limeuil, dem pittoresken Dörfchen an der Mündung der Vézère in die Dordogne, wird der Fluss breiter. Mit dem Cingle de Trémolat zieht er eine letzte Schleife, dann fließt das Wasser zielstrebig in gerader Linie zum Meer. Bergerac ist die erste größere Stadt am Flussufer. Von dort aus wird die Dordogne auch von Frachtschiffen befahren und verliert deutlich an Reiz. Bei Bordeaux bilden Dordogne und Garonne das Mündungsdelta der Gironde und enden kurz darauf im Atlantik.

Ein Fluss – drei Regionen

Frankreich ist in 22 Regionen unterteilt, die aus mehreren Departements bestehen. Im Flussabschnitt bis Limeuil durchquert die Dordogne drei Departements. Die Gorges de la Dordogne und die Region um Argentat gehören zum Departement Corrèze. Unterhalb von Beaulieu beginnt das Departement Lot, das sich über die komplette Causse du Gramat bis hinunter zum Fluss mit dem Namen Lot zieht. Die Region um Sarlat und Beynac ist Teil des Departements Dordogne, das zwar nach dem Fluss benannt ist, aber nur einen kleinen Abschnitt des Flusslaufes abdeckt.

Um es noch unübersichtlicher zu machen, gehören diese drei Departements zu drei verschiedenen französischen Regionen: das Corrèze ist Teil des Limousin, das Department Lot gehört zur Region Midi-Pyrenées

Flussidylle in Argentat

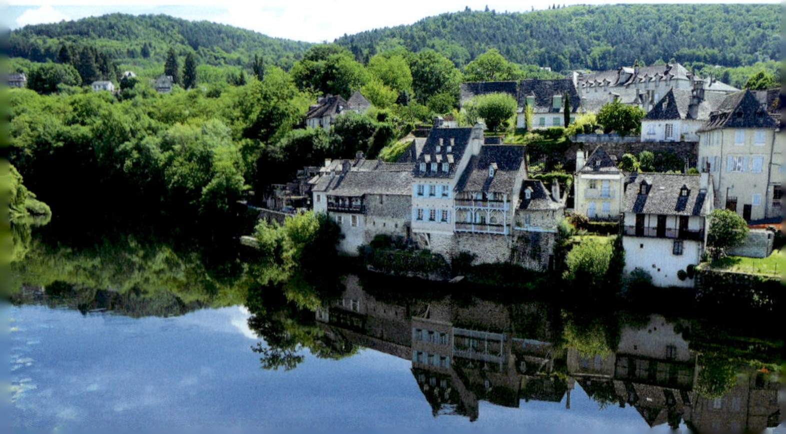

und das Department Dordogne zählt man zur Aquitaine. Für uns als Reisende ist das relevant, sobald wir Informationen suchen: Die Touristenbüros informieren nur über ihr Departement. Fragen Sie also in Domme (Departement Dordogne) nach einem Hotel im knapp 30 Kilometer entfernten, ebenfalls an der Dordogne liegenden Souillac (Departement Lot), werden Sie wenig Erfolg haben.

Zusätzlich zu den Namen der Verwaltungsbezirke begegnen uns auf unserer Reise sicher auch folgene Bezeichnungen: Quercy, Périgord und Sarladais. Es handelt sich dabei um die Namen einer geografisch gewachsenen Region, die räumlich nicht unbedingt mit den Departements übereinstimmen. Das Quercy ist die Region zwischen der oberen Dordogne und dem Lot, das Périgord (noir) beginnt westlich von Souillac und umfasst auch die Region an der unteren Dordogne und an der Vézère.

Das französische Verwaltungssystem ist Ihnen zu kompliziert? Übertragen auf deutsche Verhältnisse sähe das so aus: Die Landschaft des Allgäu liegt im Verwaltungsbezirk Schwaben, der zum Bundesland Bayern gehört – zum Teil jedenfalls. Die westliche Hälfte des Allgäus ist nämlich Teil des Bundeslandes Baden-Würtemberg und gehört zu dessen Verwaltungsbezirk Oberschwaben. Dann unterteilt man das Allgäu noch in Ober-, Ost- und Unterallgäu. Auch nicht besser, oder?

Die beste Reisezeit

Das Klima im Tal der Dordogne ist milder als bei uns, was sich in warmen Herbstmonaten und heißen Sommertagen äußert. Die Winter werden nicht sehr kalt. Im Frühjahr und im späten Herbst regnet es dann oft ergiebig und ausdauernd. Auch im Hochsommer gibt es keine Sonnengarantie. An Regentagen im Frühsommer ist es am Fluss noch klamm und kalt. Setzt sich dann einmal die Sonne durch, hat man auch schon Anfang Juni die Chance auf ein frisches Bad im Fluss. In einem unserer Recherchejahre drehte das Wetter um Pfingsten innerhalb von Tagen von feucht und kühl auf sommerlich heiß. Anfang Juni war es dann letztendlich heißer als später im August. Darauf folgte ein milder, trockener Herbst.

Im Juli und August ist an der Dordogne Hauptsaison. Dann kann man im Fluss baden, alle Restaurants und Sehenswürdigkeiten sind täglich geöffnet und der Fluss ist voller bunter Boote. Wer eher Ruhe und Natur sucht und viel wandern möchte, wählt Mai, Juni oder September als Reisezeit. Auf den Campingplätzen hat man in dieser Zeit freie Platzwahl, muss dort aber meist ohne Pool, Laden und Restaurant auskommen. Es erübrigt sich das Schlangestehen an Sehenswürdigkeiten und den Fluss hat man beinahe für sich alleine. Familienurlaub mit Kanutour und Badespaß passt an der Dordogne allerdings besser in die Sommerferien.

Unterwegs an Dordogne, Vézère und Lot

Schon in der Steinzeit waren die Flusstäler die Lebensadern der Region. Sie boten Mensch und Tier Nahrung und Wasser und brachten zudem Orientierung und Struktur in eine ansonsten wilde Landschaft. Einige Instinkte haben wir uns bis heute erhalten. Auch wenn unsere Nahrung aus dem Supermarkt kommt und die fruchtbaren Ebenen am Wasser heute keine wilden Tierherden mehr anlocken: Menschen suchen auch heute noch das Wasser. Die meisten von uns lieben Flüsse und Seen. Fließendes Wasser beruhigt, erfrischt und ist schön anzusehen. So orientieren wir uns in diesem Buch an der natürlichen Struktur der Landschaft und folgen in unseren Touren dem Flusslauf der Dordogne, ihres Nebenflusses Vézère und des benachbarten Lot – zu Fuß, mit dem Fahrrad oder mit dem Kanu. Zur besseren Übersicht gliedert sich dieser Tourenführer in fünf Regionen.

Blick in die Schlucht von der Site de Saint-Nazaire

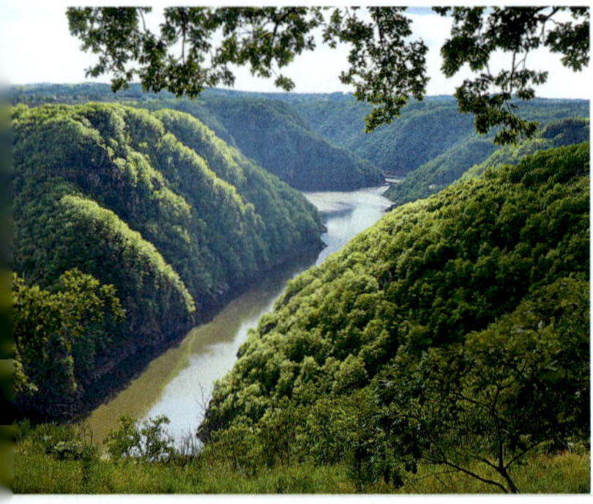

Argentat und die Schluchten der Dordogne

Hinter dem Zusammenfluss von Dore und Dogne sprudelt der junge Fluss durch die Dörfer Mont d'Ore und La Bourboule. Dann folgt schon der erste Stausee. Er liegt oberhalb der Kleinstadt Bort-les-Orgues. Vom Château de Val, das durch die Flutung des Tales zum Wasserschloss wurde, fahren Ausflugsboote über den See. Unterhalb der Staumauer beginnen die auf dem Landweg nur schwer zugänglichen »Gorges de la Dordogne«. Die Site de Saint-Nazaire und das Belvedère du Gratte-Bruyère, Aussichtspunkte hoch über den Gorges, erlauben einen flüchtigen Blick in die verzweigte Schlucht. Intensiver ist die Begegnung bei einer der Kanutouren, die von Smile Kayak ab Roche-le-Peyroux angeboten werden.

An den letzten Ausläufern des Massif Central und unterhalb der Stauseen liegt das Dorf Argentat. Ab hier wird das Flusstal ebener und sanfter und das Paradies für Kanuten und Wanderer beginnt.

Das Quercy zwischen Dordogne und Lot

Südlich der Dordogne erstreckt sich der Parc Naturel Régional des Causses du Quercy. Sein nördlichster Teil, die Causse du Gramat, reicht teilweise bis an das Flussufer und formt mit der gegenüberliegenden Hochebene Causse du Martel das eindrucksvolle Vallée des Rocs im Dordognetal. Ebenfalls sehenswert ist das mittelalterliche Dorf Carennac mit Schloss und Klosteranlage.

Auf der Causse du Gramat liegt an der Schlucht des Flüsschens Alzou der berühmte Pilgerort Rocamadour. Wenige Kilometer weiter bildet ein über 100 Meter tiefer Krater den Eingang zum unterirdischen Fluss in der Tropfsteinhöhle Gouffre de Padirac. Um diese beiden eindrucksvollen Sehenswürdigkeiten haben sich mehrere Tier- und Freizeitparks angesiedelt. Vom Adlerfelsen über den Affenwald bis zum Zoo von Gramat, in dem heimische Wildtiere wie Luchs, Bär, Hirsch, Otter und Waschbär zu Hause sind, wird hier auch für Familien mit Kindern einiges geboten.

Das Tal des Lot

Der Park Regional des Causses du Quercy ist dünn besiedelt und zieht sich kilometerweit,

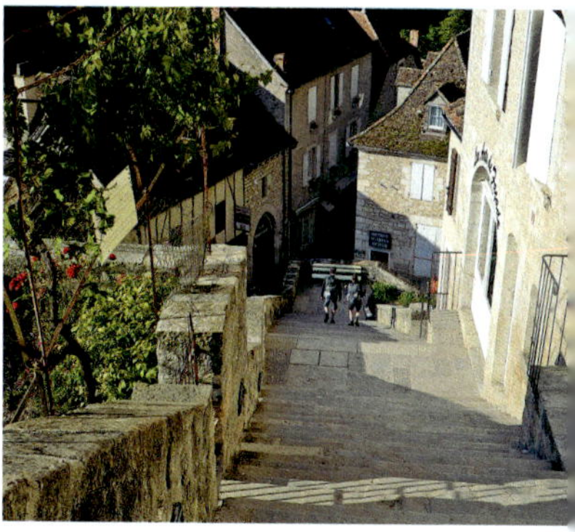

Die »große Treppe« in Rocamadour

leicht hügelig bis zum Nachbartal des Flusses Lot, dem wir ebenfalls ein Kapitel gewidmet haben. Auch auf dem Lot könnte man Kanu fahren, beliebter sind auf dem durch viele Schleusen unterbrochenen Flusslauf jedoch Touren mit dem Hausboot.

Um die alte Stadt Cahors ziehen sich Reben die Hügel hinauf. Östlich der Stadt gibt es bei den Dörfern Saint-Cirq-Lapopie und Cabrerets ein kleines Tourismuszentrum. Die Grotte von Pech-Merle, in der man Zeichnungen aus der Steinzeit entdeckt hat, das Flüsschen Célé, das sich für Kanutouren anbietet, und der in den Fels ge-

Der Treidelweg am Lot bei Saint-Cirq Lapopie

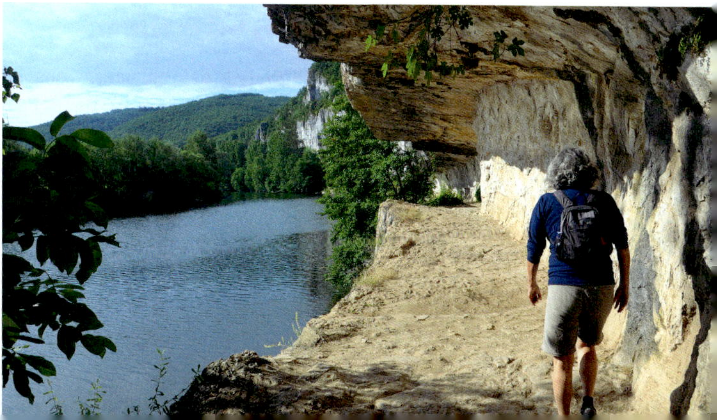

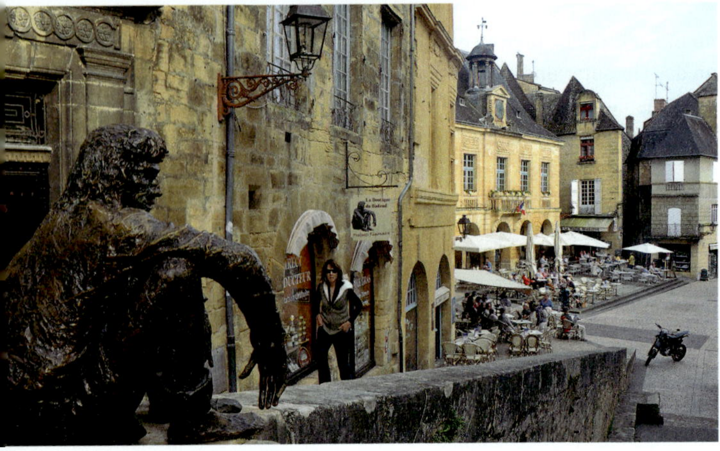

Der Marktplatz in der mittelalterlich geprägten Altstadt von Sarlat

schlagene Treidelweg am Lot zwischen Bouziès und Saint-Cirq-Lapopie stehen im Zentrum des Interesses. Das schmale Tal des Célé mit seiner ursprünglichen Natur und rudimentärer touristischer Infrastruktur eignet sich auch wunderbar zum Wandern und Radfahren.

Sarlat und das Périgord Noir

In Limeuil mündet die Vézère in die Dordogne. Das Gebiet zwischen beiden Flüssen ist das Herz des Périgord Noir. Nach der Stadt in seinem Zentrum wird es auch als Sarladais bezeichnet. Sarlat zieht mit seiner schön restaurierten mittelalterlichen Altstadt mit prächtigen Bürgerhäusern aus dem 15. Jahrhundert und einem großen Markt am Samstagvormittag viele Touristen in die Region.

Am Ufer der Dordogne reihen sich im Périgord Schlösser und Burgen, von denen einige besichtigt werden können. Besonders lohnenswert sind die Burganlage von Castelnaud mit dem Museum der mittelalterlichen Kriegskunst und das Château Les Milandes, das als ehemaliges Domizil der Tänzerin Josephine Baker eine Ausstellung über deren Leben beherbergt. Aber auch das Schloss von Fénélon und die Burg von Beynac empfangen Besucher in ihren Räumen.

Mit La-Roque-Gageac, Beynac-et-Cazenac und Domme sammeln sich im unteren Flussabschnitt der Dordogne außerdem auf engstem Raum drei der prämierten »Plus Beau Villages de France« am Flussufer.

Das Tal der Vézère

»Vallée des hommes«, das Tal der Menschheit – diesen Namen trägt das Tal der Vézère nicht von ungefähr. Die Felsen am Flussufer sind durchzogen von »Abris« – Felsüberhängen, die schon in der Steinzeit als Wohnraum genutzt wurden. In vielen von ihnen hat man Spuren

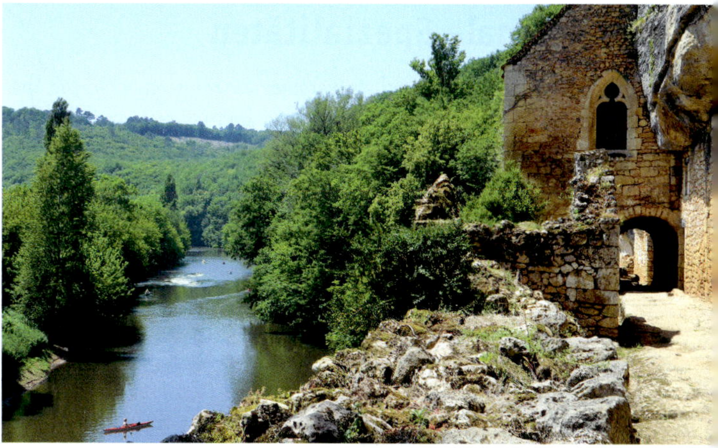

La Madeleine (Vézère) war von der Steinzeit bis ins Mittelalter von Menschen bewohnt

von menschlichem Leben gefunden, die bis ins Magdalénien zurückreichen. Auch im Mittelalter waren viele Abris bewohnt. Unter den Überhängen im Schutz der Felsen wurden ganze Dörfer errichtet und mit Brücken und Treppen verbunden. Man bezeichnet sie heute als »Village troglodytique«. Die Häuser wurden in den Fels eingepasst und die natürlichen Höhlungen mit Wänden und Dach nach vorne geschlossen. Gut erhalten und besonders sehenswert sind die Anlagen von La Madeleine und Saint Christophe direkt am Ufer der Vézère.

Noch bekannter und besonders spektakulär sind jedoch die bemalten Höhlen, die man im Tal entdeckt hat. An den Wänden der Höhle von Lascaux, auch als Sixtinische Kapelle der Steinzeit gerühmt, tummeln sich ausdrucksstark gezeichnete Pferde, Stiere, Auerochsen, Hirsche und Wisente. Die Originalhöhle wurde im September 1940 von vier Jugendlichen entdeckt und acht Jahre später für Besucher geöffnet. 1963 musste man sie dann wieder schließen, um die prähistorischen Kunstwerke zu retten. 1983 wurde unmittelbar neben der echten Höhle eine naturgetreue Kopie der interessantesten Räume fertiggestellt. 2016 eröffnete dann das Besucherzentrum Lascaux IV mit einer neuen Nachbildung der Höhle, in der jetzt alle Zeichnungen zu sehen sind.

Noch im Original zu betrachten sind die Malereien in den Höhlen Font de Gaume und Les Combarelles bei Les Eyzies und in der Höhle von Rouffignac. Die Zahl der täglichen Besucher ist hier jedoch streng limitiert. Das prähistorische Museum in Les Eyzies, der Park von Le Thot und der liebevoll gestaltete Prehistoparc sorgen für lebendige Hintergrundinformationen zur Frühgeschichte der Menschheit.

Regionale Spezialitäten

Périgord und Quercy sind ein Paradies für Feinschmecker. Die Spezialitäten der Region sind deftig und kalorienreich und haben in der genußbetonten französischen Küche einen ausgezeichneten Ruf. Besonders großen Wert legt man in der ländlich geprägten Region auf frische Zutaten und traditionell, teilweise noch in Handarbeit hergestellte Produkte, für die es dank der Sommertouristen auch einen ausreichend großen Markt gibt.

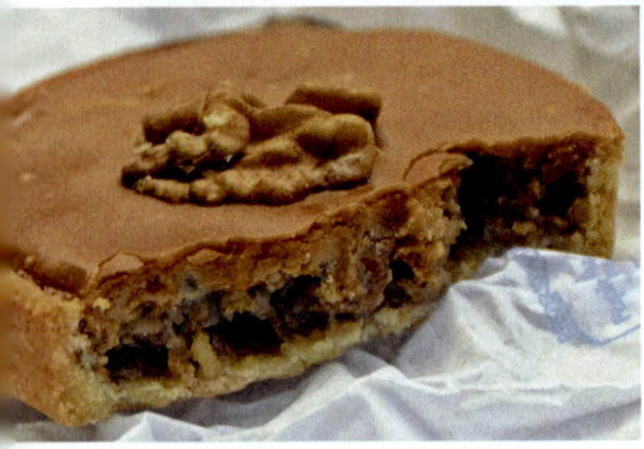

In den umliegenden Wäldern und inzwischen auch auf eigens angelegten Plantagen wachsen an den Wurzeln alter Eichen die besonders hochwertigen schwarzen **Périgord-Trüffel** (Tuber melanosporum), die eine wichtige Rolle in der Küche des Périgord spielen: Omelett mit Trüffeln, getrüffelte Gänseleber – die Verwendung ist vielfältig.

Gänse und Enten kommen auch ungetrüffelt besonders gerne auf den Tisch. Ente isst man als Magret de Canard – gebratene Entenbrust – oder eingekocht als Rillettes oder Confit. Eine besondere, aus Tierschutzgründen umstrittene Spezialität der Region ist die **Foie Gras** (wörtlich Fettleber) von Ente oder Gans, die durch eine 14-tägige Mastkur der Vögel vor dem Schlachten entsteht. [› **Seite 141**]

Aus den Walnüssen der Plantagen am Flussufer wird der saftige kleine Kuchen »gateau aux noix« gebacken. Außerdem verarbeitet man die Nüsse zu Öl oder dem süßlichen Aperitiv »Vin de Noix«.

Rund um Bergerac, etwas weiter unten am Fluss, und bei Cahors am Lot wird ausgezeichneter **Wein** gekeltert. Das Anbaugebiet um Bergerac ähnelt in Sorten, Bodenbeschaffenheit und Qualität der Weinbauregion um Bordeaux, ist aber weniger bekannt. Weinkenner werden hier sicher manch guten Tropfen zum erschwinglichen Preis entdecken. [› **Seite 191**]

Auf den kargen Hochplateaus der Causses weideten von jeher die genügsamen Schafe und Ziegen. So besteht auch der **Rocamadour**, der berühmteste Käse der Region, aus Ziegenmilch. An den Ständen der Wochenmärkte und den Theken kleiner Dorfläden wird außerdem unter den Namen »Tomme de Chèvre« (Ziege) oder »Tomme de Brébis« (Schaf) ein leckerer Hartkäse angeboten.
[› **Seite 88**]

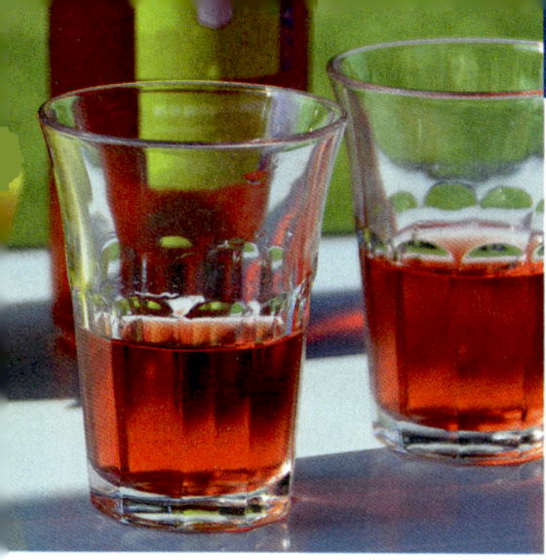

Erdbeeren gedeihen im Périgord in verschiedenen Sorten von Mitte Mai bis in den Herbst. Die ungewöhnlichste Sorte ist die Mara des Bois, deren Aroma ein wenig an Walderdbeeren erinnert. Auch für Pilze, frisches Obst, Gemüse, Wein und Gebäck ist ein Markt der beste Einkaufsort. Die Produkte sind frischer als in jedem Supermarkt und stammen zudem immer aus der Region. Jeder Ort hat seinen eigenen Markttag, sodass Sie sicher einen passenden Termin finden werden. Ein Marktbesuch lohnt im Dordognetal auf jeden Fall.

Wochenmarkt

Montag: Les Eyzies
Dienstag: Carennac, Gramat, Floirac, Cénac (Domme), Salignac-Eyvigues, Le Bugue
Mittwoch: Martel, Montignac, Sarlat, Beaulieu, Cahors
Donnerstag: Argentat, Domme, Vayrac
Freitag: Gramat, Floirac, La Roque-Gageac, Souillac, Le Buisson-Cadouin, Cabrerets
Samstag: Sarlat, Le Bugue, Martel, Montignac, Beaulieu, Vayrac, Cahors
Sonntag: Saint-Sozy, Rouffignac

Marchés nocturnes

Im **Juli und August** gibt es zusätzlich in vielen Orten **Marchés nocturnes**, die gegen 17 Uhr beginnen und bis in den Abend geöffnet haben. Neben lokalen Produkten gibt es hier meist etwas zu essen und oft auch Livemusik.

Montag: Beaulieu, Montignac, Les Milandes
Dienstag: Le Bugue
Mittwoch: Saint-Cirq-Lapopie 16 – 20 Uhr, Souillac
Donnerstag: Saint-Léon, Sarlat (Biomarkt)
Freitag: Les Eyzies, Salignac-Eyvigues

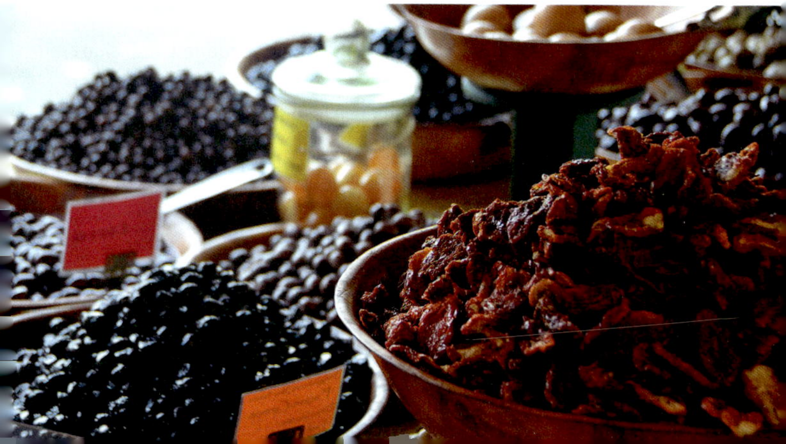

Outdoorabenteuer am Fluss

Zwischen Argentat und Limeuil sind die Ufer der Dordogne weitgehend naturbelassen und die Landschaft ist nur dünn besiedelt. Im sauberen Flusswasser kann man baden und angeln. Am Ufer gibt es viele schöne Campingplätze mit Stellplätzen direkt am Wasser. Die Felsabbrüche der Hochebenen eignen sich zum Klettern und viele der Höhlen in den Kalkplateaus sind nur ansatzweise erschlossen. Sie können mit Höhlenforscherausrüstung und kundigem Guide besucht werden. Überall in den Dörfern sind Wanderwege markiert. Neben dem reichhaltigen Kulturprogramm mit Schlossbesichtigung und prähistorischen Fundstätten eignet sich das Flusstal auch erstklassig für sportlichen Aktivurlaub in der Natur.

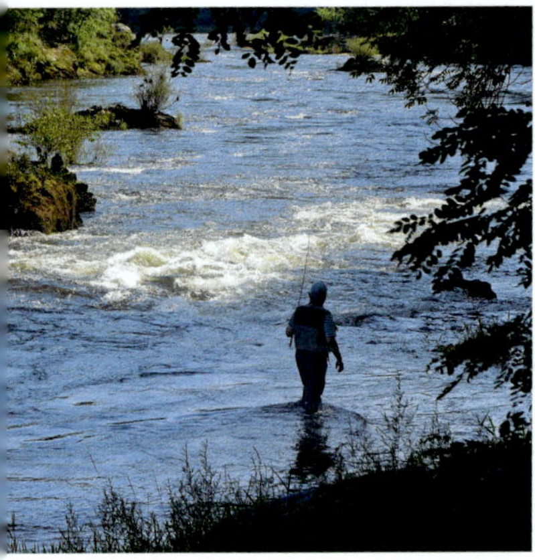

Angeln

Meist stehen die Angler in langen Gummihosen mitten im Wasser. Da wo die Strömung munter sprudelt lassen sich Hecht, Zander, Forelle oder Aal am besten aus dem Wasser ziehen. Angeln ist an der Dordogne eine sportliche Sache und bei den Einheimischen sehr beliebt. Auch Touristen können im Rathaus der Gemeinden am Fluss einen Angelschein für einen Tag oder eine ganze Woche erwerben. Weitere Informationen finden Sie unter www.federationpechedordogne.fr.

Baden

Das Wasser der Dordogne ist klar und sauber – baden können Sie überall. Am besten geht das allerdings da, wo tiefe Becken mit wenig Strömung entstanden sind. Hinweise auf geeignete Badeplätze finden Sie im Überblick für die jeweiligen Region. Vézère und Lot sind aufgrund des bräunlichen Wassers weniger einladend zum Baden. Die Farbe des Wassers hat aber nichts mit der Wasserqualität, sondern dem leicht moorigen Untergrund der Flüsse zu tun. Ein Bad ist in beiden Flüssen unbedenklich.

Reiten

Die leicht hügelige Landschaft des Tales kann man unter sach- und ortskundiger Führung in allen fünf Regionen auch auf dem Pferderücken entdecken. Adressen von Reitställen finden Sie ebenfalls bei den Regionenkarten.

Besonders gut gefallen hat uns der große Reistall bei Les

Eyzies im Tal der Vézère. Dort gibt es auch Ferienwohnungen und Zimmer für einen Reiterurlaub. [› Seite 149]

Wandern mit Esel

Für Familien ist das Wandern mit Esel eine reizvolle Sache. Kleinere Kinder können streckenweise auf dem Eselrücken sitzen. Größere sind mit ungeahnter Begeisterung bei der Sache, wenn sie den Esel am Strick führen dürfen. In geräumigen Satteltaschen kann man ein Picknick unterbringen – oder die Ausstattung für eine Übernachtung. Für mehrtägige Wanderungen ist so ein charmantes Langohr nicht nur mit Kindern eine wertvolle Hilfe beim Gepäcktransport. Ein besonders reizvoller Abschnitt des französischen Jakobsweges befände sich zudem in unmittelbarer Nähe. [› Tour 35]

Klettern

Klettergebiete gibt es in den Basaltnadeln von Bort-Les-Orgues, in der Steilwand bei Autoire und Castelnaud-la-Chapelle und im Tal des Célé. Weitere Informationen mit genauer Lage des Klettergebietes, Zugang sowie Länge, Zahl und Schwierigkeitsgrad der Routen finden erfahrene Kletterer mit eigener Ausrüstung auf der Seite der *Fédération francaise de la montagne et de l'escalade* unter www.ffme.fr.

Outdoor Adventure

Adressen für geführte Höhlentouren, Canyoning, Klettern, Kanu- und Mountainbiketouren:

Dordogne Outdoor Experience: Wasserfalltouren, Mountainbike, Kanuverleih, 23, rue des Condamines, Argentat, Tel. 0033 (0)749921836. www.dordogne-outdoor.com

Sports Nature: Auf dem Camping du Port in Creysse. Höhlentouren, Canyoning, Klettern, Kanuverleih, Stand-Up-Paddle. Tel. 0033 (0)565322759. www.portloisirs.com

Couleurs Perigord: Kletterschule, Höhlentouren mit Guide, Kanuverleih, Plage de Vézac, Tel. 0033 (0)553303761. ladordogneencanoe.com

Kalapca Loisirs: Kletterkurse, Canyoning, Hochseilparcours in einer Klippe, Klettersteig, Mountainbiketouren, Kanuverleih. Conduché, Bouziès. Tel. 0033 (0)565242101. www.kalapca.com

Wandern mit Esel durch schone alte Dörfer: auf den Causses de Quercy [› Tour 35]

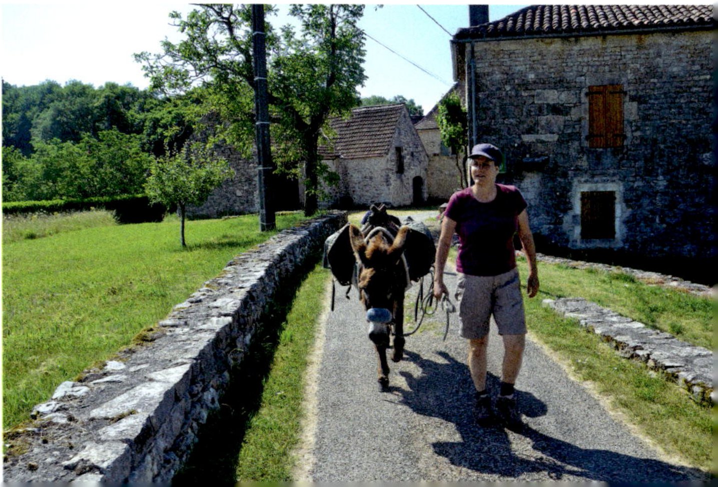

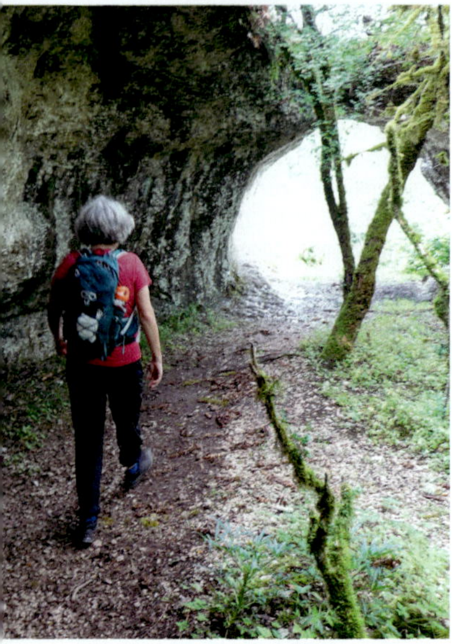

Geführte Klettertouren und Kurse werden bei der Compagnie Sports Nature in Creysse, bei Couleurs Périgord bei Beynac und Kalapca Loisirs am Célé angeboten. [› Seite 15]

Canyoning

Ausgestattet mit Helm, Klettergurt und Neoprenanzug durchklettert man auf einer Canyoningtour die Berge dort, wo sich der Fluss seinen Weg bahnt und sonst niemals ein Mensch seinen Fuß hinsetzt. Man rutscht durch kleine Wasserfälle, springt von Felsvorsprüngen ins Wasser oder seilt sich ab, um größere Stufen zu überwinden. Auch Canyoning gibt es in verschiedenen Schwierigkeitgraden: Als spaßige Einsteigertouren, für Familien mit Kindern oder als Herausforderung für mutige Sportler. Adressen der Anbieter finden Sie auf [› Seite 15].

Höhlentouren

Als Spéléologie werden in Frankreich Exkursionen in erforschte, aber nicht für Besucher erschlossene Höhlen bezeichnet. Mit Helm, Lampe und der passenden Ausrüstung geht es unter kundiger Führung in den Bauch der Erde. Je nach Interesse und Kondition stehen meist mehrere Touren zur Wahl. Sports Nature hat zum Beispiel eine aufregende Wanderung durch einen unterirdischen Fluss, aber auch eine kürzere Höhlenwanderung für Familien im Programm.

Hochseilgärten

Die hoch zwischen den Bäumen verspannten Parcours mit Schaukeln, Schwingseilen, wackelnden Seilbrücken oder geknoteten Netzen sind in Frankreich weit verbreitet und auch an der Dordogne präsent. Professionell mit Klettergurt gesichert hangelt man sich von Baum zu Baum, saust an der Seilrutsche quer über den Fluss oder sogar über den Stausee am Château de Val. Ein Besuch im Hochseilgarten ist immer ein Erlebnis und auch sehr gut für Familien geeignet. In den beiden Parks an der Dordogne sind Kinder ab 1,30 Meter zugelassen. Sie müssen jedoch immer von einem Erwachsenen begleitet werden. So ist ein Familienbesuch im Hochseilgarten ein gemeinsam erlebtes Abenteuer für die ganze Familie.

Wandern

Mehrere Weitwanderwege queren das Tal der Dordogne. Der wichtigste von ihnen ist der GR 6, der von Limeuil in das Vézèretal führt und bei Sarlat wieder auf die Dordogne trifft. Dabei kommt man an vielen Höhepunkten des Tales vorbei. Danach führt der Weg über Souillac nach Rocamadour und bei Figeac auf den französischen Jakobsweg. Im Périgord zweigt der GR 64 nach Montfort und Domme vom GR 6 ab. Und im Quercy begleitet der GR 652 die Dordogne am südlichen Ufer, um dann bei Bretenoux ins Cère-Tal zu wechseln.

Zusätzlich sind zwischen den Dörfern unzählige kurze Wanderrunden markiert, die vergleichsweise wenig begangen werden. Viele davon verlaufen allerdings über lange Strecken auf kleinen Straßen und breiten Waldwegen. Für dieses Buch haben wir einige davon getestet und besonders spannende Rundwege ausgewählt. Sie sind hier mit deutscher Wegbeschreibung gut nachvollziehbar vorgestellt.

Informationen über weitere Wege erhalten Sie in Form von Faltblättern gegen eine Unkostenbeteiligung in den Touristeninformationen. Dabei deckt jede Gemeinde nur ihr eigenes Gebiet ab. Die Faltblätter enthalten eine detaillierte Wegbeschreibung (auf Französisch) und meist auch eine Wanderkarte. Manchmal stehen im Ort auch Infotafeln, auf denen alle regionalen Wege gut nachvollziehbar dokumentiert sind.

Radtouren

Radfahren ist im Land der Tour de France ein beliebter Sport. Dazu machen sich früh am Morgen in engem buntem Dress

Mühlenruine im Tal der Ouysse

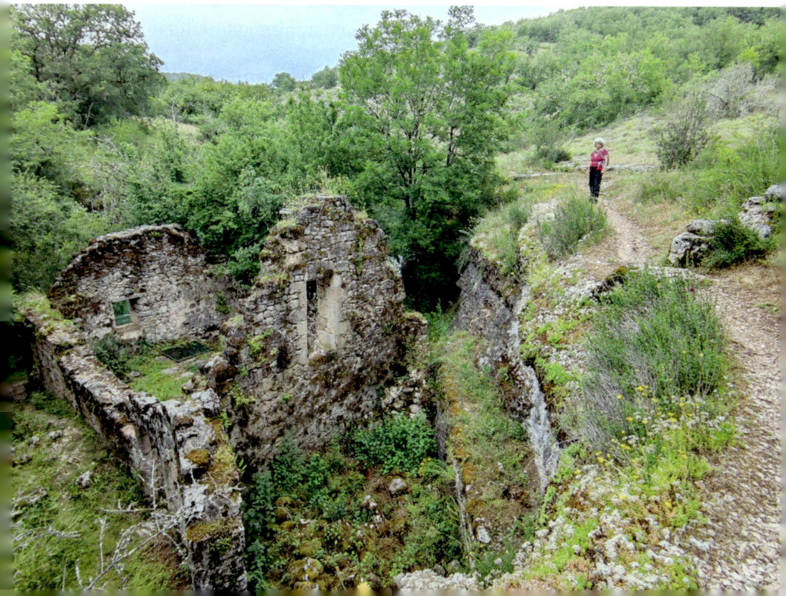

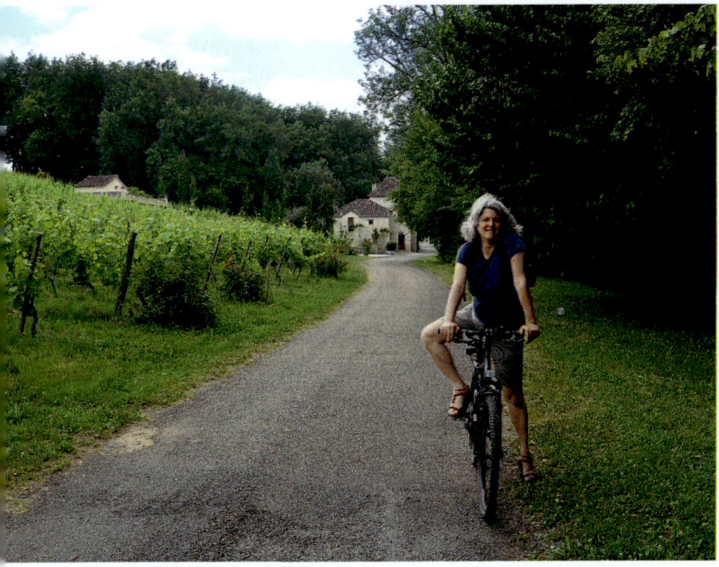

Mit dem Fahrrad in den Weinbergen von Cahors *[› Tour 36]*

> Fahrradurlaub mit Gepäck und fertiger Planung für mehrere mehrtägige Routen zwischen Vézère und Dordogne bietet Robert Owensmith mit seinem Verleih Aquitaine Bike in Coux et Bicaroque.
> *Hochwertiges Trekkingrad etwa € 90 für vier Tage. aquitainebike.com*

gekleidete Männer in großen Gruppen auf den Weg – ab und zu ist auch die eine oder andere Frau darunter. In flottem Tempo saust man dann in Reih und Glied am Fluss entlang, auf die Hochebene und wieder hinunter. So eine Rundfahrt ist eine sportliche Sache und braucht gute Kondition. Wechselt man mehrfach zwischen Hochebene und Flusstal, sind jedesmal 100 bis 150 Höhenmeter zu überwinden. Gemütliche Fahrradausflüge sind in Frankreich nicht ganz so üblich. Trotzdem haben wir eine Handvoll Routen gefunden, die sich durchaus auch mit durchschnittlicher Kondition bewältigen lassen.

Zwischen Souillac und Sarlat gibt es einen Radweg auf einer ehemaligen Bahntrasse, der allerdings meist in Straßennähe am Fluss entlang führt. Am Lot verläuft ein markierter Fahrradweg von der Flussmündung bei Aiguillon bis Cahors über 160 Kilometer am Fluss entlang. Unsere **[› Tour 36]** folgt dem Radweg auf einigen Kilometern.

Kanutouren

Nichts entspannt mehr als der gleichmäßige Paddelrhythmus im Kanu. Langsam, nur von leisem Plätschern begleitet, gleiten wir durch das Wasser und sehen die Welt aus einer völlig neuen Perspektive. Das Kanu trägt uns mitten hinein in einen Teil der Natur, der Menschen sonst nur schwer zugänglich ist, und an Plätze, die nur vom Wasser aus erreichbar sind.

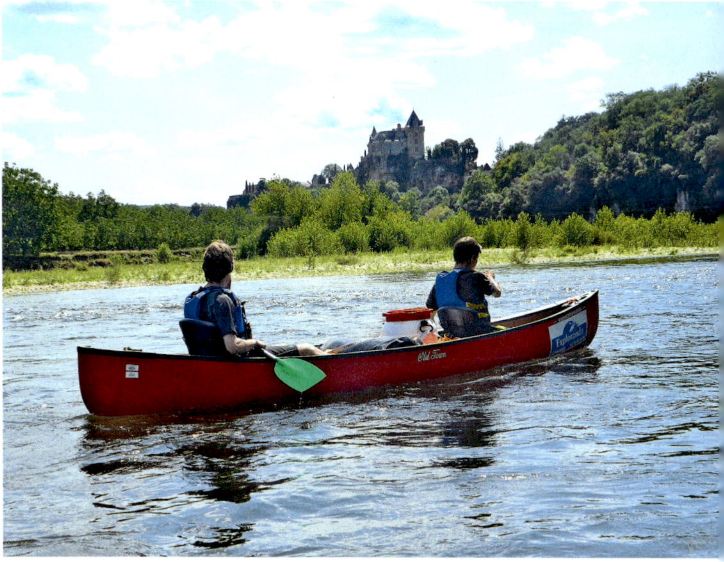

Wasserwanderung auf der Dordogne

Die Dordogne ist zwischen Argentat und Limeuil ein Paradies für Kanuten und Wasserwanderer. Mit dem Kanu können Sie in sieben bis acht geruhsamen Paddeltagen der Hektik unserer Welt entfliehen und von Campingplatz zu Campingplatz oder von Hotel zu Hotel den Fluss hinuntertreiben.

Wer noch nie im Kanu gesessen hat oder es lieber langsam angehen möchte, sollte sich erst einmal für eine Tagestour entscheiden. Kanu, Paddel und Schwimmweste kann man an einer der vielen Kanustationen leihen. Auf Wunsch bekommt man dort auch eine Einführung in die Paddeltechnik – manchmal auch auf Englisch. Eine kurze Anleitung auf Deutsch **[› Seite 102]** und fünf schöne Tagestouren auf verschiedenen Flüssen der Region finden Sie hier im Buch.

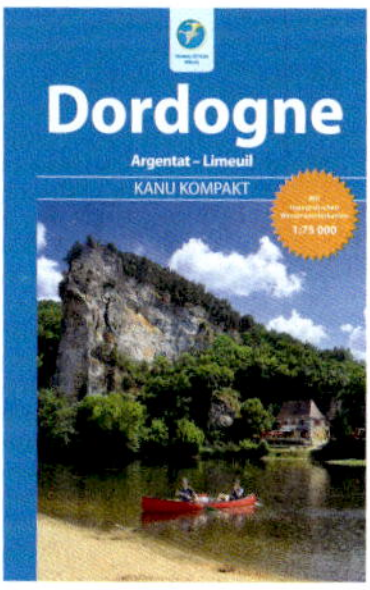

Kanuwandern auf der Dordogne

Informationen zur Planung einer mehrtägigen Paddeltour auf der Dordogne finden Sie in diesem praktischen Kanuführer aus der Reihe ***Kanu Kompakt.***

Mit detaillierten Kanukarten, einer genauen Tourenbeschreibung und den Adressen von Unterkünften, Verleihstationen und vielen Sehenswürdigkeiten am Flussufer.

ISBN 978-3-934014-84-8, € 12,90
www.thomas-kettler-verlag.de

Die obere Dordogne zwischen Argentat und Beaulieu **[› Tour 6]** setzt mit flotter Strömung und mehreren leichten Wildwasserstellen erste Paddelerfahrung voraus, weiter unten ist der Fluss tiefer und ruhiger und auch für Anfänger problemlos mit dem Kanu zu befahren. Hier unten bleibt der Wasserstand auch im trockenen Hochsommer ausreichend für Kanutouren.

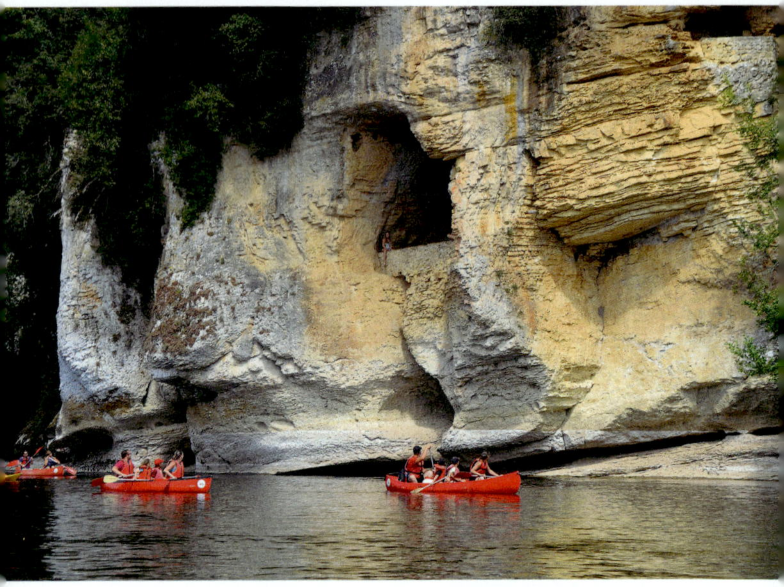

Familienurlaub im Dordognetal

Für Familien hat das Tal der Dordogne viel zu bieten. Ausflugsziele wie die Ritterburg von Castelnaud mit düsteren Gängen und gewundenen Treppen, ein Besuch im Prehistoparc, im Schwimmbad Quercyland mit Riesenrutschen, im Affenwald von Rocamadour oder bei den frei fliegenden Raubvögeln am Adlerfelsen bringt leicht Abwechslung ins Programm. Abenteuerlustige wählen das Kletterabenteuer in den Felsen der Gärten von Marqueyssac. Die Bootsfahrt unter der Erde in der Gouffre de Padirac und der Ausflug mit einer echten Dampflok, die noch vor 100 Jahren Trüffel aus den Dörfern am Fluss zum Markt nach Martel transportierte, ist auch für weniger Wagemutige zu machen.

Mit Kindern im Kanu

Eine Kanutour gehört sicher zu den schönsten Abenteuern, die man mit Kindern an der Dordogne erleben kann. Als spannende Pause und Abwechslung für die Jüngsten eignet sich ein Picknick, vielleicht sogar mit Grillfeuer auf der Kiesbank und einem erfrischenden Bad im Fluss.

Besonders geeignet für Familien sind die offenen Kanadier, in denen man bequem sitzt und genug Platz hat. So passt dann die ganze Familie in ein Boot. Ein Kanadier liegt außerdem stabiler im Wasser als die flachen, oben geschlossenen Kajaks. Am besten bekommen auch jüngere Kinder ein eigenes Paddel in die Hand und können dann mitmischen, solange Kraft und Ausdauer reichen.

Kinder dürfen bei den meisten Verleihstationen erst ab sechs Jahren mit aufs Wasser und müssen unbedingt sicher schwimmen können. Zusätzlich sollten jüngere Kinder im Kanu eine gut angepasste und ohnmachtsichere Schwimmweste mit Kragen tragen. Wählen Sie nur eine Verleihstation mit der entsprechenden Ausrüstung. Die von uns für die jeweilige Tour empfohlenen Stationen haben auch Westen und Paddel für Kinder im Sortiment.

Wandern mit Kindern

Viele unserer Wanderungen sind mit Zielen wie einer Gumpe unter dem Wasserfall, einer riesigen Burgruine oder einer Mohairziegenfarm auch für Familien interessant. Eine Altersempfehlung und Hinweise auf den Schwierigkeitgrad geben wir im jeweiligen Tourenkasten. Auch Kinder brauchen auf Wanderungen passende Ausrüstung. Besonders wichtig sind feste Schuhe mit rutschfesten Sohlen. Tipps zum Wandern mit Kindern verschiedener Altersstufen finden Sie unter *www.wandern-mit-kindern.info.*

Wenn Sie gerne wandern und Ihre Kinder Tiere lieben, probieren Sie das Wandern mit Esel aus. Esel sind gelassen und friedfertig und sehr viel weniger stur als man ihnen nachsagt. Eselwandern ist in Frankreich viel verbreiteter als bei uns und Sie haben in der Region gleich mehrere Ställe zur Auswahl. Das Angebot reicht dabei von einem kurzen Spaziergang bis zu mehrtägigen Wanderungen.

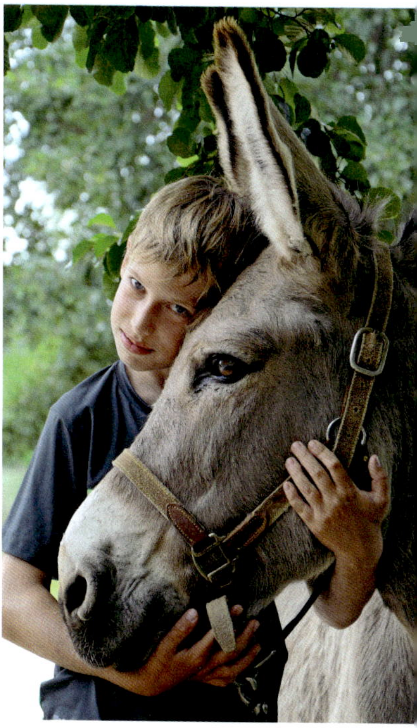

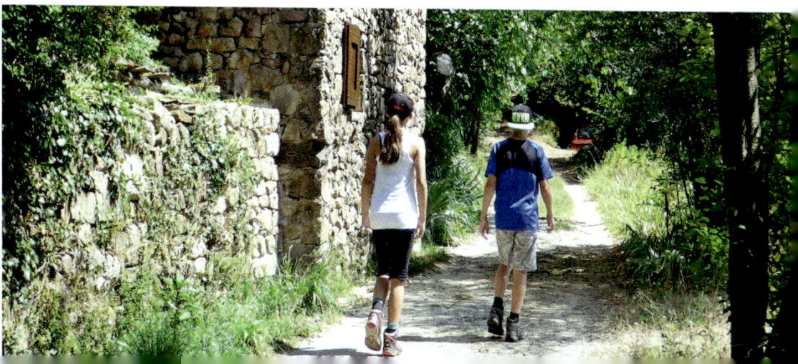

Die Touren in diesem Buch

Sie finden in diesem Buch sorgfältig ausgewählte Tourenvorschläge, die Bewegung in der Natur mit sehenswerten Zielen verknüpfen. Auf allen Touren geht es nicht nur ums Wandern, es gibt auch immer etwas zu entdecken: einen Wasserfall, eine Burg oder eine Höhle, tolle Plätze am Fluss oder eines der vielen kleinen Dörfer mit blumenverzierten Steinhäusern und der Möglichkeit zur Einkehr im Restaurant oder Café. Je nach den örtlichen Gegebenheiten sind wir dabei zu Fuß, mit dem Fahrrad oder per Kanu unterwegs.

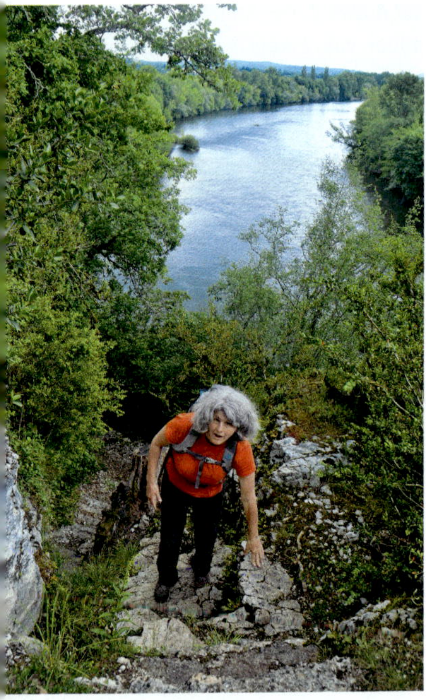

Die Steilwände am Flussufer sorgen auf Wanderungen für spannende Wege [› Tour 15]

Wanderungen

Die Wanderungen in diesem Buch verlaufen soweit wie möglich auf schmalen, teilweise steinigen Wanderpfaden. Wander- oder Trekkingschuhe sind also trotz der Kürze der meisten Touren eine sinnvolle Ausstattung. Durch die leicht hügelige Landschaft und den Niveauunterschied zwischen dem Flusstal und den Hochebenen sind auf den meisten Wanderungen auch kurze, aber knackige Steigungen zu bewältigen. Einige Wanderpfade führen auch nahe am Rand der Klippen entlang und verlangen Trittsicherheit – auch wenn die Hügel im Dordognetal natürlich keine alpinen Ansprüche an Wandernde stellen. Hinweise zur Beschaffenheit der Wege und zum Schwierigkeitsgrad einer Tour finden Sie im Tourensteckbrief.

Fahrradtouren

Auf dem Fahrrad macht sich der Niveauunterschied zwischen Flusstal und den ebenfalls leicht hügeligen Hochebenen besonders bemerkbar. Wir haben unsere Tourenvorschläge in eher sanftes Gelände gelegt. Ganz ohne Steigungen kommen Sie aber auch hier nicht davon. Ein gutes Fahrrad mit funktionierender Gangschaltung und eine solide Grundkondition sind für alle Radtouren von Vorteil. Damit genug Zeit für Besichtigungen und Pausen bleibt, haben wir die Routen nicht zu lang gewählt.

Die meisten Strecken verlaufen auf schmalen, wenig befahrenen Straßen und sind asphaltiert, streckenweise aber trotzdem etwas hoppelig. Auf kurzen Abschnitten passieren wir auch stärker befahrene Straßen, sodass die Radtouren für Familien mit jüngeren Kindern nicht geeignet sind.

Kanutouren

Der Umgang mit Stech- oder Doppelpaddel ist leicht zu erlernen [› Seite 102]. Kanus und Ausrüstung können Sie an allen Flüssen der Region mieten. Bei allen Mietkanus ist der Rücktransport inklusive, was das Paddelvergnügen besonders unkompliziert macht.

Zum Paddeln tragen Sie am besten kurze Hosen und fest am Fuß sitzende Schuhe, die nass werden dürfen. Schwimmwesten und eine wasserdichte Tonne pro Kanu werden vom Verleih gestellt. In die wasserdichte Tonne packt man Picknick, Wasserflasche und bei kühlerem Wetter auch einen Satz Wechselkleidung, die zum Einsatz kommt, wenn doch einmal ein Kanu kentert. Bei Sommerwetter sollte Badekleidung und Handtuch sowie Sonnenhut und Sonnencreme mit ins Boot. Auf dem Wasser können Sie der Sonne, die durch die Reflexion noch intensiver wird, kaum ausweichen.

Dordogne, Vézère, Célé – alle drei Flüsse haben leichte Strömung, die Paddler beim Vorankommen unterstützt. Zwischendurch sorgt der eine oder andere flotte Schwall über eine Kiesbank oder eine Bootsrutsche für Abwechslung und Spannung.

Die Flüsse in der Region haben im Hochsommer oft wenig Wasser, sodass die oberen Flussabschnitte teilweise nicht befahrbar sind. Auch bei Hochwasser werden auf dem oberen Abschnitt der Dordogne keine Boote verliehen. Paddler mit eigenem Boot können sich über den akuellen **Wasserstand** informieren unter **www.vigicrues.gouv.fr**.

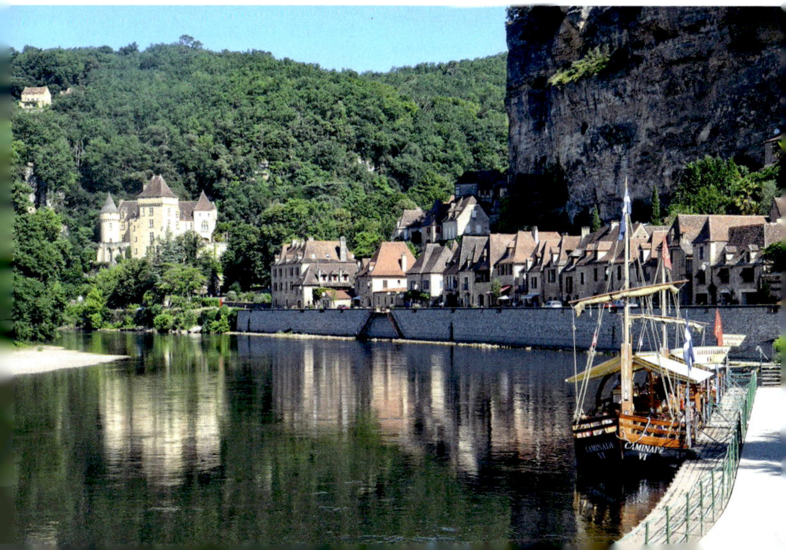

Der Tourensteckbrief

Im Tourensteckbrief finden Sie neben allen wichtigen Informationen rund um eine Tour auch Übernachtungstipps auf dem Campingplatz und im Hotel. Bei der Auswahl der Hotels lag unser Fokus eher auf einem besonderen Ambiente als auf großem Komfort. Die meisten Unterkünfte liegen in der mittleren Preisklasse. Die zugehörigen Adressen und eine kurze Beschreibung der Unterkünfte finden Sie in den Reiseinformationen ab [› Seite 224].

Neben der Altersempfehlung im Tourenkopf gibt es im Steckbrief weitere Informationen für Familien. Eignet sich die Tour nicht für Kinder, finden Sie hier auch mal eine gekürzte Alternativroute.

Orientierung

Fast alle Wanderrouten im Buch sind durchgängig markiert – meist durch Farbpunkte an Bäumen oder Steinen. Dabei erkennt man die »Grandes Randonnées« genannten Fernwanderwege an der üblichen Markierung mit einem weiß-roten Balken. Die kürzeren Rundwege sind meist gelb markiert. Abzweigungen werden durch eine Markierung mit Winkel angezeigt, gekreuzte Farbbalken signalisieren überall in Frankreich einen verkehrten Wegabzweig.

Normalerweise sollten die Beschreibung und die Karte im Buch zusammen mit der Markierung vor Ort ausreichen, um unsere Wege sicher zu finden. Zusätzliche Wanderkarten sind nicht notwendig.

GPS Daten

Um den Parkplatz an einer Wanderroute einfach zu lokalisieren, können Sie die in der Anfahrtsbeschreibung genannten GPS-Daten in ein normales Navigationsgerät im PKW eingeben und sich von diesem bequem zum Start lotsen lassen.

Zu Wanderungen und Fahrradtouren können Sie außerdem unter **www.naturzeit-verlag.de** GPS-Tracks herunterladen. Die Daten sind teilweise von der Autorin im Gelände und teilweise anhand einer digitalen Karte erfasst und unterstützen mit Hilfe der entsprechenden Handy-App die Orientierung unterwegs. Bitte richten Sie sich im Zweifelsfall aber immer nach den Gegebenheiten im Gelände und nach Markierungen vor Ort und verlassen Sie sich nie ausschließlich auf Ihr Handy und die GPS-Daten.

Höhenprofile

Höhenprofile eignen sich ganz besonders gut, um sich einen schnellen Überblick über eine Tour zu verschaffen. Wenn Sie oder Ihre Kinder unterwegs genau wissen wollen, wie weit es noch ist, wo Sie gerade sind und ob es noch lange bergauf geht, finden Sie hier schnell die passende Auskunft.

Unterwegs im Tal der Dordogne

45 Wander- und Entdeckertouren

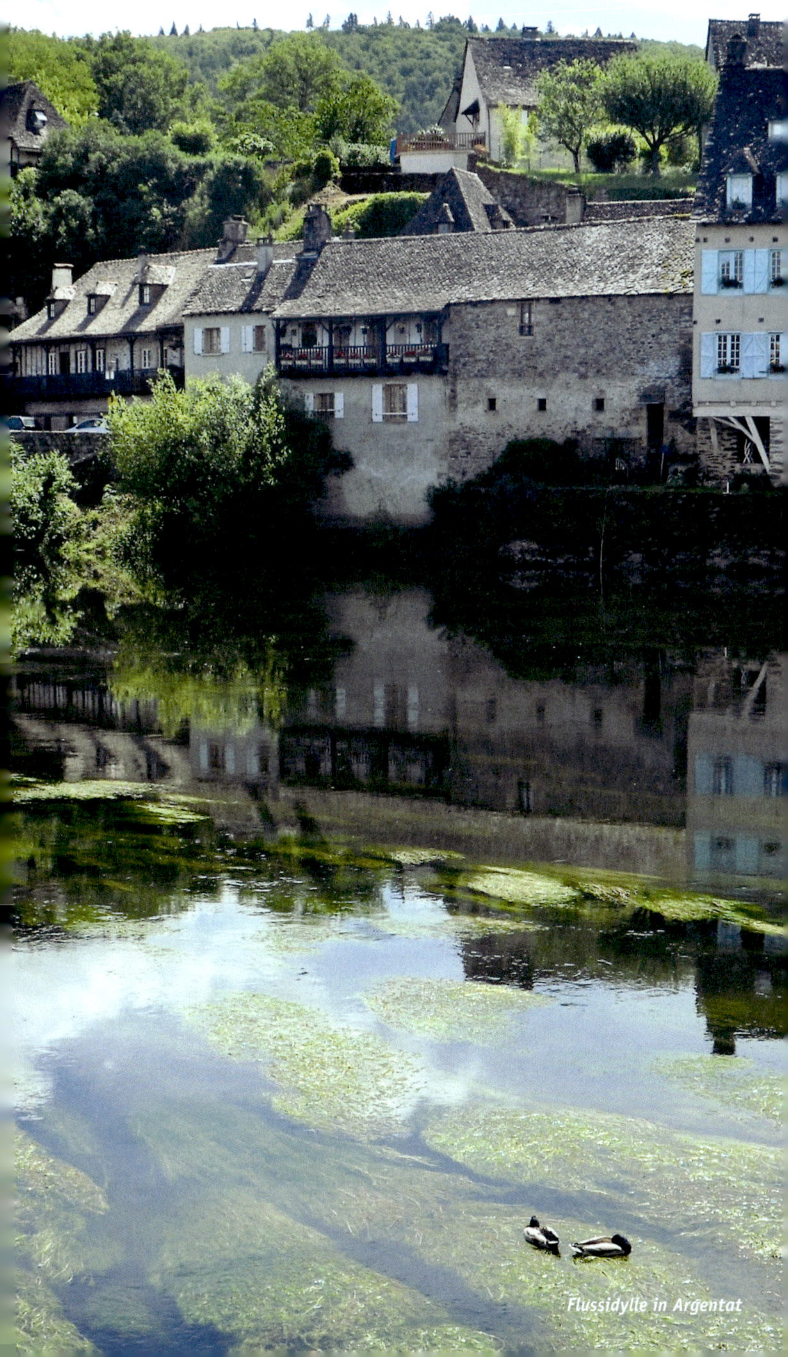

Flussidylle in Argentat

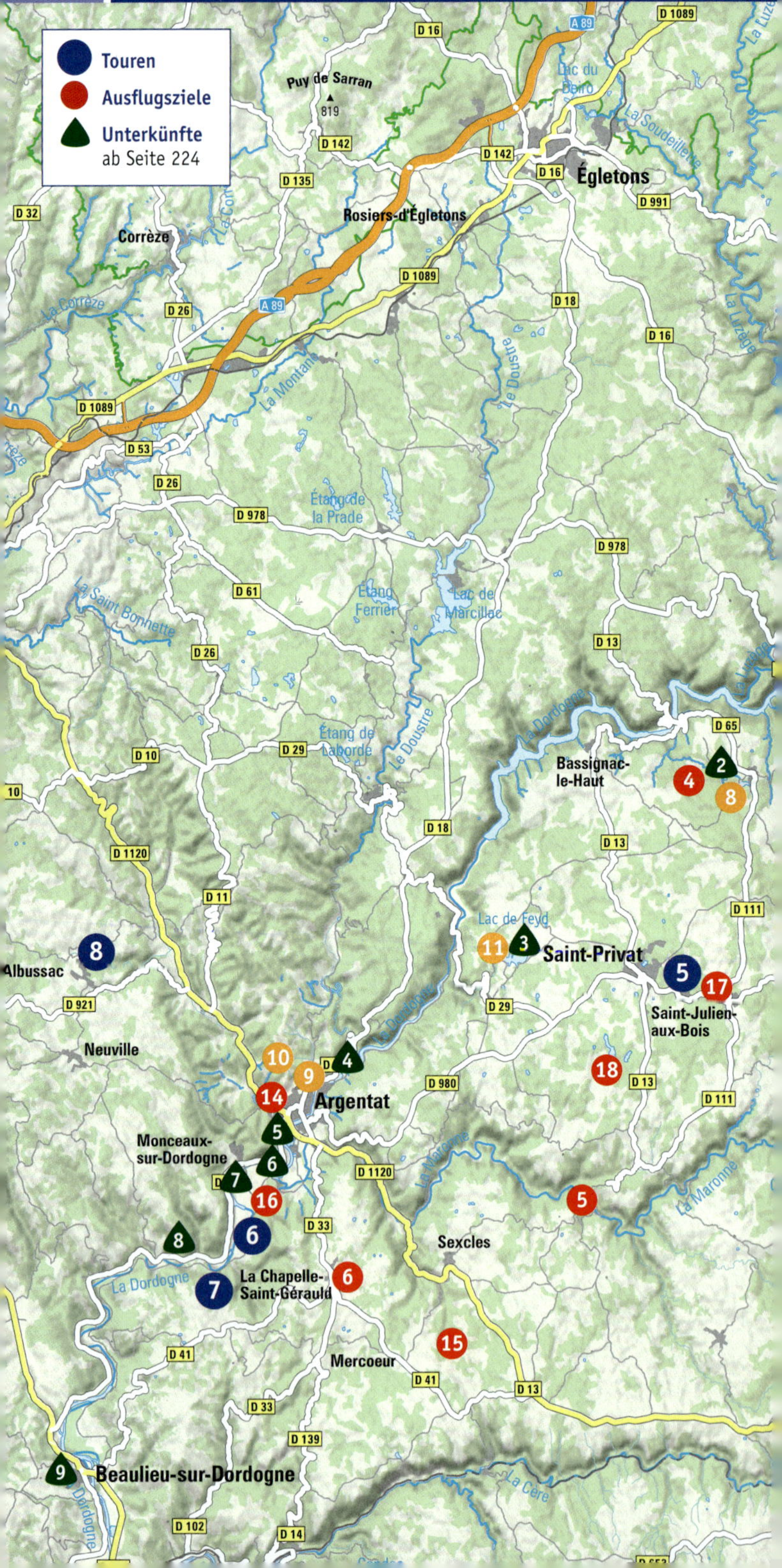
Touren
Ausflugsziele
Unterkünfte
ab Seite 224
Puy de Sarran
819
Égletons
Rosiers-d'Égletons
Corrèze
Lac du Deiro
La Soudeillette
La Corrèze
La Montane
Le Doustre
La Luzège
Étang de la Prade
Étang Ferrier
Lac de Marcillac
La Saint Bonnette
Étang de Laborde
La Dordogne
Bassignac-le-Haut
Lac de Feyt
Saint-Privat
Saint-Julien-aux-Bois
Albussac
Neuville
Argentat
Monceaux-sur-Dordogne
La Maronne
Sexcles
La Chapelle-Saint-Géraud
Mercoeur
Beaulieu-sur-Dordogne
La Cère
A 89
D 1089
D 16
D 142
D 135
D 32
D 991
D 18
D 26
D 53
D 978
D 61
D 13
D 65
D 10
D 29
D 1120
D 11
D 111
D 921
D 980
D 33
D 41
D 139
D 102
D 14

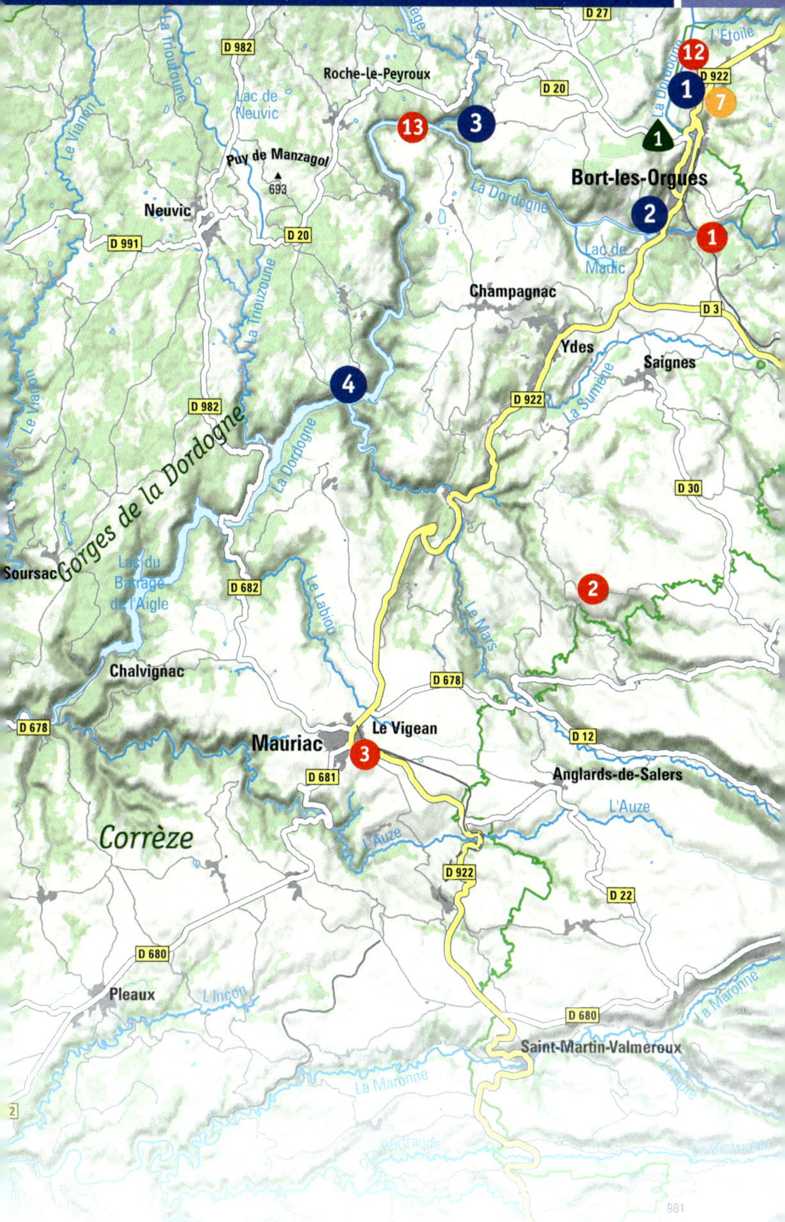

Zwischen Bort-les-Orgues und Argentat ist die Dordogne mehrfach aufgestaut, sodass sie als langgezogener Stausee durch einsame Waldschluchten mäandert. Die Hochebenen an ihren Ufern sind dünn besiedelt und landwirtschaftlich geprägt. Einige Aussichtspunkte erlauben den Blick in die Schlucht. Oberhalb von Argentat gibt es in der Abgeschiedenheit um Saint-Privat eine rudimentäre touristische Infrastruktur mit Campingplätzen am Lac de Feyt und dem winzigen See von Auriac, dem Freilichtmuseum Ferme du Moyen Age und der Gartenanlage Les Jardins Sothys.

Ausflugsziele

Bort-les-Orgues liegt am ersten großen Stausee der Dordogne und ist als Ort wenig spektakulär. Der Besuch lohnt sich wegen der Umgebung. Am auffälligsten sind »Les Orgues«, die nadelförmigen Basaltfelsen oberhalb der Stadt. Vom Plateau auf den Felsen ist der Blick grandios. [› Tour 2]

1 Saut de la Saule

Der Wasserfall des Flüsschens Rhue, der im Ort ausgeschildert ist, ist zur Zeit vom Parkplatz am Straßenende nicht erreichbar – es sei denn wir waten unter der maroden, abgesperrten Hängebrücke durchs flache Wasser zum Wanderweg auf der anderen Flussseite. Die Jugend des Ortes marschiert stattdessen über die Eisenbahnbrücke.

2 Château d'Auzers

Das Landschlösschen aus dem 14. Jahrhundert war lange Zeit der Familienwohnsitz der Adelsfamile d'Auzers und ist eher ein für das Mittelalter typischer befestigter Wohnsitz als ein richtiges Schloss. Ein Teil des ausgestellten Mobiliars schenkte Napoleon Bonaparte dem damaligen Hausherrn Jean-Louis d'Auzers.

Geöffnet Ostern bis Ende Oktober. Täglich 15–18.30 Uhr, Juli und August ab 14 Uhr. € 8, Kinder 7–14 Jahre € 3. www.chateau-auzers.com

3 Vélorail du Pays de Mauriac - mit der Draisine zum Wasserfall

Auf der stillgelegten Bahnstrecke zwischen Drugeac und Salins kann man im Sommer mit einer Fahrraddraisine durch Tunnel und über Viadukte fahren. Ziel ist der schöne Wasserfall von Salins. Für die komplette Route mit etwas mehr als sieben Kilometern strampelt man etwa zwei Stunden – so eine Draisine fährt sich nicht ganz so leicht wie ein Fahrrad. Auf dem vierrädrigen Wagen haben vier bis fünf Personen Platz, zwei davon bewegen das Fahrzeug per Tretmechanismus.

Abfahrt im Juli und August täglich um 11, 14.30 und 17.30 Uhr. Im Mai, Juni und September nur Do bis So. € 22 pro Draisine. Tel. 0033 (0)471405418. www.auvergne-destination.com/fiches/velorail-du-pays-de-mauriac

4 Les Jardins Sothys

Am Rande des Dorfes Auriac hat der Inhaber der Kosmetikfirma Sothys auf den Ländereien der Familie einen gepflegten Garten anlegen lassen, der im Frühsommer üppig blüht. Vom japanischen Style mit Ahorn und Kiesboden, über einen Pavillon mit weißen Blüten, ein Wasserbecken mit Palmen bis zur Teichanlage mit Seerosen und Naturwiese – die verschiedenen Nischen der Gartenanlage sind

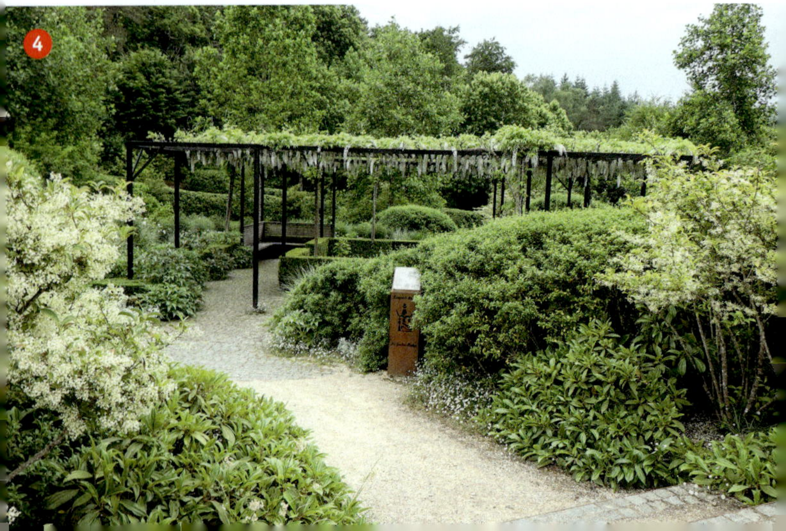

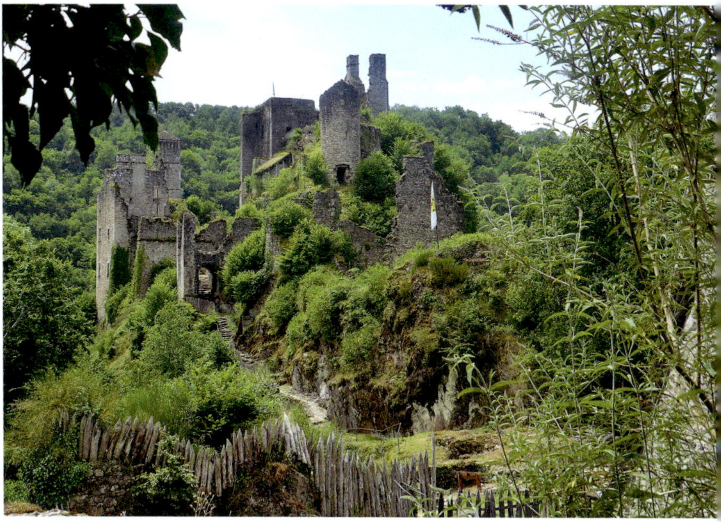

Die Tours de Merle waren im 12. Jahrhundert eine wichtige Festung

ganz unterschiedlich gestaltet. Das Restaurant am Eingang bietet übrigens nicht nur eine Terrasse mit Blick auf den kleinen See von Auriac, sondern auch preisgekrönte Küche der gehobenen Preisklasse.
Geöffnet März bis November. Di bis So mit Kernzeit 11–18 Uhr, Juni bis September Di bis So 10–19 Uhr, Juli und August bis 20 Uhr, €9,50, Kinder 7–14 Jahre €6,50.
www.lesjardinssothys.fr

5 Les Tours de Merle

GPS N 45°03'55.2", E 2°04'40.3"
Irgendwo zwischen den Nebeln von Avalon und dem Herrn der Ringe scheint die Burganlage des Castel Merle direkt der Sagenwelt entsprungen. Mitten in der Einsamkeit, halb überwuchert vom Grün der umliegenden Hügel, verbirgt sich die Ruine der Burganlage aus dem 12. Jahrhundert in malerischster Lage auf einem Felsen in einer engen Flussschleife der Maronne. Besichtigen kann man die Ruine der Festung, die Reste eines mittelalterlichen Dorfes mit einer rekonstruierten Farm und eine kleine archäologische Ausstellung.
Zufahrt: Von Argentat auf der N120 nach Sexcles. Von dort links abbiegen und auf der schmalen, extrem kurvigen D136 weiter durch die grüne Einsamkeit. Der erste Parkplatz liegt nach gut acht Kilometern links der Straße an einem nur im Juli und August geöffneten Zugang zur Ruine. Den Haupteingang finden Sie hinter der nächsten Kurve, in der am Straßenrand Parkplätze markiert sind, am Nordufer der Maronne.
Geöffnet Mitte Mai bis Allerheiligen. Mai, Juni und September täglich 14–18 Uhr, Juli und August 10–19 Uhr, Oktober nur So 14–18 Uhr. €7, Kinder 6–15 Jahre €4.
www.toursdemerle.fr

6 Kuhnst auf der Weide

GPS N 45°02'13.3", E 1°57'20.8"
Eine ganz besondere Kuhherde grast auf den Weiden der **Ferme Saint Géraud** in La Chapelle Saint Géraud südlich von Argentat. Ob Zebramuster, Tigerfell oder ägyptische Hieroglyphen: Die Kühe von Jacques Moulène haben ein außergewöhnliches Fell. 60 von lokalen Künstern bemalte Tiere verteilen sich in einer hügeligen Landschaft mit kostenlos nutzbarem Angelteich und können besichtigt werden. Und ja, natürlich, die Kühe sind aus Plastik!
Geöffnet Juli und August.
Täglich 10–19 Uhr, €6,50, Kinder 5–11 Jahre €3,50.

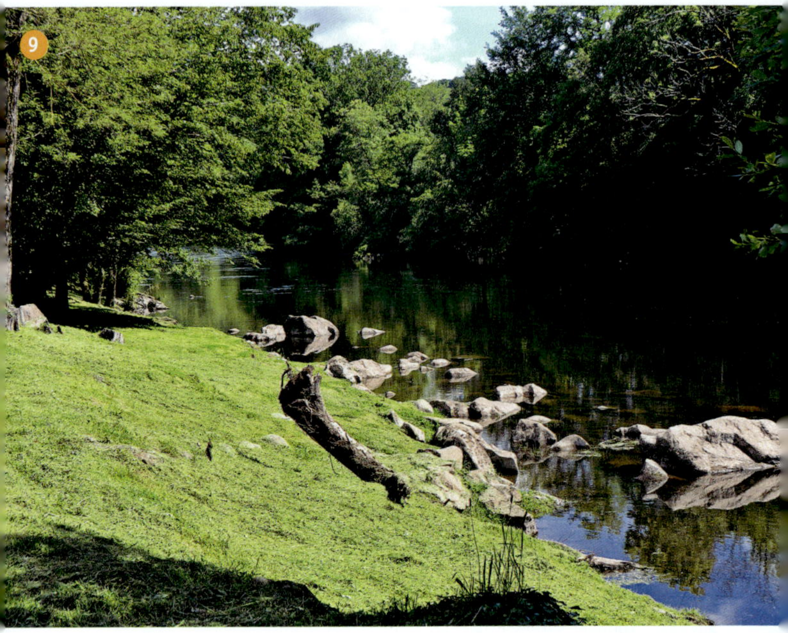

Argentat
Eine verschachtelte Altstadt, die sich im Fluss spiegelt, die breite einladende Promenade mit Glacier, Crèperie und den Tischen der Auberge des Gabariers, die alte Bogenbrücke über der Dordogne – Argentat ist ein Dorf mit Charme. Das flache Holzboot am Quai, eine Gabare, erinnert an die Vergangenheit des Ortes als Handelshafen. Auf der Dordogne wurde vor allem Holz nach Bordeaux verschifft. Die Ausstellung im Maison du Patrimoine erklärt die Technik des Bootsbaus und die Geschichte der Gabariers. [› Seite 50]

Baden

7 Badeplatz am Château de Val
Ein breiter aufgeschütteter Sandstrand und eine Liegewiese ermöglichen ungetrübtes Badevergügen direkt am Schloss von Val. [› Tour 1]

8 Badeufer Auriac
Am Dorfrand von Auriac befindet sich direkt am Ufer eines winzigen Sees der gepflegte Camping Municipal direkt daneben liegt ein kleiner öffentlicher Badeplatz.

9 Badeufer Argentat
Folgt man am Kanuanleger am nördlichen Ende des Quai Lestourgie dem Uferpfad, erreicht man schnell einige angenehme Buchten am Fluss, an denen man auch gut ins Wasser kommt. Der Uferweg endet am Freibad von Argentat.

10 Le Splash Argentat
Zwei große Wasserrutschen und ein Plantschbecken für die Kleinsten sind die Attraktionen des Freibades Le Splash am nördichen Ortsrand von Argentat. Folgen Sie den Wegweisern zum Campingplatz.
Geöffnet Juli und August.
Tägl. 11–19.30 Uhr, ab 16 Jahre €4,20, Kinder 4–15 Jahre €2,70.

11 Lac de Feyt
Einen kleinen Badeplatz findet man neben dem Campingplatz am Lac de Feyt oberhalb von Argentat.

Outdoorsport

12 Am Badestrand neben dem Château de Val [› Tour 1], werden neben Tret- und Elektrobooten auch Kanus und Paddle-Boards verliehen, mit de-

nen man den Stausee auf eigene Faust erkunden kann.
Geöffnet Juni bis September tägl. 10–20 Uhr. Zweierkajak (Sit on Top) €13 für eine Stunde, €33 für 1/2 Tag, SUP €13 bzw. €42, Elektroboot €40 für eine Stunde.
aqualoisirs-auvergne.fr

13 Eine Kanutour in den Gorges
Von Roche-le-Peyroux, 16 Kilometer westlich von Bort-les-Orgues, startet Smile Kayak zu Ausflügen in die Dordogneschlucht. Die Tagestour endet mit einem Grillfeuer zur Mittagszeit. Anschließend werden die Kanus in einer langen Reihe von einem kleinen Motorboot zum Ausgangspunkt gezogen. Alternativ kann man an der Station ein Kanu oder SUP für individuelle Ausflüge in der Schlucht mieten.
Geöffnet Juli und August.
Tagestour €35 pro Person inkl. Barbecue, Kinder 6–12 Jahre €25, Kinder bis 5 Jahre €15. Kanuverleih 4 Stunden €20 pro Person. Smile Kayak, Roche le Peyroux.
Tel. 0033 (0)555957768.
www.smilekayak.com

14 Wasserwanderung im Bachtal
Weglos durch ein Bachtal mit vielen kleinen Wasserfällen klettern, über Felsen rutschen und ins Wasser springen. Die »expeditions aux cascades« des Outdoor-Veranstalters **Dordogne Outdoor Experience** sind eine spielerische Version des Canyoning. Die zwei Klettertouren sind familientauglich. Nass wird man auf jeden Fall! Außerdem gibt es bei Dordogne Outdoor Experience auch Kanus und Mountainbikes und geführte Mountainbiketouren.
Nur im Juli und August.
Rochette-Tour: ab 7 Jahre, 2 Stunden €20 pro Person.
Escomel-Tour: ab 10 Jahre 3 Stunden €27. 23, rue des Condamines, Argentat. Anmeldung unter Tel. 0033 (0)749921836.
www.dordogne-outdoor.com

Reiten

15 Ausritte auf gut geschulten Berberpferden oder ein Spaziergang für Eltern und Kinder mit geführtem Pony – auf der **Ferme équestre de Mialaret** in Champs Saint-Mathurin kommt jeder auf den Pferderücken. Die Reitgruppen werden nach Niveau unterteilt, daher ist eine vorherige Anmeldung notwendig. Fortgeschrittene Reiter können auch an mehrtägigen Wanderritten teilnehmen. Kinder dürfen ab einem Alter von neun Jahren mit auf die Ausritte.
Ausritt 1 Stunde €20, 2 Stunden €36, Ponyreiten 30 Minuten €10, 1 Stunde €15. Ferme equestre de Mialaret, Champs Saint-Mathurin, Tel. 0033 (0)555285009.
www.fermemialaret.com

16 Sieben Kleinpferde und vier Shetlandponys stehen auf den Weiden der **Écuries de Garloue**. Der Stall ist besonders auf Kinder und Jugendliche eingestellt, aber auch Erwachsene dürfen mit auf die Ausritte.
Der Stall befindet sich in Vergnolles bei Monceaux-sur-Dordogne in der Nähe des Camping Le Saulou, Tel 0033 (0)682871237
lesecuriesdegarlue.ffe.com

17 Bei Saint Privat auf dem Appaloosagestüt **Sagi'Ranch** werden nicht nur Fohlen gezogen, für Gäste gibt es auch Ausritte in jeder Länge, für Kinder auch auf Ponys. Geritten wird im Westernstil.
Le Sagiran, St. Julien-aux-Bois, Tel. 0033 (0)689984047.
www.sagiran.fr

18 Ebenfalls bei Saint Privat befindet sich das **Centre Equestre de Malesse.** Auf dem Gelände gibt es auch einen einfachen Campingplatz.
Ausritt €18, Ponyreiten 30 Minuten €12. Tel. 0033 (0)683414817.
www.equitation-malesse-correze.com

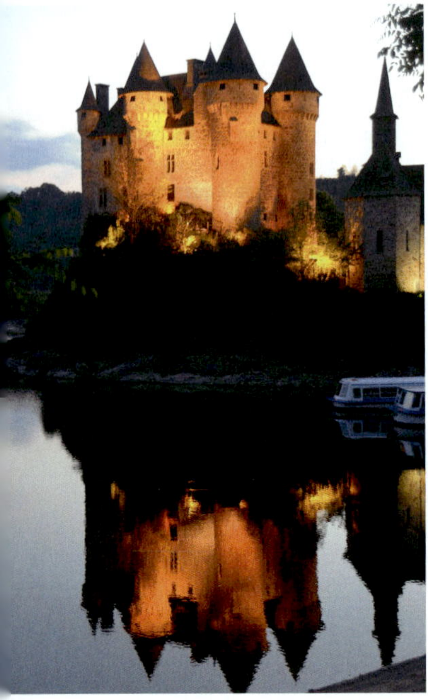

Tour 1: Château de Val

Das Schloss im See

Als der französische Adelige Guillot d'Estaing im Jahre 1440 am strategisch günstigen Platz auf einem Felsen hoch über dem fruchtbaren Dordognetal das Schloss von Val errichtete, hätte er sich wohl kaum träumen lassen, dass seine stolze Burg mit den fünf mächtigen runden Türmen in ferner Zeit als Wasserschloss zu den beliebtesten Sehenswürdigkeiten der Region zählen würde. Über 500 Jahre war das Château Val ein Schloss unter vielen in den Bergen der Auvergne. Erst seit im Jahr 1952 die Tore des mächtigen Staudammes von Bort-les-Orgues geschlossen wurden und das Wasser im Stausee unaufhaltsam stieg, spiegeln sich Schloss und Kapelle auf der glatten Wasserfläche des neu geschaffenen Sees. Heute gehört das gut restaurierte Anwesen der Gemeinde.

1–2h

ab 6

Die erste Etage des Schlosses ist mit Möbeln aus dem 19. Jahrhundert originalgetreu eingerichtet. Vom Empfangszimmer kommen wir in einen Raum, der von einem riesigen Billardtisch dominiert wird. Besonders gefallen hat uns jedoch das Esszimmer mit alten Holzstühlen, auf deren hinteren Beinen am oberen Ende zu Seiten der Lehne wilde Tierfiguren hocken.

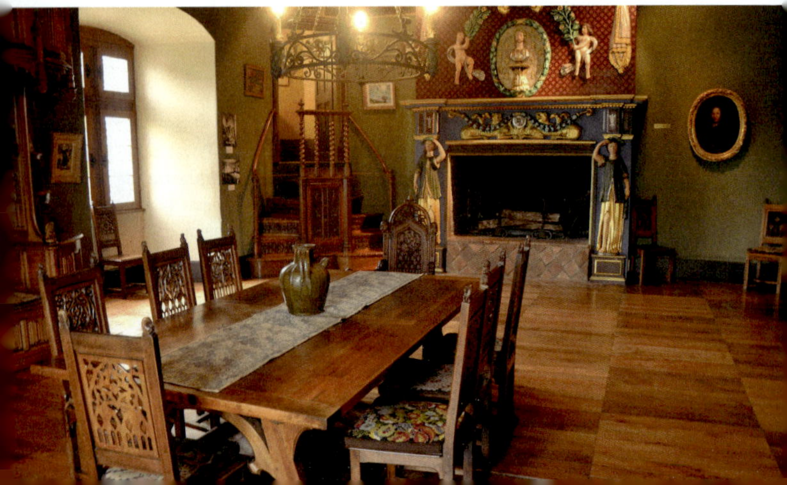

TOUREN-STECKBRIEF

Anfahrt: Von der D922 im Ort Lanobre nördlich von Bort-les-Orgues zum See abbiegen. Das Château ist dort ausgeschildert. Parkplatz am Schloss bei **GPS N 45°26'36.0", E 2°30'23.0"**. Weitere Parkplätze an der Zufahrt zum Schloss.
Öffnungszeiten: April bis Oktober 10 – 12 und 14 – 18 Uhr. Juli und August 10 – 12.30 und 14 – 19 Uhr.
€ 6,50, Kinder 6 – 12 Jahre € 3,50.
www.chateau-de-val.com
Kinder: An den Treppen und verzweigten Wegen im Schloss haben auch Kinder ihre Freude. Höhepunkt der Besichtigung ist die Galerie in der zweiten Etage.
Einkehr: Relais du Château de Val neben dem Schloss, mittags und Freitag und Samstag auch am Abend geöffnet.
Übernachtung:
Hotel: Einige Kilometer östlich von Bort-les-Orgues vermietet ein Australier in seinem Chambre d'hôte »A L'Australienne« drei Zimmer in einem 200 Jahre alten, schön restaurierten Farmhaus.
Camping: Les Aubazines in Sarroux. Komfortabler Platz am See, auch Mietbungalows und Zimmer.
Wohnmobil: Stellplatz im Stadtzentrum von Bort-les-Orgues bei GPS N 45°23'56.0", E 2°29'51.0".
In der Nähe: Badeplatz und Pool mit Wellenrutsche, Bootsverleih und Hochseilgarten Valaventure am Restaurant.

Eine Treppe führt hinauf zur zweiten Etage, wo wir gleich rechts in die Galerie abbiegen, die einmal um den Turm führt. Von hier aus haben wir einen besonders schönen Ausblick auf den See. Unterwegs trifft man auch auf das WC der Burg mit Öffnung hinunter auf den Burgberg. In den Räumen der zweiten Etage werden Gemälde von Künstlern aus der Region gezeigt. Hier kann man Bilder des Schlosses in verschiedensten Techniken bewundern. Sie demonstrieren eindrucksvoll, wie unterschiedlich der künstlerische Blick auf ein Schloss sein kann.

Dann steigen wir eine weitere Etage hinauf unter das Dach der Türme, wo das offene Gebälk eine schöne Atmosphäre schafft. Verlässt man dann Garten und Schloss, lohnt noch der kurze Spaziergang rechts an der Mauer vorbei auf die felsige Schlossinsel.

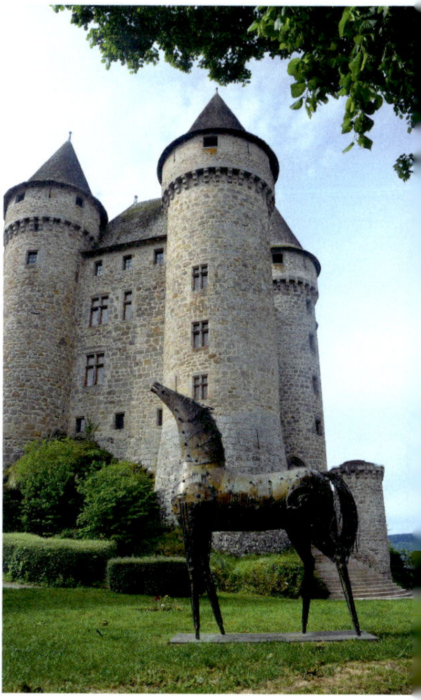

Vor dem Schloss ankern die Ausflugsboote zur Seerundfahrt. Ab Mitte Juli und im August drei Abfahrten täglich: 14.30, 16.15 und 17 Uhr. In der Nebensaison von April bis September auf Anfrage. Es gibt zwei verschiedene Runden mit einer Fahrtdauer von jeweils einer guten Stunde.
€ 12,50, Kinder 3 – 4 Jahre € 5, Kinder 5 – 14 Jahre € 8. vedettes-panoramiques.fr

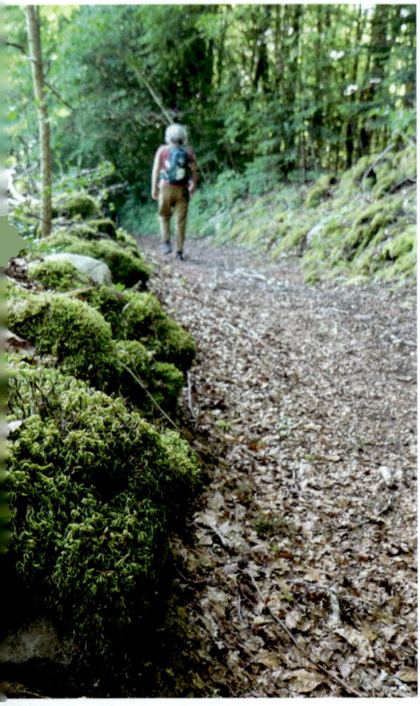

Tour 2: Urwald und Weitblick

Rund um die Orgelpfeifen von Bort-les-Orgues

Knappe hundert Meter ragen die mächtigen Basaltnadeln von Bort-les-Orgues über dem urigen Waldpfad auf, der an ihrem Fuß entlang führt. Unten im Wald ist es düster und feucht. Moos bedeckt die Steine und hängt in langen Fäden von den alten Bäumen. Man fühlt sich fast wie im Urwald. Ganz anders wirkt die Natur auf der Hochebene oberhalb der nadelförmigen Klippen. Hier oben blüht der Ginster am Feldrand und die Sonne scheint ungehindert auf unseren Weg. Der Pfad, der dicht an den Klippen entlangführte, ist leider inzwischen aus Sicherheitsgründen gesperrt. Die Aussicht ins Tal und auf die Felsnadeln ist nur noch von den beiden Plattformen am Parkplatz möglich. Hier bieten auch die Tische der kleinen Snack-Bar einen reizvollen Platz, um die Wanderung mit bestem Talblick bei einem Café au lait ausklingen zu lassen.

140 m

STRECKE 6 km

2 h

ab 8

Wanderung: Wir laufen vom Parkplatz zum **Belvédère** und folgen links dem Waldweg, der sowohl mit dem grünen Farbbalken der »Tour des Orgues« als auch mit einer gelb-weißen Markierung versehen ist, bis rechts des Weges ein **Holzzaun** ① die Abbruchkante sichert. An dieser Stelle biegt unser Weg links ab.

Ein grüner Holzpfeil hilft auf dem richtigen Pfad zu bleiben, der sich zwischen den Bäumen bis zum Waldrand schlängelt. Er endet an einem **Weidezaun** und wir gehen nach rechts immer am **Waldrand** entlang. Unser Pfad führt leicht bergab, macht einen Rechtsbogen und trifft bald darauf auf eine **Wegkreuzung** an der Ruine **eines Steinhauses** ②.

Hier wählen wir den rechten, grün markierten Weg und laufen entlang der dicht mit Moos bewachsenen **Steinmauer** weiter durch einen dichter werdenden, üppig bemoosten Urwald. Wir ignorieren zwei rechts abzweigende Pfade, von denen der zweite steil den Berg hinunterkommt. Etwa 20 Minuten wandern wir in sanftem Auf- und Ab auf einem Waldpfad zwischen dicken Stein-

TOUREN-STECKBRIEF

Anfahrt: Von Bort-les-Orgues auf der schmalen D 127 bergan durch das Dorf Chantery fahren. 600 Meter nach dem letzten Haus rechts den Wegweisern »les Orgues« bis zum Parkplatz bei **GPS N 45°23'46", E 2°28'58"** folgen. Am Parkplatz stehen Picknicktische im Wald.

Markierung: Grüne Farbbalken und Wegpfeile, auch die weiß-gelbe Markierung des Weitwanderweges von Argentat nach Bort-les-Orgues ist durchgängig vorhanden.

Charakter: Schmaler steiniger Pfad, meist schattig im Wald. Der Boden wird leicht rutschig, sodass Schuhe mit gutem Profil notwendig sind.

Highlights: Tolle Aussichtspunkte am Belvédère und der verwunschene, mit Moos durchzogene Wald.

Kinder: Der Weg durch den »Zauberwald« ist auch für Kinder spannend.

Einkehr: Kiosk mit kleinem Café und Tischen auf der Aussichtsterrasse direkt am Parkplatz.

Unterkunft:
Hotel: Einige Kilometer östlich von Bort-les-Orgues vermietet ein Australier in seinem Chambre d'hôte »A L'Australienne« drei Zimmer in einem 200 Jahre alten, schön restaurierten Farmhaus.
Camping: Les Aubazines in Sarroux. Komfortabler Platz am See.
Wohnmobil: Stellplatz im Stadtzentrum von Bort-les-Orgues bei GPS N 45°23'56.0", E 2°29'51.0".

In der Nähe: Badeplatz und Hochseilgarten am Château de Val.

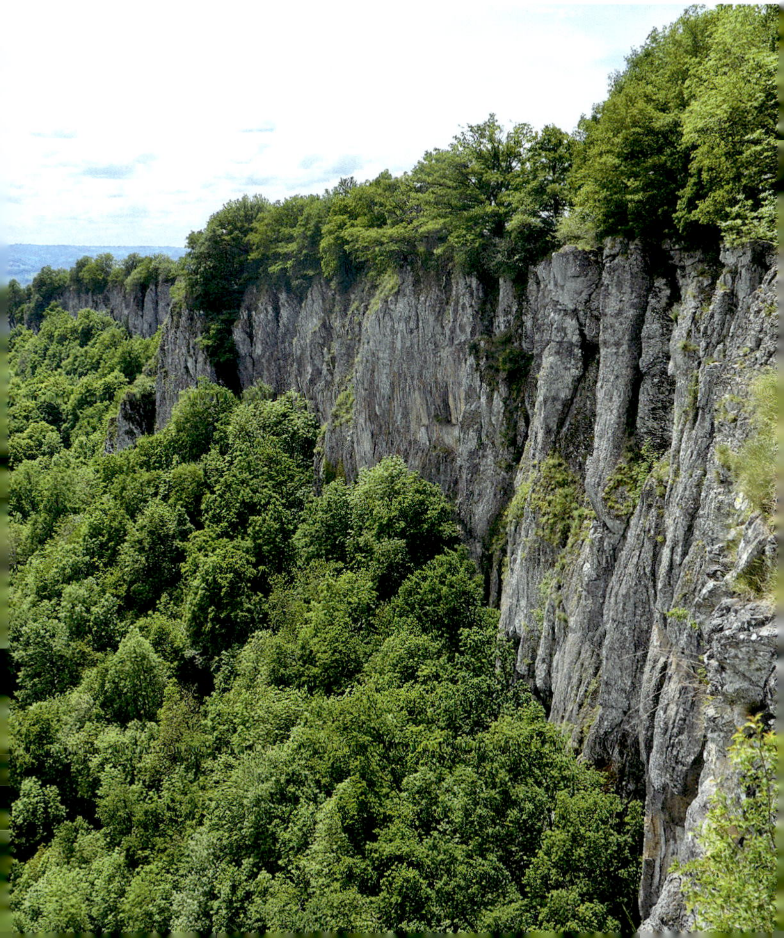

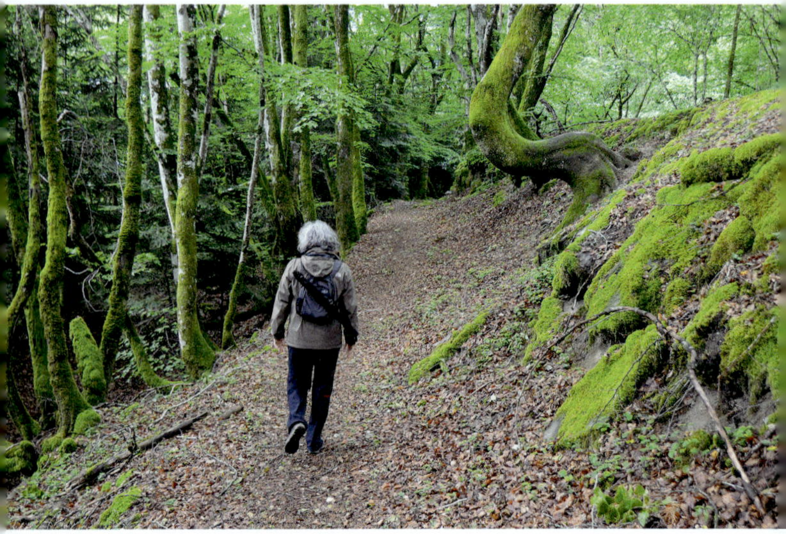

brocken und grün bepelzten Stämmen. Erst kurz hinter dem **Abstieg nach Bort-les-Orgues** lichtet sich der Wald. Rechts kann man den einen oder anderen Blick auf die mächtigen Steinsäulen der Orgues erhaschen. Der Weg steigt wieder leicht an und mündet wenig später in eine **schmale Straße** ③, der wir etwa 50 Meter folgen. Dann führt rechts eine **Treppe** hinauf und unser Pfad verläuft auf halber Höhe zwischen Straße und Felsen.

An einem Haus treffen wir erneut auf die Straße und durchqueren das Örtchen **Chantery** ④. Am Ortsende zweigen zwei Wege rechts von der Straße ab. Der rechte Weg führte einmal direkt hinauf zum Belvedere und zur Abbruchkante der Felsen. Er wurde 2020 aus Sicherheitsgründen gesperrt. Der spektakulärste Teil des Klippenweges ist damit nicht mehr zugänglich. Der Rückweg führt stattdessen über die Hochebene. Wir folgen dazu am Orts-

Die braunen Kühe der Auvergne

Die rostroten, eleganten Vaches Salers, die wir hier überall auf den Weiden sehen, sind eine sehr alte Rinderrasse und tragen die typischen weit geschwungenen Hörner eines Wildrindes. Man geht davon aus, dass sie mit iberischen Rindern verwandt sind und schon zur Zeit der Römer in die Auvergne kamen. Salersbullen werden vorrangig zur Fleischproduktion gezüchtet. Die Herden verbringen die Sommer komplett im Freien und werden dabei meist im Familienverband gehalten. Oft sieht man bullige, fast weiße Stiere in der Gruppe, die zur Kuhrasse der Charolais gehören und besonders gerne mit Salers-Rindern gekreuzt werden.

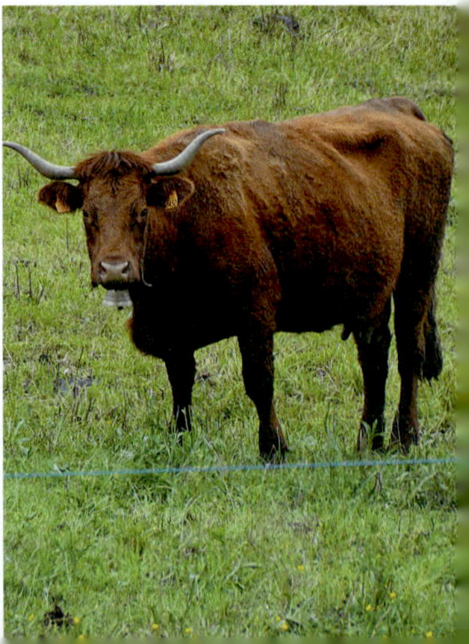

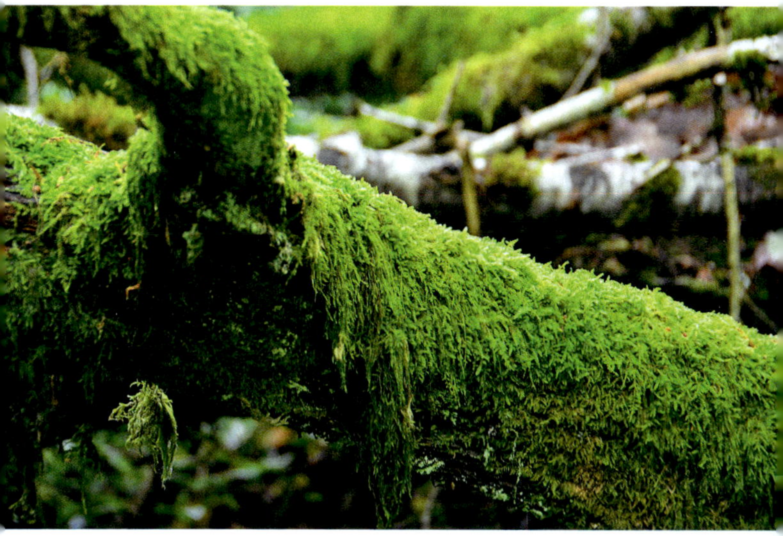

ende von Chantery der grünen Markierung nach links und steigen auf einem schattigen, gleichmäßig ansteigenden Waldweg hinauf.

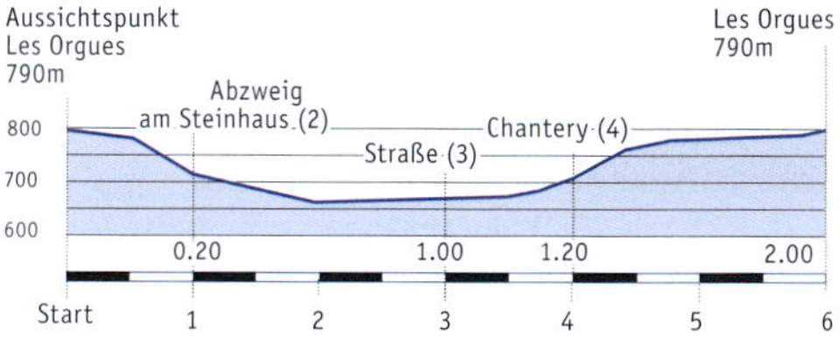

Oben angekommen geht es an der **T-Kreuzung** nach links und durch eine Linkskurve. Wir biegen hier rechts ab und stehen kurz darauf wieder am Parkplatz. An den Picknicktischen im Wald oder den Tischen der Bar können wir die Runde ausklingen lassen.

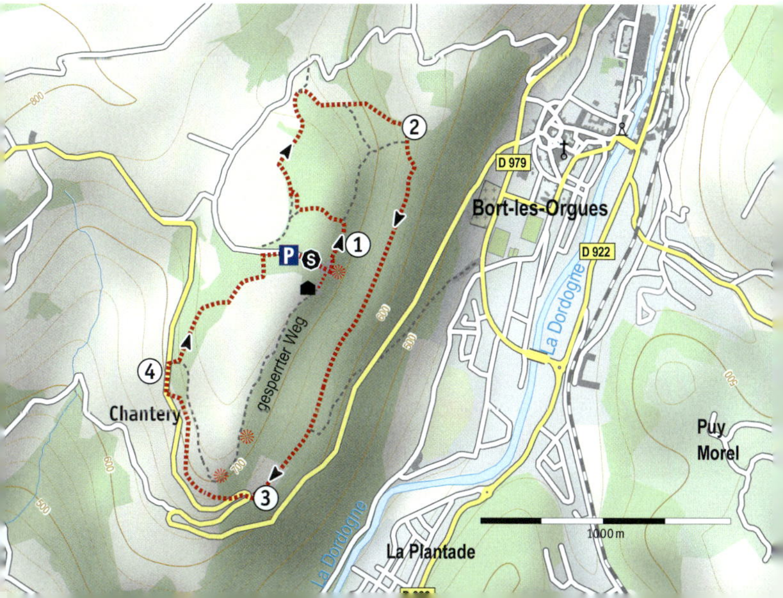

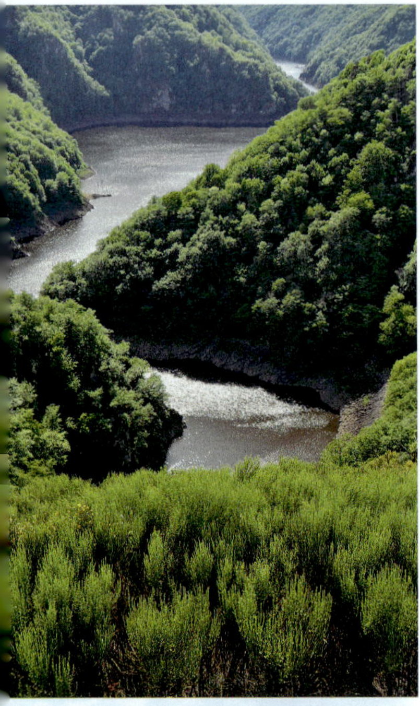

Tour 3: Site de Saint-Nazaire

Die Legende vom Heiligen und dem Teufel

Drei hohe Holzkreuze stehen auf einem Felsen hoch über dem Zusammenfluss des Flüsschens Diège mit der Dordogne, die hier oben zu dunklen Wasserbecken zwischen steilen Felswänden gestaut wird. Der schroffe Felsen über der Dordogneschlucht bietet einen grandiosen Blick über eine beinahe menschenleere Landschaft. Auch ohne große Neigung zur Esoterik spürt man hier einen Ort mit besonderer Kraft. Am Rand des Felsens sind in kurzen Abständen mannshohe Holzkreuze errichtet. Mit Weihwasser und Kreuz bannte hier der Heilige Saint-Nazaire vor vielen hundert Jahren den wahrhaftigen Teufel – so will es jedenfalls die Legende.

50 m

STRECKE 1,5 km

30 min

ab 4

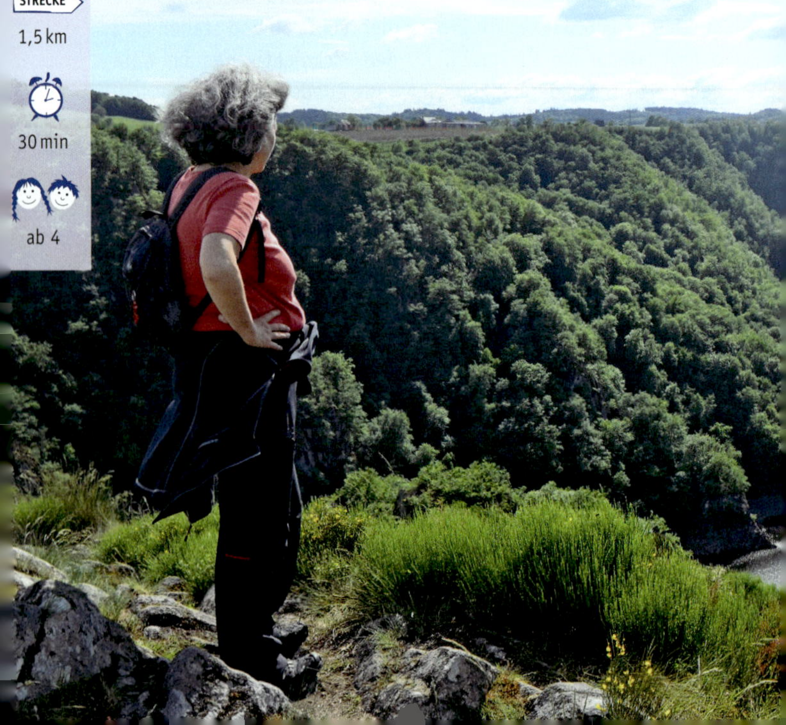

Wanderung: Schon vom Parkplatz hat man einen tollen Blick in die Schlucht. Noch beeindruckender ist jedoch der Platz auf dem gegenüberliegenden Felsplateau, das man mit einem kurzen Marsch über steinige Pfade leicht erklimmen kann. Dazu folgt man vom Parkplatz dem markierten Pfad am oberen Parkplatzende. Ein kleine **Treppe** führt auf einen breiten Weg über der Schlucht. An der inzwischen trockenen **Quelle** und dem ersten **Holzkreuz** geht es dann links hinab, durch eine Senke und zur nächsten Kreuzung, an der man abermals links abbiegt. Von hier

TOUREN-STECKBRIEF

Anfahrt: Von Bort-les-Orgues auf der nördlich gelegenen D 979 nach Sarroux, am Camping vorbei und dann links dem Wegweiser nach Saint-Julien-près-Bort folgen. Durch das Dorf hindurch bis zum Parkplatz am Straßenende bei **GPS N 45°24'47.0", E 2°23'29.0"** weiterfahren.
Charakter: Miniwanderung über einem Pfad oberhalb der Dordogneschlucht auf eine Halbinsel zwischen der gestauten Dordogne und der Mündung der Diège.
Kinder: Der ausgedehnte Wiesenplatz um die Statue des Heiligen ist ein wunderbarer Picknickplatz mit viel Raum zum Spielen. Auf jüngere Kinder auf dem hinteren Plateau gut aufpassen, da die Felswände steil abfallen.
Unterkunft:
Hotel: Einige Kilometer östlich von Bort-les-Orgues vermietet ein Australier in seinem Chambre d'hôte »A L'Australienne« drei Zimmer in einem 200 Jahre alten, schön restaurierten Farmhaus
Camping: Les Aubazines in Sarroux. Komfortabler Platz am See.
Wohnmobil: Stellplatz im Stadtzentrum von Bort-les-Orgues bei GPS N 45°23'56.0", E 2°29'51.0".
In der Nähe: Campinggelände Sarroux mit Bootsverleih, Pool und Badestrand.

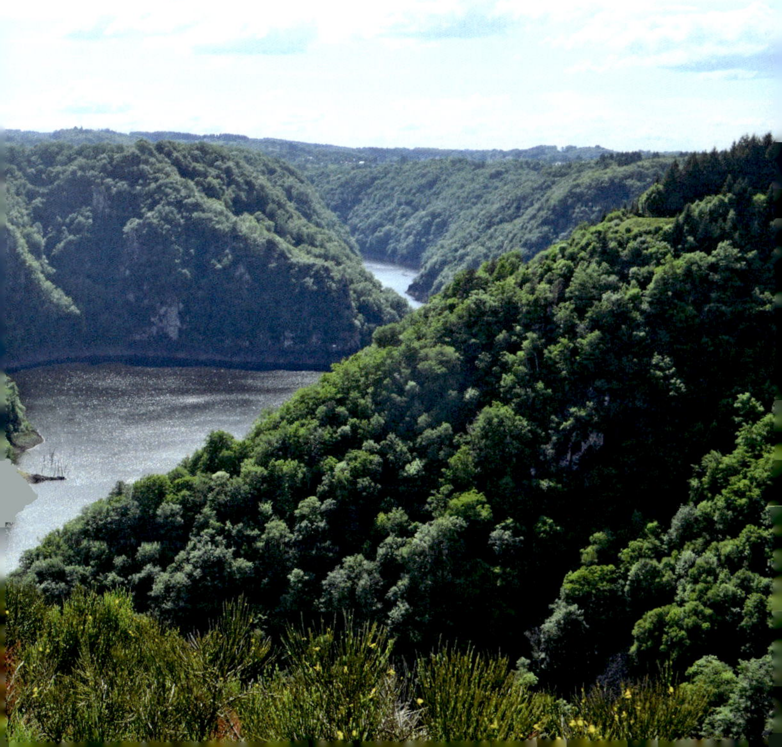

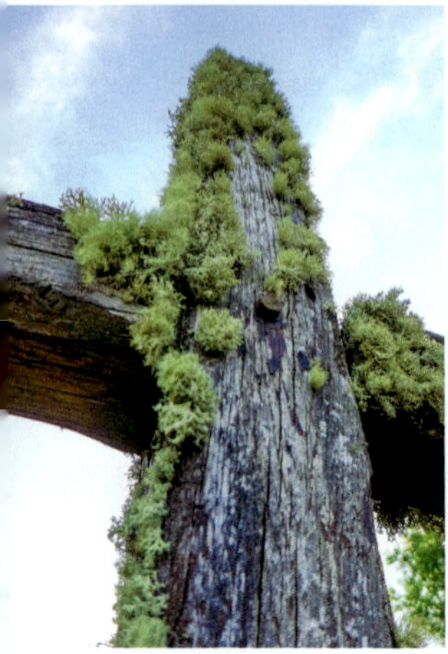

sind es nur noch wenige Minuten zur **Statue des Saint Nazaire** auf einem von Kreuzen umringten Berg. Der Wiesenweg durchquert ein Wäldchen, in dem es sich wunderbar picknicken lässt. Er führt weiter zum Felsen hoch über der Mündung der Diège in die Dordogneschlucht und zu den drei sorgfältig arrangieren Holzkreuzen, die optisch an eine bekannte Szene am Berg Golgotha erinnern. Sie sind es wohl, die heute noch den Teufel bannen, der einst auf dem wilden Plateau zwischen Felsen und Gestrüpp sein Unwesen getrieben haben soll. Dann, so erzählt die Legende, kam Saint Nazaire und brachte den Einwohnern von Saint Julien das Christentum. Mit Weihwasser und Kreuz trieb er den Teufel auf Nimmerwiedersehn zu einem verwegenen Sprung über die Dordogneschlucht. Sein Hufabdruck soll an den Kreuzen noch heute im Stein zu sehen sei…

Der Felsen war lange Zeit verlassen – bis der Pfarrer von Saint-Julien-près-Bort die Idee mit dem Kreuzweg hatte. So sind die vielen Holzkreuze auf dem Plateau weit jüngeren Datums als die Heldentat des Saint Nazaire: Sie wurden erst 1901 an der Site de Saint-Nazaire aufgestellt. Jedes Jahr am ersten Sonntag im September ist der Kreuzweg das Ziel einer Pilgerprozession. Die Quelle auf dem Berg soll Heilkräfte haben, sagt man.

Wenn wir dann auf gleichem Weg zum Parkplatz zurückgekehrt sind, lohnt ein Blick auf das kunstvoll gefertigte Emaille-Tableau am Parkplatz. Es erzählt die Teufelslegende noch einmal dreisprachig (französisch, englisch und holländisch). Die Geschichte ist dabei etwas ausführlicher als die gekürzte Version, die Sie eben hier gelesen haben.

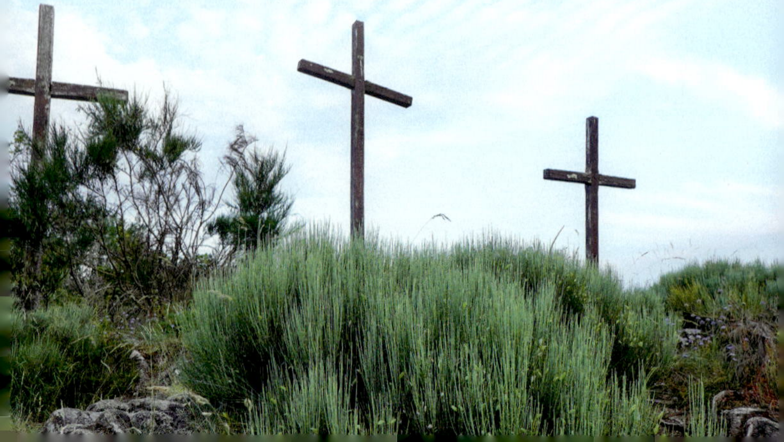

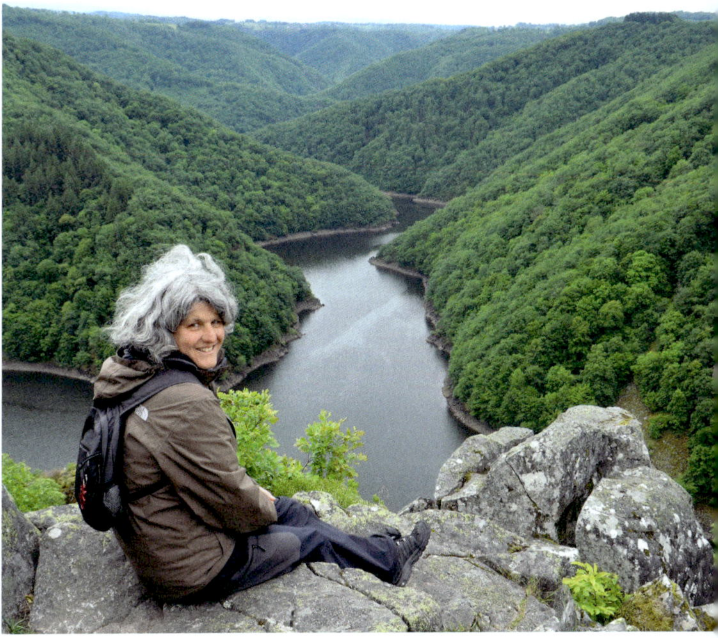

Tour 4: Belvédère de Gratte-Bruyère

10 m
STRECKE 500 m
15 min
ab 6

Mini-Runde mit Blick in den Abgrund

Einen weiteren besonders schönen Blick in den Abgrund der Dordogneschlucht erlaubt das Belvédère de Gratte-Bruyère. Hier ist es der Fluss Sumène, der in die aufgestaute Dordogne mündet. Vom Aussichtspunkt führt die schmale »Route touristique des Adjustans« am Hang in die Schlucht hinunter und überquert die Dordogne auf einer schmalen Bogenbrücke.

TOUREN-STECKBRIEF

Anfahrt: Von der D20 südlich des Ortes Neuvic in Richtung Sérandon abbiegen, das Dorf durchqueren und von dort der Beschilderung zum Belvédère de Gratte Bruyère folgen. Der Parkplatz liegt am Aussichtspunkt rechts am Straßenrand oberhalb einer Reihe Picknicktische bei **GPS N 45°19'47.3", E 2°20'06.9".**

Markierung: Gelb-weiße Farbbalken.

Charakter: Miniwanderung auf einem Pfad hoch über der Dordogneschlucht und durch den Wald zurück zum Picknickplatz.

Kinder: Mit jüngeren Kindern besser am vorderen Aussichtspunkt bleiben. Für größere Kids, die geschickt über Felsen klettern, ist die Mini-Runde aufregend.

Unterkunft:

Hotel: Les Roulottes de Bois mit liebevoll eingerichteten Schäferwagen, Domaine de Mialaret mit Zimmern, Chalets, Safarizelten und Stellplätzen für Camper.

Camping/Wohnmobil: Camping Municipal du Lac in Liginiac, Camping Municipal La Plage in Neuvic.

In der Nähe: Badeplätze am Lac Neuvic.

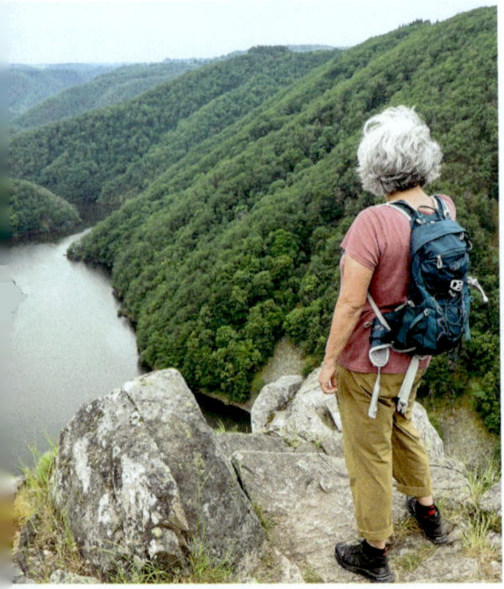

Wanderung: Vom Parkplatz an der Straße laufen wir zur ersten, von einer Mauer eingefassten **Terrasse** ①. Von hier aus folgen wir dem schmalen gelb-weiß markierten Pfad, der zum Weitwanderweg zwischen Argentat und Bort-les-Orgues gehört. Der steinige Pfad führt hoch über der Schlucht am Hang entlang. Nach etwa 200 Metern treffen wir dann auf einen **Abzweig** ② nach rechts, der uns zu einem natürlichen **Ausguck auf den Felsen** führt.

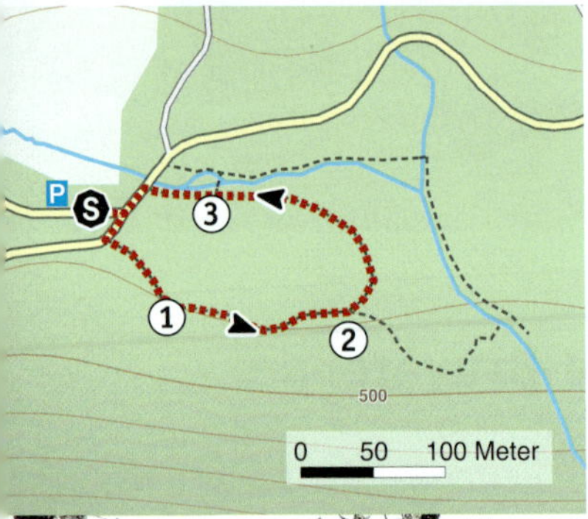

Hier befindet sich auch der Wendepunkt unserer Mini-Runde. Die gelb-weiße Markierung führt uns nach links in den Wald und in einem Bogen zurück zum Parkplatz. Kurz bevor wir wieder zur Straße hinaufsteigen, passieren wir einen **Picknickbereich** ③ an einem mäandernden Bach.

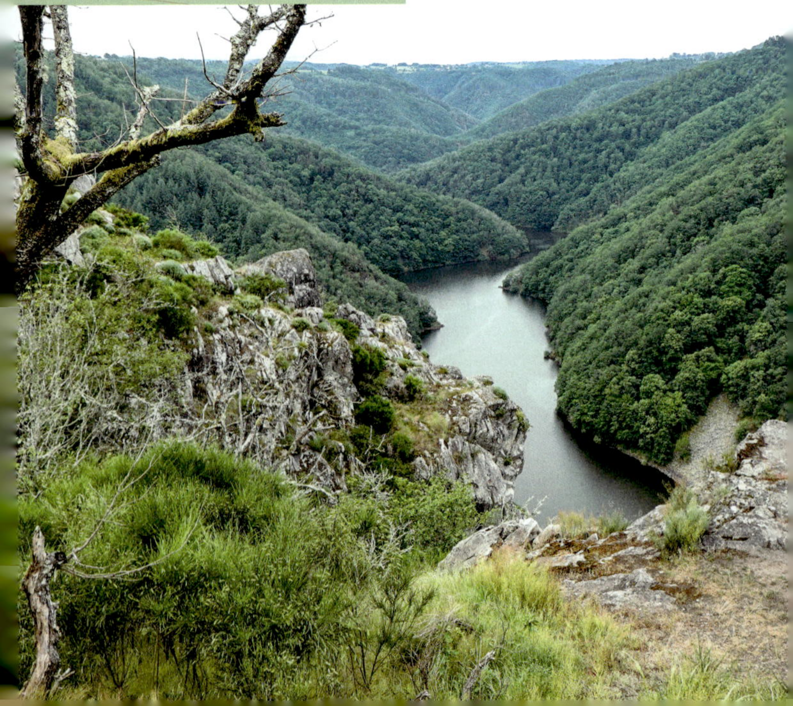

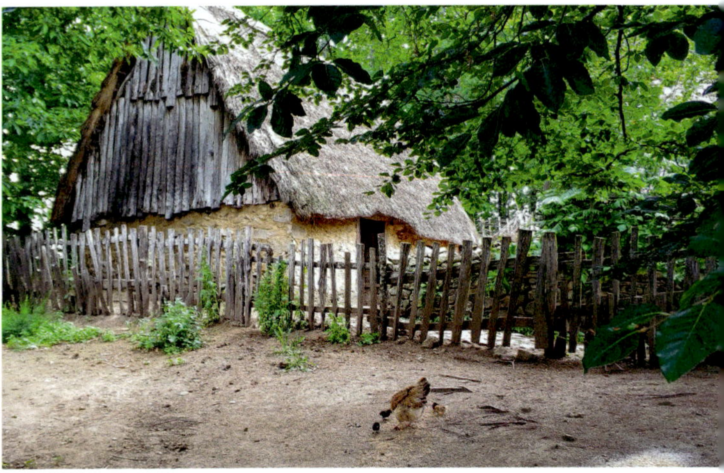

Tour 5: Die Fermes du Moyen Age

2h

ab 4

Ein Dorf aus dem Mittelalter

Puy d'Arrel nennt Jean-Claude Gire sein Dorf. Es besteht aus einigen Bauernhöfen, einer Mühle und einer kleinen Kirche. 1477 hat er als »Geburtsjahr« festgelegt, aber eigentlich war das zwölf Hektar große Gelände zwischen Saint-Julien-en-Bois und Saint-Privat bis 2004 Brachland. Auch ein Dorf namens Puy d'Arrel wird man in den historischen Dokumenten der Region nicht finden.

Schon fast sein ganzes Leben ist Jean-Claude fasziniert vom Mittelalter. 25 Jahre hat er Wissen gesammelt und Archive durchforstet, bevor er begann, den Traum seiner Kindheit aufzubauen. Haus für Haus und Zaun für Zaun haben Jean und seine Familie dieses Dorf nach mittelalterlichen Vorlagen errichtet –

TOUREN-STECKBRIEF

Anfahrt: Die Zufahrt zum Museum befindet sich zwischen Saint-Julien-aux-Bois und Saint-Privat an der D980 und ist beschildert. Der Parkplatz liegt bei **GPS N 45°08'05.7", E 2°07'50.5"**.

Öffnungszeiten: Ostern bis Allerheiligen, 14–18 Uhr, Samstag geschlossen, im Juli und August täglich von 10–19 Uhr. €7, Kinder 6–12 Jahre €5. www.fermesdumoyenage.com

Kinder: Die Pferche mit Schweinen und die überall freilaufenden Hühner dürften Kinder mindestens genauso begeistern wie die urigen Häuser und die labyrinthartig angelegten Wege. Das Museum ist ein perfektes Famlienziel.

Übernachtung:
Hotel: Domaine du Sable
Camping: Campingplatz in Saint-Privat oder mit Lage am See in Auriac und am Lac de Feyt.
Wohnmobil: Stellplatz am Campingplatz Lac de Feyt bei GPS N 45°08'41.6', E 2°02'12.6".

In der Nähe: Bade- und Campingplatz am See von Auriac oder am Lac de Feyt.

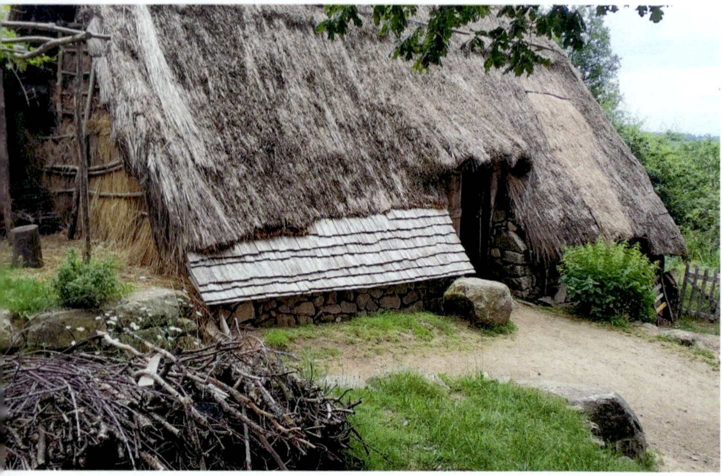

liebevoll und mit großer Detailtreue. Die Idee war, das normale Leben der Landbevölkerung im Mittelalter hautnah erlebbar zu machen.

Im Dorf lebt heute nicht nur die Familie Gire, hier sind auch jede Menge Tiere zu Hause. Eben alle Tierarten, die in einem Dorf üblicherweise gehalten wurden: Hühner kratzen auf dem Misthaufen und vier Hunde und einige Katzen stromern durch die Gassen. Schweineduft verrät eindeutig, welche Ställe im Dorf bewohnt sind. Auf den Wiesen grasen Schafe und zwei stattliche Salers-Ochsen. Im Dorfzentrum versteckt sich ein üppig blühender Garten mit Gemüse und Heilkräutern und eine kleine Kirche. Das Vorbild für Notre Dame du Puy d'Arrel war die Abbaye de Valette, die in den Fünfziger Jahren im Stausee von Chastang versank. Alle Häuser im Dorf sind originalgetreu eingerichtet und frei zugänglich. Die Ferme de Moyen Age ist also kein trockenes Museum, sondern eine lebendige Dorfanlage, sodass auch Kinder ihren Spaß an einem Besuch haben werden.

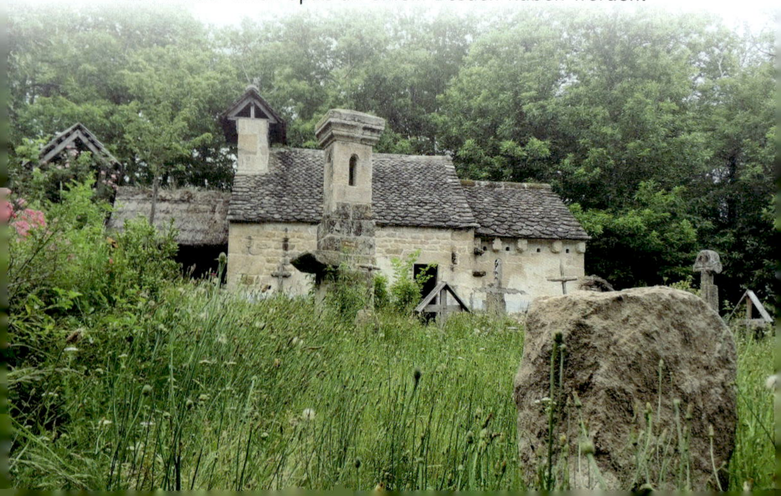

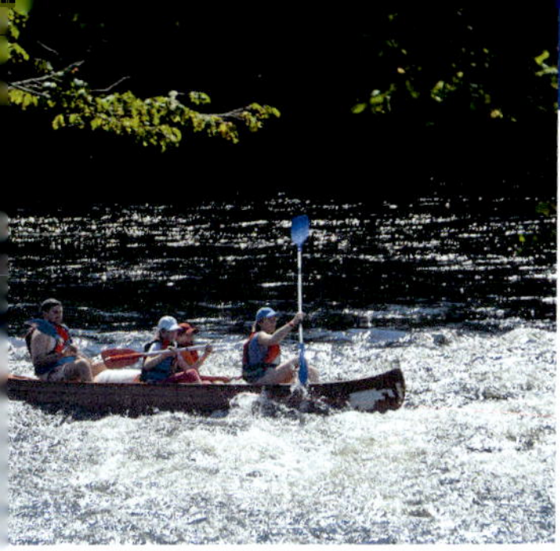

Tour 6: Wildes Wasser

Abenteuertour für mutige Kanuten

STRECKE 25 km

5–6 h

ab 8

Zwischen Argentat und Beaulieu entwickelt die ansonsten recht ruhige Dordogne spritziges Temperament. Flotte Strömung, der eine oder andere Felsbrocken im Wasserlauf und zwei Naturwehre sorgen für Spannung und für eine frische Dusche. Der Flussabschnitt ist als leichtes Wildwasser klassifiziert. Den allerersten Paddelversuch starten Sie besser etwas weiter flussabwärts. Sportliche Paddler, die bereits ein wenig Erfahrung im Kanu gesammelt haben, werden hier oben jedoch viel Spaß haben. Viele flotte Kiesbankschwälle sorgen für rasante Kurvenfahrten zwischen ausgedehnten Kiesbänken, auf denen man wunderbare Bade- oder Picknickpausen machen kann.

Argentat – Monceaux: 5 km

Die Einstiegsstelle ist abhängig vom gewählten Kanuverleih. Wir beginnen die Beschreibung der Strecke ganz oben nördlich von Argentat, wo man von der **Kanueinsetzstelle am Sportplatz** starten kann. Kurz nach Fahrtbeginn an der breiten Betonrampe neben dem Restaurant tauchen am Ufer die verschachtelten Häuserzeilen der Altstadt von Argentat und die Tische der Restaurants am Quai Lestourgie auf. Vom Fluss gesehen gewinnt Argentat noch an Romantik. Wir durchpaddeln die alte Steinbogenbrücke im Dorfzentrum. Dann folgt die Brücke der Umgehungsstraße und der Ort liegt hinter uns.

Hinter der ersten Linkskurve sehen wir rechts den **Camping L'Echo du Malpas**. Vorsicht kurz vor dem Campingplatz: Hier liegen **Steinbrocken im flachen Wasser** ①, die bei flotter Strömung umfahren werden müssen.

Zwei Schlüsselstellen rechtfertigen die Klassifizierung der obersten Etappe der Dordogne als **Wildwasser I bis II:** der **Malpas** zwei Kilometer südlich von Argentat und **Le Battut** kurz vor Ende der Fahrt in Beaulieu. Wer nicht gleich nach Fahrtbeginn vor der ersten Herausforderung stehen möchte, beginnt diese Tour unterhalb des Malpas.

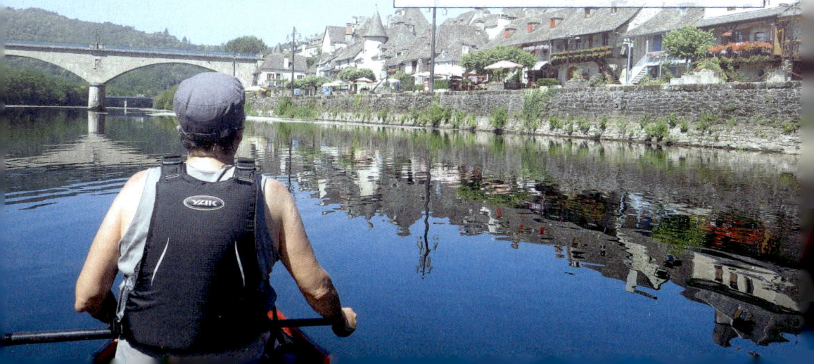

Hinter dem Campingplatz treffen wir auf die erste Schlüsselstelle der Etappe: den **Malpas** ②. Als »mal passage« – schlechte Durchfahrt – bezeichneten die Gabariers in bildhafter Sprache Engpässe im Flusslauf. Hier ist es eine langgezogene Felseninsel, die den Fluss in zwei schnell fließende Arme teilt. Auf der Kiesbank am Camping Europe, der direkt an der Stromschnelle liegt, kann man zur besseren Übersicht anlegen. Die am Ufer platzierten Leihboote von Apache Canoe signalisieren die richtige Stelle. Der Malpas ist auf beiden Seiten der Insel fahrbar. Rechts braucht es dazu sichere Navigation, um die richtige Einfahrt zwischen den Steinen zu treffen. Die Durchfahrt auf der linken Seite ist gerade und daher einfacher zu fahren. Treffen Sie eine klare Entscheidung und nähern Sie sich entweder direkt am linken oder direkt am rechten Ufer. Wer in der Mitte fährt, riskiert über einen flachen Schwall in schlechter Position in den rechten Arm gezogen zu werden, was die allerbeste Voraussetzung für eine schnelle Kenterung ist. Im Juli und August ist bei gutem Wetter an der rechten Durchfahrt die freiwillige Feuerwehr stationiert, um gekenterten Kanuten aus dem Wasser zu helfen.

Hinter den Wirbeln des Malpas beruhigt sich der Fluss sehr schnell. Am rechten Ufer führt leicht oberhalb die schmale D 12 entlang. Links mündet die **Maronne** ③ an einer breiten Kiesbank,

TOUREN-STECKBRIEF

Anfahrt: Folgen Sie von Argentat der D12 in Richtung Beaulieu. Links der Straße reihen sich erst die beiden Campingplätze und dann die Verleihstationen.

Verleihstationen: Oberhalb des Malpas auf dem Camping Europe (Apache Canoe) oder dem Camping L'Echo du Malpas (Copeyre Canoe).
Unterhalb des Malpas liegen die Stationen von Saga Team (Camping Soleil d'Oc) und Les Gabares de la Dordogne an der D 12. Die Kanumiete inklusive einer wasserdichten Tonne, Schwimmweste und Rücktransport kostet 16 – 23 pro Person, Kinder bis 12 Jahre 50%.

Charakter: Spritzige Kanutour für fortgeschrittene Paddler auf einem Wildfluss mit unverbauten Ufern. Rechnen Sie genug Zeit für Pausen an den vielen schönen Picknick- und Badeplätzen. Dieser Abschnitt ist nur bei passendem Wasserstand befahrbar. Mit eigenem Boot informieren Sie sich vor dem Start über den aktuellen Wasserstand. [› Seite 23]

Kinder: Kanutouren bedeuten für Kinder Spaß und Abenteuer, solange sich die Eltern auf der gewählten Strecke sicher fühlen. Kinder im Kanu müssen immer sicher schwimmen können und zusätzlich eine Kinder-Schwimmweste tragen. Eine Kenterung sollte mit jüngeren Kindern im Boot vermieden werden, sodass Eltern für diese Tour solide Paddelerfahrung mitbringen müssen!

Einkehr: In der Hochsaison mehrere Snack-Bars an der Strecke.

Unterkunft:
Hotel: Chambre d'hôte Le Pradel in Monceaux-sur-Dordogne und Les Flots bleus in Beaulieu. Weitere Unterkünfte unter www.beaulieu-tourisme.com.
Camping (mit Kanuverleih): Camping Europe oder Camping Soleil d'Oc bei Argentat. Camping Les Iles in Beaulieu.
Wohnmobil: Stellplatz in ruhiger Lage am Ortsrand von Beaulieu an der Wildwasserstrecke und am Sportplatz bei GPS N 44°58'35.0", E 1°50'28.0".

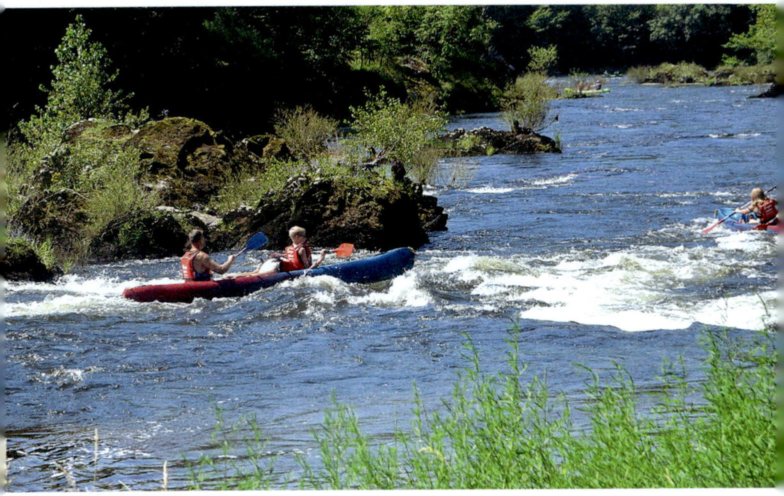

Am Malpas: die Durchfahrt auf der rechten Seite der Insel bei hohem Wasserstand.

an der sich wunderbar rasten lässt. Dann staffeln sich links am Ufer die Grasterrassen des **Camping Au Soleil d'Oc** hinter einem Kiesstrand und dahinter quert die **Brücke von Monceaux**.

Monceaux – Brivezac: 12 km

Hinter der Brücke liegen in einer weiten Linkskurve einige Felsbrocken im Flussbett. Dann zieht der Fluss mal ruhig, mal etwas flotter seine Schleifen zwischen Feldern, Weiden und Nussbäumen. Wann immer es vor uns rauscht und grisselt, ist Aufmerksamkeit gefragt. Es gilt die Fahrstrecke mit dem meisten Wasser zu finden, um nicht träge dümpelnd auf den flachen Kiesflächen zu stranden, die mal rechts, mal links in das Flussbett ragen. Folgt man rechtzeitig der Hauptströmung, ist das Ganze eine spaßige Sache – es sei denn, das Wasser trägt einen in flotter Fahrt unter die überhängenden Bäume im Uferbereich. Es heißt also wachsam bleiben.

Zwei Flussschleifen weiter befindet sich am linken Ufer der **Camping Le Saulou** mit öffentlichem Badeufer, das sich gut für eine Pause eignet. Dahinter verzweigt sich die Dordogne in drei Arme und umfließt zwei schmale Inselchen. Wir bleiben einfach immer in der Hauptströmung. In der folgenden Rechtskurve lockt im Sommer die Snackbar des Kanuverleihes **Les Gabares de la Dordogne**. Hier entspannt man im Schatten mit Flussblick bei Kaffee oder kühlen Getränken, Crèpes, Waffeln oder Pizza.

Auf flache Bereiche mit flotter Strömung folgen tiefe Becken, in denen man geruhsam den Fluss hinuntertreibt und fleißig paddeln muss, um flotter vorwärts zu kommen. Die nächste Straßenbrücke kündigt das Dörfchen **Brivezac** ④ am rechten Ufer an.

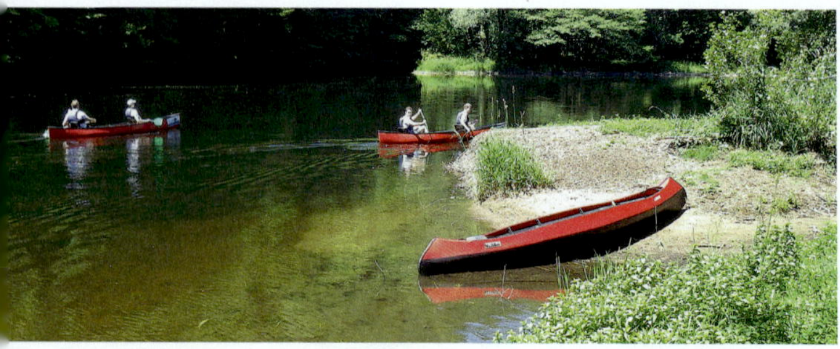

Brivezac – Beaulieu: 8 km
Hinter der Brücke folgt links ein weiteres Campinggelände. Direkt dahinter teilt eine Insel den Fluss. Bei höherem Wasserstand scheint die Hauptströmung nach rechts zu ziehen. Hier versperrt jedoch knapp unter der Wasseroberfläche ein **Felsriegel ⑤ die Durchfahrt, der nur bei niedrigem Wasserstand zu sehen ist.** Die Durchfahrt links der Insel ist flott, aber problemlos. Kurz darauf verführt die einladende **Snackbar** am nächsten Kanuverleih zur nächsten Pause.

Ein weiteres Inselchen teilt den Fluss. Dann wird das Rauschen des Wassers stetig kräftiger und lauter, während wir auf die nächste Insel zufahren. Die Hauptströmung verschwindet links, und hier ist auch die Quelle des Lärms zu finden: Ein zerfallenes Naturwehr sorgt für heftige Turbulenzen. Fährt man beherzt ins Strömungs-V und hält das Kanu entschieden gerade, kommt man wohlbehalten durch die Wellen und kann dann unterhalb der Schnelle anlegen und das eingesammelte Spritzwasser wieder aus dem Boot befördern. Von der Kiesbank an der Inselspitze ist **Le Battut ⑥** gut einsehbar. Also am besten erst anlegen und ansehen. Die Stelle kann auch über die Kiesbank umtragen werden. In der Sommersaison ist auch hier die freiwillige Feuerwehr stationiert.

Jetzt geht es ganz entspannt weiter, bis vor uns die ersten Häuser von **Beaulieu** erscheinen. Hier ist noch einmal Aufmerksamkeit gefragt. Vor dem Ort ist der Fluss breit und träge, gestaut von einer **unfahrbaren Wehranlage ⑧ unter der Fußgängerbrücke**, die vor uns den Fluss überspannt. Wir halten uns schon vor dem Ort ganz links am Ufer, wo ein rot-weißes Schild mit schwarzem Pfeil die **Einfahrt über eine Bootsrutsche in einen Seitenarm ⑦** markiert. Im Bogen paddeln wir in einem schmalen Wasserlauf um Beaulieu herum und treffen unterhalb des Ortes wieder auf den Hauptstrom. Hier müssen wir zur anderen Flussseite, wo hinter der Brücke rechts der gängigste Kanuausstieg liegt. Einen weiteren Anleger gibt es bereits vor der Bootsrutsche am Schwimmbad.

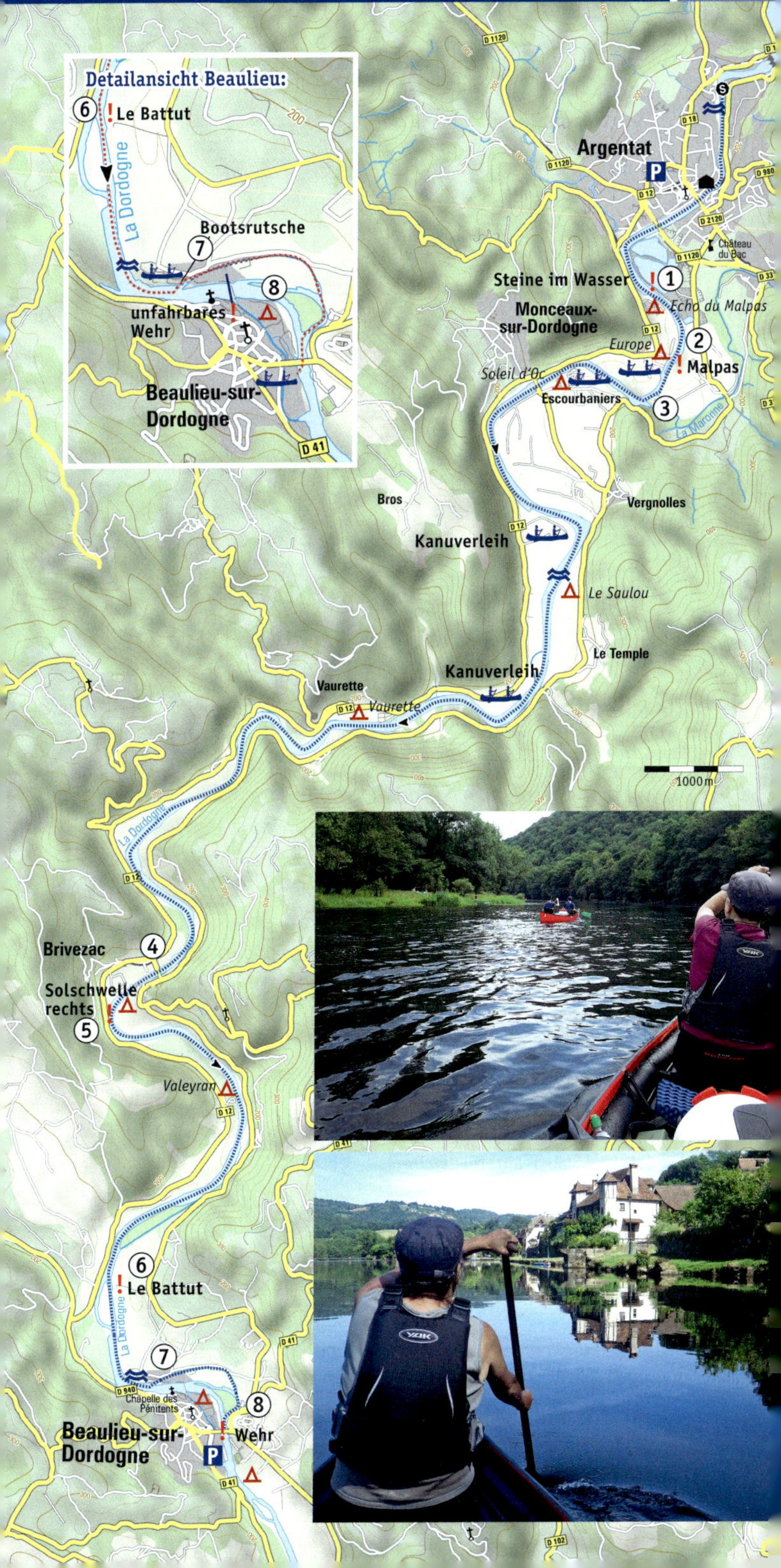
Detailansicht Beaulieu:
6
Le Battut
La Dordogne
Bootsrutsche
7
8
unfahrbares Wehr
Beaulieu-sur-Dordogne
D 41
Argentat
D 1120
D 18
D 12
D 2120
D 980
Château du Bac
Steine im Wasser
1
Echo du Malpas
Monceaux-sur-Dordogne
Europe
2
Malpas
Soleil d'Oc
Escourbaniers
3
La Maronne
Bros
Vergnolles
Kanuverleih
Le Saulou
Le Temple
Kanuverleih
Vaurette
Vaurette
1000 m
La Dordogne
Brivezac
4
Solschwelle rechts
5
Valeyran
6
Le Battut
La Dordogne
7
D 940
Chapelle des Pénitents
8
Beaulieu-sur-Dordogne
Wehr
D 41
D 102

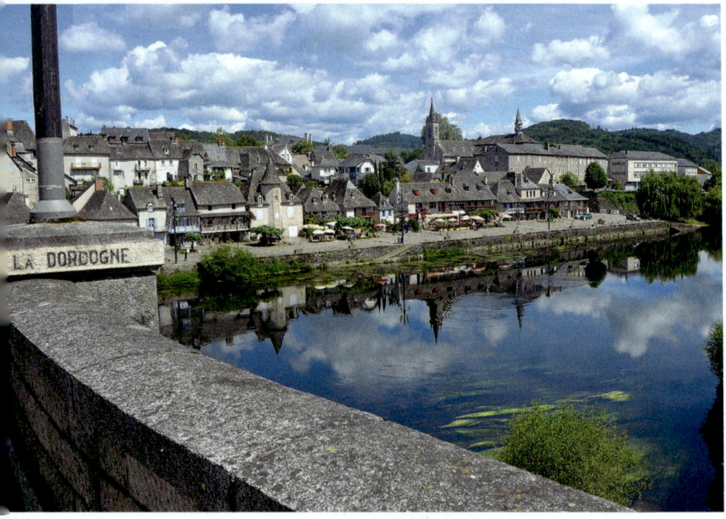

Argentat und die Gabariers
Lastschifffahrt auf der Dordogne

Argentat ist schon lange ein Dorf der Flussfahrer. Wo heute Touristen in ihren Kanus zu einer einwöchigen Wasserwanderung starten, war vor 200 Jahren die Flussfahrt zum Transport von Waren die wichtigste Lebensgrundlage des Dorfes. In Argentat wurde vor allem Holz, aber auch Kohle und Käse aus der Auvergne nach Bergerac und Bordeaux verschifft. Holz war nicht nur zum Heizen, sondern im damals bereits berühmten Weinbaugebiet auch für Weinfässer eine begehrte Ware. Die Lage Argentats direkt unterhalb der waldreichen Höhen des Zentralmassives machte das Dorf vor dem Siegeszug der Eisenbahn zu einem wichtigen Binnenhafen. In der Blütezeit der Dordogneschifffahrt um 1860 wurde beinahe zwei Drittel aller Waren auf dem Fluss transportiert.

In zwei Bänden erzählt der französische Bestsellerautor Christian Signol »**Die Saga von den letzten Schifffahrern der Dordogne**«. »Der Fluss der Hoffnung« ist auf Deutsch zur Zeit nur antiquarisch erhältlich. Die Fortsetzung »Die Schöne aus dem Périgord« (ISBN 978-3825176464) ist 2009 bei Urachhaus erschienen.

Im 18. und 19. Jahrhundert, lange bevor der Fluss durch den Bau der großen Staudämme gebändigt wurde, war die Flussfahrt zwischen Strudeln, Engpässen und jährlich wandernden Sandbänken eine gefährliche Angelegenheit. Im Winter und zur Schneeschmelze führte die Dordogne zu viel Wasser, im Hochsommer dagegen zu wenig. Das Zeitfenster für den Transport von Waren war eng und beschränkte sich auf den Frühsommer und den Herbst. Die flachen Holzboote, Gabares genannt, wurden speziell für die Flussfahrt gebaut. Sie haben einen fla-

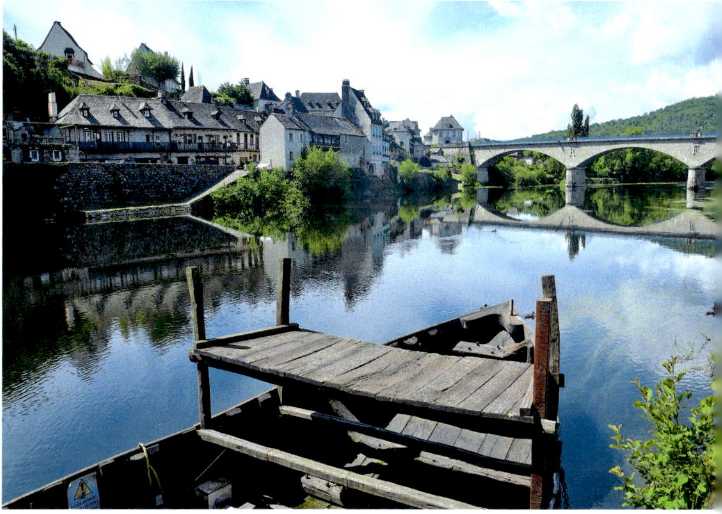

chen Boden, um sie wendig zu halten und bei möglichst wenig Tiefgang die Strömung gut zu nutzen. Die Boote wurden vom Heck mit einem langen Holzruder gesteuert, um sie in der Strömung des Wildbaches auf Kurs zu halten.

Ab Souillac gab es an den Ufern Treidelwege, sodass die Boote mit neuer Ladung vom Meer flussaufwärts gezogen werden konnten. Im flachen Wasser oberhalb von Souillac konnten dagegen nur kleine flache Boote bestehen und eine Rückkehr per Boot flussaufwärts war komplett unmöglich. So unterschied sich der einfache, in Argentat gebaute Bootstyp noch einmal von den größeren, flussabwärts üblichen Holzbooten, die teilweise zusätzlich mit einem Segel ausgestattet waren. Einmal in Bordeaux angekommen, verkauften die Schiffer aus Argentat ihre flachen Kähne als Bau- oder Brennholz und kehrten zu Fuß nach Hause zurück. Im Juli und August können Sie bei Argentat auch heute noch in einer orginalgetreu nachgebauten Gabare auf der Dordogne fahren. Das Boot startet dreimal täglich, die Anmeldung zur Fahrt im Tourismusbüro ist obligatorisch. Außerhalb der Sommerzeit liegt die Gabare am Quai Lestourgie im Ortszentrum.

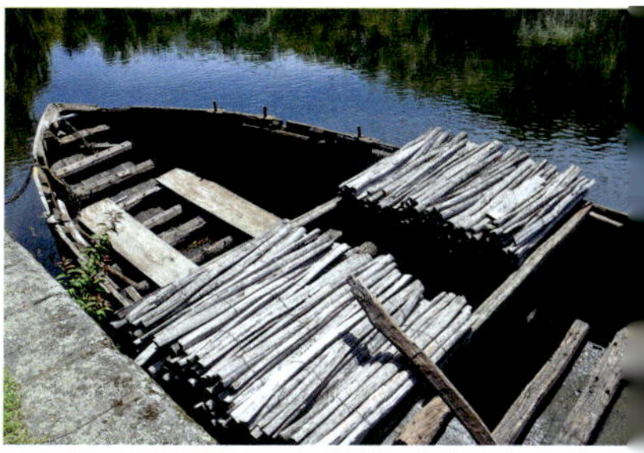

Weitere Informationen über die Flussfahrt auf der Dordogne, das Leben in Argentat und die Bautechnik einer Gabare bekommen Sie im Museum im **Maison du Patrimoine**. *Avenue Gilbert Dellange, geöffnet von Juni bis Ende September Mittwoch bis Sonntag von 10–12 und 15–18 Uhr, sonntags nur am Nachmittag geöffnet, Eintritt frei.*

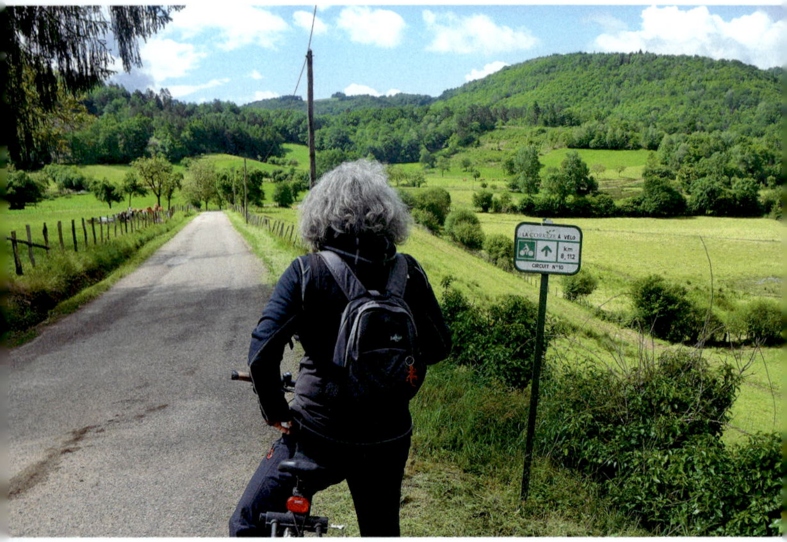

150 m

STRECKE 50 km

4–5 h

Variante ab 10

Tour 7: Stilles Land am Fluss

Mit dem Fahrrad zwischen Argentat und Beaulieu

Die obere Dordogne ist nicht so berühmt wie die Region bei Sarlat, wo schroffe Klippen den Fluss säumen, ein Schloss neben dem anderem thront, sich die alten Dörfer aneinander reihen und die Geschichte besonders viele interessante Spuren hinterließ. Das Tal direkt unterhalb der großen Stauseen im Département Corrèze ist aber beinahe ebenso schön und dazu deutlich stiller. Die Orte Argentat und Beaulieu haben viel alte Bausubstanz und eine verwinkelte Altstadt mit zauberhaften Plätzen am Fluss zu bieten. Zwischen den Dörfern fließt die Dordogne durch leicht welliges Weideland mit vielen Walnussplantagen. Eine Fahrt mit dem Rad bietet sich hier geradezu an. Besonders schön radelt es sich auf der linken Flussseite, wo schmale Sträßchen durch winzige Dörfer führen.

Radtour: Vom Verleih in Argentat überqueren wir die alte Flussbrücke im Ortszentrum und folgen der Hauptstraße bis zur Avenue Lamartine, auf der wir rechts an einem Kieswerk vorbei nach l'Hopital radeln. Hinter dem Dorf überqueren wir die Maronne und biegen rechts ab nach **Vergnolles** (1). Wer an den Campingplätzen Europe oder Le Soleil d'Oc startet trifft hier in Vergnolles auf die Route.

Jetzt führt die schmale Straße in sanftem Auf und Ab am Campingplatz Le Saulou und den Häusern von **Temple** (2) vorbei und auf einer meist schattigen Straße ein Stück über dem Fluss entlang. Eine Handvoll schön restaurierter Steinhäuser bilden das Dörfchen **Recoudier**, wo ein Pfad zu einem Badeplatz an der Dordogne führt. Walnusshaine säumen die Straße um den Ort.

Wenige Kilometer weiter folgt das ebenso kleine Dorf **Rodange** und wenig später die **Brücke von Brivezac** ③. Kurz darauf liegt rechts das Gelände eines weiteren Campingplatzes am Wasser. Wir radeln weiter am Fluss entlang, dann wird das Tal weiter und die D 116 entfernt sich von der Dordogne.

An der ersten Kreuzung folgen wir der Markierung des Radweges mit der Nummer Elf rechts hinab. Hier ist auch die Pizzeria des **Feriendorfes La Rivière** ausgeschildert, das wir am Straßenende erreichen. Neben der Pizzeria befindet sich das **Strandbad von Beaulieu** ④.

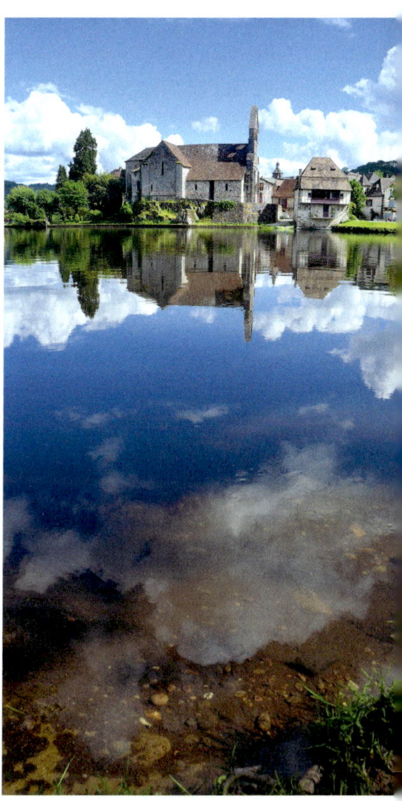

Beaulieu: Besonders gut sieht man die Chapelle des Pénitents vom gegenüberliegenden Ufer.

TOUREN-STECKBRIEF

Anfahrt: Je nach Startpunkt Parkplatz in Argentat am Ortseingang rechts oder im Ortszentrum von Beaulieu.

Fahrradverleih: **Dordogne Outdoor Experience** am Dordogneufer in der Nähe der neuen Brücke. 23 rue des Condamines, Argentat, Tel. 0033 (0)749921836. www.dordogne-outdoor.com

Corrèze Sports Animations an der Hauptstraße im Ortszentrum von Beaulieu, 26 rue Général de Gaulle, Beaulieu-sur-Dordogne, Tel. 0033 (0) 5870 0414. correze-sports-animations.fr

Charakter: Radrunde auf schmalen durchgängig asphaltierten Straßen zwischen zwei malerischen Dörfern. Leicht hügeliges Gelände. Unterwegs Bademöglichkeit im Fluss.

Kinder: Beginnen Sie die Tour auf einem der Campingplätze zwischen Argentat und Beaulieu und wählen Sie nur die schmale Straße am linken Ufer bis Beaulieu. Da es fast immer leicht bergan oder leicht bergab geht, eignet sich die Strecke nur für junge Radler mit ausreichend Kondition.

Einkehr: Mehrere Restaurants und Cafés in Beaulieu oder Argentat.

Unterkunft:

Hotel: Chambre d'hôte Le Pradel in Monceaux-sur-Dordogne und Les Flots bleus in Beaulieu. Weitere Unterkünfte unter www.beaulieu-tourisme.com.

Camping: Camping Europe oder Camping Soleil d'Oc bei Argentat. Camping Les Iles in Beaulieu.

Wohnmobil: Stellplatz in ruhiger Lage am Ortsrand von Beaulieu an der Wildwasserstrecke und am Sportplatz bei GPS N 44°58'35.0", E 1°50'28.0".

Durch das Gelände der Ferienanlage führt ein öffentlicher Fußweg, der Fußgänger über die schmale **Brücke auf dem Wehr** ⑤ von Beaulieu direkt hinüber ins Dorf bringt. Sie können hier Ihre Räder sicher abschließen und die letzten 500 Meter nach **Beaulieu** zu Fuß zurücklegen.

Sollen die Räder mit ins Dorf, biegen wir vor der Ferienanlage links ab. Der Radweg schlägt einen Bogen und mündet auf eine etwas größere Straße, der man rechts bis zur Dordognebrücke am Ortseingang folgt. Radeln Sie weiter geradeaus zur zentralen **Place Marbot**. Hier befindet sich die Information, die auch einen Stadtplan bereithält (Mittagspause 12.30 bis 14.30 Uhr).

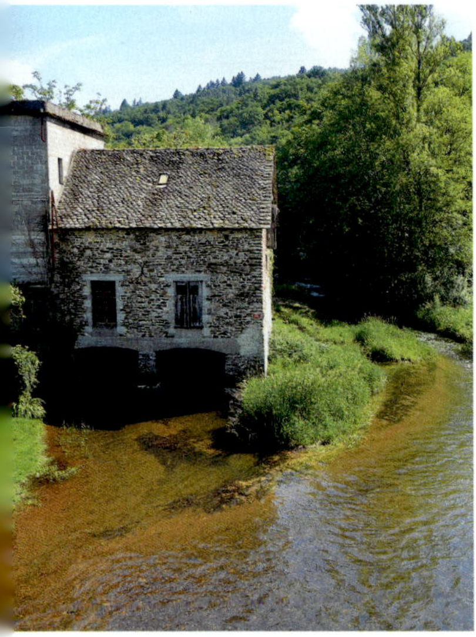

Die alte Mühle an der Maronne ist von der Straßenbrücke gut zu sehen.

Am Platz finden wir auch einige Cafés. Die Restaurants in der Altstadt servieren außerhalb der Hauptsaison nur mittags von 12 bis 14 Uhr. Besonders schön sitzt man dann im *Les Flots bleus* am Flussufer (neben der Kirche). Ebenfalls empfehlenswert ist die Crèperie *Le Beau Lieu Breton* in der Altstadt. Das Timing passt nicht? Eine gute Alternative ist das *Café du Centre* mit kleinen Speisen, die den ganzen Nachmittag serviert werden.

Zurück wählen wir den bekannten Weg. Wer Abwechslung vorzieht, kann auch bei Brivezac die Flussseite wechseln und auf der breiteren Straße am anderen Flussufer zurück nach Monceaux oder Argentat radeln.

Zurück in **Argentat** lockt noch ein Eis oder eine Pause in der Crèperie am Quai. Zum frischen Bad im Fluss folgt man dagegen dem Uferpfad am Quai Lestourgie flussaufwärts und kommt hier schnell an schöne **Badestellen** mit Liegeplätzen auf der Wiese und unter den Uferbäumen.

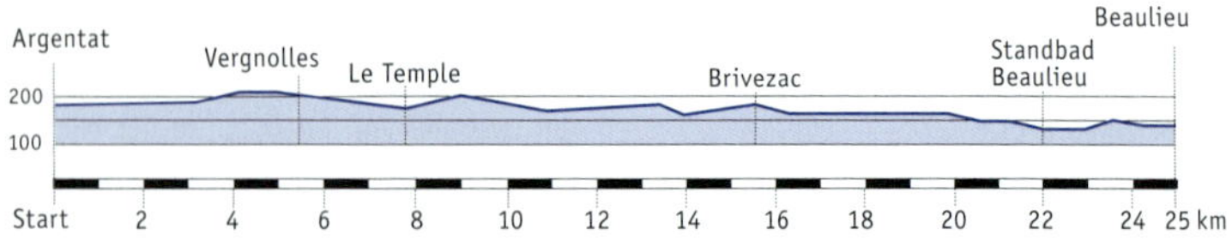

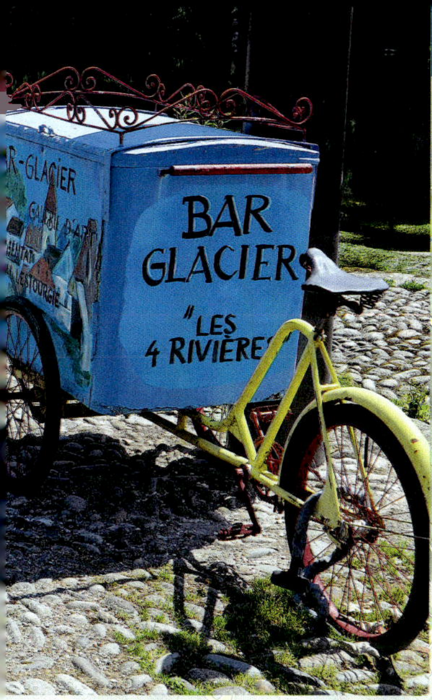

Nostalgie am Quai Lestourgie in Argentat

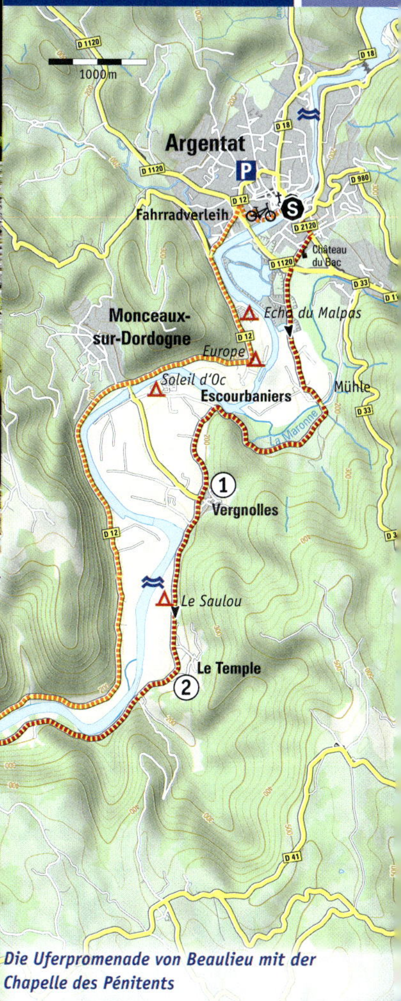

Die Uferpromenade von Beaulieu mit der Chapelle des Pénitents

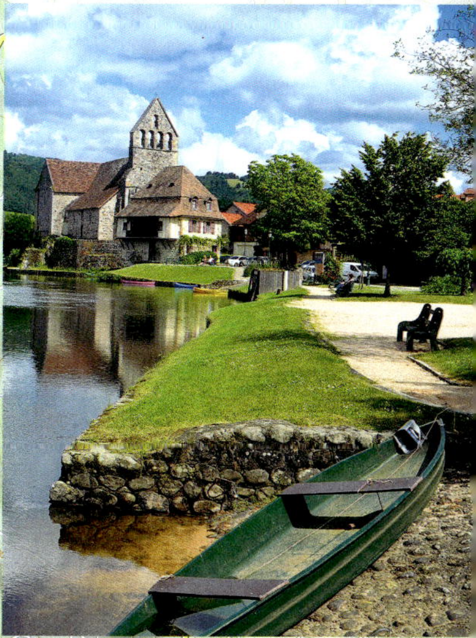

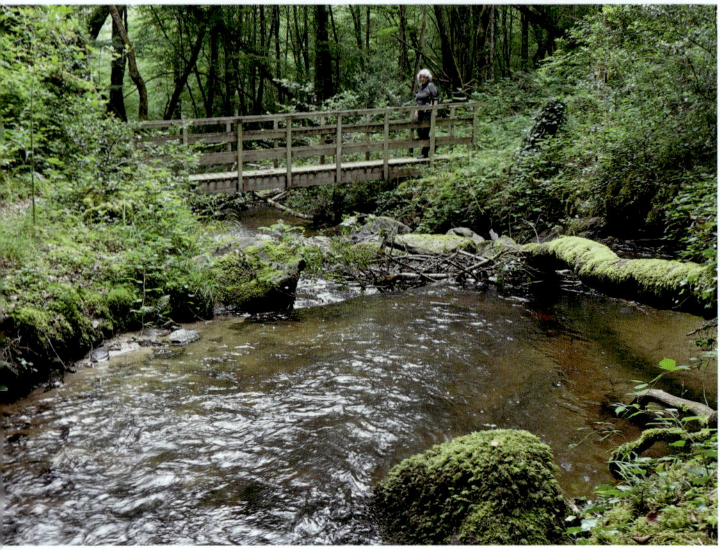

200 m

STRECKE 8 km

3 h

ab 8

Tour 8: Cascades de Murel

Rundweg zum Wasserfall

In drei Stufen stürzt die Cascade de Murel ins flache Wasserbecken. Sie gilt als einer der drei schönsten Wasserfälle in der Region um Argentat. Man kann sie von einem kleinen Parkplatz mitten im Wald mit wenig Anstrengung besuchen oder auf dem Rundweg vom nahen Albussac den landschaftlichen Kontrast zwischen der weiten Hochebene und der schmalen Schlucht intensiver erleben.

Wanderung: Vom **Parkplatz an der Kirche** im Ortszentrum folgen wir dem gelben Pfeil und den gelben Markierungen mit der 14 zuerst ein Stück auf der Straße und gehen zurück bis zum ersten Abzweig. Hier geht es links aus dem Ort hinaus. An den letzten Häusern wechseln wir auf einen **schattigen Waldweg** ①, der parallel zur Straße verläuft. Rechts geht es dann zu dieser zurück und wenige Schritte weiter biegen wir links in einen schmaleren Fahrweg ein. Wir laufen hier durch leicht hügeliges Weideland. Dann führt uns die Markierung links auf einen Waldpfad, auf dem wir bald eine **Kreuzung** ② erreichen. Hier sind sowohl der rechts in die Schlucht führende Pfad als auch der Weg geradeaus gelb markiert. Der rechte führt zur **Cascade de la Vierge** und dann am Bach entlang. Wer sich für die etwas kürzere Variante entscheidet, bleibt hier noch auf dem bequemen Weg auf der Hochebene und steigt später in die Schlucht hinunter.

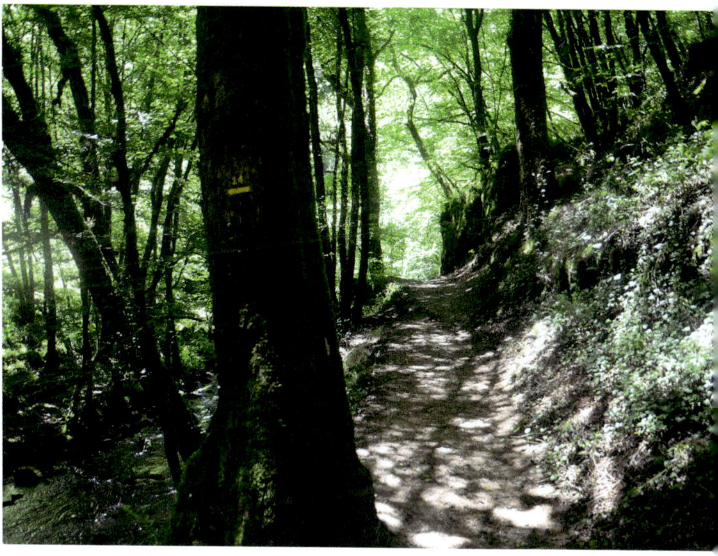

Wir biegen rechts ab und folgen den vielen Kurven unseres Pfades in die Schlucht. Rechts führt dann ein kurzer **Abstecher** zum ersten **Wasserfall Cascade de la Vierge** ③, der aber nicht besonders spektakulär ist.

Dann steigen wir weiter hinunter bis zum Bach. Hier wird der Weg rauer. Über eine **Brücke** wechseln wir ans rechte Ufer. Kurz darauf scheint er ganz aufzuhören. Für ein kleines Stück geht es hier eher durch den Bach als am Bach entlang. Wenn wir genau

TOUREN-STECKBRIEF

Anfahrt: Von Argentat fahren wir auf der D1120 in Richtung Norden und biegen kurz hinter Saint Chamant links auf die D921 ab. Nach fünf weiteren Kilometern geht es rechts (D87) nach Albussac. Im Ortszentrum gibt es vor der Kirche bei **GPS N 45°08′22.0″, E 1°50′08.0″** einige Parkplätze. Dort steht auch eine Infotafel zum Wanderweg. Um mit dem Auto zum Parkplatz an den Kaskaden zu kommen, folgen wir hinter Saint Chamant weiter der D1120 bis nach Forges. Dort geht es links nach Grandchamps und auf einer schmalen Asphaltstraße knapp zwei Kilometer durch den Wald zum Parkplatz bei GPS N 45°08′25.0″, E 1°51′15.0″.

Markierung: Gelbe Farbbalken.

Charakter: Der Rundweg verläuft im Umfeld des Dorfes Albussac am Rand der wenig befahrenen Straße und führt dann auf schmalen, oft steinigen Pfaden durch einen dichten, sehr schattigen Wald am Bach entlang und zu mehreren Wasserfällen. Kurze, steile Wegpassagen beim Abstieg in die Schlucht.

Kinder: Mit jüngeren Kindern empfiehlt es sich eher zum Parkplatz an den Wasserfällen zu fahren, um die Wegpassagen an der Straße zu vermeiden. Zudem erfordert die Rundwanderung schon ein wenig Kondition.

Einkehr: Picknicktische am Parkplatz an den Cascades de Murel.

Unterkunft:

Hotel: Hotels in Argentat oder Beaulieu.

Camping: Albussac ist von allen Campingplätzen zwischen Argentat und Beaulieu gut erreichbar.

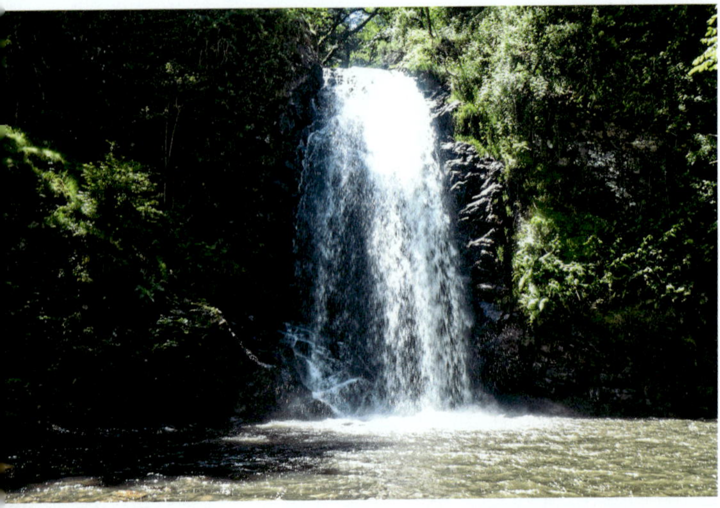

hinsehen, entdecken wir auch schon die nächste Markierung an einem Baum. Wir bleiben jedenfalls auf der rechten Bachseite und gehen weiter am Wasser entlang. Der Pfad ist jetzt wieder gut erkennbar.

Die nächste Infotafel steht am **Zusammenfluss von zwei Bächen** ④ und erklärt das Leben im Bach und die Fischarten, die darin zu Hause sind. Das Tal wird jetzt etwas weiter und freundlicher und wir kommen zu einem schönen Rastplatz mit gutem Zugang zum Wasser. Noch schöner rastet man aber direkt an den Kaskaden, zu denen es jetzt nicht mehr weit ist.

Immer am Bach entlang kommen wir zu einer weiteren **Holzbrücke**, hinter der ein **Picknickplatz mit drei Tischen** ⑤ und ein kleiner Parkplatz zu finden sind. Wer möchte, erreicht den großen Wasserfall also auch mit dem Auto. Die Zufahrtsstraße ist allerdings sehr schmal.

Vom Picknickplatz geht es dann geradeaus weiter in den Wald hinein bis zu einer Wegkreuzung. Hier beginnt der 50 Meter lange **Stichweg zum Platz am Fuß der Wasserfälle** ⑥. Nach einer Pause kehren zur letzten Kreuzung zurück.

Rechts hinauf umgehen wir dann in einer recht aufwendigen Aktion die Felsstufe, über die das Wasser fällt. Es geht steil bergauf und anschließend steil bergab und dann führt ein Stichweg links zu einem **Aussichtsplatz am oberen Ende der Kaskade**.

Dann führt der Weg weiter am Bach entlang und wird für den nächsten Kilometer recht anstrengend. Der Trampelpfad führt über Stock und Stein, zeitweise balancieren wir auch ganz nahe am Bachufer entlang. Meist geht es bergauf oder bergab, bis wir einen Aussichtspunkt mit gutem Blick auf den dritten Wasserfall, den **Saut de la Prade ⑦**, erreichen. Ab hier wandern wir wieder entspannter auf einem gut ausgebauten Weg. Bergauf und bergab geht es trotzdem weiterhin.

Wir bleiben immer auf der linken Bachseite und kreuzen einen Fahrweg, der zu einem Haus führt. Kurz darauf überqueren wir erneut den Bach und wandern hinauf bis zu einer schmalen asphaltierten Straße. In diese biegen wir links ein und haben dann den letzten richtigen Aufstieg dieser Wanderung vor uns. Der Fahrweg endet auf der **Straße nach Albussac ⑧**, der wir nach links folgen. Die letzten 500 Meter gehen wir am Straßenrand zurück bis zum Parkplatz.

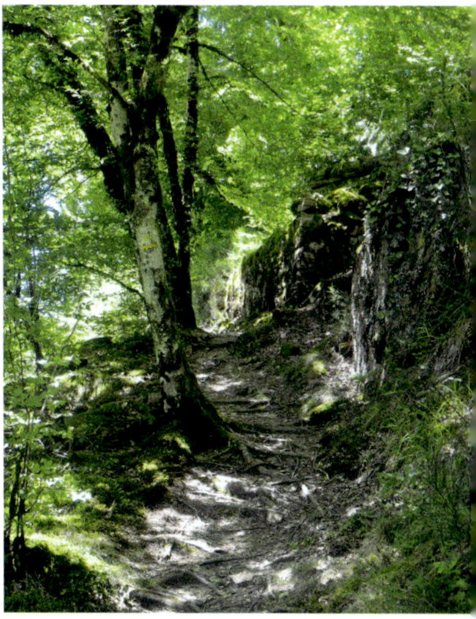

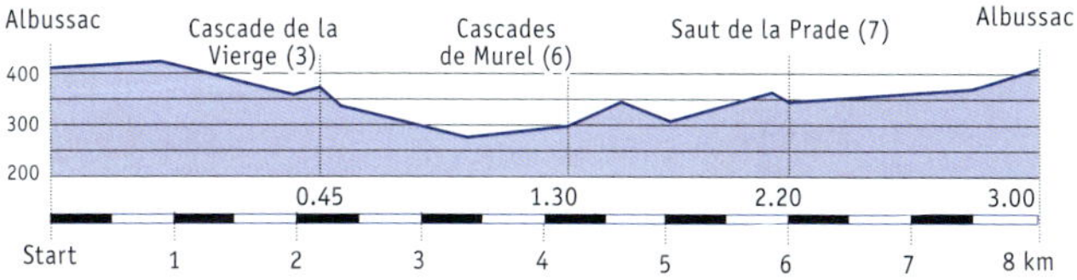

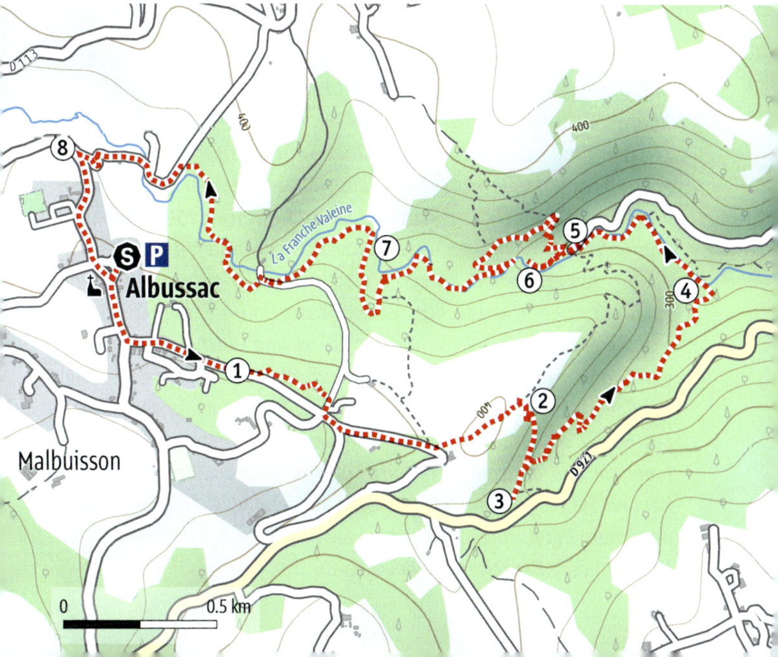

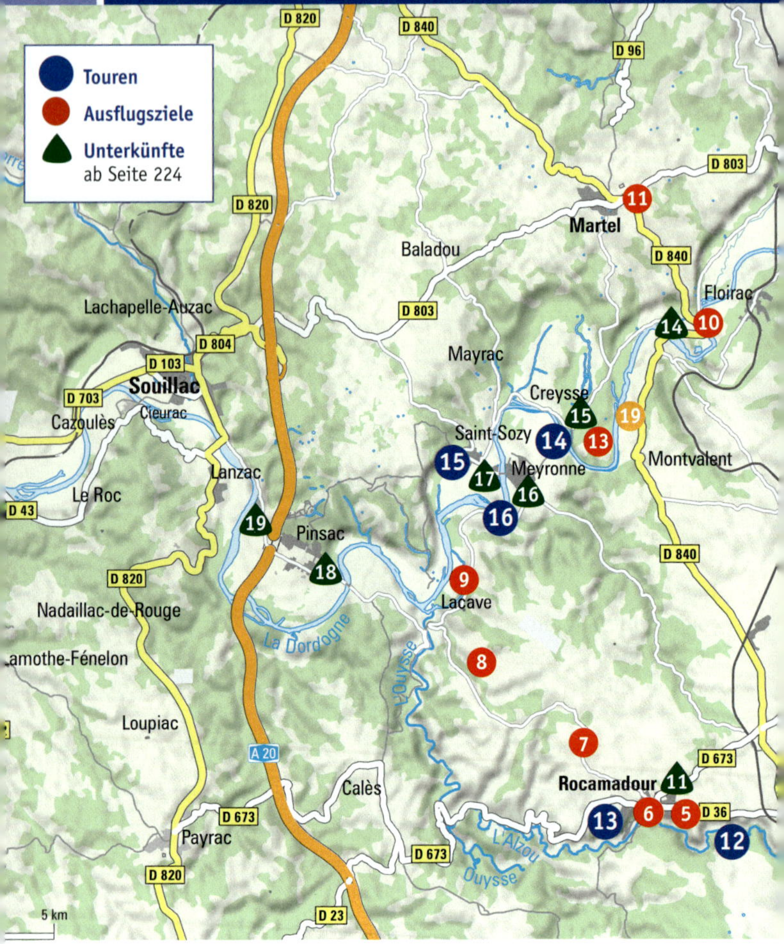

Die Ufer der Dordogne zwischen Beaulieu und Souillac gehören zum nördlichen Teil des Quercy, das sich über die Hochebene der Causse de Gramat bis zum Fluss Lot erstreckt. Senkrechte Felswände begrenzen die Hochebene zum Flusstal und sorgen für ein eindrucksvolles Landschaftsbild. Touristische Höhepunkte der Region sind das berühmte Pilgerdorf Rocamadour und die Tropfsteinhöhle von Padirac. Dazwischen verbergen sich weniger bekannte und doch ebenso reizvolle Ziele: Lassen Sie sich von den alten Dörfern am Fluss verzaubern, entdecken Sie den Wasserfall, der über die Steilwand von Siran ins Tal von Autoire stürzt und durchqueren Sie mit dem Kanu die grandiose Felslandschaft des Vallée des Rocs. Die Hochebene ist landwirtschaftlich geprägt: Ein Besuch in der Käserei Les Bories de l'Imbert gewährt Einblick in die Herstellung des Rocamadour und die Landwirtschaft auf dem Plateau. Bei Loubressac können Sie Trüffel und Safran kosten sowie eine Mohairziegenfarm besuchen. Bei Rocamadour wählen Sie zwischen frei fliegenden Adlern und dem Besuch im Affenwald.

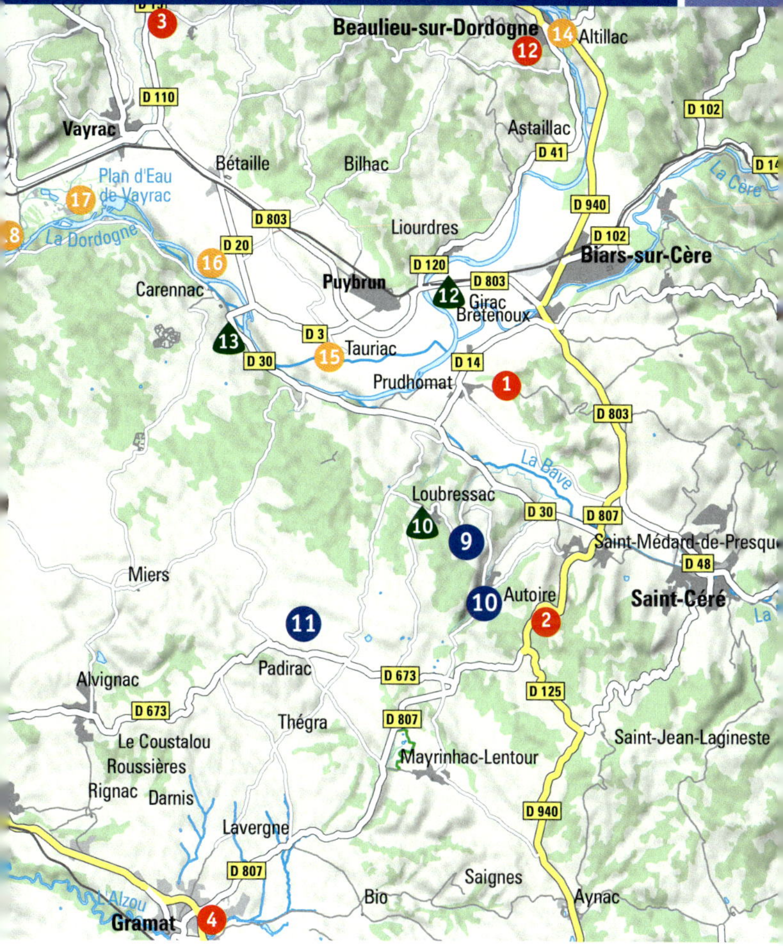

Ausflugsziele

Beaulieu-sur-Dordogne

Den Namen »schöner Ort« trägt Beaulieu zu Recht. Besonders malerisch ist die Dorfansicht vom gegenüberliegenden Flussufer, wenn sich die erste Häuserreihe der Altstadt und das mächtige Portal der Büßerkapelle im ruhigen Wasser der Dordogne spiegeln. Von der Uferpromenade führen enge Gassen in die Altstadt, in deren Zentrum die alte Abteikirche Saint Pierre steht. Die Abtei von Beaulieu wurde im 9. Jahrhundert gegründet, das Dorf entstand in der folgenden Zeit um das Kloster herum. Die im 12. Jahrhundert im romanischen Stil errichtete Klosterkirche ist vor allem für ihr üppig geschmücktes Südportal mit einem figurenreichen Tympanon berühmt. Die größeren Häuser in der Nähe der Stadtmauer stammen aus der Renaissance. Der moderne Teil Beaulieus, in dem der Marktplatz und auch die meisten Läden und Restaurants zu finden sind, liegt außerhalb der Stadtmauer an der Durchgangsstraße. [› Tour 7]

1 Château de Castelnau-Bretenoux

Die Burganlage von Bretenoux wurde im Hundertjährigen Krieg zu ihrer heutigen Größe ausgebaut. Hier konnte man eine Garnison von 1.500 Mann und etwa 100 Pferde unterbringen. Die roten Mauern mit drei mächtigen Ecktürmen ragen, erbaut auf einem Hügel, weit über das flache Umland. Der Blick von der Wehrmauer

Häuser aus dem 15. Jahrhundert säumen die schmalen Gassen von Carennac.

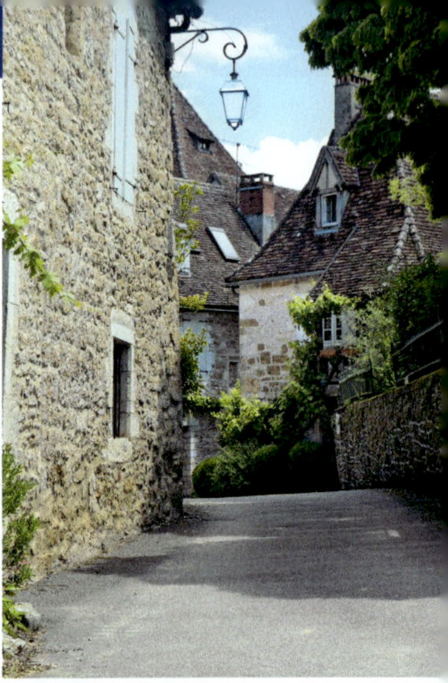

ist entsprechend eindrucksvoll. Die Innenräume der Burg sind mit Mobiliar aus dem 19. Jahrhundert und wertvollen Wandteppichen bestückt.
Geöffnet täglich 10.30–12.30 und 14–17.30 Uhr, Juli und August 10–19 Uhr, Dienstag Ruhetag. Führungen in Englisch und Französisch, Infoblatt auch auf Deutsch. €8, bis 18 Jahre kostenlos. www.castelnau-bretenoux.fr

Carennac

Zentrum und Ursprung des Dorfes Carennac ist die ehemalige Abtei mit der Kirche Saint Pierre aus dem 11. Jahrhundert. Besonders bemerkenswert ist deren Säulenportal vor dem Kircheneingang mit der Reliefdarstellung eines übergroßen Christus mit seinen Aposteln. Im Fries der Bögen entdeckt man zwischen Pflanzenornamenten verschiedene Tierfiguren. Rund um die Kirche gruppieren sich gut restaurierte, bis zu vierstöckige Wohnhäuser aus dem 15. und 16. Jahrhundert. Türmchen, Reste einer Wehrmauer, schmale Gassen und seine Lage direkt am Fluss verleihen Carennac seinen ganz besonderen Charme. Autos bleiben am Ortseingang auf dem Parkplatz und nur eine einzige Fahrstraße führt zwischen den Häusern hindurch. An dieser liegen mehrere Restaurants. Ein einladendes Hotel residiert in einem der alten Steinhäuser über dem Fluss.

2 Grotte de Presque

Acht bis zehn Meter hoch und trotzdem äußerst filigran und elegant sind die Tropfsteine der Grotte de Presque bei Saint-Céré. Auch wenn die Grotte unter den vielen Höhlen der Region nicht die spektakulärste ist, lohnt ein Besuch.
Geöffnet April bis Oktober. Stündliche Führungen, auch auf Englisch von 9.30 –18 Uhr im Juli und August jede halbe Stunde. Oktober und März 10–17 Uhr. €8,50, Kinder 6–11 Jahre €5. grottes-de-presque.com

Gouffre de Padirac

Ein unterirdischer Fluss führt in die Säle der gigantischen Tropfsteinhöhle.
[› Tour 11]

3 Musée de l'homme de Neandertal

Im Dorf La Chapelle-aux-Saints entdeckten im Jahr 1908 die Brüder Abbè Jean und Abbè Amèdèe Bouyssonie in einer kleinen Höhle das Grab eines Neandertalers. Die Fundstelle wird

Die Burg von Castelnau steht auf dem einzigen Hügel zwischen Cère und Dordogne und ist weithin sichtbar.

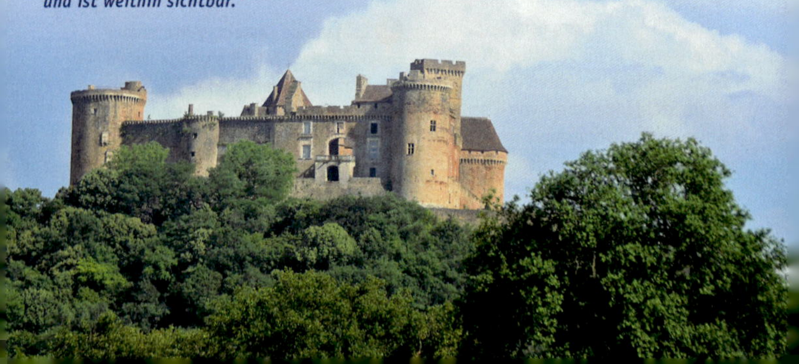

Bouffia Bonneval genannt. Der Fund dieses vollständigen Skelettes mit gut erhaltenem Schädel war lange Zeit prägend für die Forschung über den Neandertaler. Im Museum in La Chapelle-aux-Saints werden Fundstücke aus der Höhle gezeigt. Neben dem Skelett sind das vor allem einfache Steinwerkzeuge. Außerdem geht es hier um die Geschichte des Fundes und der Ausgrabung. Die permanente Ausstellung wird durch jährlich wechselnde Themen ergänzt.
Geöffnet Juli und August täglich von 10 – 12 und 14.30 bis 18 Uhr, Mai und Juni nur an einzelnen Tagen. Führungen meist zur vollen Stunde, englischsprachige Führungen zur Zeit am Di und Fr um 12.30 Uhr Eintritt € 5,50. www.neandertal-musee.org

4 Parc animalier de Gramat

Im Tierpark von Gramat leben heimische Haus- und Wildtiere in großen naturnahen Gehegen. Vom Waschbär über Pyrenäenziege, Fuchs, Luchs, Fischotter und Gämse bis zum stattlichen Braunbären ist alles vertreten, was in der Region zu Hause ist oder war.
Geöffnet täglich 10 – 18.30 Uhr, Juli und August 9.30 – 19 Uhr, November bis März 13.30 – 17.30 Uhr, € 14, Kinder 4 – 11 Jahre € 9. www.gramat-parc-animalier.com

Rocamadour

Bis zur Reformation war Rocamadour einer der berühmtesten Wallfahrtsorte Europas und zog unzählige Pilger an. Grund dieser Berühmtheit war der Fund einer unverwesten Leiche unter der Schwelle der Kapelle im Jahr 1166. Das Grab war eindeutig sehr alt und der Tote hatte als Eremit im Alzoutal gelebt. Man gab ihm den Namen Roc Amator (der Felsliebende). Es wurde gemunkelt, er sei aus Ägypten gekommen oder es handle sich gar um den Zöllner Zachäus aus der Bibelgeschichte. Die schwarze Maria in der Kapelle soll er aus einem einzigen Baumstamm geschnitzt haben. Nach der Aufbahrung der konservierten Leiche berichtete man von wundersamen Heilungen.

Jenseits der Legende ist Rocamadour auch heute noch ein Ort mit starker Ausstrahlung. Nicht einmal die lange Reihe der Souvenirgeschäfte in den windschiefen Häuschen am Fuß des mächtigen Felsens kann dieser etwas anhaben. Das Dorf liegt an einer Variante des französischen Jakobswegs, sodass auch heute neben Touristen noch Pilger durch die Gassen wandern.

Vom eigentlichen Dorf unten im Tal des Alzou staffelt sich Rocamadour in drei Stufen an einer schroffen, über 100 Meter hohen Klippe. Enge Gassen führen zwischen den Steinhäusern bergan bis zur Steintreppe »Grand Escalier«, die zur Porte du Fort und in den heiligen Bezirk des Dorfes hinaufführt. Hier oben wächst die Basilika St. Sauveur aus dem Fels. Rund um die Kirche befinden sich auf dem Plateau sechs weitere Kapellen, von denen die Chapelle Notre Dame, die die wundertätige uralte Figur der schwarzen Madonna beherbergt, die berühmteste ist. Im alten Gebäude der ehemaligen Residenz der Bischöfe vermittelt das Museum für sakrale Kunst Wissenswertes zur Geschichte von Rocamadour und der Tradition der Pilgerfahrten. Ein Kreuzweg führt von der zweiten Ebene, der heiligen Stadt, hinauf zur Burg aus dem 14. Jahrhundert, die den Zugang zum Heiligtum von oben schützte. Hier befinden sich heute große Parkplätze. spannender ist es jedoch, zum unteren Parkplatz zu fahren und vom Dorf zum Schloss hinaufzusteigen. [› Tour 13]

5 Forêt des Singes

Berberaffen sind hellbraun, mittelgroß, beweglich und sehr neugierig. Vor allem die Jungtiere spielen, rangeln und klettern mit Ausdauer und es macht viel Spaß, sie zu beobachten. Auf dem großen Parkgelände an den Klippen des Alzoutales leben etwa 130 Tiere in drei Gruppen. Das felsige Gelände mit lichtem Wald ist der eigentlichen Heimat der Berberaffen im Norden Marokkos in Bezug auf Landschaft und Vegetation nicht

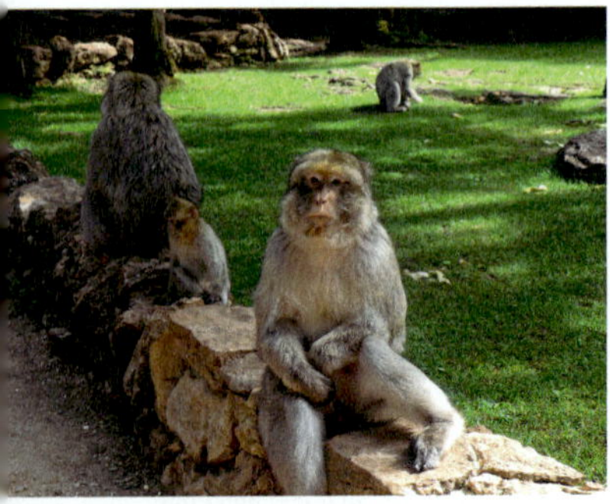

Berberaffen sind neugierig und treten oft ganz von selbst in Kontakt mit den Besuchern.

unähnlich. Die Affen bewegen sich auf dem kompletten Gelände ohne Gitter oder Zäune. Sie können sich auch den Besuchern nähern, soweit sie das möchten, und tun das tatsächlich auch. So entstehen im Park zwischen Affen und Menschen vorsichtige Begegnungen auf einer Ebene, die in Zoos selten möglich ist. Sehr interessant sind auch die kurzen Infoveranstaltungen mit Fütterung, die in den einzelnen Gruppen zeitversetzt stattfinden. Einer der Ranger des Parks erklärt dabei die Lebensgewohnheiten der Tiere und die Familienstruktur der jeweiligen Gruppe. *Geöffnet April bis Mitte September täglich 10–12 und 13–17.30 Uhr, Mai und Juni bis 18 Uhr, Juli und August von 9.30–18.30 Uhr, Oktober nur 13 –17.30 Uhr. €9,50, Kinder 5–14 Jahre € 5,50.*
www.la-foret-des-singes.com

6 Rocher des Aigles

Am Adlerfelsen fliegen in den täglichen Shows nicht nur Adler, sondern auch Gänsegeier, Falken und eine Gruppe bunter Papageien. Die Anlage hat sich auch als Nachzuchtbetrieb einen Namen gemacht.
Geöffnet täglich April bis September. Flugvorführungen im Mai, April, Juni und im September um 14.30, Juli und August um 11, 14,30, 16 und 17.30 Uhr. Geöffnet wird etwa eine Stunde vor der ersten Show. Am Abend wird eine Flugshow mit nachtaktiven Vögeln angeboten. Bitte überprüfen Sie die Zeiten auf der Website. €11, Kinder 4–13 Jahre €7.
www.rocherdesaigles.com

7 Fromagerie La Borie d'Imbert

In der Fromagerie wird täglich die Milch von 450 Ziegen zu Rocamadour, Pavé du Quercy, Rocailloux und Tomme de chèvre verarbeitet. Beim Melken, Käsen und dem Weg der Ziegen zur Weide sind Besucher gerne willkommen. Gemolken und gekäst wird jeden Vormittag, im Hochsommer werden dann um 11 Uhr die Ziegen zur Weide getrieben. Den Rest des Jahres leben sie im Stall. Nachmittags um 16 Uhr kehren die Tiere auch im

Auf dem Gelände der Käserei Les Bories d'Imbert steht ein rekonstruierter Bauernhof aus dem 19. Jahrhundert.

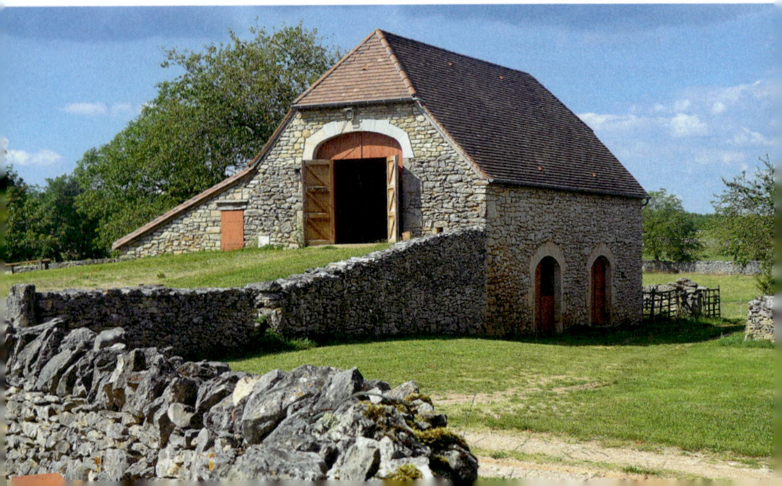

Sommer zurück, denn um 17 Uhr geht es ein zweites Mal in den Melkstand. Im Laden gegenüber können Sie den frisch produzierten Käse und Würste aus dem Fleisch der hinter dem Stall im Freigehege aufgezogenen Schweine kaufen. Mittags kann man hier einen Picknickkorb zusammenstellen und es sich auf den Bänken neben dem Haus gemütlich machen.
Geöffnet täglich 10–19 Uhr, November bis März 10–12 und 14–17 Uhr. www.laboriedimbert.com

8 Prehisto Dino Park

Die Entwicklung des Lebens auf der Erde ist Thema des Prehistoparks von Lacave. Versteckt in der Vegetation stehen auf dem Gelände lebensgroße Modelle verschiedener Dinosaurier und der Nachbau eines neolithischen Dorfes.
An der D 247 zwischen Lacave und Rocamadour. Geöffnet April, Mai, Juni, September täglich 10–19 Uhr, Juli und August 10–20 Uhr, Oktober bis Mitte November 10–18 Uhr, €8,90, Kinder 5–13 Jahre €4,90. prehistodino.com

9 Grottes de Lacave

Eine elektrische Grubenbahn transportiert die Gäste in das Höhlensystem von Lacave, wo sie auf einem 1,6 Kilometer langen Rundweg durch eine Zauberwelt aus riesigen Tropfsteinen und unterirdischen Wasserflächen geführt werden.
Geöffnet täglich 10–12 und 14–17 Uhr, Juli und August 9.30–12.30 und 13.30–18 Uhr, €12, Kinder 4–13 Jahre €7,50, Jungend 14–20 Jahre €10. www.vert-marine.com/grottesdelacave

10 Belvedere de Copeyre

Dort wo die Route Nationale zwischen Martel und Gramat auf die Dordogne trifft, führt von einer Parkbucht am Straßenrand ein Pfad zum Aussichtspunkt »Belvédère de Copeyre«. Oben, auf der Terrasse am Fels, wird auf einer Tafel die Umgebung näher erklärt. Weiter unten eignen sich Wiesenplätze für eine Picknickpause.

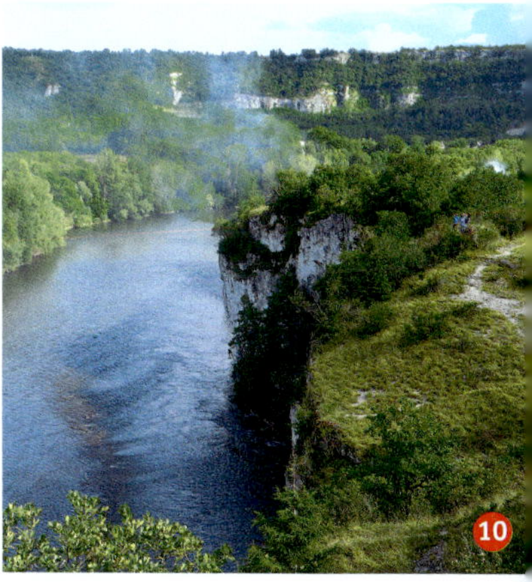
10

Martel

Das Städtchen auf der Hochebene liegt ein wenig im touristischen Abseits, lohnt mit seiner schönen Altstadt aber durchaus einen Besuch. Verbinden kann man den Ausflug mit einer Fahrt mit der alten Dampflok des Trouffadou.

11 Le Trouffadou

Vor gut 100 Jahren, als in den Wäldern auf der Causse de Martel noch viele Trüffel wuchsen, war der Trüffelmarkt in Martel ein wichtiger Handelsplatz. Zwischen den beiden Weltkriegen sorgte die Eisenbahn für zügigen Nachschub aus der Region. Das trug dem Zug den Namen Trouffadou ein. Die längst stillgelegte Linie wurde vor einigen Jahren reaktiviert und wird mit einer alten Dampflok oder einer Diesellok und antiken Personenwaggons befahren. Initiator der Attraktion ist ein Verein von Eisenbahnfreunden, der dafür sorgt, dass der Trouffadou im Sommer regelmäßig schnaufend, fauchend und qualmend Touristen über die spektakuläre Strecke mit mehreren Tunneln hoch oben auf der Felswand chauffiert.
April bis August täglich mehrere Fahrten, September bis November drei bis vier mal pro Woche. Tickets fur die Dampflok €11, Kinder 4–11 Jahre €7. Die Fahrt mit der Diesellok kostet €8,50. Abfahrt am Bahnhof von Martel. Genaue Fahrtzeiten unter www.trainduhautquercy.info.

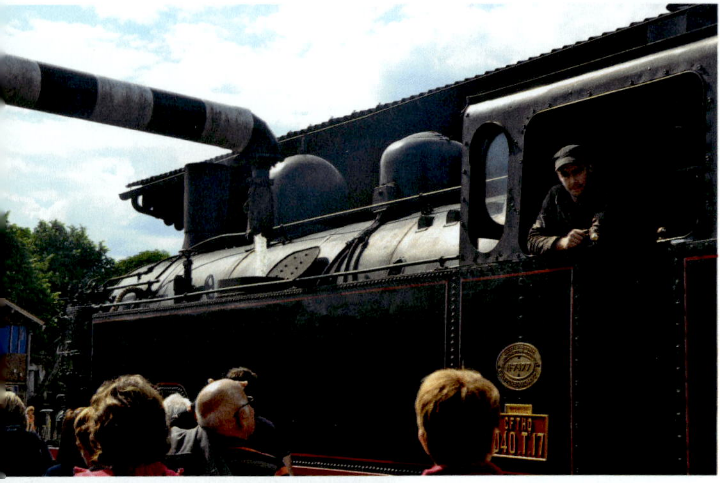

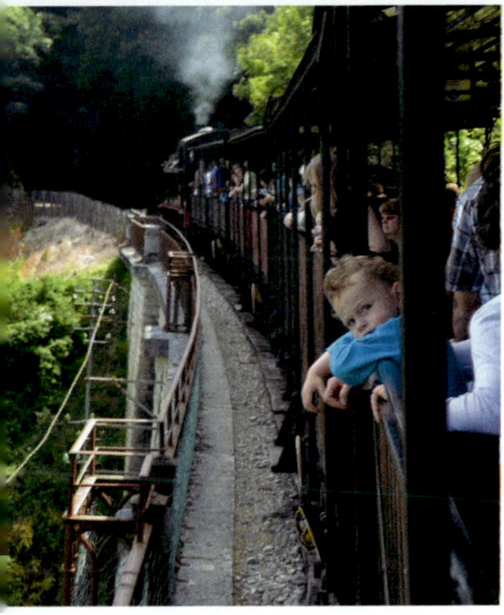

Dampflokfahrt im Trouffadou

Outdoorsport

12 Corrèze Sports Animations
Neben ihrem Kanu- und Mountainbikeverleih bieten die Outdoorspezialisten aus Beaulieu auch Touren mit dem Hydrospeed – einer Art Schwimmbrett fürs Wildwasser – oder mit dem SUP an. Außerdem kann man Auflüge zum Bogenschießen, Swin-Golf und in den Hochseilgarten buchen.
Corrèze Sports Animations, 26 rue Général de Gaulle, Beaulieu-sur-Dordogne, Tel. 0033 (0)587060414.
www.correze-sports-animations.fr

13 Compagnie Sports Nature
Die steil abfallenden Felsen des Vallée des Rocs bieten ein perfektes Revier zum Klettern und zum Canyoning. Der Kalkstein der Klippen und der dahinterliegenden Hochebene ist außerdem durchzogen von Höhlen. Längst nicht alle kann man besichtigen. So gibt es viele Möglichkeiten für Exkursionen unter die Erde mit Lampe, Helm und kundigen Höhlenführern. In Creysse reicht die Auswahl der als Spéléologie bezeichneten Ausflüge von der leichten Familientour bis zum Abenteuer einer Flussdurchquerung unter der Erde. Auch Kletterkurse an den Felsen am Flussufer gibt es sowohl für Familien mit Kindern ab fünf Jahren als auch für erfahrene Kletternde. Außerdem werden bei der Compagnie Sports Nature auch Kanus und SUPs verliehen.
Compagnie Sports Nature, Creysse, Tel. 0033 (0)565 322759.
www.compagnie-sports-nature.com

Baden

14 Das **Freibad von Beaulieu** und ein **Badeufer am Fluss mit großer Liegewiese** finden Sie vom Ort gesehen auf der gegenüberliegenden Flussseite. Wählen Sie im Ort die Strecke nach Altillac und biegen hinter der Flussbrücke links in die Straße La Garenne.

15 Base de Loisirs Tauriac
Badeufer an einem See mit Zufluss zu Dordogne und großer Liegewiese. Folgen Sie im Dorf der Beschilderung zum Campingplatz. Das Badeufer liegt vor dem Platz, ist aber öffentlich. Auf dem Gelände gibt es eine Snack-Bar, Picknickplätze und eine Wasserrutsche.

16 Centre Aquatique La Saule
Im großen Freizeitbad bei Carennac finden vor allem Kinder ihren Badespaß in den großen Außenbecken mit mehreren Wasserrutschen. Hüpfburg, Spielplatz, ein Kletterparcous und Minigolf runden das Angebot ab.
Geöffnet Mitte Mai bis Mitte September 11 – 19.30 Uhr.
€ 9, kein Kinderpreis. lasaule.com

17 Les Granges de Vayrac
Langgezogenes Wiesengelände mit Badebucht am Flussufer. Zufahrt von Vayrac in Richtung Les Granges, vorbei am Camping Municipal bis zur Basis des Kanuverleihs Safaraid. Zugang zum Fluss kurz hinter der Kanustation.

18 Hängebrücke bei Les Granges
Zwischen Mezels und Floirac überspannt eine einspurige Hängebrücke die Dordogne. Am nördlichen Ufer erlaubt ein großer Parkplatz einen bequemen Zugang zum Fluss. Bei Niedrigwasser gibt es hier auch eine Kiesbank.

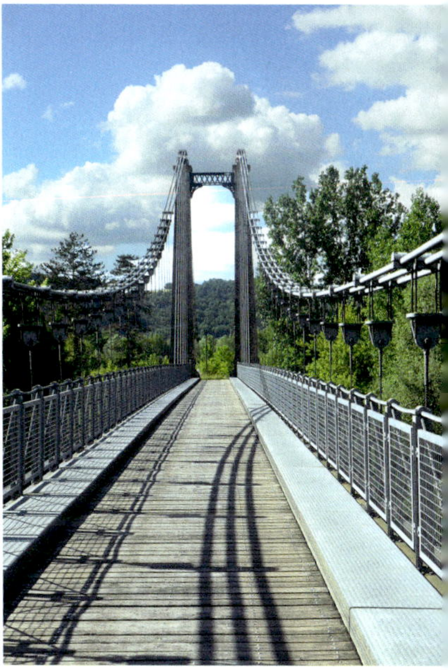

19 Mas du Vieux Chêne
Ein sehr schöner Badeplatz versteckt sich an der schmalen Straße zwischen Gluges und Montvalent. Gut zwei Kilometer südlich von Gluges zweigt ein Fahrweg von der Straße ab, der nach einem weiteren Kilometer am Restaurant Guinguette de Vieux Chêne endet. Der Badeplatz mit einem seeähnlichen Wasserbecken und großer Liegewiese befindet sich vor dem Restaurant. Im Hochsommer werden auf der Terrasse auch Snacks angeboten.

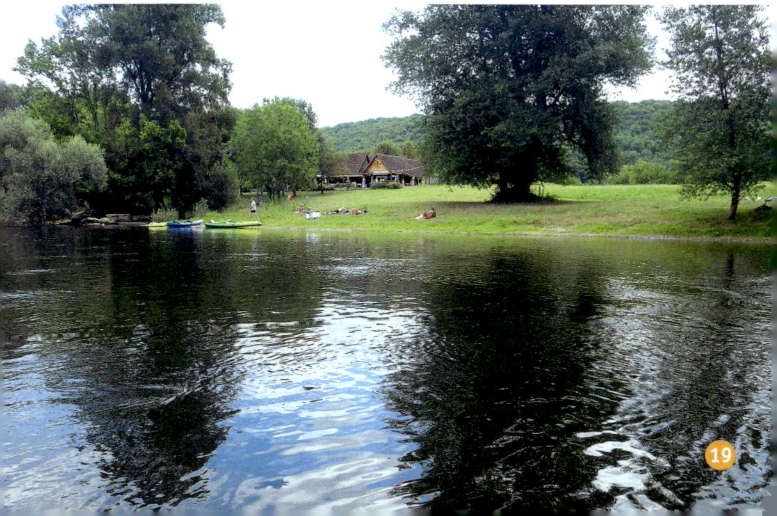

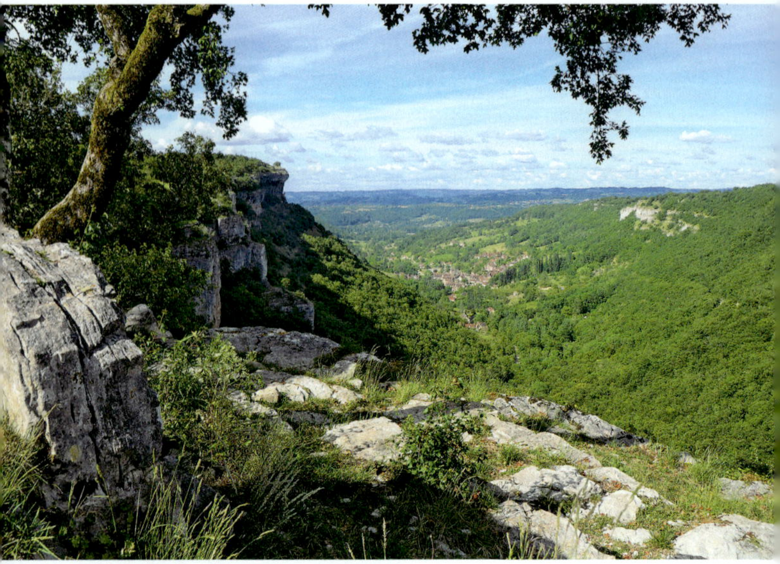

280 m

STRECKE 9 km

3 h

ab 8

Tour 9: Frankreichs schönste Dörfer

Rundweg um das Tal von Autoire

Zwei ganz unterschiedliche Dörfer mit dem Prädikat »Plus Beaux Villages de France« verbindet diese abwechslungsreiche Wanderrunde. Die Häuser von Loubressac thronen in luftiger Höhe auf einem Felsplateau. Autoire dagegen wurde in einem geschützten grünen Tal zwischen steil aufragenden Felswänden erbaut. Der Weg zwischen beiden führt durch eine atemberaubend schöne Landschaft, vorbei an der alten Chapelle St. Roch und hinauf zum Wasserfall, der bei Siran vom Hochplateau der Causse de Gramat in das Tal von Autoire stürzt. Zwischen den Trockensteinmauern, die das Plateau unterteilen, weiden Schafe, Esel und Ziegen und einen Dolmen können Sie hier oben auch noch entdecken.

Wanderung: Vom Parkplatz am Ortseingang von **Loubressac** laufen wir an der Mairie vorbei zu einem Platz und halten uns dort vor einer hübschen Häuserreihe rechts. Wir kommen zum Rand des Plateaus und folgen dort rechts dem Holzschild **Circuit Nos Beaux Villages.** Der Weg ist ab hier gelb markiert. Auf der schmalen Straße verlassen wir den Ort, passieren noch ein paar einzeln stehende Häuser und den **Hof Bolivara** ①, hinter dem sich der Weg verzweigt. Wir folgen den gelben Markierungen geradeaus weiter. Der rot-weiß markierte GR 652, dem wir später wieder begegnen werden, biegt hier rechts ab. Der Weg ist jetzt geschottert und führt uns zwischen alten Bäumen an einer **Stein-**

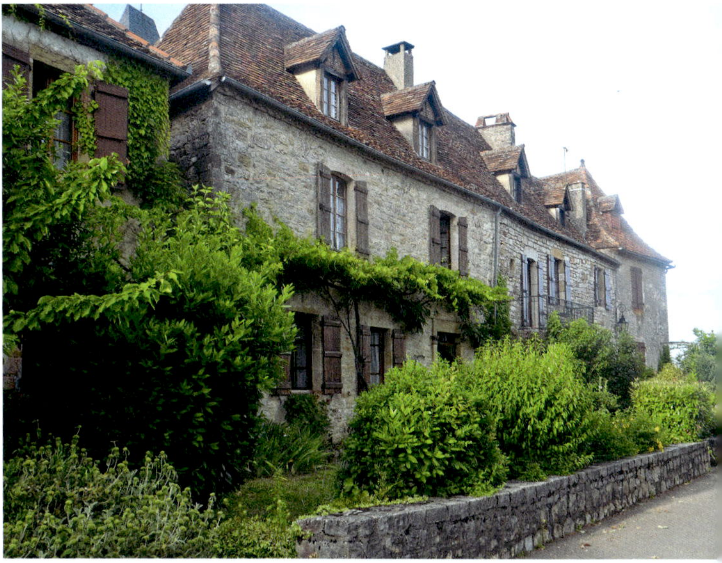

mauer entlang. Dann überqueren wir eine weitere Wegkreuzung und unser Weg wird schmaler. Ein gelbes Schild weist darauf hin, dass jetzt ein anspruchsvoller Wanderweg folgt. An der **nächsten Kreuzung** ② heißt es aufpassen. Hier teilt sich der Weg in die »Normalversion«, die durch den Cirque d'Autoire zum Dorf Autoire hinunterführt, und eine kürzere Variante. Beide Wege sind gelb markiert. Der Weg nach Autoire biegt hier links ab und führt in einem Bogen am Hang hinunter. Der etwas breitere Weg rechts trägt ebenfalls eine gelbe Markierung. Er bleibt aber oben auf der Hochebene und kürzt damit einen Teil der Runde ab.

TOUREN-STECKBRIEF

Anfahrt: Zwischen Carennac und Saint-Céré führt östlich von Gintrac von der D 30 eine schmale Straße hinauf nach Loubressac. Vor dem Ort rechts treffen wir bei **GPS N 44°52'16.0", E 1°48'12.0"** auf einen großen Parkplatz.

Charakter: Rundtour auf Wegen und guten Wanderpfaden. Der Abstieg von der Ferme de Bolivara nach Autoire und der Gegenanstieg nach Siran sind steil und daher anspruchsvoll.

Mit Kindern: Die abwechslungsreiche Runde mit dem tollen Blick in den Talkessel, Möglichkeit zur Einkehr, Wasserfall mit Badegumpe, dem Aussichtspunkt von Siran und der Mohairziegenfarm sorgt für stetig neue Eindrücke und Höhepunkte. So kommt auch bei Kindern garantiert keine Langeweile auf. Die Länge der Wanderung erfordert jedoch ein wenig Kondition.

Einkehr: Crèperie oder Auberge de la Fontaine in Autoire, Le Cantou 354 in Loubressac.

Unterkunft:
Hotel: Auberge de la Fontaine in Autoire oder Hôtel Le Cantou 354 in Loubressac.
Camping: La Garrigue in Loubressac mit schattigen Plätzen, Pool und Bar, vermietet auch Mobilhomes, geöffnet April bis September.
Wohnmobil: Stellplatz für Wohnmobile auf dem Parkplatz in Autoire (gebührenpflichtig).

In der Nähe: Gouffre de Padirac, Château de Castelnau, Grotte de Presque.

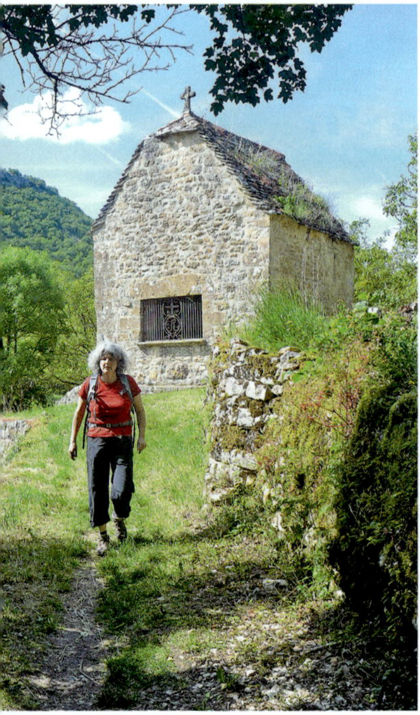

An der Chapelle Saint Roch oberhalb von Autoire

Wir wollen nach Autoire hinunter und gehen hier links. Schon in der ersten Kurve sehen wir das Dorf zwischen den Felswänden liegen. Unser Pfad fällt jetzt steil ab und nähert sich in Serpentinen dem Tal. Wir wählen kurz vor dem Ort den gelb markierten Abzweig nach rechts, überqueren einen Asphaltweg und erreichen auf einem Pfad die ersten Häuser von **Autoire**.

Wir durchqueren das Dorf auf der Hauptstraße, an der eine Crèperie mit kleiner Terrasse über den Dorfgassen und ein gemütlicher Gasthof Besuchern die Entscheidung schwer machen. Am Ortsende verlässt der gelb markierte Weg die Straße. Wir laufen rechts etwa 50 Meter auf einem asphaltierten Weg, dann geht es links hinauf. Der schöne Steig bringt uns, vorbei an einem großen Parkplatz zur **Chapelle Saint Roch ③.** Dann geht es durch ein Waldstück in den Talkessel hinter Autoire. Der Weg steigt jetzt sanft an. Ein kurzer Abzweig führt zu einer Bachgumpe und weiter hinauf zum **Fuß des großen Wasserfalls ④**, der am Talende über die Klippe stürzt.

Aufstieg nach Siran

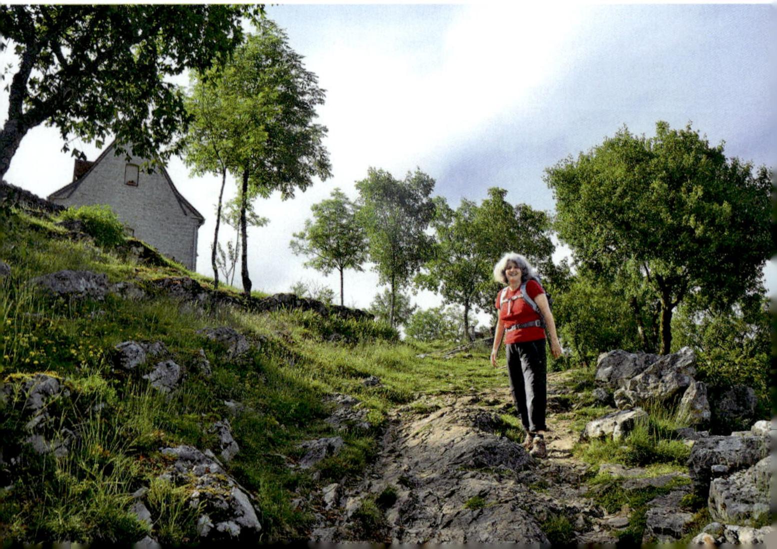

Dann steigen wir die letzten steilen Kehren hinauf und stehen an der **Straße**, die von Autoire hinaufkommt. Hier geht es gleich wieder nach rechts, ein kurzes Stück hinter einer Mauer an der Straße entlang. Dann noch einmal rechts und hinauf zu einer Reihe gut gesicherter **Aussichtspunkte oberhalb der Kaskade**. Der Blick ins Tal ist hier grandios. Den Wasserfall sieht man am besten vom letzten Plateau an den ersten Häusern des Weilers **Siran**.

La Ferme de Siran
Etwa hundert kuschelige Mohairziegen weiden auf der Hochebene auf dem Gelände der Ferme de Siran. In der Boutique der Farm werden hofeigene biologisch produzierte Produkte wie Lavendel, Mohairwolle, Honig, Marmeladen und Safran zum Verkauf angeboten. Im Sommer gibt es Führungen über den Hof und zu den Ziegen.
Aktuelle Öffnungszeiten finden Sie im Kalender auf der Website unter fermedesiran.com.
Führung €5 pro Person, Kinder €3,50.

Nun folgen wir wenige Meter der Straße und biegen dann rechts in einen Wiesenweg zwischen den Häusern ein. Auf diesem erreichen wir nach 200 Metern die **Mohairziegenfarm von Siran** ⑤. Auf dem Gelände gibt es einen Hofladen und im Hochsommer kann die Farm auch besichtigt werden.

Auch ohne Hofführung treffen wir wenig später auf die knuffigen Ziegen. Am Hof biegt der Weg rechts in einen ebenen, von Weiden gesäumten Fußweg ein, der uns ein gutes Stück über das windzerzauste Hochplateau leitet. Ein Wegweiser an einem Baum macht auf einen gut erhaltenen **Dolmen** aufmerksam, der sich in einer Weide versteckt. Den Weg säumen mit Moos verzierte Steinmauern und dekorative, knorrige Eichen. Erst kurz vor **Loubressac** zeigt die gelbe Markierung nach links, wir laufen bis zur **Straße** ⑥. Dieser folgen wir dann rechts zurück ins Dorf und zu unserem Parkplatz.

In den Gassen von Autoire

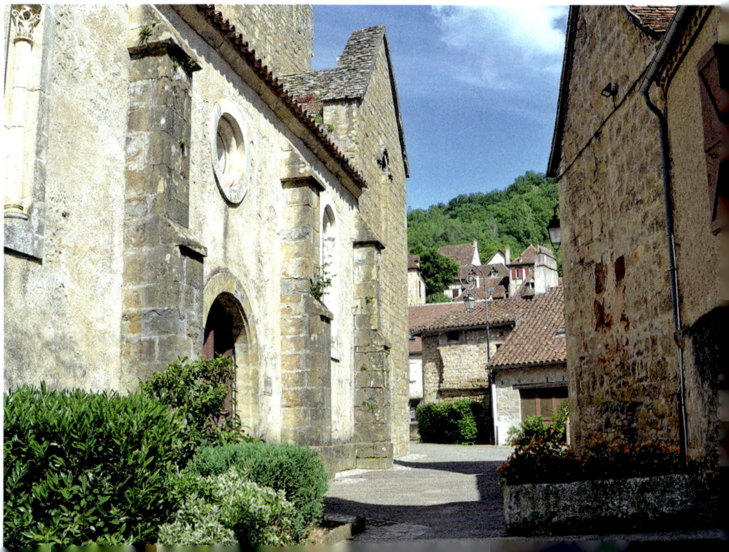

Die große Wanderrunde zwischen Loubressac und Autoire

4 h, 11 km, ⇅ 370 m

Bei ausreichender Kondition und Trittsicherheit können Sie die **[› Touren 9 und 10]** auch miteinander verbinden. Sie folgen dann von Autoire der Wegbeschreibung bis zum Château des Anglais und weiter zum Aussichtspunkt von Siran. Dort biegen Sie rechts ab und folgen der Trasse von **[› Tour 9]** über die Hochebene zur Farm von Siran, nach Loubressac und wieder hinunter nach Autoire.

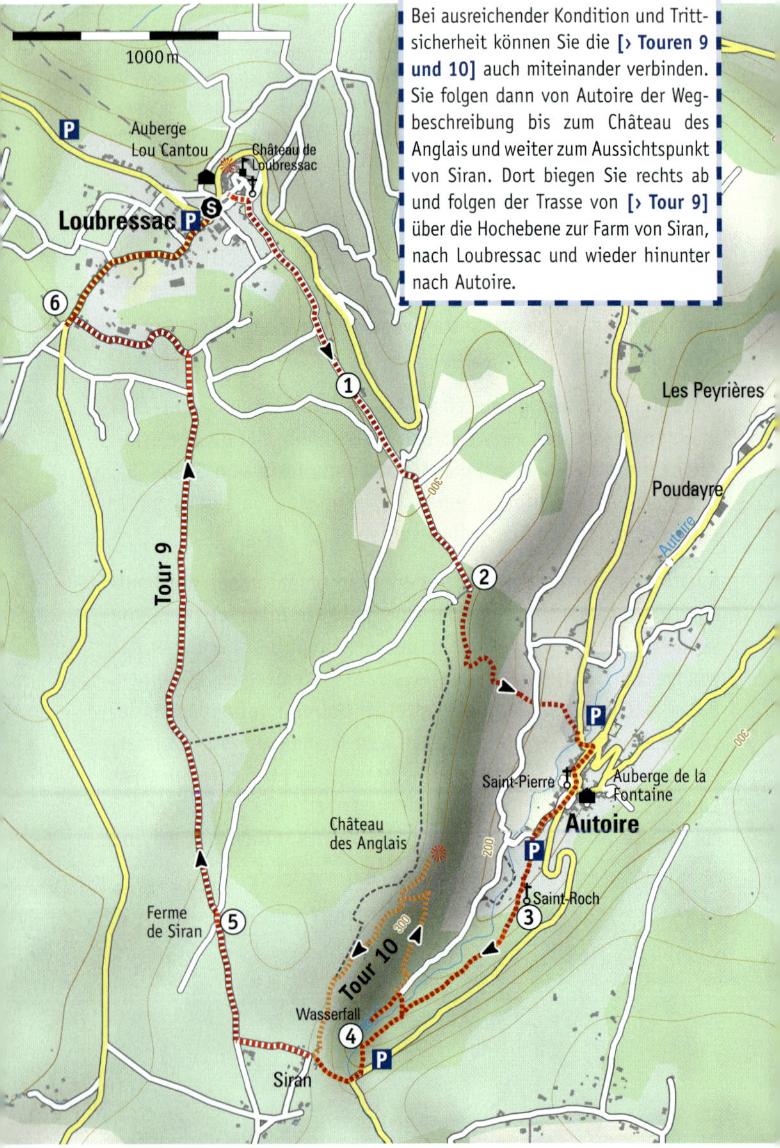

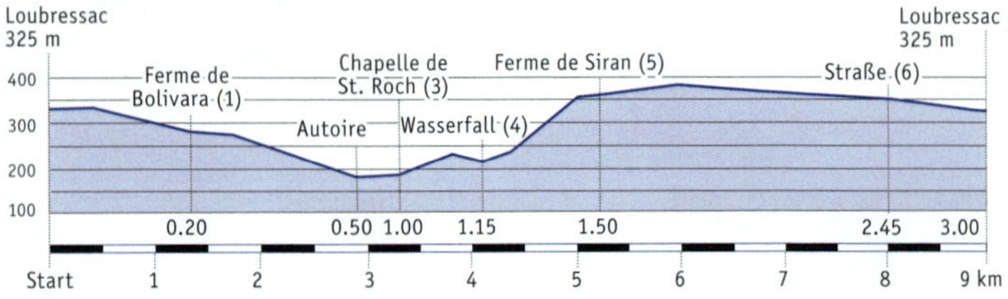

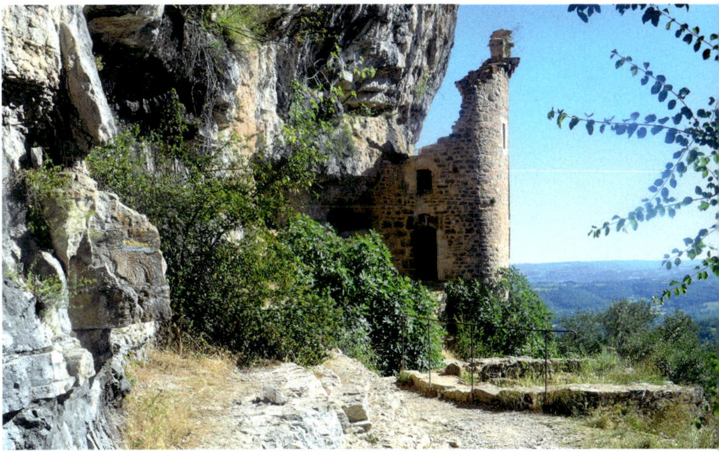

Tour 10: Cirque d'Autoire

270 m

STRECKE 5,5 km

2 h

ab 12

Durch die Felswand zum Château des Anglais

In den Klippen über Autoire kleben die Reste eines Château des Anglais, einer der alten Felsenburgen, die auch am Célé zu finden sind. Ein Pfad führt zuerst zum sanft rieselnden Wasserfall von Siran und dann durch die Klippe hinauf. Auf einem Felssims mit tollem Blick ins Tal geht es dann bis zum Tor der alten Festung.

Wanderung: Vom unteren Parkplatz durchqueren wir zuerst das Dorf mit etlichen malerischen Steinhäusern, einer schönen alten

TOUREN-STECKBRIEF

Anfahrt: Von der D 30 zwischen Saint-Céré und Carennac wählen Sie eine der beiden Straßen nach Autoire. Vor dem Ort rechts liegt bei GPS N 44°51'21.0", E 1°49'19.0" ein großer kostenpflichtiger Parkplatz, der sich auch für Wohnmobile eignet. Mit einem PKW können Sie auch durch den Ort auf den Parkplatz am südlichen Ortsrand bei **GPS N 44°51'06.0", E 1°49'10.0"** fahren.

Markierung: Gelb markiert, der Abzweig zum Château des Anglais ist am Wasserfall beschildert.

Charakter: Kurze, aber technisch anspruchsvolle Tour mit steilem Aufstieg zur Klippe und Wegabschnitt auf einem etwa zwei Meter breiten Felssims zum Eingang des Château des Anglais. Nur für trittsichere, schwindelfreie Wandernde! Den Weg nur bei trockenem Boden gehen.

Mit Kindern: Der kurze Klippenweg zum Château des Anglais führt direkt am Felsabruch entlang und ist nicht ganz ungefährlich. Die Wanderung eignet sich daher nur für wandererfahrene Familien mit trittsicheren Kindern. Mit jüngeren Kids wählen Sie besser [› **Tour 9**].

Einkehr: Crèperie und Auberge de la Fontaine in Autoire.

Unterkunft:
Hotel: Auberge de la Fontaine in Autoire
Camping: La Garrigue in Loubressac mit schattigen Plätzen, Pool und Bar, vermietet auch Mobilhomes, geöffnet April bis September.
Wohnmobil: Stellplatz für Wohnmobile auf dem Parkplatz in Autoire (gebührenpflichtig).

In der Nähe: Gouffre de Padirac, Château de Castelnau, Grotte de Presque.

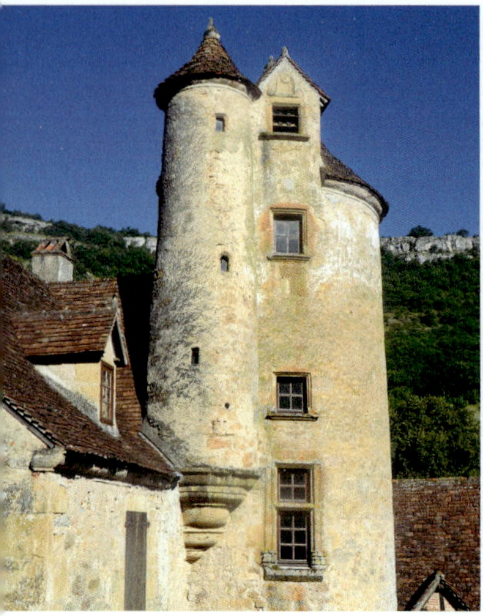

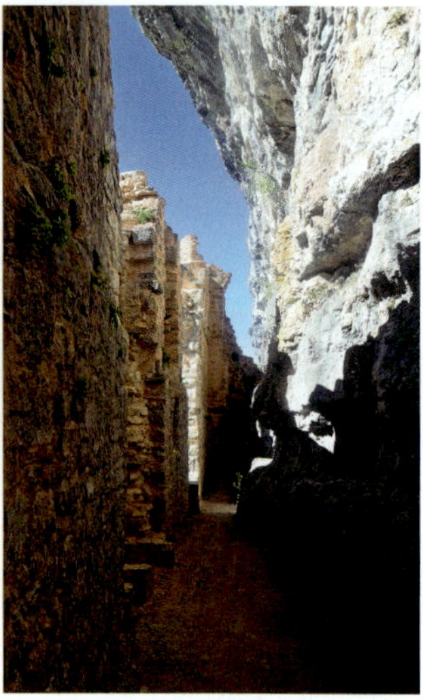

Kirche, einer Crèperie mit Terrasse über den Dorfgassen und einer gemütlichen Auberge. Dabei folgen wir der gelben Markierung des Rundwanderweges, der von Loubressac herunterkommt. Am Ortsende biegen wir rechts in einen asphaltierten Weg ein, der auf das **Château de Limarque** mit seinem verwunschenen Türmchen zuhält. Kurz darauf gehen wir links am oberen Parkplatz vorbei und kommen an dessen Ende zur **Chapelle de Saint Roch** ①. Von hier aus ist unser Weg als **Chemin de Cascade** beschildert. Wir folgen ihm durch ein Waldstück in den Talkessel hinter Autoire, bis es rechts zum Wasserfall hinunter geht. Von einer Brücke über den Bach führt links ein Stichweg hinauf zum lohnenswerten **Platz am Fuß des Wasserfalls von Siran** ②, der am Talende über die Klippe stürzt.

Dann überqueren wir den Bach und laufen rechts an seinem Ufer entlang, bis links das Château des Anglais mit einem **Wegweiser** ausgeschildert ist. Der Weg führt in Serpentinen durch den Wald hinauf. Erst im letzten Stück vor dem Fuß der Klippen gibt es zwei etwas anspruchsvollere Passagen, an denen man am steilen Hang über Felsstufen klettern muss. Dann stehen wir auf einem schmalen **Sims unterhalb der Felsabbrüche** ③. Mit bestem Weitblick führt ein Pfad auf diesem entlang, bis nach wenigen Minuten der **Turm der alten Festung** ④ vor uns auftaucht. Er hat ein intaktes Tor und man kann in den Raum zwischen dem Felsen und der gemauerten Wand hineingehen.

Auf dem gleichen Weg geht es zurück zur **Kreuzung mit dem Aufstiegsweg** ③. Wir laufen hier geradeaus weiter am Hang entlang. In den Felsen zu unserer Rechten wird auch geklettert. Wer genau hinsieht, kann die eine oder andere Sicherung entde-

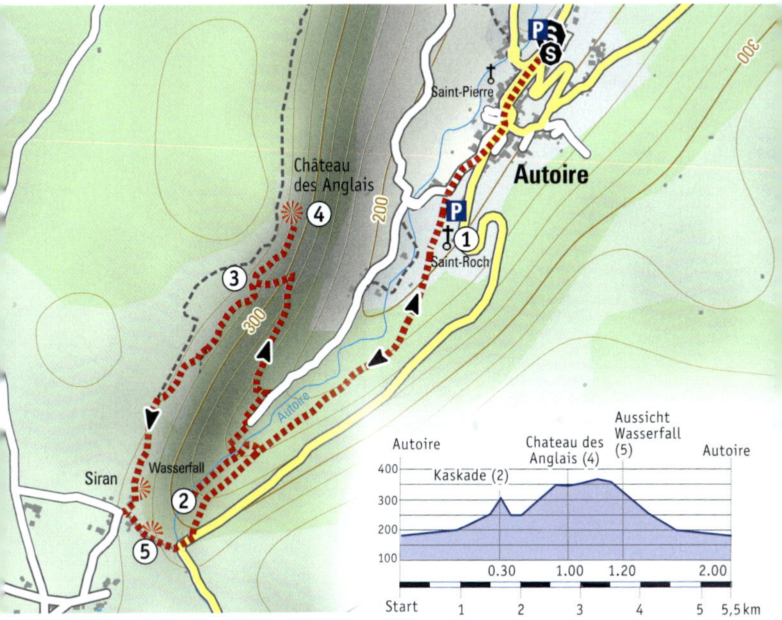

cken. Am Ende des Pfades gehen wir erst eine **Metalltreppe** und dann viele Steinstufen hinauf, die uns helfen, die auf den letzten Höhenmetern steil abfallenden Felsen zu überwinden. Dann stehen wir ganz oben auf der Klippe. Wir biegen hier links ab in Richtung »**Point de Vue**« und wandern auf einem ganz gewöhnlichen Waldweg weiter, bis wir links neben uns das rostfarbene Geländer des **Aussichtspunktes von Siran** sehen. Immer am Geländer entlang geht es zum Ortsrand von Siran und am letzten Steinhaus links hinunter. Auch hier passieren wir die eine oder andere Treppe und es gibt **mehrere Aussichtspunkte** ⑤, von denen man den Wasserfall von oben sehen kann. Der Weg trifft auf die Straße und führt direkt an deren linker Seite weiter. Eine Mauer trennt uns von den vorbeifahrenden Autos. Jetzt befinden wir uns wieder auf dem Chemin de la Cascade und wandern immer geradeaus hinunter, am Abzweig zum Wasserfall vorbei und bis zum Parkplatz zurück.

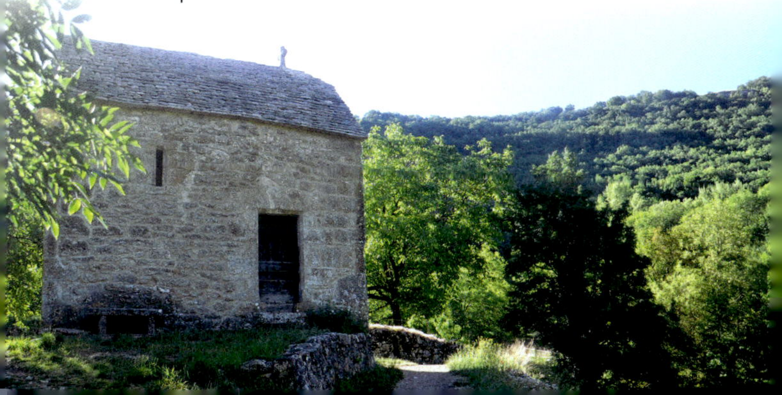

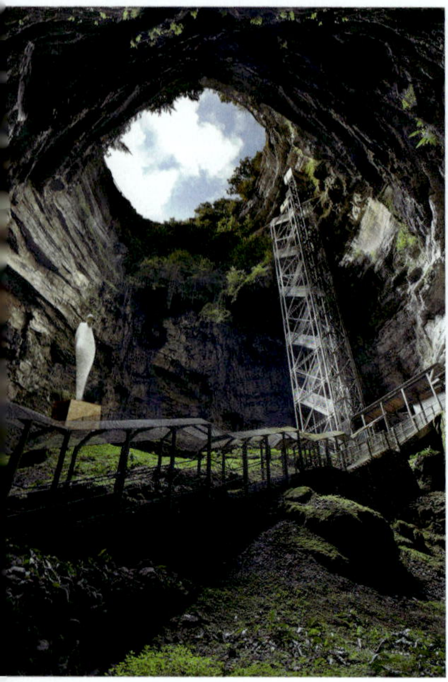

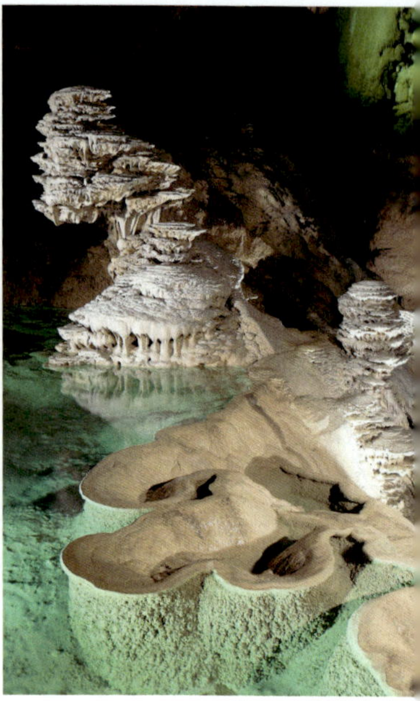

1 h 30

ab 4

Tour 11: Gouffre de Padirac

Abstieg in die Höhle des Riesen

Ein unterirdischer Fluss führt vom über 100 Meter tiefen, kreisrunden Abgrund der Gouffre in eine Tropfsteinhöhle von gigantischen Ausmaßen. Hier spiegeln sich bizarr geformte Stalagmiten in türkisblauen Wasserbecken. Die Gouffre de Padirac ist eine beeindruckende unterirdische Zauberwelt.

Das tiefe Loch mit gewaltigem Durchmesser, von den Bewohnern der Hochebene als Gouffre (Schlund) bezeichnet, soll schon im Hundertjährigen Krieg als Zuflucht genutzt worden sein. Auch die Menschen der Steinzeit kannten die Höhle: Forscher entdeckten Feuersteinwerkzeuge und Knochen von Mammuts, Rentieren und Höhlenbären. Im Juli 1889 stieg der französische Höhlenforscher Edouard Alfred Martel in den Schlund und fand eine Öffnung, die ihn zu einem unterirdischen Fluss und in eine faszinierende Unterwelt führte. Es war sein Traum, die Gouffre für die Öffentlichkeit zu erschließen. Nach langer Suche fand er, mehr zufällig, im irischen Bierbrauer Georges Beamish den richtigen Partner. Martel hatte in Paris auf der Suche nach einem Geldgeber für sein Projekt seine Unterlagen in einer Kutsche liegen lassen und Beamish war der nächste Passagier. Zehn Jahre später stiegen die ersten Touristen über die nach dem Vorbild des Eiffelturmes konstruierte Eisentreppe in die Höhle hinab. Im Jahr 1918 zählte man bereits 4.000 Besucher. 1939 wurde der erste Aufzug gebaut und heute besuchen etwa 400.000 Menschen jährlich die Gouffre de Padirac.

Über eine Metalltreppe oder per Aufzug geht es zur unterirdischen Quelle und dann per Boot zu den Höhlenräumen. Am Lac de la Pluie (Regensee), an dem es immer ein wenig tropft, verlässt man das Boot und wandert zum Lac de Gours und über viele Treppen zwischen Tropfsteinen durch den großen Saal hinauf zum Lac Supérieur. Die Höhle ist noch längst nicht komplett erforscht. Von den über 40 Kilometern des heute bekannten Höhlensystems kann man gut 1.000 Meter besichtigen.

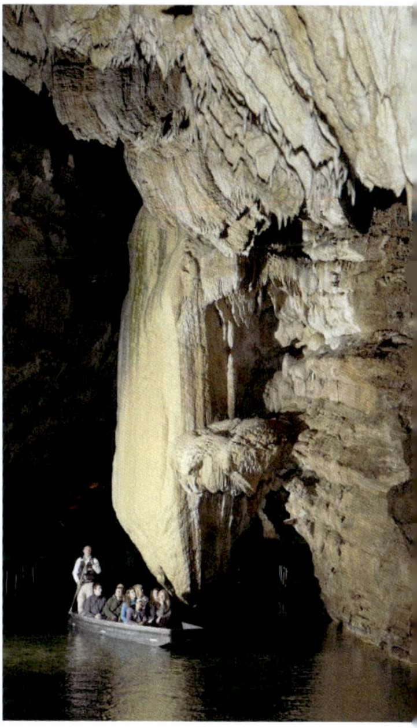

Im flachen Holzboot stakt ein Gondoliere die Gäste auf dem unterirdischen Fluss zum Beginn des Pfades durch die Höhle mit gigantischen Tropfsteinen und türkisblauen Sinterbecken.

TOUREN-STECKBRIEF

Anfahrt: Der Zugang zur Höhle befindet sich einen Kilometer nördlich des Dorfes Padirac. Vom Fluss erreicht man die Höhle auf dem kürzesten Weg über Nebenstraßen von Carennac oder Gintrac (D 60). Padirac ist eine hochfrequentierte Sehenswürdigkeit und gut beschildert. Die Parkflächen liegen bei **GPS N 44°51'32.0", E 1°44'59.0"**.

Besucherinformationen: Die Öffnungszeiten der Höhle variieren stark je nach Saison. Führungen gibt es täglich ab spätestens 10 Uhr und bis mindestens 17.30 Uhr, in den ersten drei Augustwochen können Sie Padirac sogar zwischen 8 Uhr und 21.30 Uhr besuchen. Aktuelle Öffnungszeiten finden Sie unter www.gouffre-de-padirac.com.

€ 19,50, Kinder 4 – 12 Jahre € 14,50. In der Hochsaison müssen Sie an der Kasse mit Wartezeiten rechnen. Ruhiger ist es auch im August vor 10 Uhr oder nach 17 Uhr. Einen Audio-Guide, auch auf Deutsch, bekommt man in der Eingangshalle.

Charakter: Abstieg und Aufstieg in den Höhlenschlund sind per Aufzug oder per Treppe möglich. Die Wege in der Höhle sind uneben und führen auch über Stufen. Die Temperatur beträgt in der Höhle konstant 13°C. Feste Schuhe und eine Jacke nicht vergessen

Mit Kindern: Der Aufzug, die Bootsfahrt unter der Erde und die riesigen Höhlenräume faszinieren alle: vom Kindergartenkind bis zum Teenager.

Einkehr: Restaurant am Parkplatz.

Unterkunft:

Hotel: Hôtel Le Fénélon in Carennac, Le Cantou 354 in Loubressac.

Camping: Der einfache Camping L'Eau Vive in Carennac und der komfortable Les Chalets sur la Dordogne in Girac liegen direkt an der Dordogne.

Wohnmobil: Offizieller Stellplatz auf den Parkplätzen an der Höhle (am Restaurant).

In der Nähe: Der Besuch im Tierpark gegenüber der Höhle macht vor allem Kindern Freude.

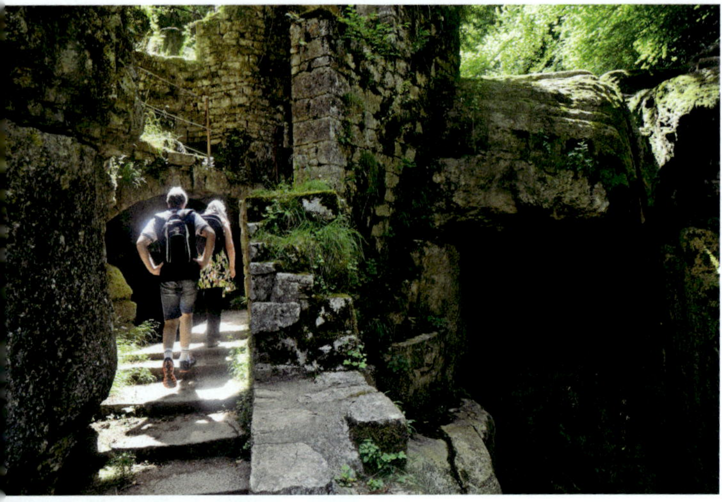

220 m

STRECKE 11 km

3 h 45

ab 6

Tour 12: Im Tal der Mühlen

Von Rocamadour zur Moulin du Saut

Zwischen Rocamadour und Gramat hat der Alzou eine tiefe Schlucht in die Landschaft gegraben. Unser Weg führt zur einen Hälfte durch das schattig-finstere Tal und zur anderen mit weitem Blick auf dem Rand der Klippe entlang. Im 13. und 14. Jahrhundert ratterte unten am Fluss eine Mühle neben der anderen. So kommen wir auf unserer Wanderung auch zu vier Ruinen in unterschiedlichem Zustand. Besonders ungewöhnlich ist die der Moulin du Saut, die in einem Felsspalt der Schlucht errichtet wurde. Auf dem offenen Gelände rund um die Moulin de Tournefeuille kann man dagegen gut rasten und picknicken.

Wanderung: Vom Parkplatz an der Straße gehen wir zum rostigen **Metalltor** im Drahtzaun am unteren Ende der Parkbucht. Wir betreten die Weide und schließen das Tor sorgfältig hinter uns. Ein Trampelpfad führt immer parallel zur Straße bis zum Weidezaun und dann an diesem links hinunter. Am **Ende der Weide**, wo der Stacheldraht in der oberen Reihe des Zaunes mit einer Kordel ersetzt ist kann man gut hinübersteigen. Wir folgen dem Pfad über den Zaun geradeaus weiter. In mehreren weiten Kehren führt er den Hang hinunter und in die Schlucht hinein. Dabei haben wir einen guten Blick auf die Felswände und in die Schlucht. An der einzigen **Abzweigung** bleiben wir rechts und steigen weiter hinunter, merken uns die Stelle aber gut für den Rückweg. Dann treffen wir auf eine **T-Kreuzung** (1) und haben den von Rocamadour kommenden Bachuferpfad erreicht. Wir biegen

TOUREN-STECKBRIEF

Anfahrt: Die hier beschriebene Wanderung durch das Tal der Mühlen beginnt gut zwei Kilometer östlich von Rocamadour an der D36 nach Gramat auf dem Parkstreifen am Straßenrand bei **GPS N 44°48‘11.0“, E 1°39‘19.0“**.

Alternativ könnten wir diese Wanderung auch kürzen, indem wir sie von der anderen Seite beginnen. Die Zufahrt zum kleinen, meist gut besuchten Wanderparkplatz bei **GPS N 44°47‘20.0“, E 1°40‘24.0“** erfolgt über Gramat und über drei Kilometer auf sehr schmaler, nur teilweise asphaltierter Straße.

Markierung: Einstieg unmarkiert, im Tal rot-weiße GR-Markierung, Mühlen-Rundweg gelb markiert.

Charakter: Einfache, landschaftlich reizvolle Wanderung auf guten Pfaden.

Mit Kindern: Die Ruinen der Moulin du Saut und der Moulin de Tournefeuille sind fantasieanregende Höhepunkte der Wanderung. An der Moulin de Tournefeuille kann man sehr gut picknicken und es ist Platz zum Spielen. Mit jüngeren Kindern sollten Sie allerdings die kürzere Variante wählen.

Unterkunft:

Hotel: Le Terminus des Pélérins in Rocamadour, Place Carretta.

Camping: Le Relais du Campeur und Les Cigales am Ortsrand von Rocamadour.

Wohnmobil: Stellplätze am Chateau und auf dem P4. Preisgünstiger und besser ausgestattet ist der Camping Ferme de Campagnes an der Straße nach Lacave.

In der Nähe: Rocamadour, Forêt des Singes, Tierpark Gramat.

hier links ab. Unser Pfad ist ab jetzt rot-weiß markiert. Wir wandern jetzt durch dicht wuchernden Wald, rechts neben uns ist das Bachbett der Ouysse im Sommer meistens trocken. Wir folgen dem Pfad bis zu einer ersten Mühlenruine, der **Moulin de Sirogne**. An dieser überqueren wir das Bachbett auf einer Steinbrücke. Auf der rechten Seite des Baches folgt wenig später, gut im dichten Wald versteckt, die Ruine der **Moulin de la Mouline**. Im Inneren des Gebäudes liegt noch ein alter Mühlstein.

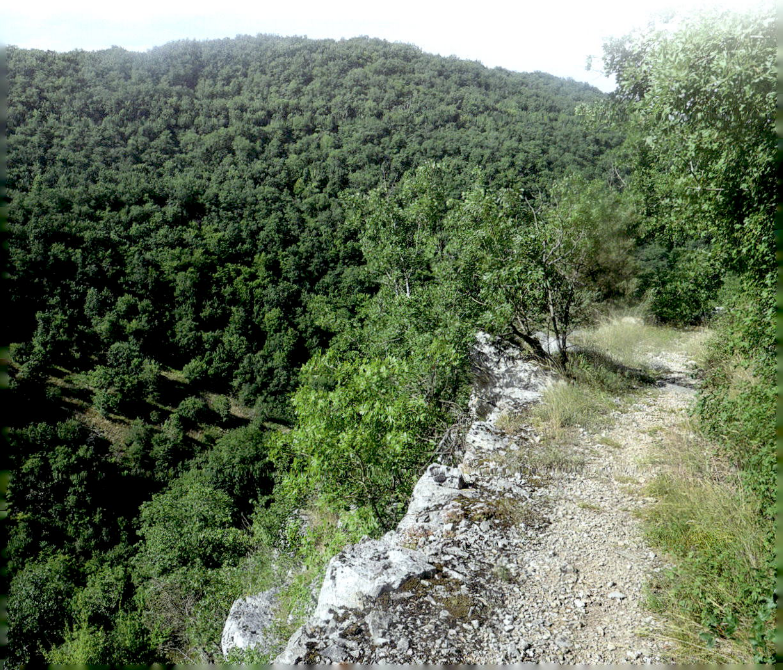

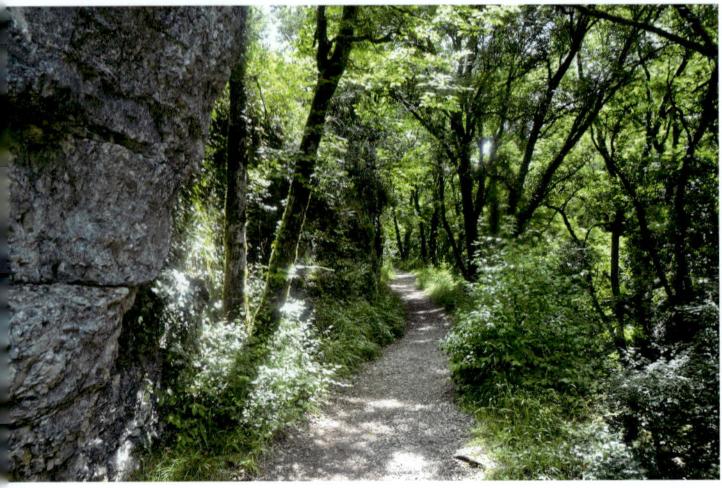

Etwa 50 Meter hinter der Mühle überqueren wir den Bach erneut. Hier führt er meist ein wenig Wasser. Es gibt drei Möglichkeiten hinüberzukommen: durch das Wasser, über eine Reihe Trittsteine oder über eine Baumstammbrücke, die trotz improvisiertem Geländer das Gleichgewicht herausfordert.

Noch einmal 500 Meter weiter stehen wir an der Ruine einer der beiden größeren Mühlen im Tal. Die **Moulin de Tournefeuille** ② liegt auf einer kleinen Lichtung und bestand aus mehreren Gebäuden. Das Tal ist hier etwas weiter. Auf dem Wiesengelände an der Ruine kann man heute besonders gut rasten und picknicken. An der Moulin de Tournfeuille haben wir außerdem den gelb markierten **Rundweg »Moulin du Saut«** erreicht. Die Moulin du Saut ist eine weitere Mühlenanlage am Weg, die aber ganz anders vom Charakter ist als Tournefeuille.

Nachdem wir das letzte Wegstück durch den Wald marschiert sind, steigen wir jetzt zuerst einmal rechts hinauf und schauen uns nach kurzer Anstrengung die Schlucht von oben an. Der angenehme Weg führt immer in der Nähe der Abbruchkante entlang, sodass man gut hinunter gucken kann. Kurz bevor wir den **Wanderparkplatz Gramat** ③ erreichen, sieht man unten im Tal bereits die Mauern der Moulin du Saut.

Am Waldparkplatz halten wir uns dann links und wandern auf dem breiten Schotterweg wieder hinunter in die Schlucht. Nach

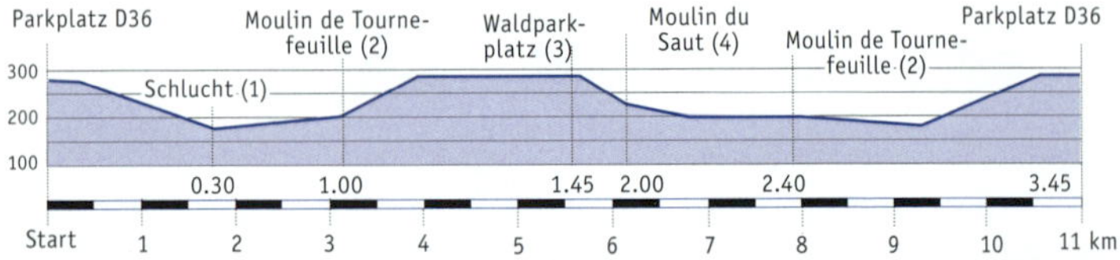

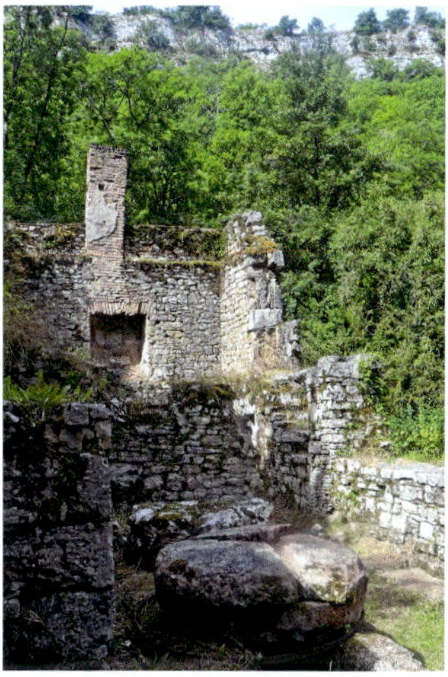

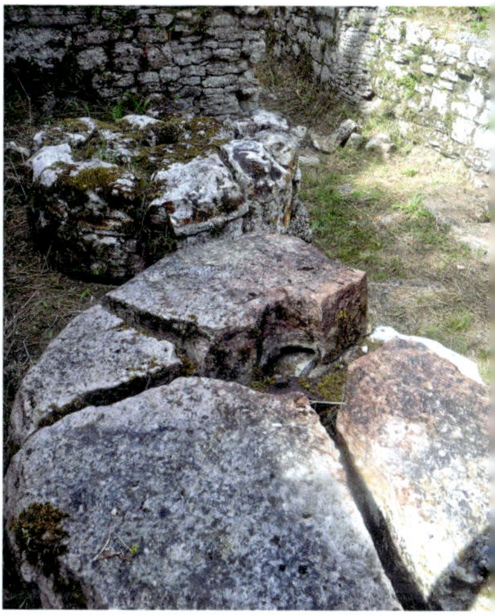

500 Metern haben wir die letzte und spektakulärste der Mühlen erreicht. Die **Moulin du Saut** (4) klemmt förmlich in einer Felsspalte. Der Weg führt durch die Mühle hindurch und hinunter zu einem Wasserbecken, in dem in Frühsommer die Frösche quaken.

Hinter der Moulin du Saut wird der Weg kurz anspruchsvoller. Auf einem felsigen Pfad geht es hinauf und steil wieder hinunter. Anschließend wandern wir durch schattigen Wald am Bachbett entlang bis wir zur **Moulin de Tournefeuille** (2) zurückkommen. Von hier aus gehen wir auf dem vom Hinweg vertrauten Waldpfad zurück und passen auf, dass wir hinter der Moulin de Sirogne unseren Pfad nicht übersehen. Der **Abzweig** (1) ist nicht markiert! An der einzigen Verzweigung halten wir uns links und wandern dann noch über die Weide (den Spuren zufolge weiden hier zeitweise Schafe) zurück zu unserem Auto.

Die kleine Moulin-du-Saut-Runde
4,5 km, ⇅ 85 m, 1 h 30
Beginnt man die Wanderung am Waldparkplatz bei Gramat und geht nur den Rundweg zwischen Moulin du Saut und Moulin de Tournefeuille, braucht man länger für die Anfahrt und kommt nur zu zwei Mühlen, hat aber eine abwechslungsreiche kompakte Wanderrunde, die auch Kinder gut schaffen.

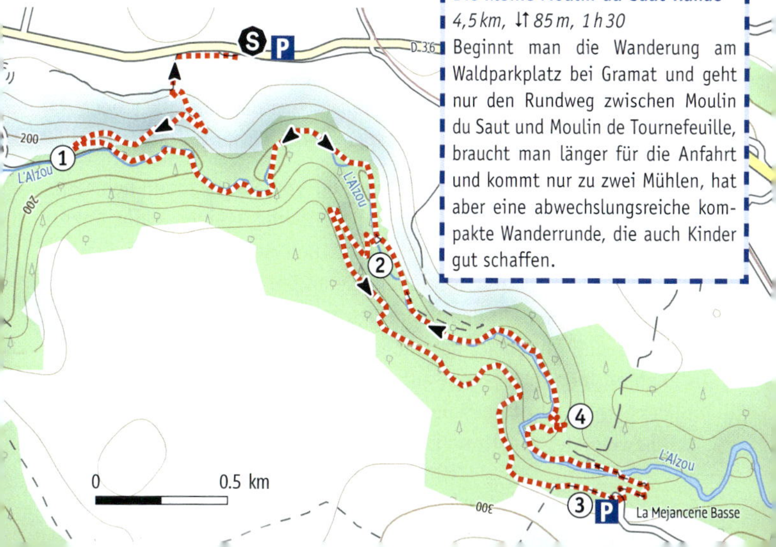

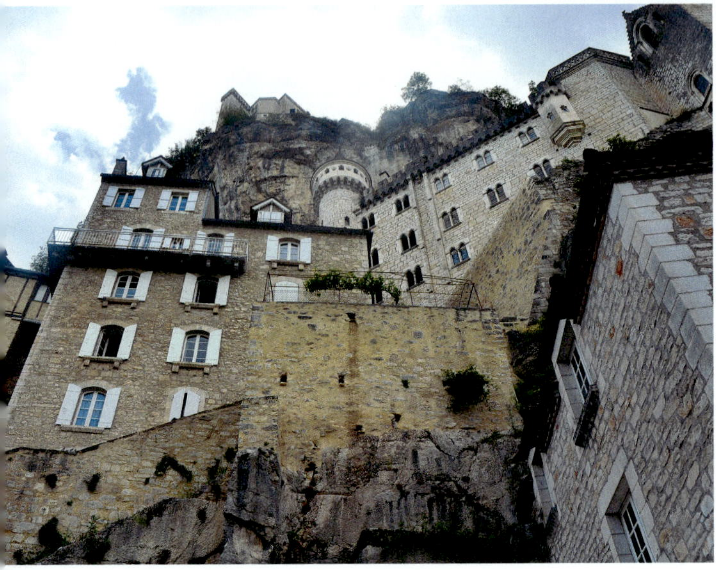

300 m

STRECKE 12 km

4 h 30

Variante ab 8

Tour 13: Pilgerwege um Rocamadour

Zwischen Ouysse und Alzou

Schon im Mittelalter war Rocamadour ein bekannter Wallfahrtsort. Das Kloster des eng an die Steilwand geschmiegten Dorfes ist auch heute noch Station einer Variante des französischen Jakobsweges, der ganz in der Nähe durch das Massif Central führt. Auch die Weitwanderwege GR 6 und GR 46 kreuzen Rocamadour. Unsere Wanderung führt durch die Dorfgassen, die 216 Stufen der »Grand Escalier« hinauf und über die Serpentinen des Kreuzweges zum Schloss. Dabei muss man vom unteren Dorfeingang bis zum Schloss oben auf der Klippe einen Höhenunterschied von mehr als 100 Metern überwinden. Über das stille Hochplateau wechseln wir dann in die Täler des Alzou und der Ouysse und nähern uns Rocamadour erneut – diesmal auf dem alten Pilgerweg durch die Alzouschlucht.

Wanderung: Vom **Parkplatz** am Fuß von Rocamadour nehmen wir die Treppe hinauf in die Altstadt und steigen dann links zwischen den Souvenirläden, Cafés und Restaurants die Grand Escalier (große Treppe) hinauf, die an der Kirche endet. Im Innenhof wählen wir den Gang, der geradeaus durch das Gebäude führt, und folgen auf der anderen Seite dem **Kreuzweg** in vielen Kehren hinauf. Er endet auf dem **Parkplatz Le Château** und an der Straße. Wir folgen der Straße nach rechts, lassen den ersten Abzweig, der zum Hotel Le Château führt, links liegen und gehen am Parkplatz des Restaurants vorbei. Hier sind auf den Laternenmasten die ersten **gelben Wegmarkierungen** zu sehen. Hinter dem Parkplatz biegen wir links ab und folgen der schmalen Straße immer geradeaus. An den letzten Häusern treffen wir auf eine **T-Kreuzung** (1) und biegen links ab. Am Ende des Asphaltweges wählen wir den leicht nach rechts versetzten geradeaus führenden Feldweg zwischen zwei Steinmauern.

Nach etwa 800 Metern überqueren wir eine **Straße** und wandern auf einem breiten Schotterweg zwischen Weinreben über eine Hochebene mit tollem Weitblick. Der Weg endet an einem Sträßchen. Die Häu-

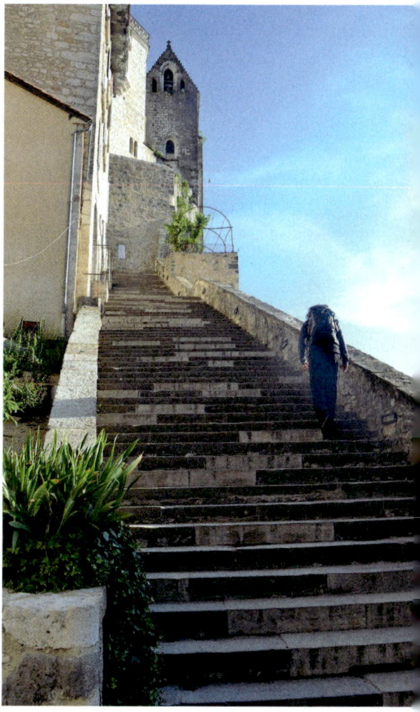

Stille am Morgen: zu Beginn der Wanderung auf der »Grand Escalier«

TOUREN-STECKBRIEF

Anfahrt: Rocamadour erreicht man von der Dordogne auf schnellstem Weg über die N 140. Schöner ist die Anfahrt von Lacave durch das Tal der Ouysse oder auf engen Sträßchen über das Hochplateau. Bei allen Varianten erreicht man Rocamadour von Norden und trifft an den Parkplätzen oben auf der Klippe auf den Ort. Ein kurviges Sträßchen führt von dort hinunter ins Alzoutal. Hier gibt es links einen Parkplatz für PKWs. Näher am Start der Wanderung liegen die Parkbuchten an der Straße unterhalb des Dorfes (unten rechts abbiegen) bei bei **GPS N 44°47'50.8", E 1°37'01.9"**. Größere Wohnmobile parkt man wegen der sehr engen Kurve und einer schmalen Tunneldurchfahrt besser oben am Schloss.

Markierung: Gelbe Farbbalken, Hinweisschild zur »Gouffre de Cabouv« und zur »Gouffre de Saint Sauveur.«

Charakter: Unkomplizierte Wanderung, zum guten Teil auf breiten Wegen, dazwischen einfacher Wiesenpfad.

Mit Kindern: Auch für Kinder spannend ist der ebene Weg von Rocamadour durch die Alzouschlucht zum Quellsee Gouffre de Cabouv und weiter zur Gouffre de Saint Sauveur. Das türkisgrüne Wasserbecken an der oberen Quelle ist in gut 1,5 Stunden erreicht. An beiden Quellen kann man rasten und picknicken. Vorsicht mit jüngeren Kids an der Gouffre de Saint Sauveur: Am Felsen besteht auf dem Ausguck über dem Fluss Absturzgefahr! Gehzeit etwa drei bis vier Stunden, zehn Kilometer.

Einkehr: Restaurants in Rocamadour.

Unterkunft:
Hotel: Le Terminus des Pélérins in Rocamadour, Place Carretta.
Camping: Le Relais du Campeur und Les Cigales im Ortsteil Hospitalet.
Wohnmobil: Stellplätze am Chateau und auf dem P4. Preisgünstiger und besser ausgestattet ist der Camping Ferme de Campagnes an der Straße nach Lacave.

In der Nähe: Rocher des Aigles, Forêt des Singes, Ziegenfarm und Käserei Les Bories d'Imbert, Prehisto Dino Park.

ser des Weilers **La Fage** sind schon in Sicht. Wir biegen links ab, folgen der kleinen Straße durch eine Rechtskurve und treffen an einem **Steintor** auf einen Querweg. Hier gehen wir nach rechts. Am letzten Haus, der **Gite d'Etape La Grelottière** ②, endet der Asphalt und wir laufen auf einem leicht abwärts führenden Feldweg weiter. Der Weg macht eine Linkskurve. Wir halten alle Abzweige ignorierend geradeaus auf eine Senke zu und steigen fast bis in die Talsohle hinunter. Der Weg wird schmaler und wir laufen auf Wiesenboden durch eine stille, wilde Landschaft.

Den **Abzweig nach La Gardelle** lassen wir rechts liegen und gehen stattdessen am Hang entlang weiter. Kurz darauf stehen wir an einer alten gefassten **Quelle** ③, die aber nur wenig Wasser führt. Dann taucht links unter uns die **Straße nach Lacave** auf und unser Weg mün-

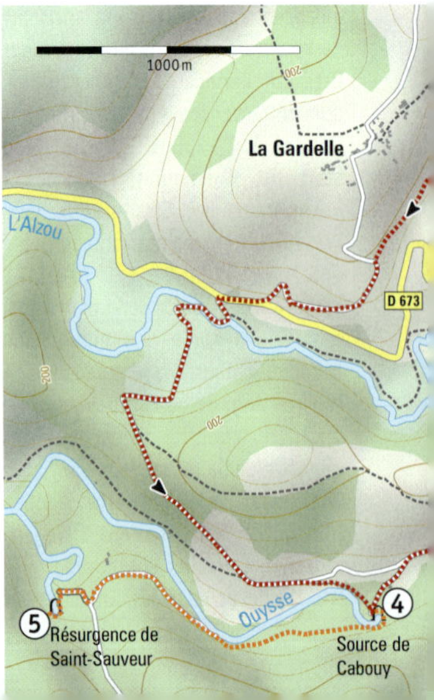

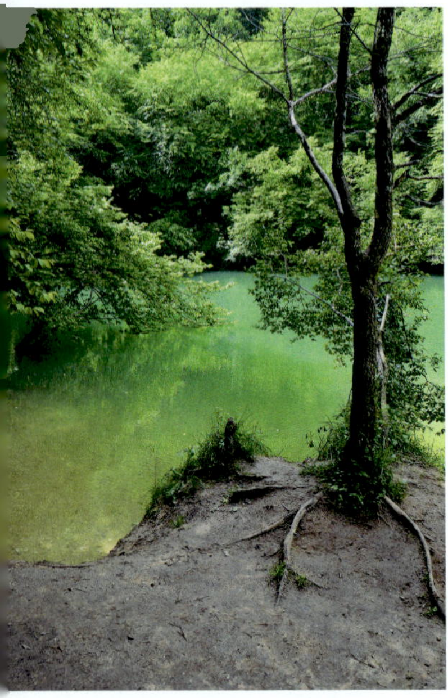

Der obere Quelltopf der Ouysse ist so grün wie der Uferwald.

Abstecher zu den Quellen der Ouysse
zusätzlich 3 km, etwa 1 h

Schon kurz hinter der Kreuzung des gelb markierten Weges mit dem GR 6 führt ein Pfad rechts den Hang hinab. Er kürzt den Weg zur **Gouffre de Cabouv**, dem ersten Quellsee, ab und bietet außerdem einen schönen Rastplatz über dem Fluss. Am See beginnt, von außen unsichtbar, ein Höhlensystem, in dem die Ouysse unterirdisch das Kalkplateau durchfließt. Die Gouffre de Cabouv und die größere **Gouffre de Saint Sauveur** ⑤, die etwas weiter oben im Wald verborgen liegt, sind ein aufregendes Ziel für Höhlentaucher.

Am unteren See vorbei bringt uns ein ebenfalls gelb markierter Waldweg hinauf zum türkisfarbenen **See von Saint Sauveur**. Läuft man um den See herum, führt ein Pfad hinauf zu einem Felsüberhang. Rechts erreicht man durch ein Felsentor einen hinreißenden Ausguck. Links gähnt ein weiteres Loch im Fels. Ein breiter Gang führt in die Felswand, jedoch versperrt schon nach wenigen Metern ein Gitter den Weg. Es soll die Bewohner der Höhle schützen: Der finstere Gang ist das Heim einer Fledermauskolonie. Auf dem gleichen Weg geht es zurück zur Gouffre de Cabouv.

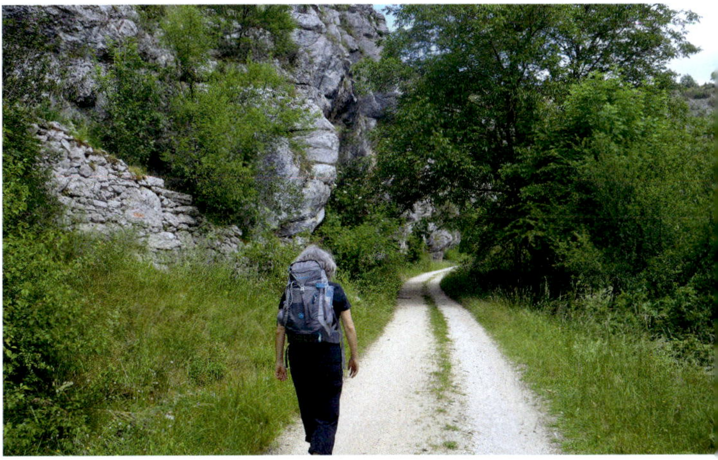

Zu den Zeiten der Freiflugshows am Adlerfelsen *Rocher des Aigles* kreisen oft Adler und Falken über der Schlucht kurz vor Rocamadour. Ein Fernglas tut hier gute Dienste.

Auf dem Rückweg nach Rocamadour durchqueren wir das Alzoutal auf einem alten Pilgerweg.

det in einen schmalen Asphaltweg, dem wir links bis zur Straße folgen. Unsere gelbe Markierung leitet uns jetzt etwa 100 Meter an der Straße entlang, dann biegen wir links in einen breiten Wanderweg ein. Er überquert auf einem rustikalen **Holzsteg** das Bächlein Alzou,

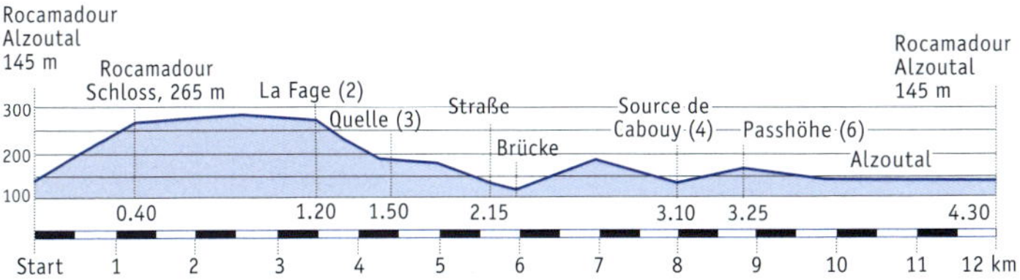

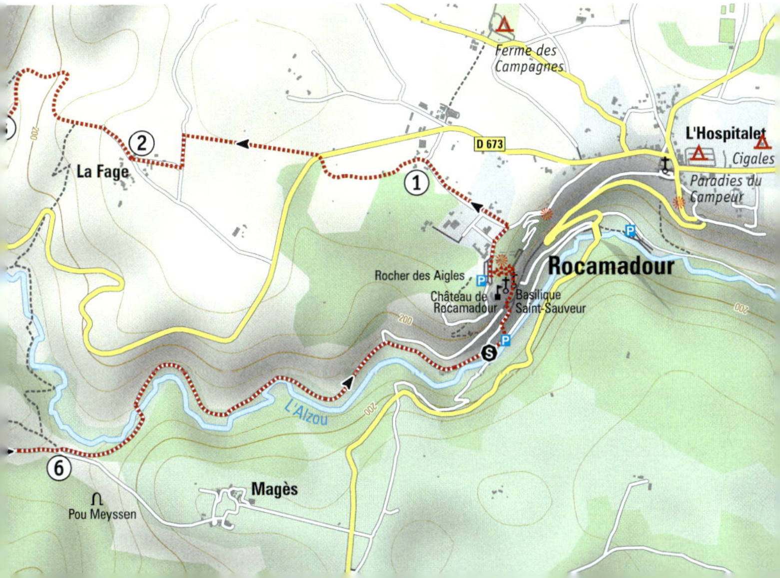

führt an einem zerfallenden Anwesen vorbei und steigt dann kräftig an. In einer Spitzkehre ist der höchste Punkt erreicht und wir haben bald einen weiten Blick ins **Tal der Ouysse**. An der nächsten Kreuzung treffen wir auf den Weitwanderweg **GR 6**, der uns die letzten vier Kilometer nach Rocamadour leiten wird. Kurz darauf führt rechts ein lohnender Abstecher **zu den Quellseen der Ouysse** ④. Der kurze Bogen zur **Gouffre de Cabouv** **[› Seite 84]** verlängert den Weg kaum und ist schöner zu wandern als der breite GR 6. Wir wählen also den am Bach entlangführenden Querweg bis zur ersten Quelle und folgen dann vom Parkplatz vor dem Quellsee dem von links kommenden Fahrweg zurück auf den GR 6.

Auf dem asphaltierten Weg geht es weiter bis zum **Col de Mercuez** ⑥. Hier wechseln wir links zurück ins Tal des Alzou. Ein Schotterweg führt hinab zwischen die schroffen Felsen. Der Rückweg durch die **Felsschlucht** sorgt für ein beeindruckendes Finale, bevor wir den letzten Kilometer zum Parkplatz wieder auf einer ruhigen Fahrstraße zurücklegen.

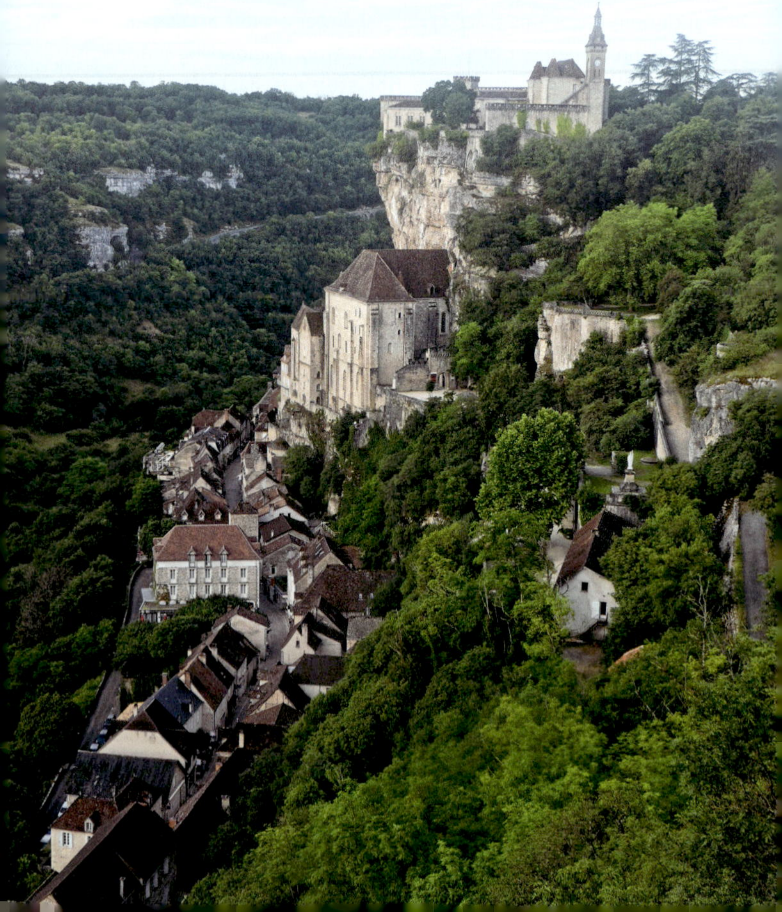

Pilgern auf dem Jakobsweg

Der Jakobsweg ist einer der bekanntesten Pilgerwege der Welt und wird seit über 1.000 Jahren begangen. Spätestens seit Hape Kerkelings »Ich bin dann mal weg« ist er auch in Deutschland in aller Munde und so bekannt, dass man ihn unter »Eingeweihten« eigentlich nur noch als »den Camino« bezeichnet. Man begegnet ihm in Europa an etlichen Stellen, da kann schon einmal etwas Verwirrung aufkommen. Wo führt dieser Pilgerweg denn eigentlich entlang?

Die Lösung ist einfach: Den einen Jakobsweg gibt es nicht. In Frankreich sind es vier historische Routen, die das Land von Ost nach West und Nord nach Süd durchziehen. Sie beziehen sich auf das »Liber Sancti Jacobi«, einen handgeschriebenen Pilgerführer aus dem 12. Jahrhundert, der neben Gebeten und Erzählungen aus dem Leben des Jakobus auch eine Beschreibung der vier zu dieser Zeit gängigen Routen und der wichtigsten an der Wanderstrecke liegenden Kirchen enthält.

Die historische **Via Turonensis** startet in Paris, die **Via Lemovicensis** beginnt etwas weiter südlich in Asquins oder Vézelay, die **Via Podiensis** beginnt in Le-Puy-en-Velay in der Auvergne und die südlichste Route, die **Via Tolosana**, führt von Arles in der Camargue zur spanischen Grenze.

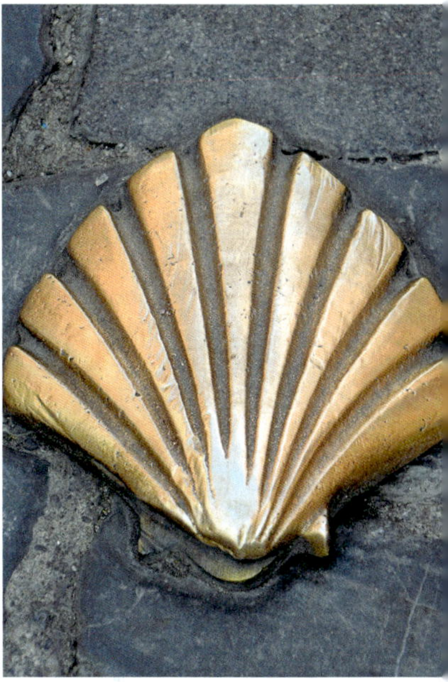

Rocamadour passiert man auf der wenig bekannten Via Averna, einer Jakobsweg-Variante, die in Clermont-Ferrand ihren Anfang nimmt. Aber auch über die Via Podiensis, die beliebteste Strecke durch Frankreich, ist der Ort zu erreichen. Er liegt dann aber nicht direkt an der Route, sondern muss über einen 50 Kilometer langen Abstecher erwandert werden. Das Pilgergedrängel hält sich in Rocamadour also in Grenzen. Der Via Podiensis begegnen wir dann noch einmal weiter im Süden zwischen Figeac und Cahors. Im **Tal des Célé** wandern wir auf mehreren Touren auf der Trasse des Jakobsweges und in **Cahors** ziert die goldene Muschel des Jakobus die Straße zur Pilgerunterkunft.

Alles Käse?
Tomme, Cabécou und Rocamadour

Frankreich ist ein Käseland und die Region an der Dordogne hat einige besondere Spezialitäten zu bieten. Traditionell werden auf den sonnenverwöhnten Hochebenen im südlichen Frankreich eher Schafe und Ziegen gehalten als Kühe. Auf den Marktständen am besten vertreten sind daher die großen runden Laibe des Tomme – einem halbfesten Schnittkäse. Es gibt ihn als Tomme de chèvre von der Ziege oder als Tomme de brebis aus Schafsmilch und in verschiedenen Reifegraden. Ein junger Tomme ist sahnig und mild, die älteren Käse sind nach ein bis zwei Jahren Reifezeit trockener und zunehmend kräftiger im Geschmack. Tomme wird in vielen Gegenden Frankreichs hergestellt und es gibt ihn auch aus Kuhmilch.

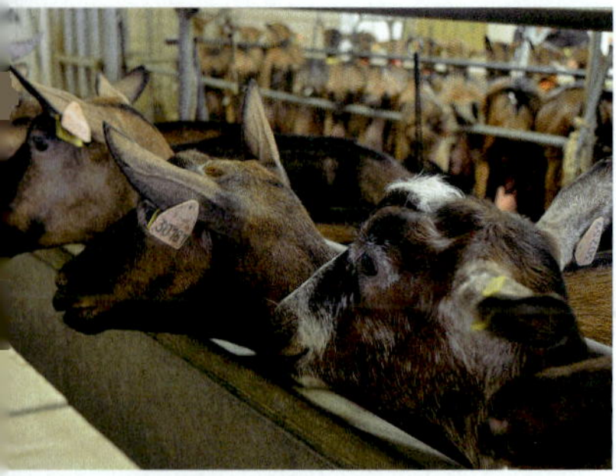

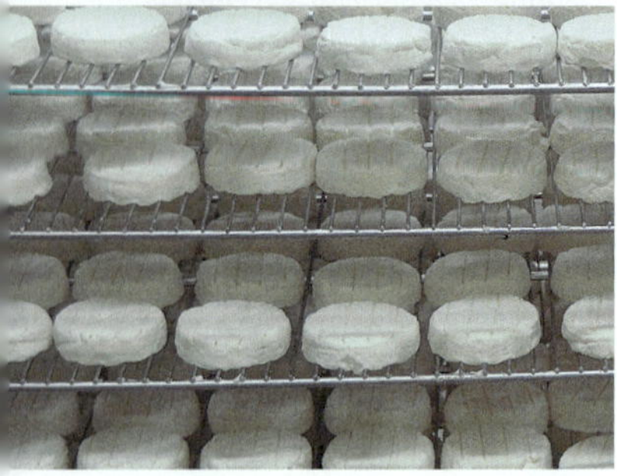

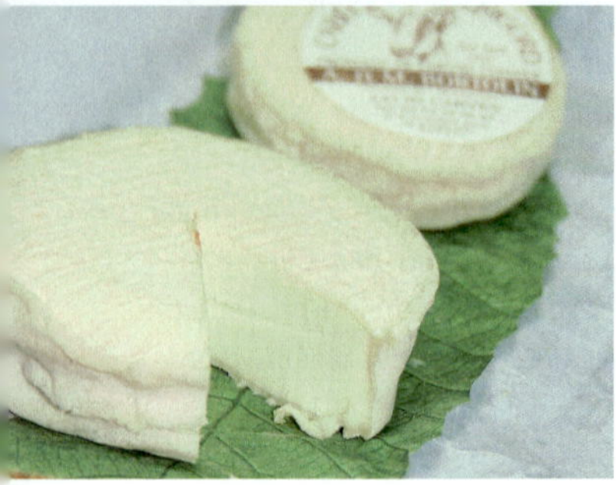

Käseproduktion in der Fromagerie d'Imbert

Nur an der Dordogne zu Hause ist dagegen der Rocamadour. Benannt nach dem spektakulär am Felsen klebenden Pilgerort darf der kleine runde Ziegenweichkäse seinen Namen nur tragen, wenn er im Umfeld des Dorfes produziert ist. Sonst nennt man ihn Cabécou. Der junge Käse ist sahnig und bröckelig wie Frischkäse. Reift er einige Tage, wird der Geschmack aromatischer und das Innere flüssig wie bei einem Camembert. Die getrocknete Version, ein Rocamadour sec, schmeckt kräftig bis scharf und ist, wie der Name schon sagt, trocken wie Hartkäse. Frisch serviert man ihn gerne gebacken mit Nüssen oder herbem Honig zum Salat. Jeder Rocamadour ist ein echtes Handwerksprodukt und trägt ein Etikett mit der Adresse seines Produzenten. Einen Blick in Ziegenstall und Käseproduktion ermöglicht die Fromagerie d'Imbert **[› Seite 64]**. Dort können Sie auch Käse kaufen.
www.laboriedimbert.com

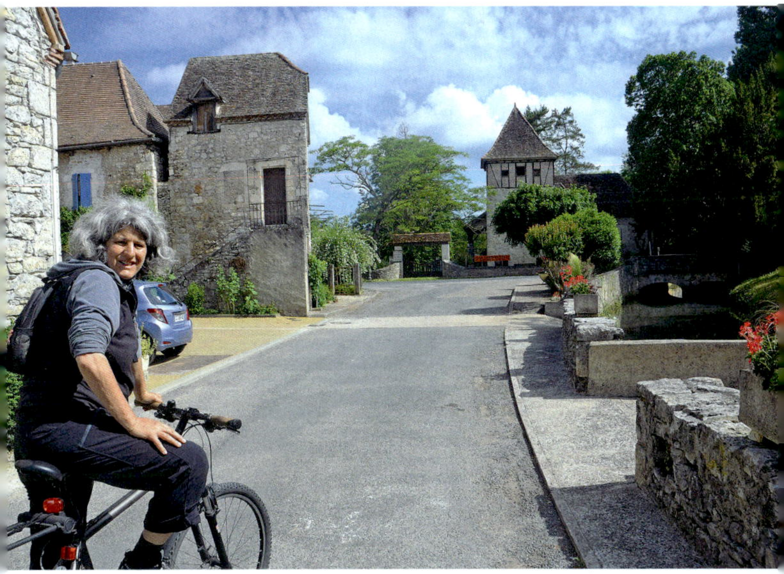

Tour 14:
Berg und Tal mit dem Rad

400 m

STRECKE 30 km

3–4 h

Fahrradtour zwischen Creysse und Lacave

Zwischen Gluges, Creysse und Lacave frisst sich die Dordogne durch das eindrucksvolle Vallée des Rocs. Steile Felswände säumen den Fluss an vielen Stellen, doch meistens reicht der Platz im Tal für eine schmale Straße, die uns am Ufer entlangführt. Schöne kleine Orte wie Creysse und Meyronne und die Höhle von Lacave mit Möglichkeit zur Einkehr machen diese Tour besonders abwechslungsreich. Am oberen Rand der Klippen erwartet uns dann die weite Hochebene um das Städtchen Martel. Und klar – dazwischen geht es kräftig bergauf. So braucht diese sportliche Fahrradrunde solide Kondition und ein gutes Fahrrad.

Creysse – Meyronne: 5 km

In Creysse der D 114 aus dem Ort hinaus bis nach **Saint-Sozy** folgen. Zum Warmradeln geht es hier sanft bergauf und dann flott zum Ort hinunter. Das eigentliche Ortszentrum befindet sich rechts von uns. Wir rollen links in Richtung Fluss und über die Dordognebrücke nach **Meyronne**. Links hinter der Brücke führt eine Treppe hinauf zur Kirche von Meyronne und dem edlen Restaurant Les Terrasses, in dem man ausgezeichnet isst.

Meyronne – Lacave: 6,5 km

Dann fahren wir geradeaus bis zum nächsten kleinen Abzweig, der uns auf ruhiger Route quer hinüber zur Straße nach Lacave

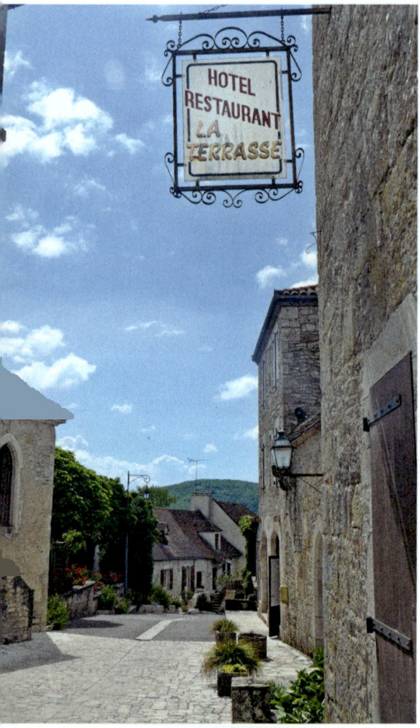

Blick in den alten Ortskern von Meyronne

bringt. Dieser folgen wir weitgehend eben bis zum **Eingang der Höhle** ① und dem zugehörigen Hotel-Restaurant. Kurz darauf bietet die Pizzeria La Gariotte eine Alternative. Wer ein Picknick vorzieht: Auf dem Feldweg an der Pizzeria vorbei folgt rechts ein Abzweig zu einem schönen **Picknickplatz** ② an der Dordogne mit zwei Tischen und Blick auf das hoch oben auf einem Felsen thronende Château de Belcastel.

Lacave – Pinsac: 6,5 km
Am Ortsende bleiben wir auf der rechts abzweigenden D 23 in das Tal der Ouysse. Vorbei am noblen Gasthof und Hotel Le Pont de l'Ouysse radeln wir nur kurz ins Tal hinein, biegen dann im spitzen Winkel rechts ab und stellen uns der ersten Bewährungsprobe am Berg. 50 Höhenmeter trennen uns von dem Felsen, auf dem **Belcastel** über dem Fluss thront. Schöne Blicke auf das Schloss versüßen das anstrengende Wegstück. Kaum oben angekommen, geht es auch schon wieder hinunter. Nicht

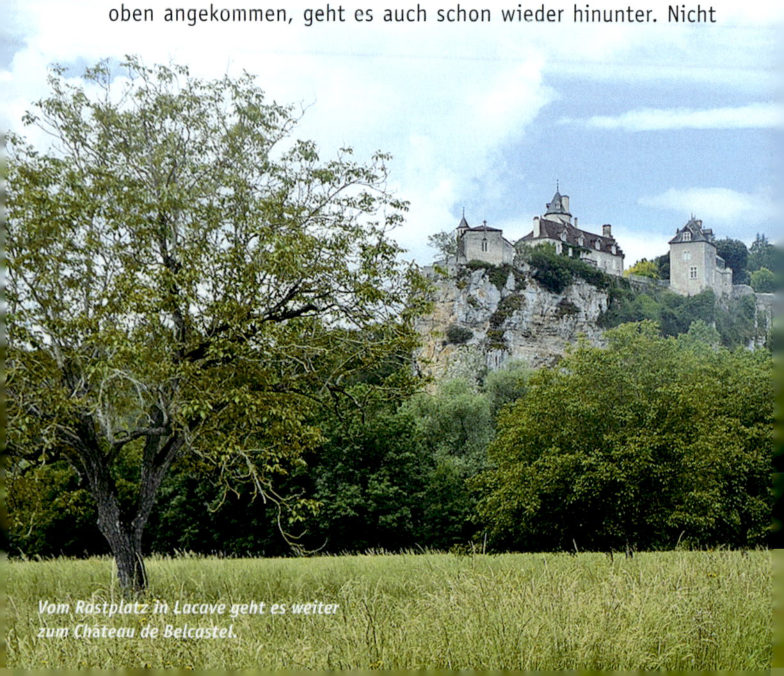

Vom Rastplatz in Lacave geht es weiter zum Château de Belcastel.

zu viel Schwung nehmen, sonst verpassen Sie die schmale Straße, die direkt zum Dorf **Meyraguet** hinunterführt. Beim Erreichen der ersten Häuser wählen wir an einer T-Kreuzung den Weg nach links und kommen zur Fahrstraße zurück. Rechts sind es jetzt nur noch 300 Meter zum Luxushotel im Schloss von **La Treyne**, das man von der **Flussbrücke** ③ sehr gut sehen kann. Die Gärten der Schlossanlage sind auch für Besucher zugänglich.

TOUREN-STECKBRIEF

Anfahrt: Creysse ist ein winziges Dorf einige Kilometer westlich von Souillac. Wer nicht im Dorf Quartier bezieht, findet bei **GPS N 44°53'10.0", E 1°35'51.0"** einen Parkplatz. Ebenfalls gut geeignet als Startpunkt dieser Runde ist der große Parkplatz von Lacave mit Pizzeria, Restaurant und Picknickplatz. Dort gibt es aber keinen Fahrradverleih.

Fahrradverleih: Auf dem Camping Le Port in Creysse. www.campingduport.com
In der Hochsaison verleiht auch Copeyre Canoe in Meyronne Mountainbikes. www.copeyre.com

Charakter: Rundfahrt auf meist wenig befahrenen schmalen Straßen, teilweise direkt am Fluss entlang. Der Asphalt ist nicht immer im besten Zustand.

Highlighs: Besuch der Grotte von Lacave, schöne kleine Orte wie Creysse, Meyronne, Pinsac, Saint-Sozy liegen an der Strecke. Schlossblick auf Belcastel vom Picknickplatz.

Mit Kindern: Für Familien ist die Radtour wegen zu langen Steigungen und einigen befahrenen Straßen weniger geeignet. Sehr lohnenswert sind dagegen der Besuch der Höhle und ein Picknick am Rastplatz am Fluss.

Einkehr: Hotel Les Terrasses in Meyronne, Pizzeria und Restaurant in Lacave, Auberge de l'Ile in Creysse

Unterkunft:
Hotel: Auberge de l'Ile in Creysse, Les Terasses in Meyronne.
Camping: Camping Le Port in Creysse mit Plätzen direkt am Fluss, sehr guten Sanitäranlagen und schöner Poolanlage mit Bar. Auch Mietbungalows.
Wohnmobil: Wohnmobilstellplatz an der Brücke von Gluges bei GPS N 44°54'30.0", E 1°37'28.0" oder Camping Le Port in Creysse.

In der Nähe: Dampflok Le Trouffadou in Martel, Prehisto Dino Park, Käserei und Park La Ferme d'Imbert, Rocamadour, Badeplatz und Snack Mas du Vieux Chêne.

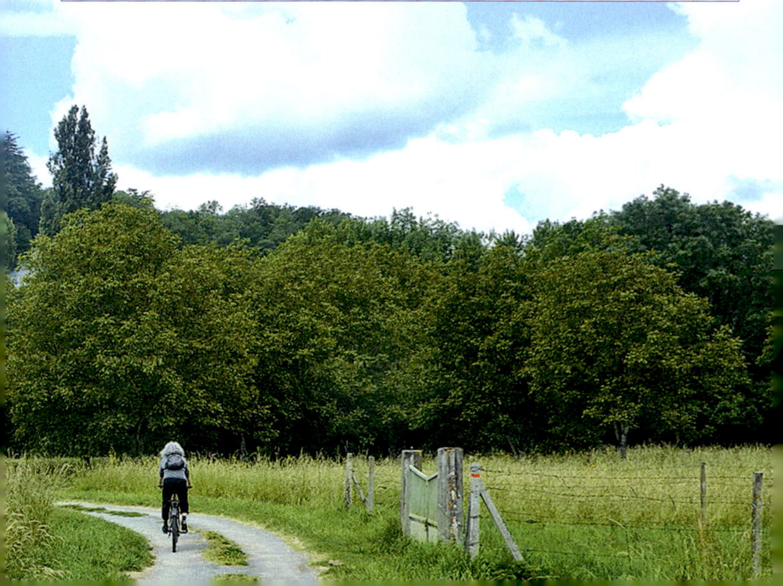

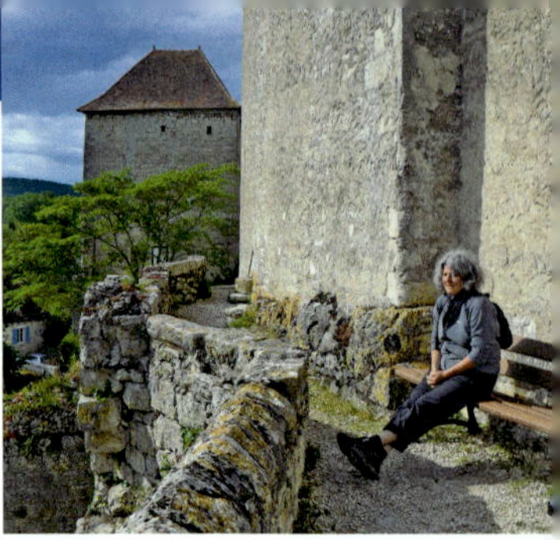

Auch das Restaurant ist öffentlich, die Preise sind jedoch stolz. Im Ort **Pinsac** auf der anderen Flussseite kann man Foie Gras und andere Spezialitäten direkt beim Erzeuger erstehen.

Über das Plateau zurück nach Saint-Sozy – 8 km

In Pinsac biegen wir, dem Wegweiser nach **Mayrac** folgend, rechts ab. Die Straße steigt jetzt stetig an und überwindet in den folgenden drei Kilometern fast 200 Höhenmeter. Dies ist der längste und ganz sicher der forderndste Anstieg der Tour. Wer bis ganz oben durchhält, hat eine ausgezeichnete Kondition. Jetzt befinden wir uns auf der Hochebene und es geht deutlich entspannter weiter. An der zweiten Kreuzung verlassen wir die Strecke nach Mayrac, wählen die schmalere rechte Straße und biegen kurz

Die Höhle von Lacave
Eine Grubenbahn transportiert die Besucher in eine Tropfsteinhöhle mit mehreren Sälen und einem unterirdischem See.
Geöffnet täglich von 9.30 – 12 und 14 – 17 Uhr, im Juli und August bis 18 Uhr, Oktober bis März nur bis 17 Uhr, € 12, Kinder 3 – 14 Jahre € 7,50, Jugend 14 – 20 Jahre € 10.
Tel. 0033 (0)565378703.
www.vert-marine.com/grottesdelacave

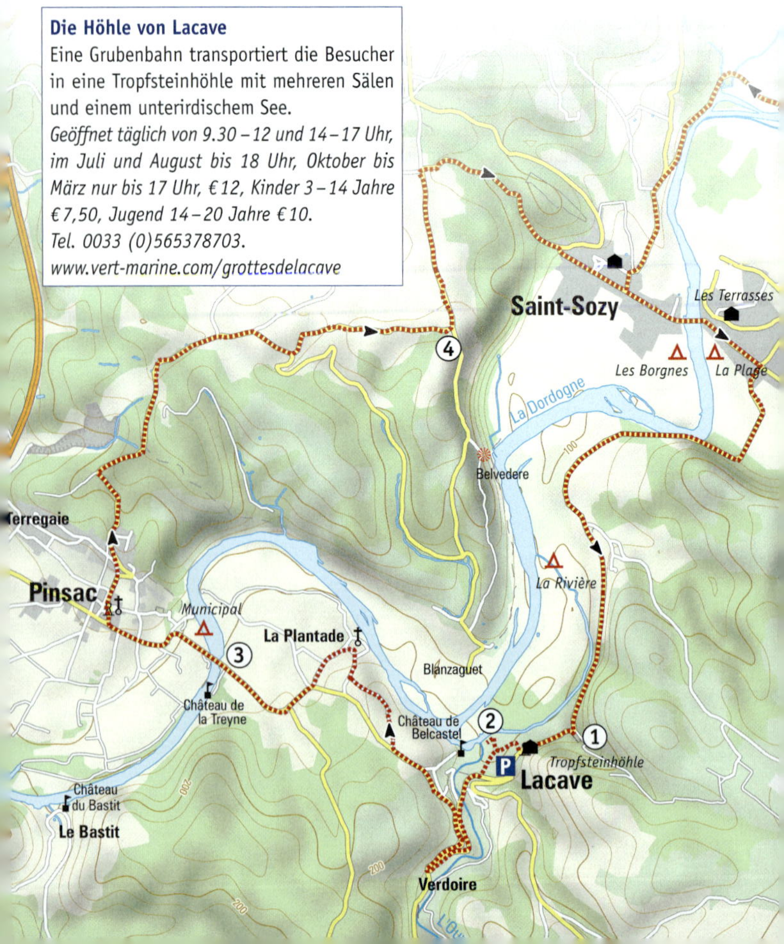

darauf noch einmal rechts ab in Richtung **Rocher de Monges** ④. Noch einmal leicht ansteigend führt die Route an einigen schönen Höfen vorbei und stößt auf eine Querstraße. Rechts sind es noch 500 Meter zum lohnenden **Aussichtspunkt auf dem Felsen Rocher de Monges**, links fahren wir anschließend ebenso weit bis zur etwas breiteren Straße, die sich rechts in vielen Bögen wieder nach Saint-Sozy hinunterschlängelt. Im Ortskern bieten eine einfache Pizzeria und ein Gasthof noch einmal die Chance zur Einkehr.

Saint-Sozy – Creysse: 4 km
Von Saint-Sozy folgen wir der vertrauten Strecke zurück nach Creysse.

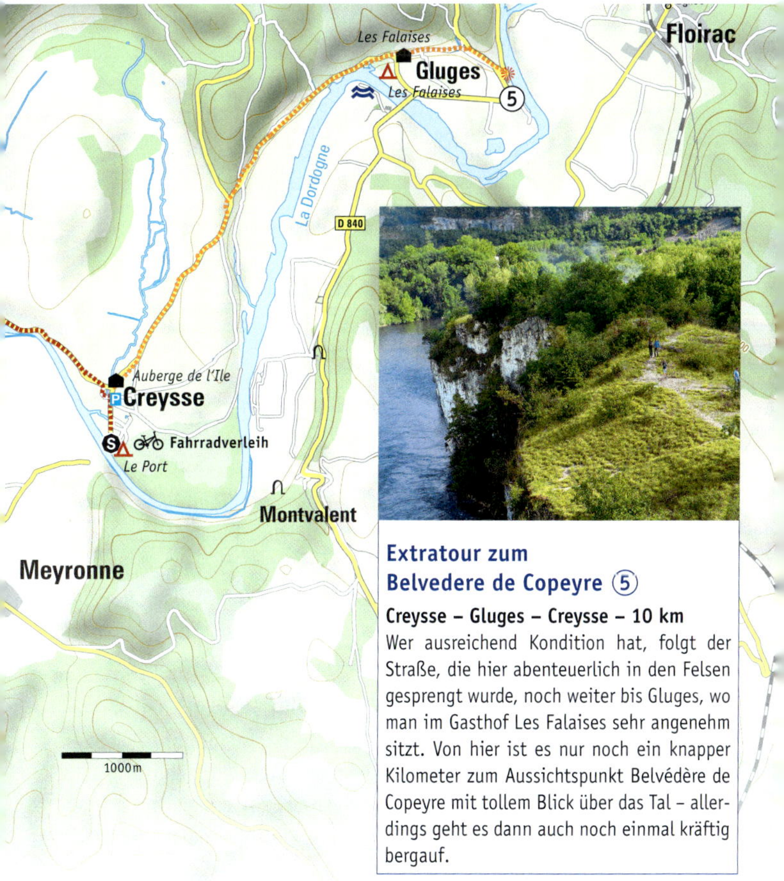

Extratour zum Belvedere de Copeyre ⑤

Creysse – Gluges – Creysse – 10 km
Wer ausreichend Kondition hat, folgt der Straße, die hier abenteuerlich in den Felsen gesprengt wurde, noch weiter bis Gluges, wo man im Gasthof Les Falaises sehr angenehm sitzt. Von hier ist es nur noch ein knapper Kilometer zum Aussichtspunkt Belvédère de Copeyre mit tollem Blick über das Tal – allerdings geht es dann auch noch einmal kräftig bergauf.

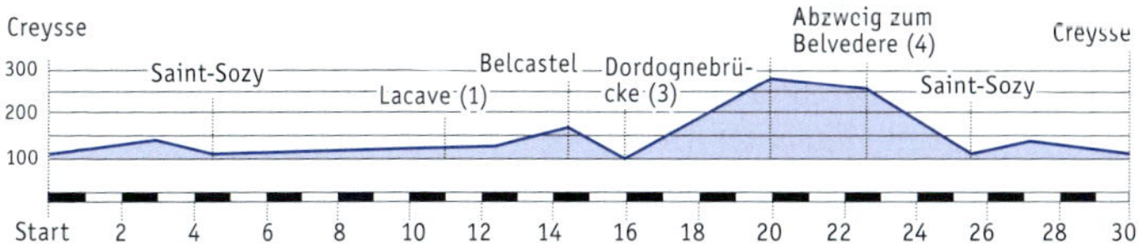

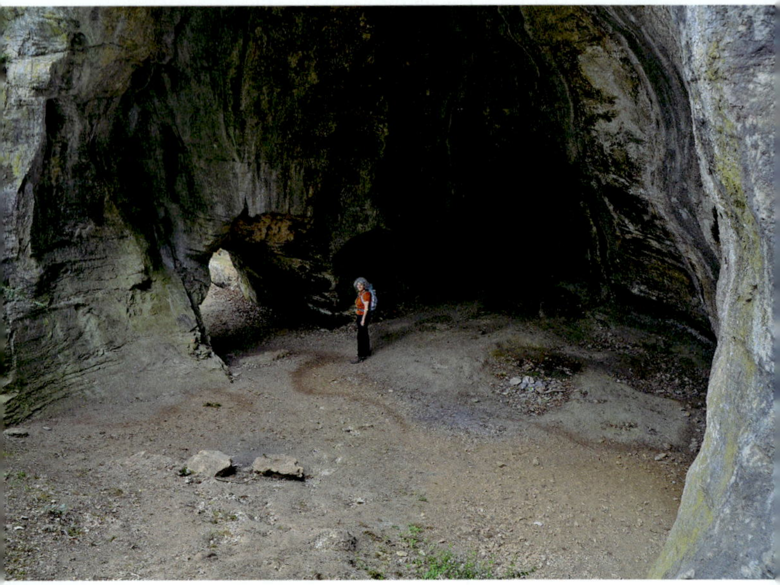

190 m

STRECKE 7 km

2 h

ab 8

Tour 15: Zwischen Himmel und Höhle

Der Klippenweg von Saint-Sozy

Nur ein enger, steiniger Pfad führt über der Dordogne in der Felswand hinauf bis zur Hochebene über Saint-Sozy. Auf halbem Weg treffen wir auf alte Spuren der Besiedlung: Ein Abri schützt den Weg, und in der Klippe öffnet sich eine große offene Höhle. Wenig weiter führt ein Gang in den Fels, der mit Hilfe einer Taschenlampe erkundet werden kann. Das Dorf Blanzaguet oben auf dem Plateau bildet einen schönen Kontrast. Der Blick reicht hinüber bis zum Schloss Belcastel. Noch besser ist der Ausblick nur vom Belvedere auf den Rocs des Monges oberhalb des Dorfes.

Wanderung: Wir parken das Auto in **Saint Sozy** und nehmen am westlichen Ortsende die kleine **Straße nach Monges**. Zwischen einigen uralten Scheunen und neu erbauten Wohnhäusern geht es immer geradeaus bis zu einer Picknickbank neben drei grünen **Fischteichen am Ufer der Dordogne** ①. Alternativ kann man auch hier parken und damit die Tour ein Stück kürzen. Links am Tor zu den Teichen beginnt ein Pfad, der sich unterhalb der Klippen über dem Fluss entlangzieht. Leicht ansteigend führt er uns durch einen grünen Urwald aus Moos und Flechten. Nach einem knappen Kilometer treffen wir auf ein **Felsentor**, hinter dem eine große offene **Höhle** ② liegt. Wenige Meter weiter führt ein schmaler Gang in den Fels und kann erkundet werden, wenn man eine Taschenlampe dabei hat. Noch ein paar Schritte weiter öffnet sich ein zweiter, deutlich höherer Gang im Fels. Ohne Licht haben wir uns aber nicht weit hinein getraut.

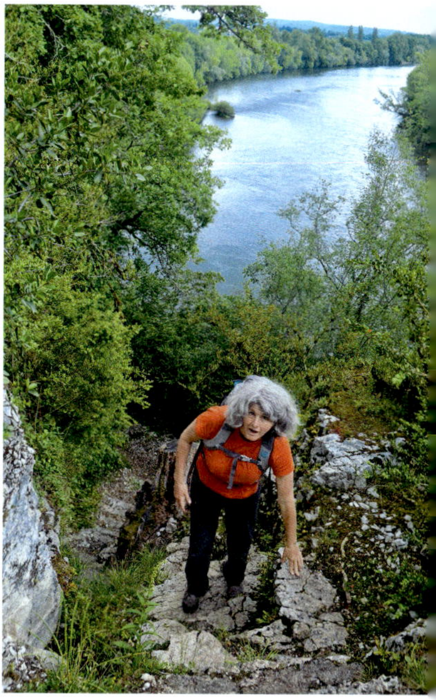

Nur kurzzeitig nötig: Klettern mit Handeinsatz auf dem Klippensteig über dem Fluss

Von der Höhle geht es noch eine gute Viertelstunde durch den Wald am Hang entlang, dann stehen wir vor den ersten Häusern von **Blanzaguet** ③. Wir durchqueren den Ort, folgen der gelben Markierung rechts hinauf und laufen auf einem Fahrweg über die Hochebene. Bald entdecken wir vor uns auf einem Hügel einen Sendemast. Hinter diesem befindet sich ein **Belvédère** ④ mit Blick auf das blaue Band der Dordogne weit unten im Tal.

Weiter in Richtung Straße führt uns dann ein enger, teilweise leicht ausgesetzter Waldpfad steil hinab nach Saint-Sozy. Der Einstieg ist mit einem Schild markiert. Nach einem steilen, zeit-

TOUREN-STECKBRIEF

Anfahrt: Saint-Sozy liegt direkt an der Dordogne wenige Kilometer westlich von Souillac. Wir parken das Auto im Ort in den Parkbuchten am Straßenrand an der Ortsausfahrt in Richtung Souillac bei **GPS N 44°52'50.0", E 1°33'47.0"** oder biegen hier ab und fahren bis zum Picknickplatz am Flussufer bei **GPS N 44°52'05.8", E 1°33'19.8"**.

Charakter: Aufregende Wanderrunde mit tollem Ausblick über den Fluss. Auf- und Abstieg auf einem teilweise sehr schmalen und recht steilen Steig. Trittsicherheit und Wanderschuhe erforderlich! Nur bei trockenem, stabilem Wetter gehen wegen Steinschlagegefahr und unangenehm rutschigem Abstieg bei Nässe.

Highlights: Mehrere begehbare Höhlen in der Klippe, Blick auf Belcastel von Blanzaguet, Aussichtspunkt auf der Klippe.

Mit Kindern: Durch die Höhlen und den Kletterpfad an der Klippe ist der Weq für Kinder besonders aufregend. Der Pfad ist an wenigen Stellen leicht ausgesetzt und daher nur für trittsichere Kinder im Schulalter mit ein wenig Wandererfahrung geeignet. Auch Kinder brauchen hier Schuhe mit rutschfesten Sohlen!

Einkehr: Pizzeria und Restaurant in Saint-Sozy. Im kleinen Spar mit gut sortierter Theke mit regionalen Produkten wie Gebäck und Käse gibt es alles Notwendige für ein Picknick.

Unterkunft:
Hotel: Hotel La Terrasse in Meyronne.
Camping: Camping la Plage in Meyronne oder Les Borgnes in Saint-Sozy.
Wohnmobil: Siehe Campingplätze.

In der Nähe: Grotte de Lacave, Creysse, Dampflok Le Trouffadou, Badeplatz und Restaurant Mas du Vieux Chêne.

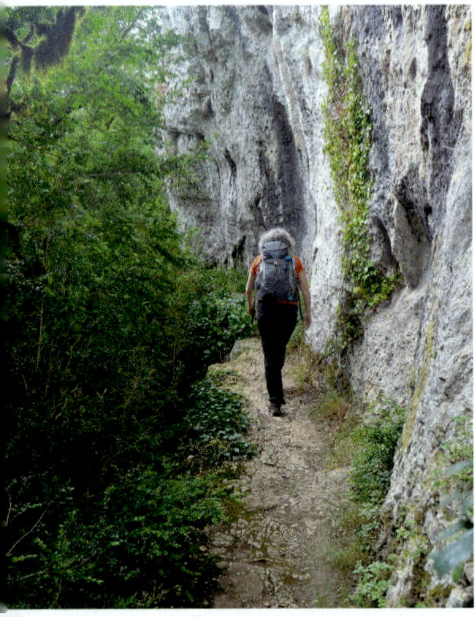

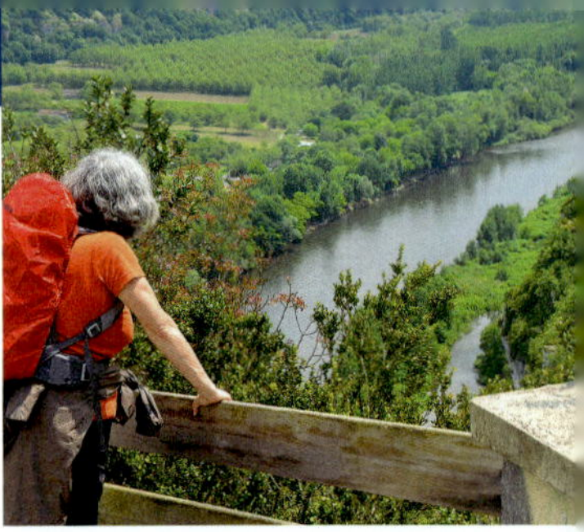

Der Pfad nach Blanzaguet und der Aussichtpunkt auf den Rocs de Monges.

weise etwas kniffligen Abstieg auf einem sehr schmalen Pfad, kommen wir an den Waldrand. Hier geht es rechts zurück zum Picknickplatz – der Weg kann aber zugewachen sein, wenn noch nicht gemäht ist. Wandern wir hier geradeaus weiter und ignorieren den gelb markierten Abzweig nach rechts, kommen wir zwischen den Häusern von Monges hindurch zur Kreuzung mit der schmalen Straße, die wir schon vom Hinweg kennen. Links geht es zurück nach Saint-Sozy.

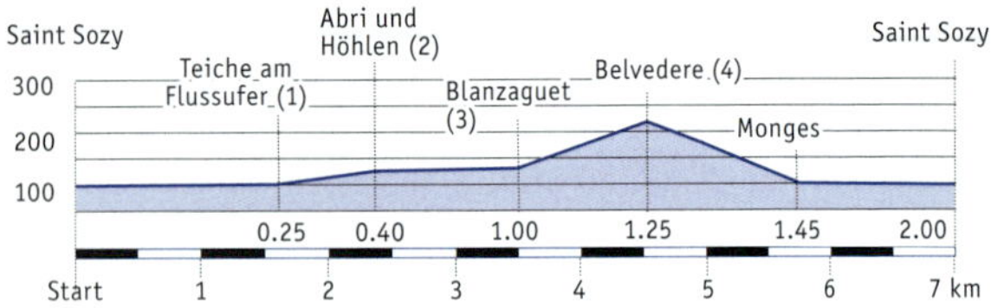

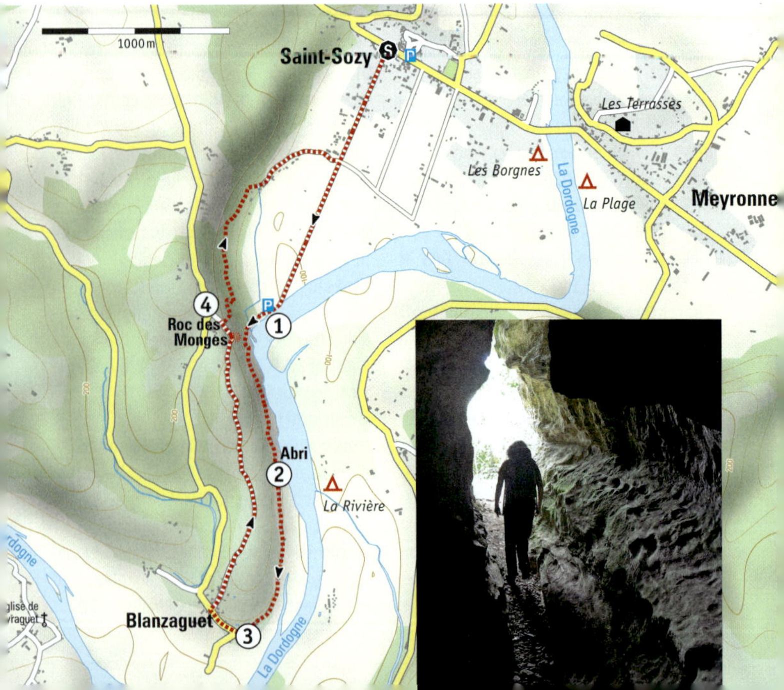

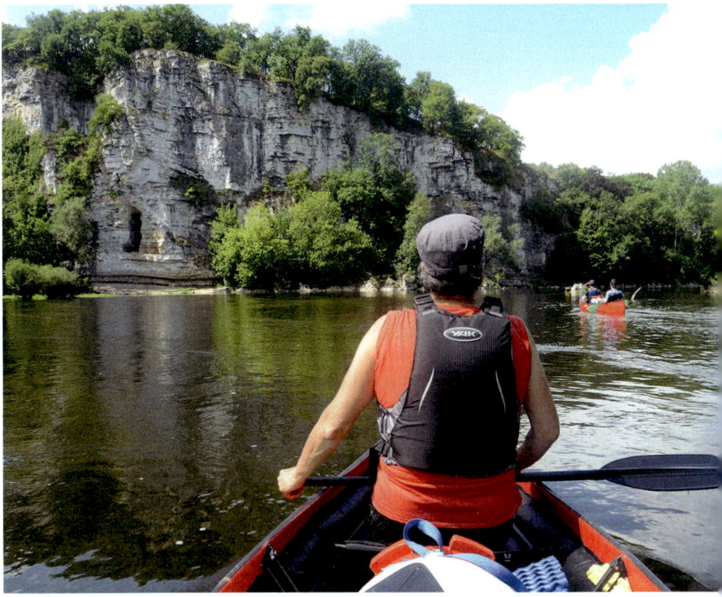

Tour 16:
Auf dem Wasserweg durch das Vallée des Rocs

STRECKE 19 km

4 h

ab 6

Eine Kanutour zwischen Schluchten und Dörfern

Hinter Gluges beginnt der landschaftlich spektakulärste Abschnitt der Dordogne. Im Vallée des Rocs rücken die imposanten Felsabbrüche der benachbarten Hochebenen Causse de Martel und Causse de Gramat wechselseitig direkt an den Fluss und sorgen für eine dramatische Kulisse und stetige Richtungsänderungen. Hübsche Dörfer säumen den Fluss und Burgen und Schlösser wachen hoch oben auf den Felsen über das Tal. Erst kurz vor Souillac wird das Tal wieder weiter, sodass die Dordogne beinahe ungehindert durch die Ebene strömt.

Copeyre – Creysse: 6 km

Besonders schön ist der Start von der Verleihstation im Dorf Copeyre, wo wir unsere Fahrt schon in der Felskulisse des Cirque de Montvalent beginnen. In der Kurve folgt gleich ein flotter Schwall unterhalb eines Hauses, dann geht es ruhiger weiter.

Vor uns quert die grüne Metallbrücke von Gluges den Fluss. Rechts an der Brücke befinden sich zwei weitere Kanu-Verleihstationen (Copeyre und Safaraid) und der **Camping Les Falaises**, links hinter der **Brücke** der Wohnmobilstellplatz von Gluges und ein Picknickplatz im Uferwald. Hinter Gluges schwenkt der Fluss

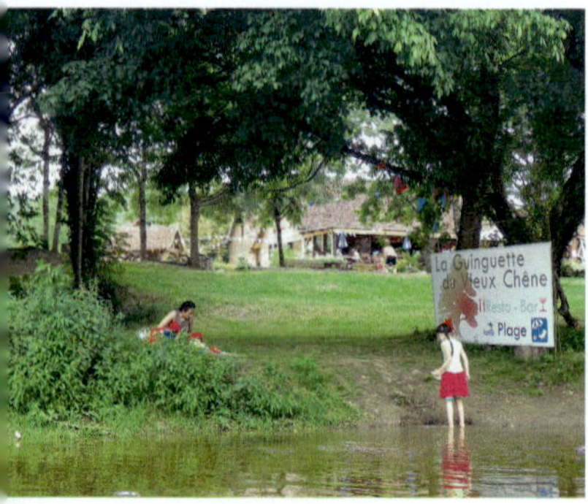

vor einer massigen Felswand nach links. Dann weichen die schroffen Felsen kurzzeitig vom Ufer zurück. Das Flussbett dehnt sich aus und die Dordogne fließt behäbig zwischen dicht bewachsenen Ufern. An einem großen, beinahe seeartigen Becken kann man am linken Ufer an der empfehlenswerten **Guinguette du Vieux Chêne** ① anlegen. Hier gibt es exzellente Pizza und verschiedene Salate. Wer lieber picknicken möchte, kann das ebenfalls hier am schönen Badeufer tun. Alternativ findet sich in der Umgebung aber auch das eine oder andere einsame Plätzchen. In der Nähe des Mas du Vieux Chêne tritt der unterirdische Flusslauf, der durch die Höhle »Gouffre de Padirac« fließt, als Karstquelle Saint-Georges wieder ans Tageslicht.

Wir paddeln durch eine ruhige Flussaue mit kleinen Inseln. Dann schickt der nächste Felsen die Dordogne in eine Rechtskurve. Hoch oben sieht man die Häuser von Montvalent. Im flachen Innenbogen liegt das schöne alte Dorf **Creysse** mit attraktivem Ortskern und einem empfehlenswertem Campingplatz, auf dem auch der Kanuverleih Port Loisirs zu Hause ist.

Creysse – Meyronne: 4 km
Hinter Creysse reichen Felder und Wald bis ans Ufer und die Dordogne fließt ruhig und gleichmäßig durch eine weite Linkskurve, bis wir vor uns die ersten Häuser von **Meyronne** und eine **Straßenbrücke** ② sichten.

Die Einfahrt ins Vallée des Rocs am Cirque de Montvalent

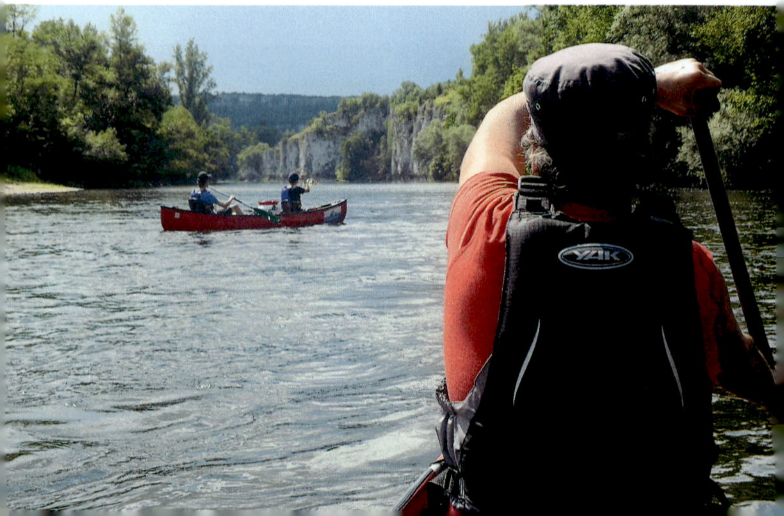

Meyronne – Pinsac: 9 km
Das Dorf Meyronne auf der linken Flussseite gruppiert sich um ein attraktives Schlösschen – einst die Sommerresidenz der Bischöfe von Tulle, heute ein stilvoll-rustikales Dreisternehotel. Hinter Meyronne zwingt der beeindruckend hohe Felsen **Rocher Sainte Marie** ③ die Dordogne in eine Rechtskurve. Vorbei an einer Insel und Kiesbänken steuert der Fluss danach auf die fast ebenso gewaltigen Rocs de Monges zu. Am höchsten Punkt des Felsens markiert ein Sendemast den Aussichtspunkt von **[› Tour 14]**.

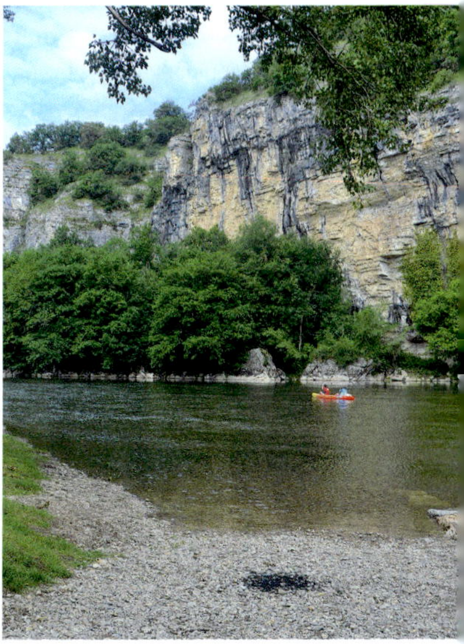

Unterwegs treffen Sie auf viele schöne Rastplätze – von der Kiesbank bis zur Snackbar mit Liegewiese und Badeufer

TOUREN-STECKBRIEF

Anfahrt: Gluges liegt verkehrsgünstig an der N 140 zwischen Martel und Montvalent. Die Verleihstationen von Copeyre und Safaraid finden Sie direkt an der Dordognebrücke. Diese Stationen sind auch in der Vorsaison besetzt. Die Station von Copeyre im Cirque de Montvalent erreichen Sie über den Abzweig zum Dorf Copeyre in der Serpentine der N 140 zwischen Gluges und dem Belvédère de Copeyre. Einen weiteren Verleih finden Sie auf dem Camping Le Port in Creysse.

Kanuverleih:
Copeyre Canoe in Gluges oder Copeyre, € 18 pro Person. www.copeyre.com
Safaraid in Vayrac oder Gluges, € 29 pro Person, Kinder bis 12 Jahre € 23. www.canoe-kayak-dordogne.com
Port Loisirs (Compagnie Sports Nature) Büro in Creysse. Abfahrt per Kanu in Gluges. Das Auto wird am Zielpunkt in Pinsac geparkt und ein Bus bringt Sie zum Start, Anmeldung notwendig. Tel. 0033 (0)56532759, Tarif € 18, Kinder bis 12 Jahre € 14 (Gluges bis Pinsac). www.compagnie-sports-nature.com

Charakter: Technisch weitgehend unkomplizierte Kanutour in herrlicher Landschaft. Bei normalem Wasserstand auch für Paddelanfänger geeignet. Bei einer Fahrt mit dem eigenen Boot informieren Sie sich vor dem Start über den augenblicklichen Wasserstand **[› Seite 23]**.

Mit Kindern: Perfekte Strecke für ein Familienkanu-Abenteuer mit vielen Möglichkeiten zum Anlegen und auch zum Baden. Kanuneulinge mit jüngeren Kindern sollten die Tour kürzen und erst in Creysse starten. Bitte beachten Sie auch die Hinweise zum Paddeln mit Kindern auf **[› Seite 20]**.

Einkehr: Snack Bar La Guinguette du Vieux Chêne oder Picknick einplanen.

Unterkunft:
Hotel: Auberge de l'Ile in Creysse, Hotel Les Falaises in Gluges.
Camping: Camping Le Port in Creysse mit guten Sanitäranlagen, Pool und schönen Plätzen, Camping Les Falaises in Gluges oder der sehr einfache Camping Municipal in Pinsac.
Wohnmobil: Wohnmobilstellplatz an der Brücke von Gluges bei GPS N 44°54'30.0", E 1°37'28.0" oder Campingplätze.

In der Nähe: Grotte de Lacave, Dampflok Le Trouffadou.

Auf der rechten Seite begleitet den Fluss jetzt eine beeindruckende Szenerie: Die Felswände stürzen beinahe senkrecht ins Wasser. Auf der gegenüberliegenden Seite liegt auf dem Hochufer der komfortable **Camping La Rivière**. In der nächsten Kurve erwartet uns ein weiterer Höhepunkt des Vallée des Rocs. Auf einem Felsen über der Mündung der Ouysse in die Dordogne überragt das **Château de Belcastel** den Fluss. Auf der gegenüberliegenden Kiesbank kann man gut anlegen und bei einer Pause den Schlossblick genießen. Damit befinden wir uns dann auch gleich auf der richtigen Flussseite. Gegenüber **mündet unterhalb des Burgfelsens die Ouysse** ④ in die Dordogne, die hier eine Rechtskurve zieht. **Achtung:** Vor allem bei höherem Wasserstand rauscht das Wasser dabei mit ordentlicher Geschwindigkeit durch die Außenkurve, die an einem Prallhang entlangführt. Wer sich hier einfach treiben lässt, gerät zu nah an die Felswand, an der einzelne Felsen hohe Wellen verursachen. Am sichersten fährt man diese Kurve in der Nähe der Kiesbank im inneren Bogen.

Blick auf das Château de Belcastel

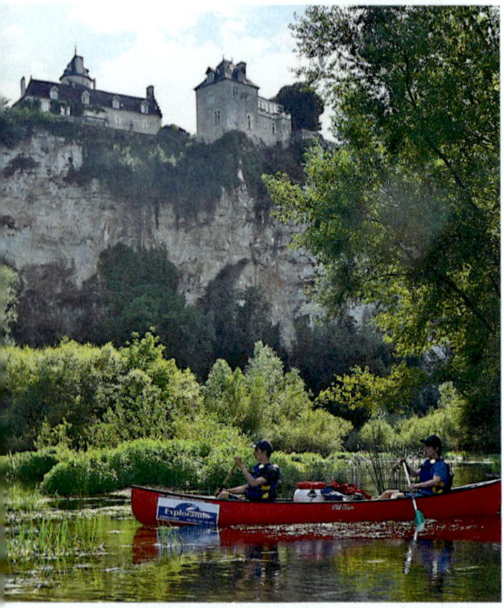

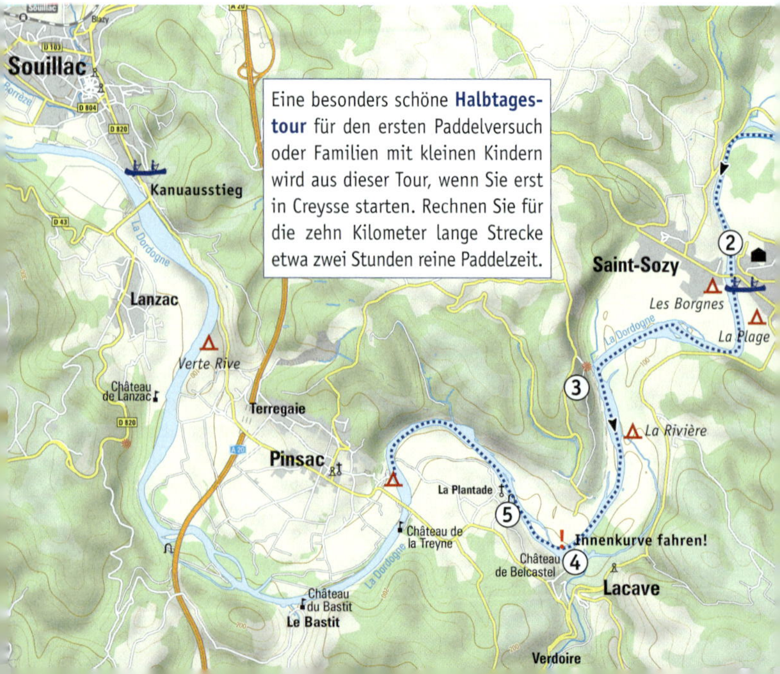

Etwa 200 Meter weiter öffnet sich kurz vor einem am Hang liegenden Haus eine **Höhle** ⑤ in der Felswand. Man kann ein kurzes Stück in den finsteren Gang paddeln. Eine Taschenlampe ist dazu eine nützliche Sache.

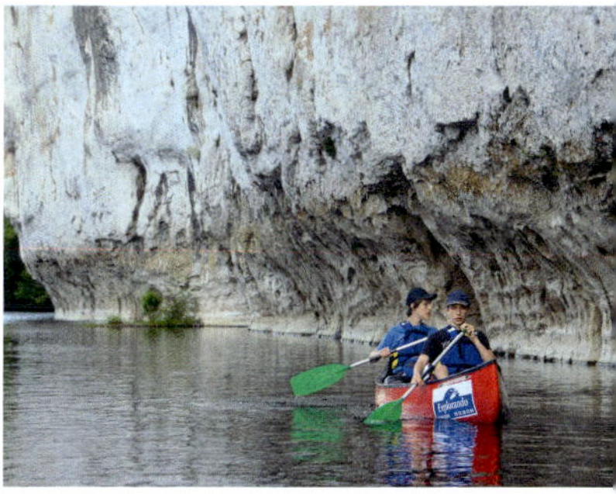

Wo der Fluss den Fels unterspült hat, öffnet sich eine Höhle mit Wasserlauf.

Die Felsen wechseln von der linken auf die rechte Uferseite. Der Felsabbruch des Plateaus von Martel begleitet uns mit schönen Felsformationen bis nach **Pinsac**, wo rechts vor der Straßenbrücke am Camping Municipal die Kanus von Port Loisirs aus dem Wasser gehen. Die Station von Copeyre Canoe liegt rechts hinter der Brücke.

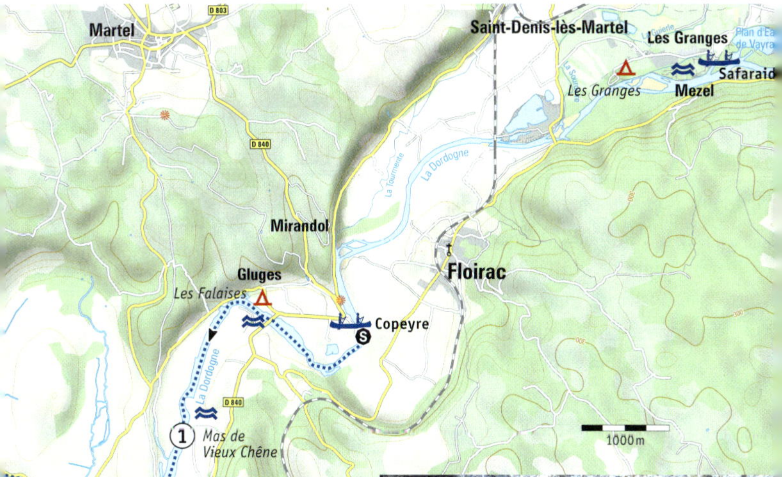

Wer die **Tour verlängern** möchte, fährt weiter bis Souillac (eine Stunde zusätzlich) oder beginnt die Kanutour beim Kanuverleih Safaraid in Vayrac und ist dann bis Pinsac 27 Kilometer und satte sechs Stunden auf dem Fluss.

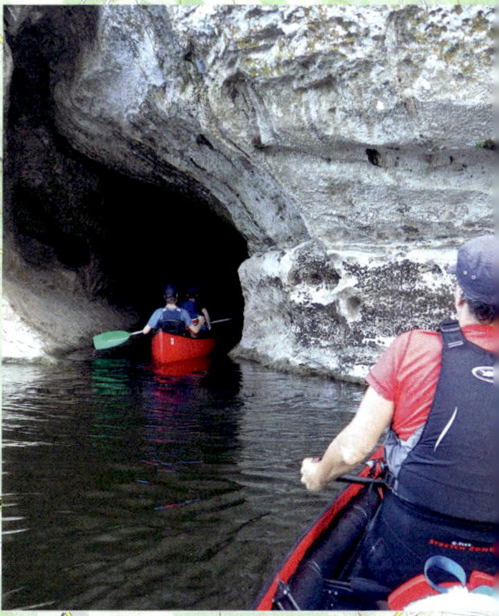

Mit J-Schlag und Heckruder

Einen Kanadier mit dem Stechpaddel lenken

Zur Befahrung von Flüssen kommen zwei verschiedene Kanutypen zum Einsatz: Kajaks und Kanadier. Kajaks sind schmal und oben geschlossen. Die Paddler sitzen in einer Luke im Bootskörper beinahe auf Wasserhöhe. Ein Kajak wird mit Doppelpaddel gefahren. Eine Variante des Kajaks, die robusten flachen Sit-on-Top Boote, werden auch auf der Dordogne gerne verliehen.

Ein Kanadier ist ein oben offenes Boot mit Sitzbänken. Dieser Bootstyp liegt stabiler im Wasser und fühlt sich für Anfänger deutlich sicherer an. Ein Kanadier wird mit Stechpaddel gefahren. Da die notwendige Technik zum Lenken des Kanus nicht ganz so intuitiv zu erlernen ist wie mit einem Doppelpaddel, verteilen Verleihstationen an der Dordogne gerne Doppelpaddel an Kanadierfahrer. Keine besonders komfortable Lösung, da das Boot für diese Paddeltechnik eigentlich zu breit ist.

Lenken mit dem Stechpaddel

Mit dieser Einführung können Sie Ihren Leihkanadier auch als Anfänger stilecht und bequem mit zwei Stechpaddeln fahren.

Mit einem Stechpaddel paddelt jeder Kanute auf einer Seite. Das Blatt soll dabei gerade von oben ins Wasser gebracht werden und möglichst wenig spritzen. Ein zeitgleiches Einstechen der Paddel ist elegant, aber nicht notwendig. Weil die Schubkraft des hinteren Paddelschlags größer ist als die des vorderen, driftet das Boot, selbst bei gleichmäßigem Krafteinsatz und neutralen Bedingungen ohne Wind und Strömung, leicht vom Paddel des hinteren Kanuten weg. Es fährt also nicht geradeaus. Wer nun die beliebte Schlussfolgerung zieht, der oder die Vordere müsse einfach mit mehr Einsatz paddeln, ist auf dem Holzweg und meist sehr kurz vor einer ernsten Beziehungskrise.

Geradeaus paddeln mit Grundschlag und J-Schlag:

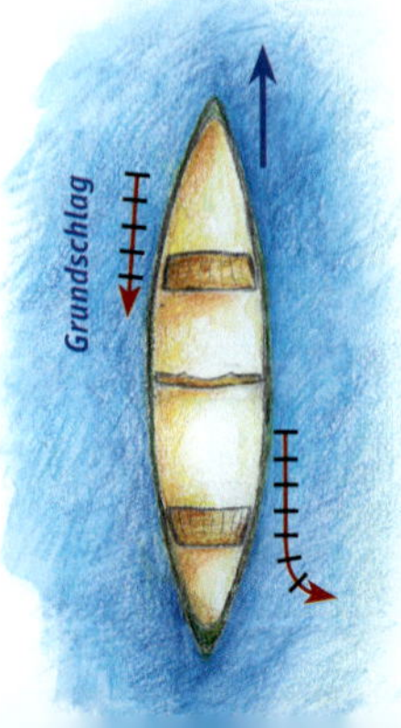

Abbiegen zur hinteren Paddelseite:

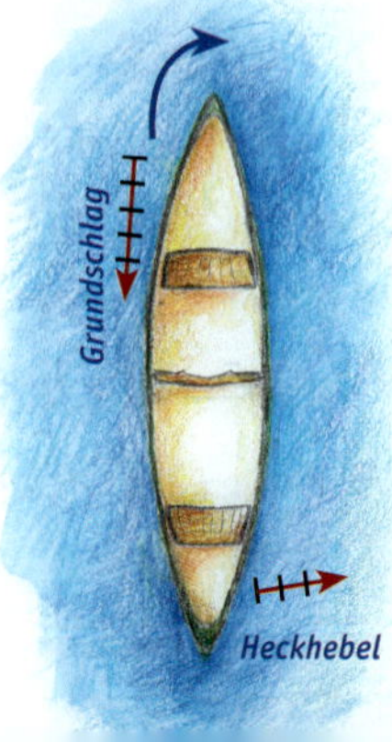

Abbiegen von der hinteren Paddelseite weg:

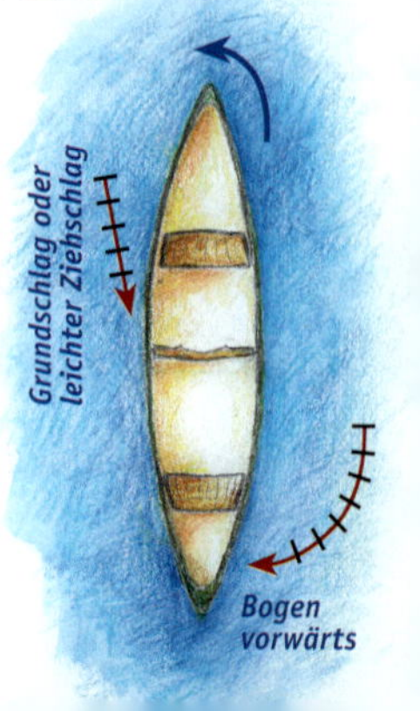

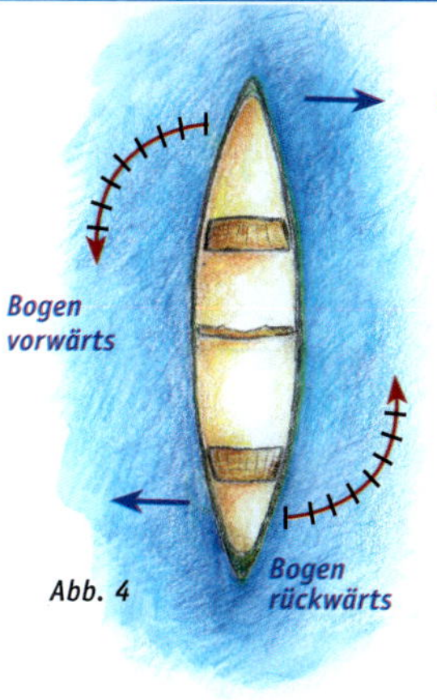

Abb. 4

Das Kanu auf der Stelle drehen (Abb. 4)

Einen Kanadier steuert man von hinten. Dazu ist es nicht notwendig, die Paddelseite zu wechseln. Vereinfacht erklärt lenkt man das Boot durch das Wegdrücken oder Heranziehen des Paddels vom Bootsheck. Drückt man das Paddel vom Bootskörper weg (Heckhebel), dreht die Kanunase zum Paddel (Abb.2). Möchte man das Boot in die andere Richtung wenden, setzt man einen sogenannten Bogenschlag ein, bei dem man das Paddel weit von der Bootswand entfernt einsticht und in einem Bogen zum Kanuheck zieht (Abb. 3). So dreht der Kanadier vom Paddel weg, ohne dabei an Schwung zu verlieren.

Um den leichten Drall auszugleichen, den das Boot beim Geradeausfahren entwickelt, wird der sogenannte J-Schlag (Abb. 1) verwendet. Dazu wird das Paddel am Ende der Bewegung leicht nach außen gezogen, sodass im Wasser die Form eines »J« entsteht. Alternativ kann man am Ende des Paddelzuges auch einen kurzen schnellen Hebel setzen, um das Kanu wieder geradezurichten. So lässt sich ein Kanadier selbst alleine ohne Wechsel der Paddelseite mühelos geradeaus fahren.

Mit diesen Techniken meistert man bereits die meisten Fahrsituationen auf ruhigem Wasser. Für speziellere Manöver, zum Beispiel beim Anlegen oder Wenden an engen Stellen, ist Teamwork angesagt: Um das Boot auf der Stelle zu drehen (Abb. 4), ist eine Kombination aus Bogenschlag vorwärts und rückwärts sehr effektiv. Hintermann oder Hinterfrau zieht dazu das Paddel rückwärts durchs Wasser und an der vorderen Position kommt der Bogen vorwärts zum Einsatz. Der Kanadier dreht sich auf der Stelle.

An- und Ablegen im fließenden Wasser

Um im fließenden Wasser zügig in die Mitte des Flusses zu kommen, positioniert man das Kanu am Ufer mit der Spitze gegen die Strömung und dreht dann beim Start das Boot in einem großen Bogen in Fahrtrichtung. Genau umgekehrt sieht ein Anlegemanöver in stärkerer Strömung aus. Kurz vor dem angepeilten Anlegeplatz dreht man das Kanu schräg flußaufwärts und paddeln vorwärts. Das Boot wird dabei von der seitlich schiebenden Strömung aufs Ufer zugetrieben und man landet gegen die Fließrichtung am anvisierten Platz.

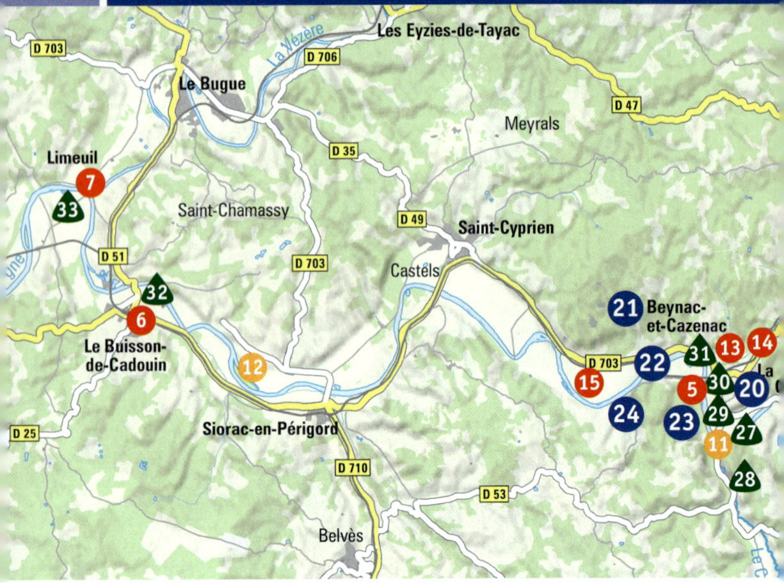

Ausflugsziele

Souillac ist mit 4.000 Einwohnern die einzige richtige Stadt am oberen Dordogneufer. Schon zur Zeit der Gabariers war der Ort ein Zentrum des Handels und des Handwerks. Heute gibt es hier den einzigen Autobahnanschluss des Tals, eine Bahnverbindung nach Paris und eine Ansammlung vieler kleiner Geschäfte. Am Freitagvormittag bringen die farbenfrohen Stände des Wochenmarktes Leben in die Gassen um die 1830 errichtete Markthalle. Auch die byzantinisch inspirierte ehemalige Abteikirche Sainte Marie (12. Jahrhundert) im alten Stadtzentrum lohnt den Besuch. Wer einen Regentag überbrücken möchte, lässt sich von den alten Blechspielsachen im Musée de l'Automate bezaubern und Familien könnten einen spaßigen Nachmittag auf den Wasserrutschen im Quercyland oder im zugehörigen Hochseilgarten verbringen.

1 Musée de l'Automate

Die Ausstellungsstücke im Museum reichen vom aufziehbaren Blechspielzeug aus dem 18. Jahrhundert bis zum heutigen Roboter.
Esplanade A.Chastagnol, Souillac geöffnet April bis Oktober Mi bis So 14–18 Uhr, Juli und August täglich 10–12.15 und 14–18. Uhr, Tel. 0033 (0)565370707. musee-automate.fr

2 Die **Distillerie Louis Roque** in Souillac brennt seit 1905 Liköre, Aperitifs und Eau de Vie aus regionalen Zutaten. Es gibt auch einen Laden mit kleinem Museum.
Avenue Jean Jaurès 41, Souillac www.lavieilleprune.com

3 Château Fénelon

Erbaut im 12. Jahrhundert von der Familie Fénelon, stand auch dieses Schloss im Hundertjährigen Krieg im Zentrum der Auseinandersetzungen und war einmal in englischer, dann wieder in französischer Hand. In den letzten 200 Jahren wurde das Anwesen erst als Bauernhof genutzt und später von Lucien de Maleville, einem

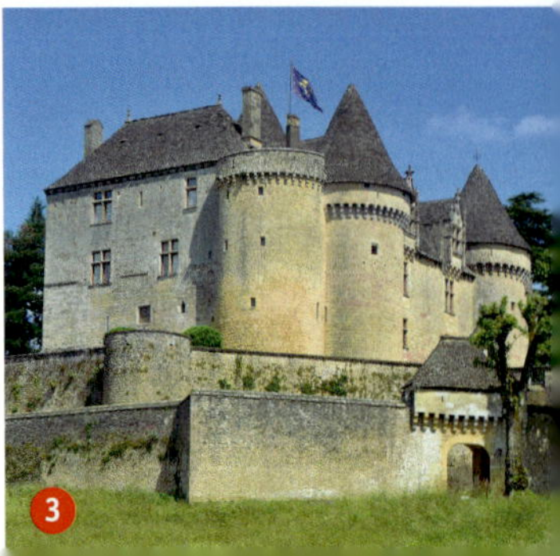

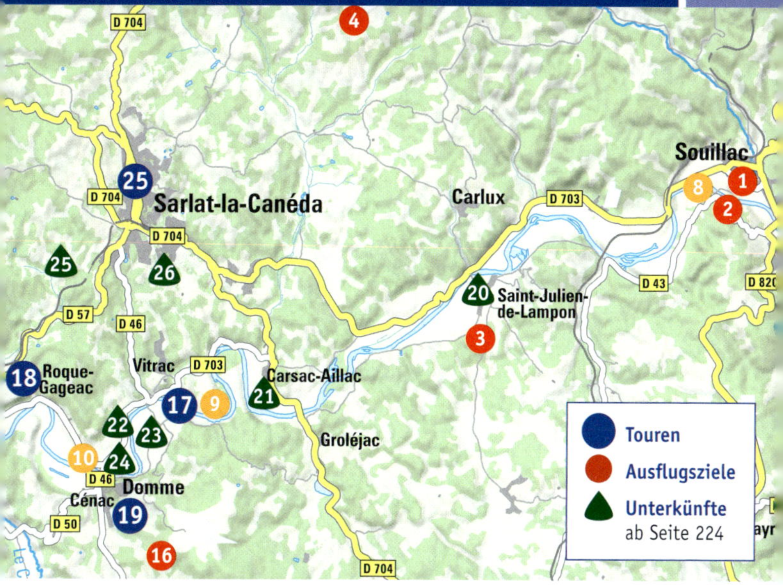

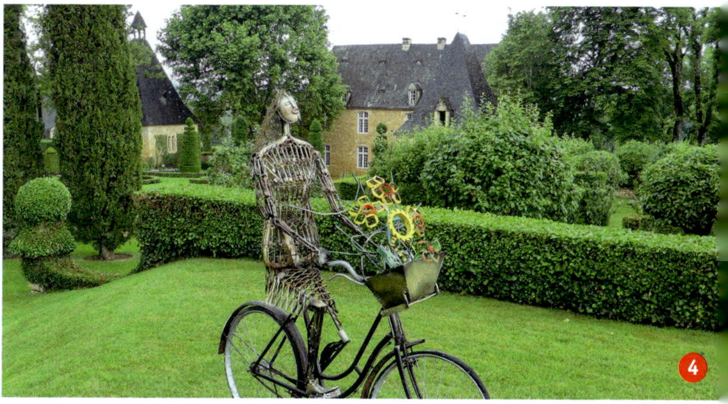

Künstler aus der Region, bewohnt. Heute kann man die aufwendig renovierten Außenanlagen und einige Räume im Schloss besichtigen.

Geöffnet April bis Oktober. 10.30–12.30 und 14.30–18 Uhr, Juli und August 10.30–18.30 Uhr, Oktober 14–17 Uhr, Samstag und außerhalb der Saison auch Dienstag geschlossen. Besichtigung auf eigene Faust €10, Kinder 5–11 Jahre €5,50. www.chateau-fenelon.fr

Montfort

Hoch oben auf der Klippe gelegen ist das Dorf mit seinem gut erhaltenen Schloss vom Fluss gesehen besonders spektakulär. An Land lohnt ein Bummel durch die wenigen Gassen, eine Einkehr in der Brasserie oder in der Snack Bar am Parkplatz sowie der weite Blick über Fluss und Tal. Das Schloss ist in Privatbesitz und kann nicht besichtigt werden.

4 Jardins d'Eyrignac

Einer der schönsten Schlossgärten des Périgord befindet sich etwas abseits des Flusstales nordöstlich von Sarlat bei Salignac. Vor dem Manoir d'Artaban formen sich sauber geschnittene Buchsbäume zum Jardin Francois. Lockerer strukturiert sind der üppig blühende Jardin des Sources mit schönen Springbrunnen und der in die Anlage integrierte Gemüsegarten.

Ganzjährig geöffnet. Mai bis Septem-

ber von 9.30–19 Uhr, April und Oktober 10–19 Uhr, ansonsten 10.30–12.30 und 14.30 Uhr bis zum Einbruch der Nacht. Eintritt €12,50, Kinder 5–10 Jahre €6,50. www.eyrignac.com

Sarlat-la-Caneda ist mit seiner vorbildlich renovierten Altstadt mit stattlichen Bürgerhäusern aus dem 16. Jahrhundert und einem äußerst beliebten Markt am Samstagvormittag einer der bekanntesten Orte im Périgord. **[› Tour 25]**

La Roque-Gageac

Eine Häuserzeile zieht sich am Flussufer entlang, eine weitere klebt weiter oben unter der Steilwand, aus der vor über 50 Jahren ein riesiger Felsblock brach und einen Teil des Dorfes unter sich begrub. Entgegen aller Unkenrufe, die damals das Dorf für verloren erklärten, haben die Einwohner nicht aufgegeben und die Häuser in mehrjähriger Arbeit wieder aufgebaut. Heute gehört La Roque-Gageac zu den prämierten schönsten Dörfern Frankreichs. Nur eine Lücke zwischen den Häusern, in der ein Gedenkstein steht, erinnert noch an die Katastrophe, bei der mehrere Menschen ums Leben kamen. Durch einen kleinen tropischen Garten mit Orangen und Zitronen, der durch das besonders milde Klima vor der warmen Felswand gut gedeiht, spaziert man hinauf zur schlichten romanischen Kirche aus dem 15. Jahrhundert. Eine Holztreppe mit 140 Stufen führt noch weiter hinauf zum **Fort Troglodytique** – den Resten einer in den Fels gebauten Festungsanlage. Sie war nach einem erneuten Bergrutsch im Januar 2010, bei dem die Decke des Forts teilweise eingestürzte für Besucher gesperrt. Nach aufwendigen Sicherungsarbeiten, bei denen die Decke der Höhle mit Säulen abgestützt wurde, ist die alte Festung jetzt nach zehn Jahren wieder für Besucher geöffnet. Sehenswert ist nicht nur der große Abri, auch der Ausblick über Dorf und Fluss ist einmalig. **[› Tour 20]**

Zugang zum Fort: April bis Mitte November 10–19 Uhr, Juli und August 9–19.30 Uhr. Eintritt €7, Kinder 5–13 Jahre €3,50. www.fortdelaroquegageac.com

Die Bastide von Domme

Die »Akropolis des Perigord«, wie Domme gerne genannt wird, residiert auf einem Hügel oberhalb der Dordogne. Die trapezförmige Stadtmauer mit den drei Toren Porte del Bos, Porte de la Tour und Porte de la Combe ist vollständig erhalten. Sie wird auf der Flussseite von der Promenade des Falaises gesäumt, von der man freien Blick über das Flusstal hat. Wegen seiner strategisch günstigen Lage als Ausguck war Domme sowohl im Hundertjährigen Krieg zwischen Franzosen und Engländern

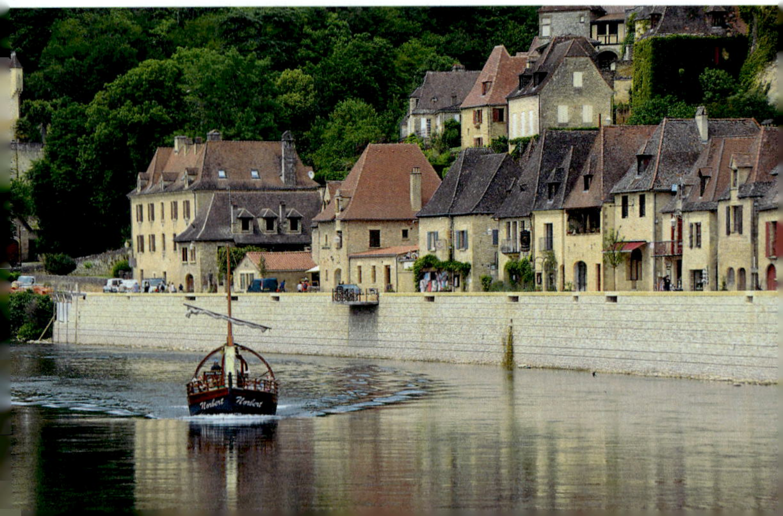

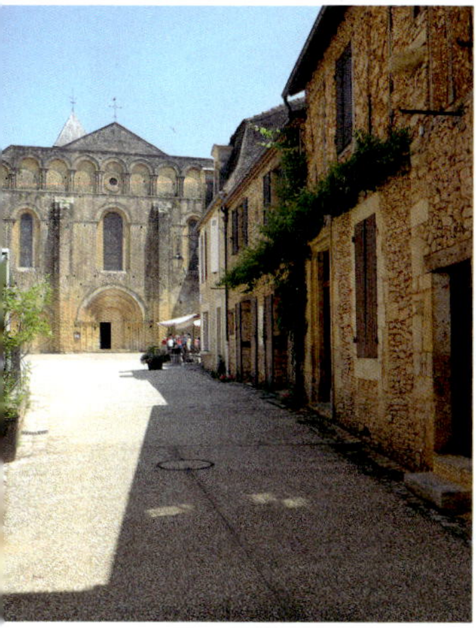

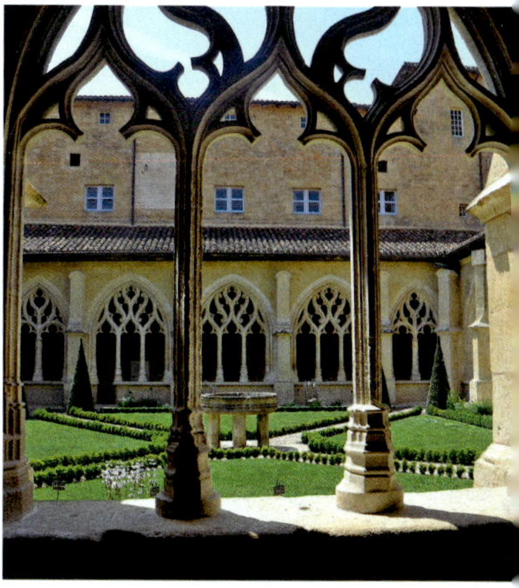

als auch in den später folgenden Religionskriegen ein stets umkämpfter Ort [› Tour 19].
sites-domme.com

Auch die Häuser von **Castelnaud-la-Chapelle** staffeln sich am Hang bis zum weit oben thronenden Schloss, das eine der beliebstesten Sehenswürdigkeiten des Périgord ist.

5 Château de Castelnaud

Sehenswerte Burg mit Museum für mittelalterliche Kriegsmaschinen.
[› Tour 22 und 23]

Château Les Milandes

Charmantes Schlösschen mit einer Ausstellung über das Leben von Josephine Baker, die Les Milandes über 30 Jahre bewohnte. [› Tour 24]

6 Das Kloster von Cadouin

Nur im 12. Jahrhundert war der Jakobsweg noch populärer als heute. Hundertausende sollen damals durch Frankreich nach Spanien gezogen sein. Cadouin lag einer der Routen sehr nahe und kam als Wallfahrtsort zu Wohlstand. In der Zisterzienserabtei wurde schon damals das Schweißtuch Christi verwahrt, eine Reliquie, die das Kloster 1117 vom Bischof von Le Puy bekam. Die Schriftzeichen in der Einfassung des Tuches wurden allerdings inzwischen auf das 11. Jahrhundert datiert und die Wallfahrt nach Cadouin verboten. Trotzdem ist das Schweißtuch von Cadouin weiterhin berühmt und im Museum ausgestellt. Das schmucke Dorf aus gelblichem Sandstein und der spätgotische Kreuzgang des Klosters aus dem 15. Jahrhundert mit fantasievoll ausgeschmückten und von der Zeit zerfressenen Skulpturen ziehen weiterhin viele Besucher nach Cadouin.
Museum und Kreuzgang ganzjährig geöffnet, 10–13 und 14–18 Uhr, Juli und August 10–19 Uhr, im Winter nur bis 17 Uhr, € 7,20, Kinder 5 –12 Jahre € 4,40. abbaye-de-cadouin.com

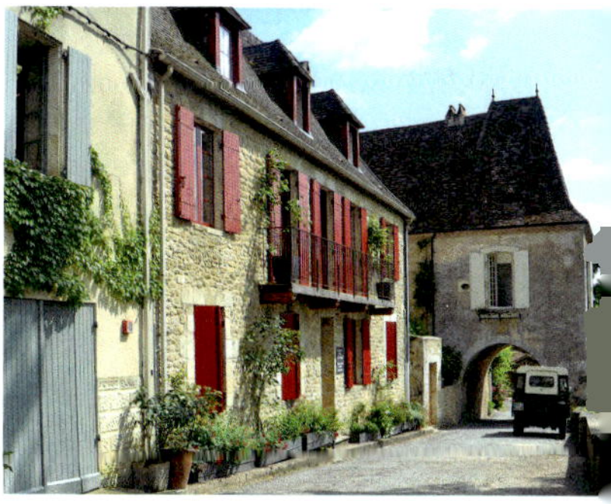

Limeuil

Dort, wo sich Dordogne und Vézère begegnen, gruppiert sich um einen Hügel ein besonders malerisches Dorf. In der Umgebung von Limeuil fand man Zeichnungen aus dem Magdalénien und auch den Kelten schien der Platz auf dem Plateau zwischen zwei fruchtbaren Flusstälern der rich-

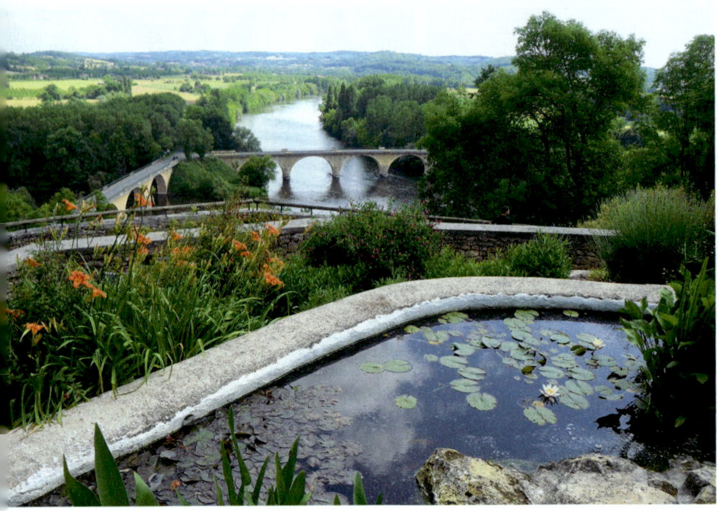

tige Platz zum Leben. Die Römer eroberten das befestigte Dorf um das Jahr 50 vor unserer Zeitrechnung und im Mittelalter siedelten hier am Zusammenfluss von zwei wichtigen Wasserstraßen Handwerker und Händler. Um so erstaunlicher ist es, dass das Dorf heute noch aussieht wie im Mittelalter und ganze 300 Einwohner zählt. Ganz oben auf dem Fels residiert das Schloss von Limeuil umgeben von einem schönen Garten, der für Besucher geöffnet ist. Darunter ziehen sich die Steinhäuser den Hang hinab bis zum Fluss. Picknicktische und zwei Restaurants beleben den Platz unter hohen Bäumen, an dem von rechts die Kanuten von der Dordogne und von links die Vézèrepaddler eintreffen.

9

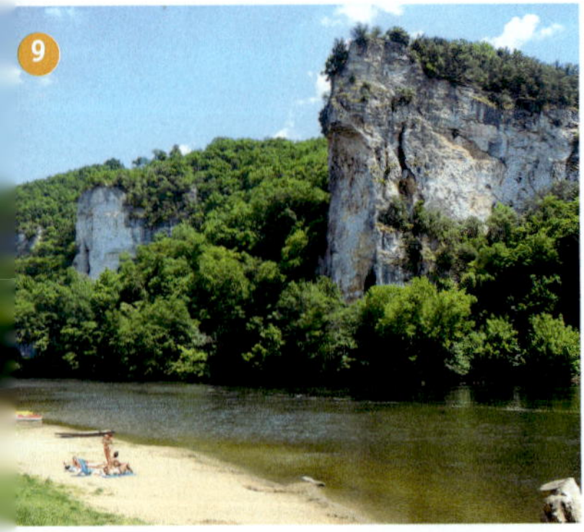

7 Jardins panoramiques de Limeuil
Der Garten am Schloss ist nicht sehr groß. Er staffelt sich auf der Spitze der Klippe in Terrassen am Hang. Besonders reizvoll sind die netten Sitzplätze in der Parkanlage und natürlich der Blick von der letzten Terrasse über die Flussbrücken von Dordogne und Vézère weit in die Täler hinein. Das nette Café unter dem Bäumen vor dem Eingang ist auch ohne Gartenbesuch zugänglich.
Geöffnet Mai 10–18 Uhr, Juni und September bis 18.30 Uhr, Juli und August bis 20 Uhr , April, Oktober, November 10–18 Uhr außer Sa. €8,50, Kinder 6–18 Jahre €6. jardins-panoramiques-limeuil.com

Baden

8 In **Souillac** bietet das Spaßbad **Quercyland** fünf Wasserbecken, drei Riesenrutschen, Mini-Golf, Trampolin und Hüpfburg.
Geöffnet täglich ab Mai bis September 11–20 Uhr, €10 oder nach der Tour mit einem Leihkanu von Copeyre 1x kostenlos. www.copeyre.com

9 Badeufer Montfort (Caudon)
Ein auch von außerhalb zugängliches Badeufer mit Sandstrand hat man vor dem Camping la Bouysse unterhalb

von Montfort aufgeschüttet. Folgen Sie von der D 703 dem Hinweis zum Campingplatz. Parkplätze am Straßenrand. Guter Platz für die Nebensaison, im Hochsommer ist der Strand von Campinggästen belegt.

10 Badeufer Cénac
Einen guten Zugang zum Fluss mit angrenzender Wiese findet sich in Cénac neben der Dordognebrücke. Das Wasser ist hier jedoch eher flach.

11 Das grasbewachsene Ufer vor dem großen Parkplatz in **Castelnaud-la-Chapelle** an der Mündung des Céou ist im Sommer ein beliebter Badeplatz und Kanuanleger.

12 Coux et Bigaroque
Deutlich mehr Platz zum Sonnen und Baden bietet das Strandbad von Coux et Bigaroque. Der Badebereich ist mit einer Schwimmkette abgegrenzt und am Ufer steht in der Hochsaison ein Wagen mit Snack-Bar.

Hochseilgarten und Outdoorsport

13 Couleurs Périgord
Eine kleine Kletterschule hat ihre Basisstation an der Pont de Fayrac (Plage de Vézac) bei Beynac. Florence und Laurent unterrichten seit 20 Jahren und bieten außer Kletterkursen auch Höhlentouren und einen Kanuverleih an. Französische Sprachkenntnisse sind notwendig.
ladordogneencanoe.com

14 Montgolfières Château
Auf einem großen Feld in der Nähe von Beynac starten bei geeignetem Wetter abends und morgens die roten und blauen Ballons zum Rundflug über das Tal. Das einmalige Erlebnis hat allerdings seinen Preis.
Ganzjährig geöffnet. Flugzeiten sind abhängig von der Thermik.
Flug (etwa 1h) € 190 pro Person, Kinder bis 12 Jahre € 130.
www.montgolfiere-chateaux.fr

15 Airparc Périgord
Einen kürzeren, aber ganz unmittelbaren Flug über die Dordogne erleben Sie im Hochseilgarten Air Parc, der westlich von Beynac auf einer Flussinsel liegt. Der Park bietet Holzspiele, Relaxgarten und Barfußpfad am Boden und Kletterabenteuer in unterschiedlichen Schwierigkeitsstufen zwischen den Bäumen.
Geöffnete Juli und August 10–17 Uhr, April bis Juni und September, Oktober am Wochenende.
Kinderparcours bis 1,40 Meter Körpergröße € 12, Parcours ab 1,40 m (etwa 2 h) € 17, Erwachsene € 23. Eintritt für Spiele am Boden € 5.
Tel. 0033 (0)633812690.
www.airparc-perigord.com

Reiten und Eselwandern

16 Eselwandern mit Arc'Ane
GPS N 44°46'29.0", E 1°14'15.0"
Die Ferme du Clédou, das Quartier von Arc'Ane, versteckt sich in den Hügeln bei Domme und ist ein gutes Basisquartier für ein- oder mehrtägige Wanderungen ins stille Tal des Céou, zu den touristischen Höhepunkten am Dordogneufer oder bis ins Tal der Vézère.
La ferme du Clédou, Ravary, Cénac
Tagestarif pro Esel € 50,
Tel. 0033 (0)607759084.
fermeducledou.com

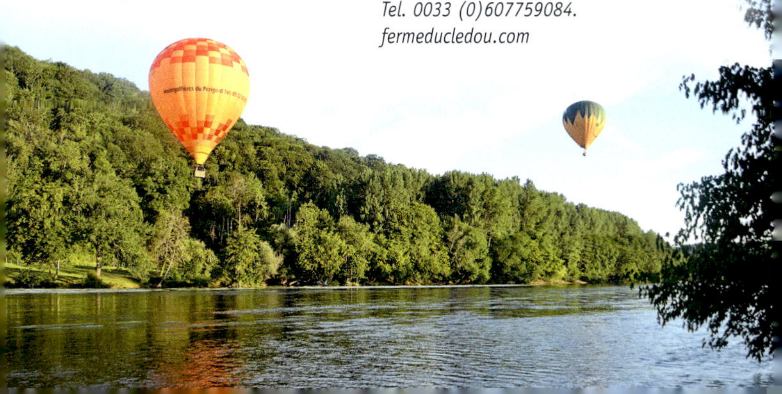

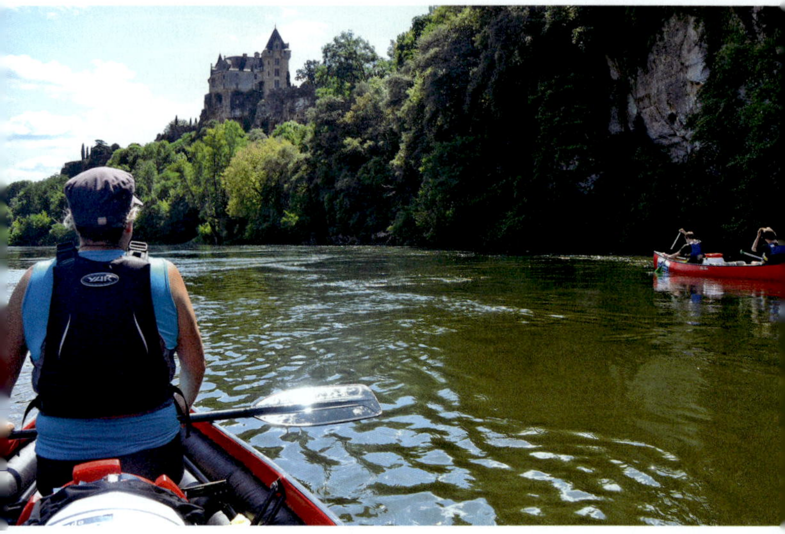

STRECKE 22 km

5 h

ab 6

Tour 17: Schlossblick vom Fluss

Eine Kanutour zwischen Montfort und Beynac

Auf diesem Abschnitt der Dordogne drängen sich die Attraktionen auf engstem Raum. Nach dem Château Montfort folgt auf einem Hügel die Bastide von Domme, dann klammern sich die Häuser von La Roque-Gageac in die Steilwand am Ufer. Kaum ist das letzte Haus des Dorfes hinter dem Kanu verschwunden, kommt die stattliche Burganlage von Castelnaud in Sicht und gleich dahinter erscheint die Burg von Beynac am Horizont. Dass dazwischen auch noch Château Fayrac am Ufer steht, fällt schon fast nicht mehr auf.

Groléjac – Cénac: 10 km

Schon kurz nach dem Start passieren wir links ein stilles Kiesufer mit urwaldähnlichem Auwald, an dem man gut rasten kann. Dahinter erhebt sich am linken Ufer eine Steilwand, und an der Kiesbank in der Innenkurve trifft man im Sommer auf viele Badegäste. Der Strand gehört zum **Camping Le Rocher de la Cave**. Wir befinden uns jetzt an der Einfahrt in den **Cingle de Montfort**, einer weiten Flussschleife, an deren Außenkurve das fotogene **Château de Montfort** ① aus den Felsen wächst. Schon am Beginn des Cingle kann man es links hinter der langgezogenen Kiesbank erkennen. Dann trägt uns die Strömung flott voran und wer nicht stranden möchte, widmet die Aufmerksamkeit kurzzeitig eher dem Fluss. Im hinteren Bogen des Cingle fließt dann das Wasser am Steilhang entlang, während auf der linken Innenseite eine breite Kiesbank mit gutem Schlossblick die Möglichkeit zur

TOUREN-STECKBRIEF

Anfahrt: Groléjac liegt an der D704 von Sarlat nach Gourdon. Die Zufahrt zum Verleih befindet sich an der Dordognebrücke.

Kanuverleih: In Groléjac haben Sie zwei Verleihstationen zur Wahl:
Canoe Sans Frontières: €24 pro Person, wasserdichte Tonne €2. Die Basis befindet sich an der Brücke im Dorf.
www.canoe-kayak-dordogne.fr
Explorando: €25 pro Person inkl. eine Tonne pro Kanu. Sehr gutes Material. Die Zufahrt zur Basis über ein schmales Sträßchen ist ab der Brücke von Groléjac ausgeschildert. Tel. 0033 (0)674244081.
www.canoedordogne.com

Charakter: Einfache Kanutour auf Zahmwasser mit besonders vielen Schlössern und verschachtelten Dörfern am Ufer. Im Hochsommer bei schönem Wetter sehr voll.

Mit Kindern: Auch für Anfänger einfache Paddelstrecke, unterwegs schöne Kiesufer zum Baden und Picknicken. Mit jüngeren Kindern eventuell auf die gekürzte Tour ab Cénac ausweichen. Bitte beachten Sie auch die Hinweise zum Paddeln mit Kindern auf [› Seite 20].

Einkehr: Snack-Bars Le Chalet in Vintrac und La Guinguette in Cénac, Restaurants in La Roque-Gageac.

Unterkunft:
Hotel: Hotel Plaisance, Chambre d'hôte La Treille in Vitrac.
Camping: Camping Beau Rivage oder Municipal bei Cénac, Le Rocher de La Cave bei Carsac.
Wohnmobil: Stellplatz in Domme vor der Stadtmauer bei GPS N 44°48'02.0" oder E 1°13'18.0".

In der Nähe: Domme, Air Parc Perigord, Gärten von Marqueyssac.

Pause gibt. Wir treiben langsam am Château vorbei. Es lohnt ein Blick nach hinten oder ein weiterer Stopp auf der nächsten Insel. Auch von der anderen Seite ist Montfort imposant.

Hinter dem Cingle de Montfort folgt am rechten Ufer ein Badeplatz mit Sandstrand. Das gegenüber hinter einer Felsnase gelegene Restaurant La Maison du Passeur ist leider schon seit einiger Zeit geschlossen.

Links folgt ein langer Kiesstrand, der vor der **Brücke von Vitrac** ② endet. Hier bekommt man auf den Terrassen der **Snack-Bar Le Chalet** auch außerhalb der gängigen

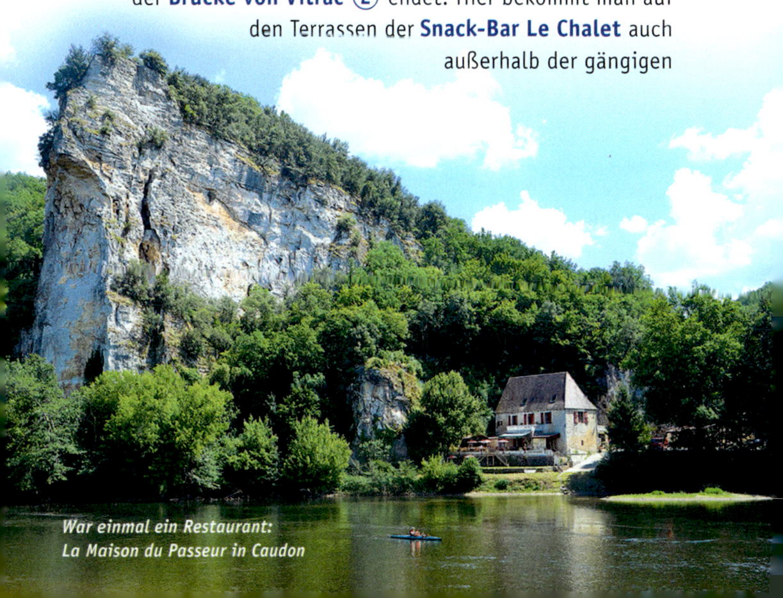

War einmal ein Restaurant: La Maison du Passeur in Caudon

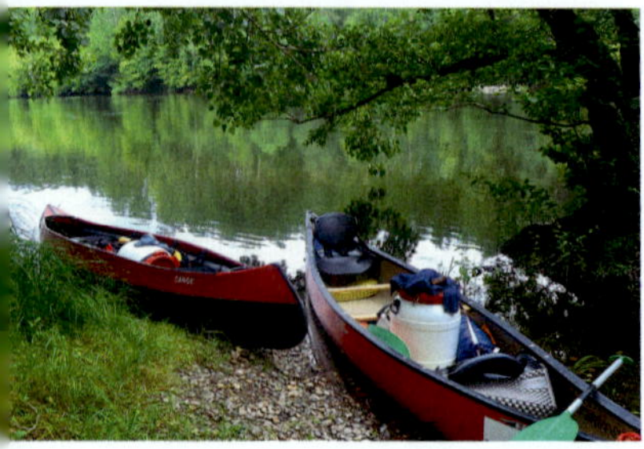

Essenszeiten Würstchen, Steak, Entrecôte und Magret de Canard mit Pommes Frites. Die Bar ist bereits in der Vorsaison geöffnet und wird auch gerne von Einheimischen besucht.

Am linken Ufer folgt hinter der nächsten Kurve der Ort **Cénac**. Vor der Brücke liegen die Kanus von Dordogne Raid, hinter der Brücke wartet der Verleih Cénac Perigord Loisirs auf Kunden. Direkt daneben bietet ein schön am Hochufer vor einem Inselchen gelegenes **Snack-Restaurant** ③ die nächste Möglichkeit zur Pause mit Einkehr. Das sehenswerte Bastidendorf Domme ist links oben auf dem Hügel vom Fluss nur zu erahnen.

Cénac – Beynac: 12 km

Hinter Domme entwickelt die Dordogne kurzzeitig flotte Strömung. Auf der linken Seite liegen im Flussbett verstreut ein paar Felsbrocken, hier besser rechts fahren oder gut aufpassen. Dann nähern wir uns **La Roque-Gageac** ④ und es ist Gegenverkehr auf dem Fluss zu erwarten. In knappen Abständen fahren die den Gabares nachempfundenen Ausflugsboote den Fluss auf und ab. Die Kanuten erfreuen die leise tuckernden Holzboote mit lustigen Wellen, die etwas höher ausfallen, wenn Sie sich nicht rechtzeitig aus der vorgesehenen Fahrbahn bewegen und einer Gabare zu nahe kommen. Die erste Häuserzeile von La Roque-Gageac zieht sich hinter der neuen Mauer am Flussufer entlang, eine weitere klebt weiter oben unter der Steilwand. Ein hellerer

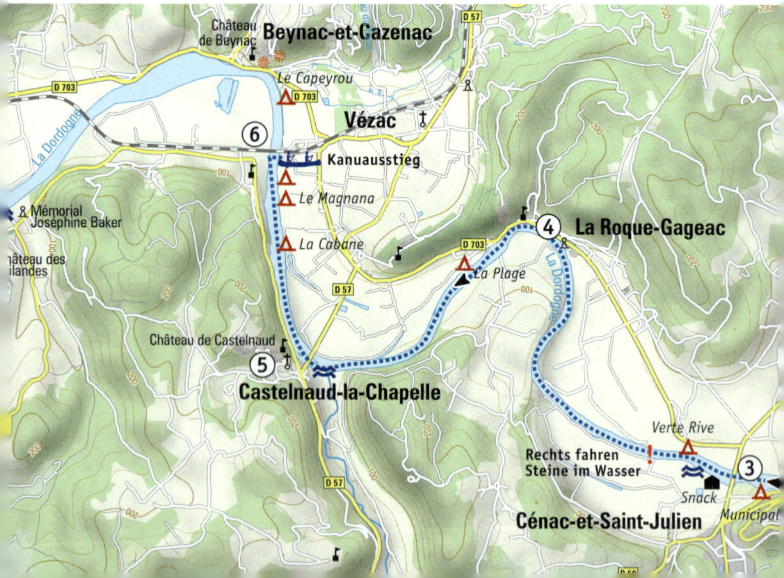

Bereich oben im Felsen verrät die Stelle, an der 1957 ein Teil der Felswand abstürzte und mehrere Häuser im Dorf unter sich begrub. Vor dem Dorf am Kanuverleih oder an der Rampe am Beginn der Mauer können Sie anlegen und eine Runde durch die engen Gassen drehen, ein Eis essen oder zum Mittagessen einkehren. Bei der Weiterfahrt sieht man hinter den letzten Häusern rechts oben auf der Klippe den Aussichtspunkt der Gärten von Marqueyssac. **[› Tour 18]**

Wald säumt die Ufer, und die Hügel rücken wieder näher an den Fluss. Die Gabares begleiten uns bis Castelnaud, wo sie vor der Brücke kehrtmachen und deutlich langsamer gegen die Strömung nach La Roque-Gageac zurücktuckern. Kurz vor der Brücke mündet der Céou mit glasklarem kühlen Wasser in die Dordogne. Hoch über dem Fluss thront das eindrucksvolle **Château de Castelnaud** (5) aus dem 13. Jahrhundert. Castelnaud wurde 1966 sorgfältig restauriert und zum Museum für mittelalterliche Kriegsmaschinen ausgebaut.

Kaum ist die Bogenbrücke von Castelnaud durchfahren, taucht vor uns am Horizont die nächste Burg auf. **Château Beynac** überragt auf einem steil abbrechenden Felsen das malerische Dorf am Flussufer. Kurz bevor wir das Dorf erreichen, sehen wir am linken Ufer das Schloss von Fayrac, das heute in Privatbesitz ist, und vor uns die **Eisenbahnbrücke von Vezac**. An der Brücke rechts befindet sich der gängige Ausstieg für Kanus.

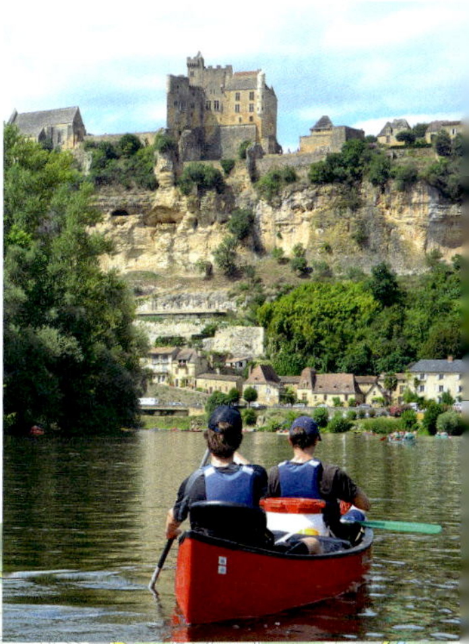

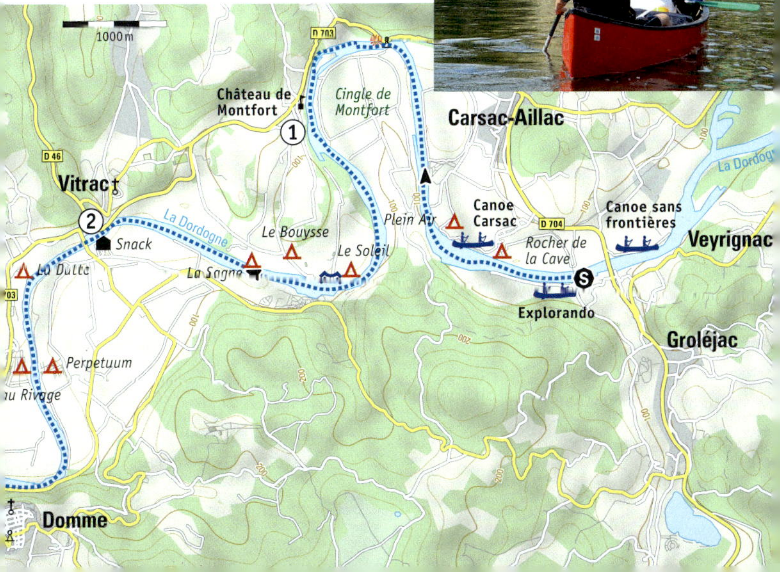

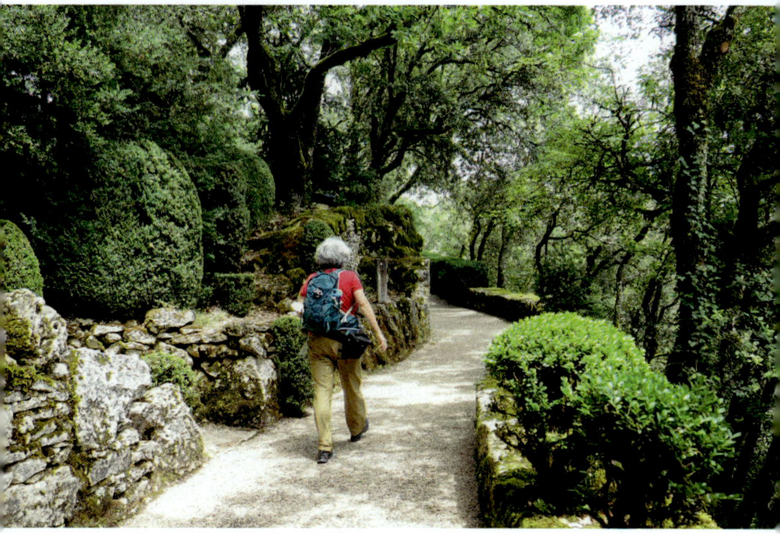

50 m

STRECKE 4 km

1 h 30

ab 4

Tour 18: Die Gärten von Marqueyssac

La Roque-Gageac aus der Vogelperspektive

Das Schloss von Marqueyssac wurde als Wohnsitz gebaut. Anders als seine nächsten Nachbarn, die trutzigen Burgen von Castelnaud, Fayrac und Beynac, war es niemals eine im Krieg genutzte Festung. So passt der lustig knubbelige Garten aus Buchsbaumkugeln gut zu dem lieblichen Gebäude mit den violetten Fensterläden. Der Garten, der an den Schlosspark anschließt, ist sehr viel natürlicher. Er zieht sich über das ganze Hochplateau bis zu einem Aussichtspunkt, von dem man direkt auf La Roque-Gageac und die Dordogne blickt.

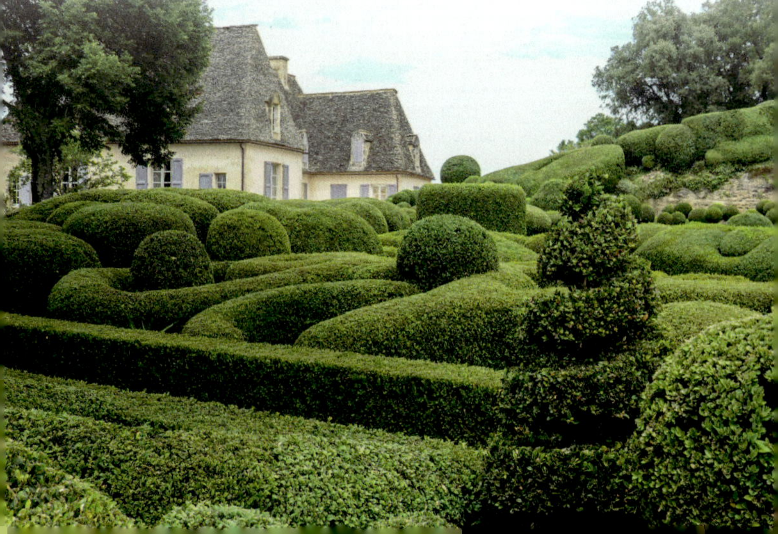

Wanderung: Drei Wege führen von der Terrasse des Schlosses, von der man die beiden wehrhaften Burgen von Castelnaud und Beynac gut im Blick hat, zu einem Aussichtspunkt im Fels hoch über den Gassen von La Roque-Gageac. Ganz links verläuft die ebene, schnurgerade Allee, die ausschließlich zum Schieben von Kinderwagen oder Rollstühlen empfehlenswert ist. In der Mitte zieht sich die **Promenade des hauteurs** – ein von Hecken gesäumter Pfad – über die höchsten Punkte des Felsens. Am schönsten ist jedoch der **»Sentier des Falaises«**, der Weg an der Klippe, der mit besten Ausblicken am senkrechten Felsabbruch entlangführt. Auf diesem laufen wir immer in Richtung Belvédère. Der Garten ist hier weitgehend

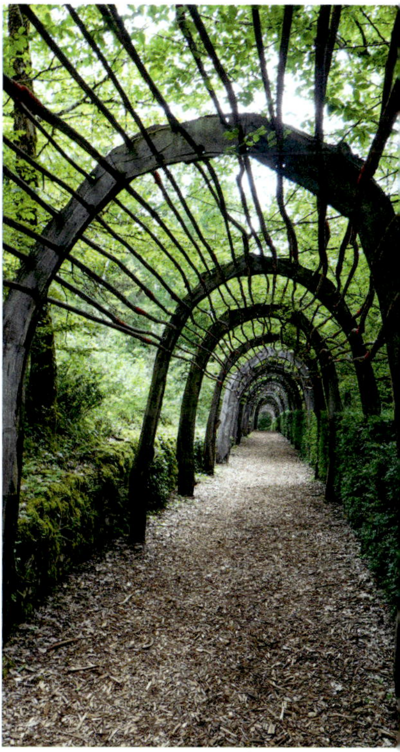

Der Höhenweg »Promenade des hauteurs« führt zwischen Hecken hindurch und durch Tunnel

TOUREN-STECKBRIEF

Anfahrt: Die Zufahrt zu den Gärten ist von der D 703 zwischen Beynac und La Roque-Gageac beschildert. Großer Parkplatz oben am Eingang bei **GPS N 44°49'30.0", E 1°09'50.0"**.

Öffnungszeiten: Februar bis Mitte November täglich 10–18/19 Uhr, Juli und August 9–20 Uhr, im Winter 14–17 Uhr. € 11,90, Kinder 10–17 Jahre € 6. Im Juli und August sowie in den Ferien und an einigen Wochenenden inklusive kostenloser Nutzung des Klettersteigs. www.marqueyssac.com

Charakter: Rund um das Schloss gepflegter Buchsbaumgarten und eine kleine Kapelle. Naturbelassene Anlage mit gut angelegten Fußwegen bis zum Belvédère.

Mit Kindern: Für Kinder gibt es in der Nähe des Schlosses ein Labyrinth und vom Sentier des Falaises zweigt eine schöne kleine Kinder-Kletterrunde ab. Zwei Spielplätze auf dem Parkgelände und der neue Netz-Kletterpfad zwischen den Bäumen sorgen für weitere Attraktionen. Die Rückfahrt könnten müde Kinder (und Eltern) dann vom zentralen Picknickplatz in der Nähe des Aussichtspunktes auch mit einem Mini-Elektrobus antreten.

Einkehr: Café am Schloss.

Unterkunft:

Hotel: Chambre d'hôtes Manoir de la Malartrie, Hotel La Belle Etoile in La Roque-Gageac.

Camping: Camping La Plage in La Roque-Gageac, Camping Les Magnanas, la Cabane oder le Capeyrou in Beynac.

Wohnmobil: Wohnmobilstellplatz in La Roque-Gageac an der Ortseinfahrt bei GPS N 44°49'28.0", E 1°11'03.0", Stellplatz vor dem Camping La Plage oder die Campingplätze in Beynac.

Via Ferrata mit Dordogneblick

Eine einfache Via Ferrata in der Felswand der Parkanlage ermöglicht ganz neue Blicke ins Tal und macht den Park auch für den Nachwuchs ab acht Jahren (1,30 Meter Körpergröße) zum coolen Ziel. Gesichert mit Klettergurt und Seilen, deren Haken nicht umgehängt werden müssen und die daher sehr sicher sind, begibt man sich auf einen kurzen, aufregenden Klettersteig unterhalb des Klippenweges. Der Blick fällt dabei in einer Richtung auf die Häuserzeile von La Roque-Gageac, in der anderen kommt man dem Château de Castelnaud stetig näher. Auch Erwachsene dürften daher Spaß an dem ungewöhnlichen Kletterweg haben.

An einer Felswand in der Nähe wird außerdem unter der Aufsicht eines ausgebildeten Trainers eine Einführung für Kinder ins Klettern angeboten.

Via Ferrata und Kletterwand sind im Juli und August und in den französischen Schulferien täglich von 9.30–12.30 und 14.30–17.30 Uhr geöffnet. Im Mai, Juni und September sporadische Öffnungszeiten an den Wochenenden. Bitte prüfen Sie die Termine online bei www.marqueyssac.com unter dem Menüpunkt »Animations«.

naturbelassen, nur einige Buchsbaumfiguren erinnern an den Eingriff des Menschen in die Natur. Der Klippenweg endet an einem Wasserfall, von dem wir zu einem Rastplatz mit Spielplatz, Picknicktischen und WC wandern. Es geht noch einmal steil hinauf, dann stehen wir auf dem Felsplateau. Unter uns schwimmt eine winzige Gabare nach der anderen die Dordogne auf und ab, und der Blick fällt auf die ineinander verschachtelten, am Hang klebenden Häuser von La Roque-Gageac. In der Nähe des Aussichtspunktes befindet sich eine neue Attraktion für Kinder: In einem schwankenden Netz geht es hier zwischen den Bäumen immer weiter hinauf und dann zurück auf den Weg.

Vom Belvédère der Gärten reicht der Blick bis nach La Roque-Gageac.

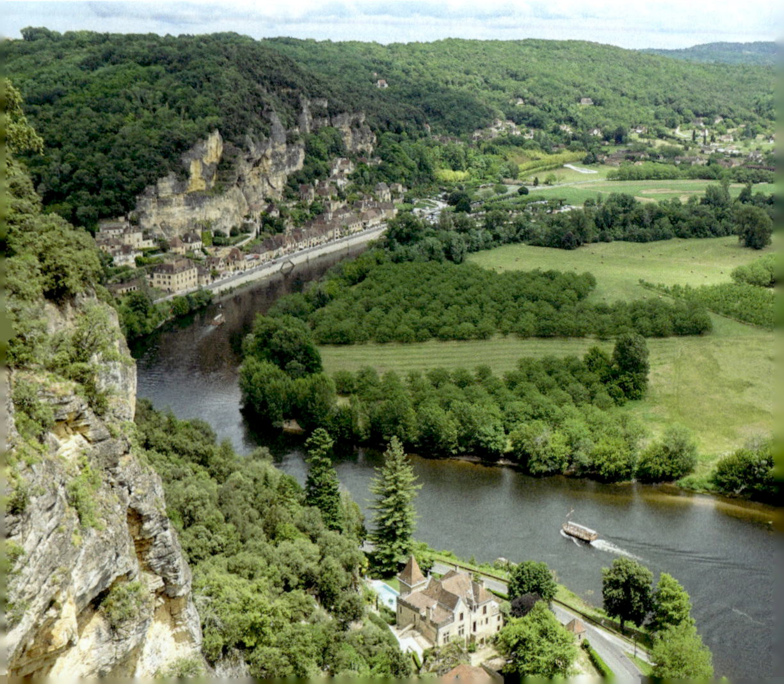

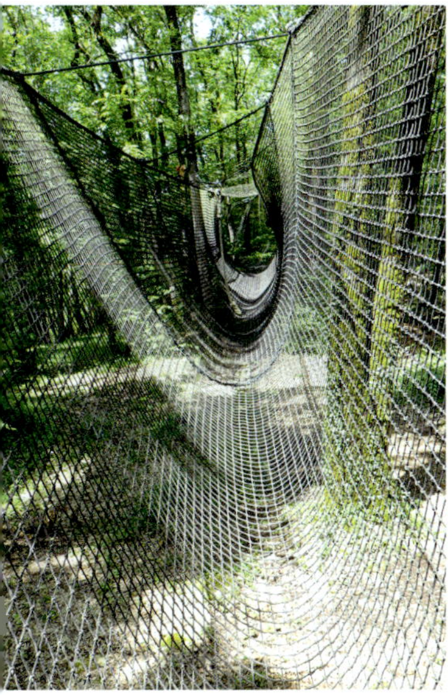

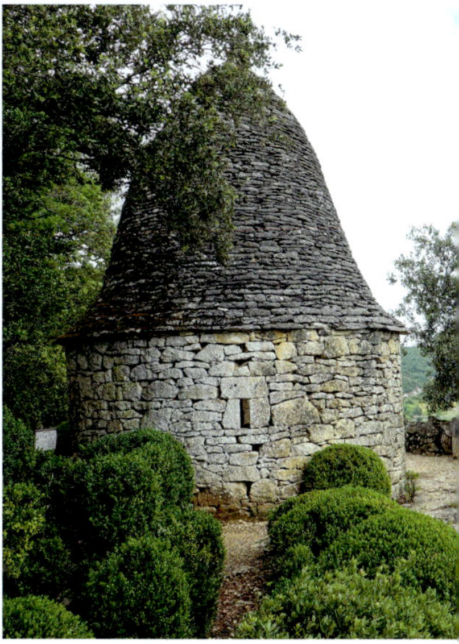

Dieser führt jetzt weiter zur **Hütte des Dichters**. Der Weg dorthin ist gesäumt mit Gemälden und Fotos. Ansonsten gibt es an der Rundhütte im Wald wenig zu sehen. Also treten wir den **Rückweg zum Schloss auf dem Höhenweg** an, der durch einen Buchsbaumgang auf einen Hügel führt. Hier steht der Nachbau einer Cabane, einer in Trockenbauweise errichteten Steinhütte, wie sie in der Region noch im Mittelalter als Hirtenunterkünfte und Viehställe üblich waren. Vom Platz an der Hütte sieht man das Tal noch einmal aus einer anderen Perspektive.

Zurück am Schloss lohnt noch ein Blick in den Pavillon de la Nature, wo das **Skelett eines Allosauriers** ausgestellt ist. Das Steinhaus ist unterhalb des Taubengeheges an der Gartenmauer zu finden.

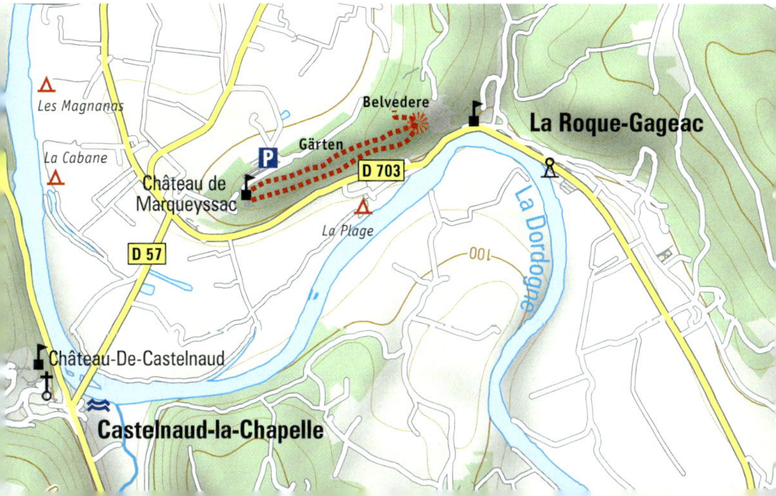

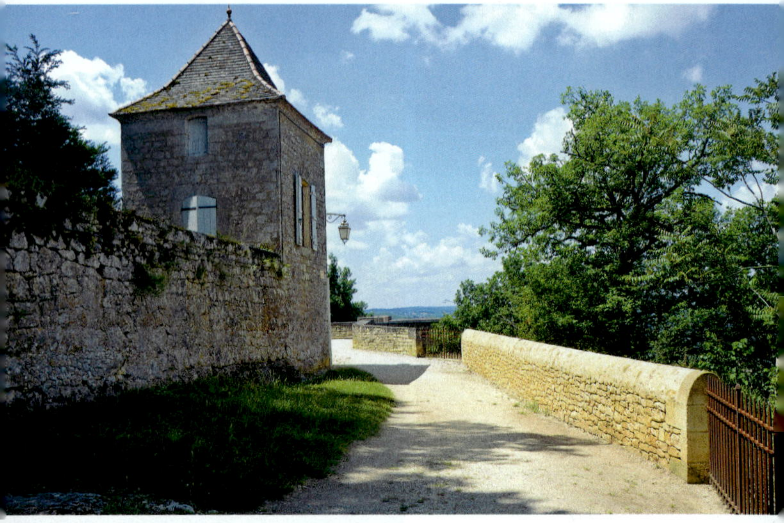

150 m

STRECKE

7 km

2 h

Tour 19: Durch den Hintereingang nach Domme

Eine mittelalterliche Bastide hoch über dem Fluss

Wer Domme über die Porte de la Combe betritt, nähert sich der alten Bastide auf dem Felsen über der Dordogne mit Bedacht und Zeit. Durch ruhige Gassen geht es nur langsam zur belebten Grand Rue, in deren Schaufenstern sich große runde Dosen mit Foie Gras oder Rillettes de Canard neben Flaschen mit Rotwein aus dem Bergerac, Walnussöl oder Vin de Noix stapeln. Dazwischen steht liebevoll gearbeiteles Kunsthandwerk aus Walnussholz und Ton zum Verkauf, aber auch das eine oder andere knallige Souvenir. Die Straße endet unter den Bäumen des Dorfplatzes, der einen grandiosen Blick ins Flusstal erlaubt. Ganz besonderen Charme entwickelt der kleine Ort mit den engen Gassen, wenn das Tageslicht langsam schwächer wird und die nostalgischen Straßenlaternen ihr warmes gelbes Licht durch die Gassen schicken.

Wanderung: Vom Parkplatz an der Mairie in Cénac wählen wir das sanft ansteigende Sträßchen auf der gegenüberliegenden Seite der Hauptstraße. Am ersten Abzweig bleiben wir auf der unteren Straße und folgen dieser ein ganzes Stück. Vorbei an der **Schule** kommen wir zum Dorfrand. Gegenüber dem großen **Sportplatz** ① zweigt links ein breiter Schotterweg mit gelber Wandermarkierung ab. Hier steigen wir in großen Bögen hinauf. Es geht nur sanft bergauf und meist bietet dichter Wald ausreichend Schatten. Nach etwa zwei Kilometern treffen wir auf eine

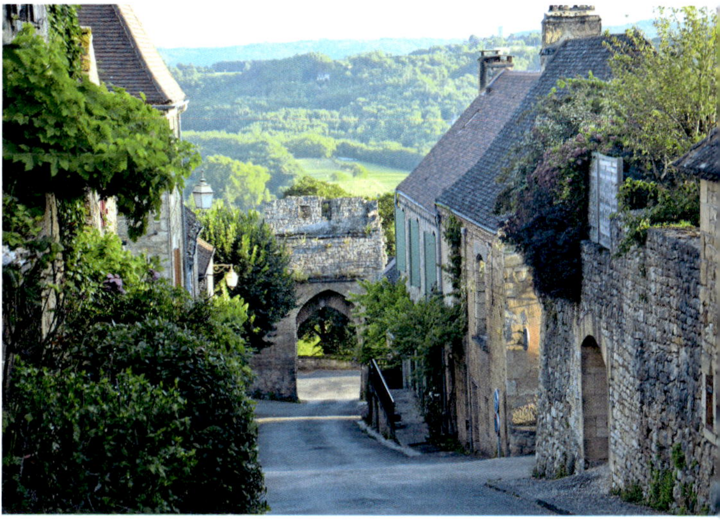

Zugang nach Domme durch die Porte de la Combe

schmale Straße. Die gelbe Markierung verlassend biegen wir hier links ab. An einem **Steinkreuz** ② wählen wir den ansteigenden rechten Weg, der schöne Blicke auf die verschachtelten Häuser von Domme zu bieten hat. An der nächsten Kreuzung führt links im spitzen Winkel ein **Wiesenweg** hinab in Richtung Stadtmauer. Dieser ist wieder gelb markiert. An einer **Kreuzung mit Kruzifix** ③ überqueren wir ein Sträßchen und folgen dem jetzt kräftig ansteigenden Wiesenweg und dem Wegweiser zur **Porte de la Combe**.

TOUREN-STECKBRIEF

Anfahrt: Cénac liegt am Fuß der auf einem Felsen erbauten Bastide von Domme zehn Kilometer südlich von Sarlat. Einen Parkplatz finden Sie am Rathaus oder westlich der Flussbrücke am Kanuverleih.

Charakter: Einfache Wanderung auf breitem Waldweg und einem Wiesenpfad, Abstieg nach Cénac teilweise recht steil.

Mit Kindern: Die verwinkelten Gassen von Domme sind auch mit Kindern ein lohnendes Ziel. Es gibt aber auch Parkplätze oben an der Bastide. Die Wanderrunde ist für Kinder ab sechs Jahren problemlos zu meistern, es fehlt jedoch etwas an kindgerechten Höhepunkten.

Einkehr: Pizzeria Le Templier an der Porte des Tours, Auberge de la Rode an der gleichnamigen Place oder Cabanoix et Chataigne an der Grand Rue mit ausgezeichneter Küche (gehobene Preisklasse). Hausgemachte Kleinigkeiten bekommen Sie am Belvédère bei Mon coin Resto. Besonders schön sitzt man dort auf der Terrasse des Le Belvédère, die Küche ist jedoch eher mittelmäßig. Ebenfalls empfehlenswert: La Guinguette in Cénac mit Flussblick am Dordogneufer.

Unterkunft:
Hotel: Moulin Rouge unten im Ort oder Hotel Esplanade in Domme in grandioser Lage an der Promenade de Falaises.
Camping: Im Hochsommer Camping Municipal oder Verte Rive in Cénac am Dordogneufer. Camping Beau Rivage an der Straße in Richtung Vitrac ebenfalls am Flussufer, deutlich komfortabler und auch in der Vorsaison geöffnet.
Wohnmobil: Stellplatz bei Domme vor der Stadtmauer bei GPS N 44°48'02.0", E 1°13'18.0".

In der Nähe: Tal des Céou, Eselwanderungen mit Arc'Ane.

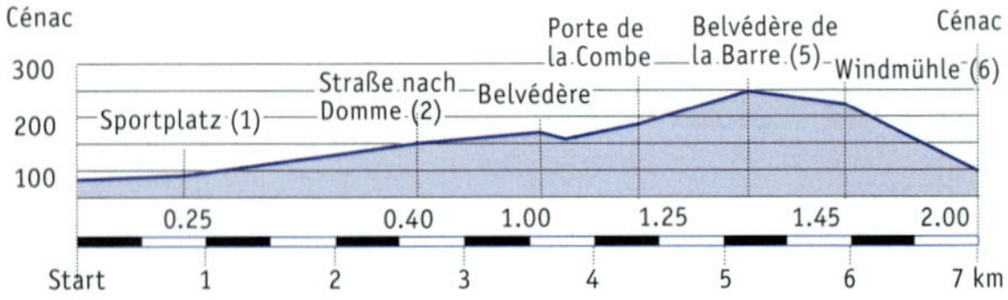

Durch das Tor kommen wir in die Gassen von Domme. Links geht es auf der »Promenade des Remparts« an der alten Stadtmauer entlang bis zum nächsten Tor, der Porte Delbos, und dort in den Ort hinein. Der erste Abzweig nach rechts bringt uns zur **Place de la Rode** und in die belebteren Gassen der Bastide. Zuerst lohnt ein Abstecher zur **Porte des Tours** ④. Hier gibt es ganz besondere Grafitti zu sehen: Zwischen 1307 und 1318 wurden im Turm 70 Ritter des Templerordens festgehalten, die die Zeichnungen in die Wände ritzten.

Zurück an der Place de la Rode, wo früher der Galgen von Domme seinen Platz hatte, wählen wir die Grand Rue und schlendern zwischen kleinen Geschäften mit regionalen Spezialitäten zur **Place de la Halle**. Dort steht neben der Information die offene alte Markthalle. Hier befindet sich auch der Zugang zu den »Grottes«. Wenige Schritte weiter haben wir am **Belvédère de la Barre** ⑤ einen weiten Blick über das Flusstal. Von hier geht es auf dem Panoramaweg an der Stadtmauer entlang bis zu einem Park und einer **Windmühle** ⑥. Dort folgen wir der gelben Wegmarkierung, die uns über die Straße auf einem Wiesenweg bergab führt. Das letzte Stück steigen wir auf dem Asphaltweg nach Cénac hinunter.

Die Grotten von Domme
Die Bastide von Domme hat so etwas wie ein Untergeschoss. In den Tropfsteinhöhlen unter der Stadt fanden die Bewohner von Domme in Kriegszeiten sichere Zuflucht. Heute können sie besichtigt werden.
Geöffnet täglich 10–12.30 und 14.30–18 Uhr. €9, Kinder 5–14 Jahre €6,50.

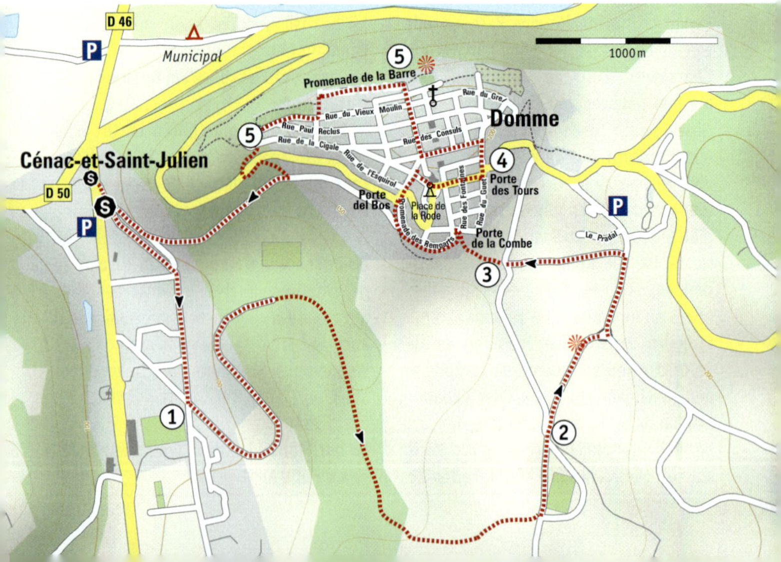

Tour 20:
Zwischen Felsen und Fluss

La Roque-Gageac und der Sentier des Gabariers

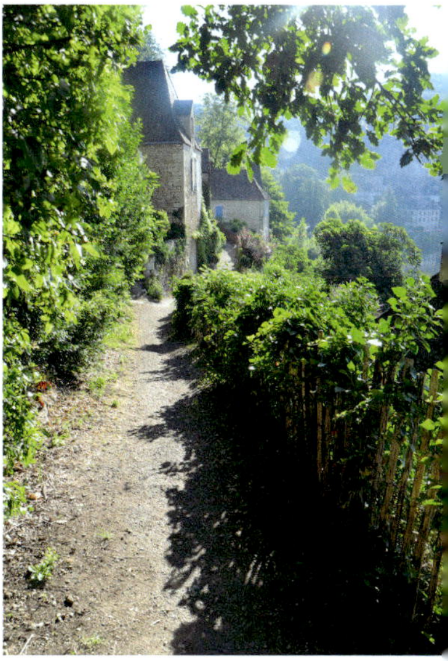

La Roque-Gageac ist eines der spektakulärsten Dörfer am Fluss. Die erste Häuserzeile steht noch zwischen der steilen Felswand und der Dordogne. Weiter oben hat man direkt in den Fels gebaut. Eingeklemmt zwischen Fels und Wasser hat das Dorf eine nicht ganz ungefährliche Lage. Zur Höhlenfestung über dem Dorf, die seit einem Bergsturz im Jahr 2010 geschlossen war, führt inzwischen aber eine neue Holztreppe hinauf. Die Decke ist mit Säulen abgestützt und so ist sie jetzt auch wieder zu besichtigen.

150 m

STRECKE 4 km

1 h 30

ab 6

Wanderung: Am Parkplatz steht eine Infotafel mit einer Übersichtskarte, auf der auch die beiden rund um den Ort markierten Wege eingetragen sind. Unser Sentier des Gabariers ist der kürzere der beiden Wege. An der **Infotafel** beginnt auch die gelbe Markierung. Zuerst gehen wir auf der Promenade an der Dordogne

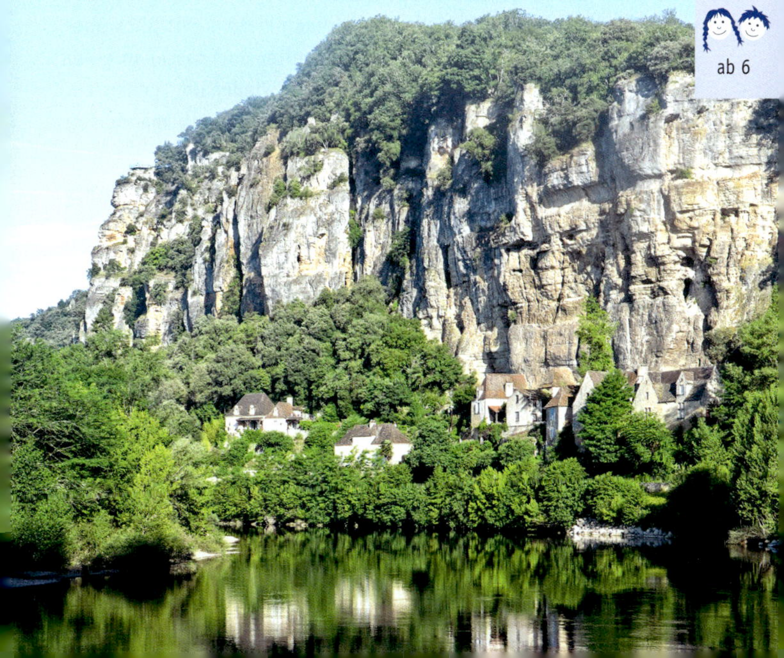

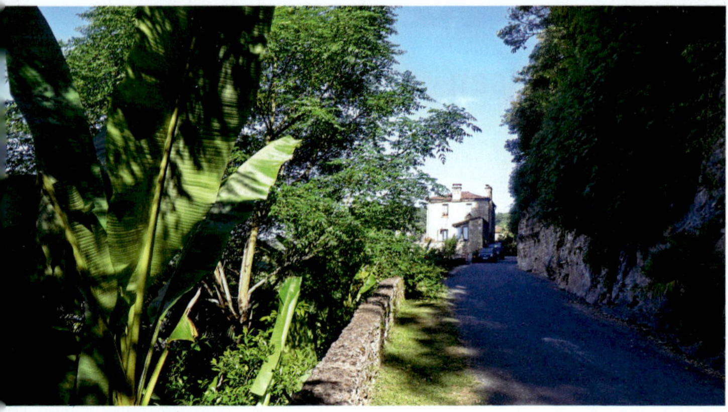

entlang und an den hier ankernden, nach Vorlage der alten Gabares gebauten Touristenbooten vorbei, bis zum **Château de la Malartrie** ①. Die Türme des Schlosses sind am hinteren Ende der Häuserreihe nicht zu übersehen. Malartrie ist in Privatbesitz und kann nicht besichtigt werden. Der Weg, der vor dem Schloss hinaufführt, ist jedoch öffentlich und verläuft zwischen den am Hang klebenden Häusern hindurch. An der höchsten Stelle haben wir besten **Ausblick über den Fluss auf das Dorf**.

Hier drehen wir um und kehren zur Kreuzung zurück. Denn eigentlich führt unser Weg die schmale Straße zwischen den Häusern hinauf. Am **Ortsrand** geht es dann in einer Kurve geradeaus weiter auf einen schmalen Waldweg, der stetig bergan führt. Schon nach wenigen Metern gibt es links noch einmal einen kurzen **Abstecher zu einem Aussichtspunkt** ②. Es geht über Felsen hinauf und dann zu einem kleinen Plateau mit Blick über den Fluss. Der Pfad führt hier noch weiter und später in einer Kurve ins Tal hinein. Wir drehen jedoch wieder um, gehen zur letzten Kreuzung zurück und folgen unserem gelb markierten Waldweg weiter bergan.

TOUREN-STECKBRIEF

Anfahrt: La Roque-Gageac liegt zwischen Domme und Beynac am nördlichen Flussufer. Am östlichen Ortsrand befindet sich bei **GPS N 44°49'30.0", E 1°11'04.0"** ein großer Parkplatz.
Charakter: Kurze Wanderunde mit schönen Blicken auf das Dorf, erweitert durch einen netten, nicht zu langen Waldspaziergang. Aufstieg im Schatten.
Mit Kindern: Kurzer, technisch unkomplizierter Weg mit etwas steilerem Aufstieg, der schon ein bisschen Kondition erfordert.

Einkehr: In La Roque-Gageac.
Unterkunft:
Hotel: Chambre d'hôtes Manoir de la Malartrieoder Hotel La Belle Etoile in La Roque-Gageac, Chambre d'hôtes le Lys de Castelnaud.
Camping: Camping La Plage in La Roque-Gageac, Camping Les Magnanas, la Cabane oder le Capeyrou in Beynac.
Wohnmobil: Wohnmobilstellplätze in La Roque-Gageac an beiden Ortseinfahrten oder Campingplätze in Beynac.

Wir ignorieren alle Abzweige und steigen geradeaus hinauf, bis wir an der **Ansiedlung Pagnou** ③ auf eine Straße treffen. Hier biegen wir rechts ab. Hinter dem letzten Haus wird die Straße zum Waldweg und wir wandern jetzt wieder bergab. Nach einiger Zeit endet unser Weg an einer **T-Kreuzung**. Beide Richtungen sind gelb markiert, aber der Weg nach links gehört zur längeren Runde, wie ein Schild verrät. Wir biegen also rechts ab und wandern jetzt auf einem schönen Pfad am Hang entlang. Am **ersten Haus** von La Roque-Gageac wird der Weg zum schmalen Asphaltband und später zur Straße. Vor einigen einzeln oben am Hang erbauten Häusern kehren wir zurück ins Ortszentrum, das wir nach links wieder verlassen. Schon nach wenigen Schritten sind wir umgeben von exotischen Pflanzen mit riesigen Blättern. Der **Jardin exotique** ④ wurde 1970 von Gèrard Dorin, einem Einwohner des Ortes, angelegt. Er nutzte die geschütze Lage an der Felswand, an der Bananenstauden, Bambus und Bougainvillea einwandfrei gedeien. Nach einer letzten Kurve endet unser Weg auf den Parkplätzen, wo wir es uns an einem Picknicktisch am Flussufer oder in einem der Restaurants im Ort bequem machen können.

Eine Holztreppe mit 140 Stufen führt im Dorfzentrum weiter hinauf zum **Fort Troglodytique** – den Resten einer in den Fels gebauten Festungsanlage, die den Bewohnern des Dorfes noch im Hundertjährigen Krieg als Zuflucht vor den Normannen diente. Nach aufwendigen Sicherungsarbeiten in den letzten zehn Jahren ist die alte Festung jetzt wieder für Besucher geöffnet. **[› Seite 106]**
Zugang zum Fort: April bis Mitte November 10–19 Uhr, Juli und August 9–19.30 Uhr. Eintritt €7, Kinder 5–13 Jahre €3,50. www.fortdelaroquegageac.com

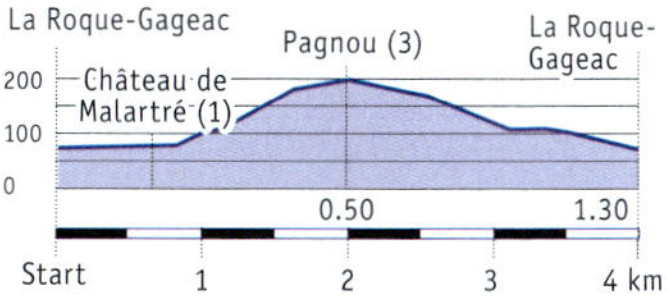

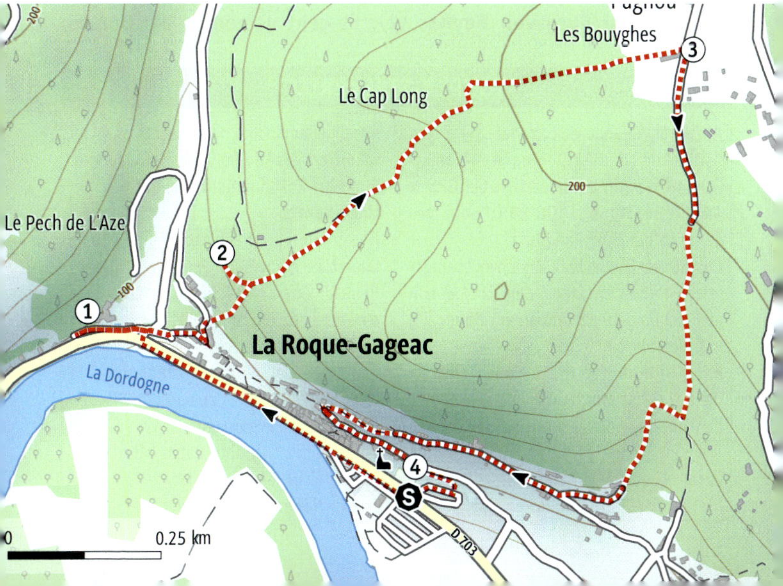

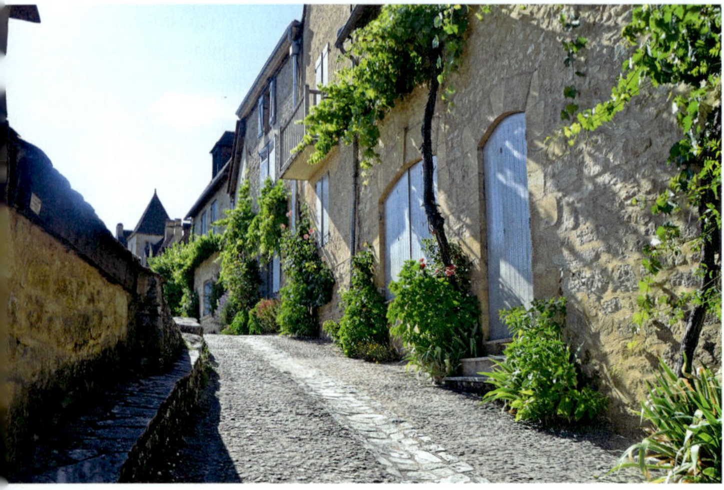

230 m

STRECKE 8,5 km

3 h

ab 10

Tour 21: Rund um Beynac

Durch die Kornkammer der Fürsten von Beynac

Das Hinterland des so spektakulär an der Klippe erbauten Ortes Beynac-et-Cazenac ist sanft, leicht hügelig und üppig grün. Diese Wanderrunde führt uns an der Klippe entlang und durch ein hübsches Bachtal in die Hügel hinter dem Fürstensitz. Zwischen Wald und Wiesen sind hier immer wieder stattliche alte Bauernhöfe zu entdecken.

Wanderung: Vom Campingplatz oder vom großen Parkplatz unten an der Dordogne steigen wir auf den steilen Dorfstraßen hinauf bis zur **Burg von Beynac** (1). Es geht geradeaus am Burgtor

TOUREN-STECKBRIEF

Anfahrt: Beynac-et-Cazenac liegt am nördlichen Ufer der Dordogne. Am westlichen Ortsrand befindet sich bei **GPS N 44°50′24.0″, E 1°08′28.0″** ein gebührenpflichtiger Parkplatz.
Charakter: Landschaftlich abwechslungsreiche Runde zwischen dem Ort, einem idyllischen Bachtal und einem Höhenzug mit Weitblick.
Mit Kindern: Für die meisten Kids ist die Runde zu lang und nicht abenteuerlich genug. Spannender ist der Besuch der Burganlage [› **Seite 127**] und die kurze Runde über den Aussichtspunkt hinter der Burg hinunter zur Höhle. Anschließend kann man rechts auf der schmalen Straße zum Ort zurückwandern.
Einkehr: Restaurants in Beynac.
Unterkunft:
Hotel: Hotel du Château in Beynac, Chambres d'hôtes Le Petit Versailles in Beynac oben am Schloss, Chambres d'hôtes Chez Gallon an der Zufahrt zum Camping La Cabane.
Camping: Camping les Magnanas, la Cabane oder le Capeyrou zwischen Beynac und Castelnaud.
Wohnmobil: Campingplätze oder Stellplätze in La Roque-Gageac.
In der Nähe: Burg von Beynac.

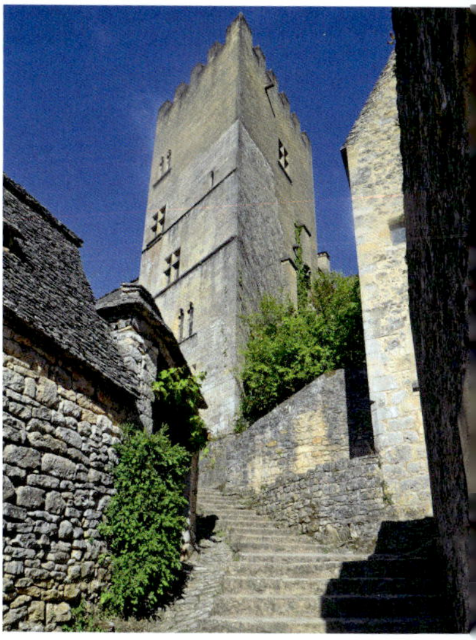

vorbei und weiter bis zum **Aussichtspunkt**. Wenige Meter bevor dieser erreicht ist, zweigt rechts ein leicht abwärts führender Pfad ab. Diesem folgen wir vor einem Haus vorbei und am Hang entlang. Es geht meist sanft nach unten. Auf halbem Weg ist links eine **Höhle** ② zu erkennen. Es lohnt unbedingt, sie genauer in Augenschein zu nehmen. Hier gibt es eine gemütliche Mehrzimmerwohnung aus der Steinzeit zu entdecken.

Wir folgen dem Pfad bis er auf eine **Straße** trifft. Hier biegen wir links und gleich wieder rechts ab und wandern etwas unschön auf Asphalt hinauf zum Weiler **Le Treuil** ③ und der **Moulin de Trel**, die heute ein sehr edles Ferienhaus ist.

An der Mühle biegen wir, unseren gelben Markierungen folgend, links ab. Nach etwa 150 Metern zweigt links ein Pfad von der Straße ab, den wir hinaufsteigen. Hier steht auch eine Infotafel des **Chemin de Meuniers**, dem wir jetzt ein kurzes Stück folgen. Ab hier geht es am **Bach** entlang durch ein liebliches Tal. Vorbei an einer Quelle erreichen wir eine weite **Lichtung**. Dort, wo rechts ein **Wegweiser** ④ am Wegrand steht, müssen wir links über die Wiese hinauf. Der Weg ist je nach Jahreszeit nicht immer sofort erkennbar und an der Kreuzung nicht markiert. Einig Meter weiter, es geht jetzt am Waldrand entlang, treffen wir wieder auf den gelben Farbbalken. Rechts auf dem Hügel ist der **Gutshof Le Brugen** zu sehen.

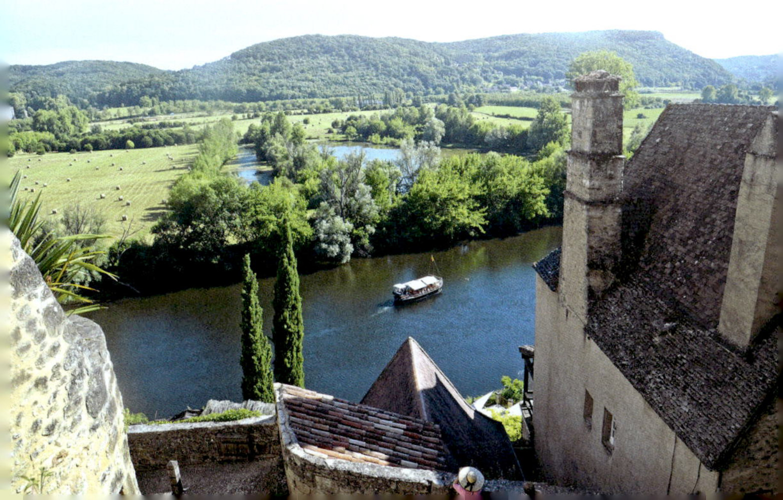

Unser Weg endet auf einer schmalen **Straße**. Wir biegen hier rechts ab, folgen der Straße einige Schritte und biegen kurz darauf wieder links in einen **Wiesenweg** ⑤ ein. Dieser hält auf einen Hof zu, an dem wir vorbeiwandern bis zur nächsten Querstraße. Hier geht es nach rechts und auf einen der weniger schönen Abschnitte der Wanderung. Am Rand der Asphaltstraße steigen wir hinauf zum Weiler **Le Castanet** ⑥. Ganz oben treffen wir an einem Reiterhof auf einen Querweg, dem wir nach links folgen. Zwischen Pferdeweide und Gemüsebeeten wandern wir mit weitem Blick auf dem Hügel entlang. Links führt ein Abzweig zu einem **Aussichtsplatz**. Dann folgt eine weitere **Verzweigung** ⑦, an der beide Wege gelb markiert sind. Der linke ist etwas kürzer, der rechte ist der schönere. Er führt durch den Wald hinunter zum hübschen **Mini-Dorf Tral Pech** ⑧ und durch dieses hindurch. In der nächsten Kurve zweigt links neben einem Wohnhaus ein hübscher Wanderpfad ab. Er führt in einem Bogen am Hang zurück zu den ersten Häusern von Beynac. Wir steigen eine steile Gasse hinunter zu den Restaurants unten am Fluss und zum Parkplatz.

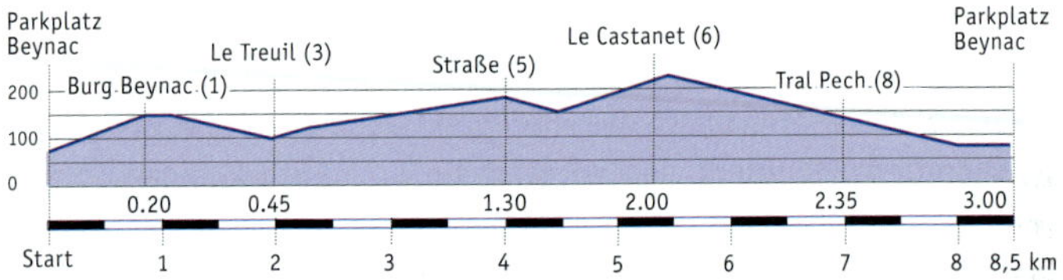

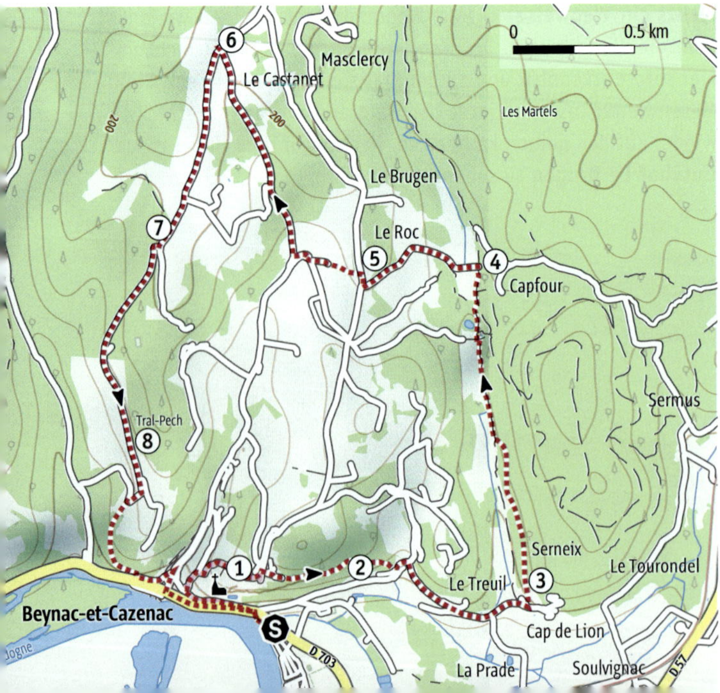

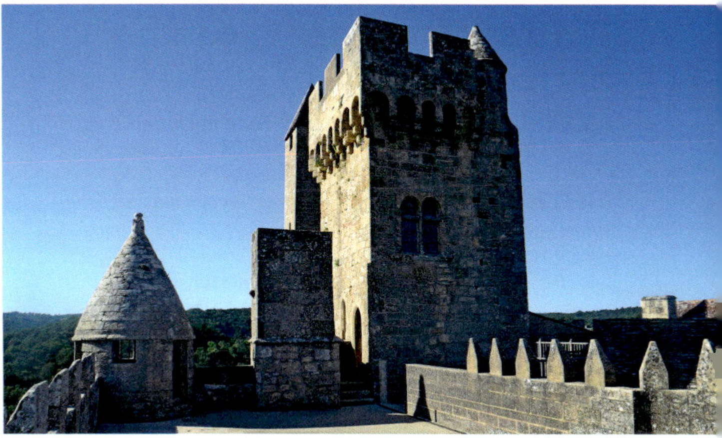

Die Burg von Beynac

Das imposant auf der Klippe platzierte Schloss ist das Wahrzeichen von Beynac. Es war vor etwa 700 Jahren im Hunderjährigen Krieg meist in englischer Hand und der direkte Gegenspieler der gegenüberliegenden Festung von Castelnaud. Von den Häusern am Flussufer steigt man durch eine äußerst steile und enge Gasse hinauf zur mächtigen Burgmauer. Die Burganlage ist seit 1961 in Privatbesitz und wird seit Jahren Stück für Stück renoviert, um dem mittelalterlichen Original möglichst nahe zu kommen. So ragen aus der Mauer zwischen den Zinnen angespitzte Holzpfähle in den Himmel. Die Pfähle sind natürlich nicht antik, entsprechen aber der Originalausstattung der Burg zu der Zeit, als sie noch eine wehrhafte Festung war.

Durch ein großes Holztor betritt man den Innenhof der Anlage, die täglich besichtigt werden kann. Läuft man am Schloss vorbei, folgt ein gut gelegener Aussichtspunkt, von dem man vier Schlösser gleichzeit erspähen kann: Beynac ist ganz nah, außerdem fällt der Blick auf Château Fayrac am rechten Ufer, Castelnaud und das unscheinbare Schlösschen von Marqueyssac. Parkplätze gibt es auch oben am Schloss, reizvoller ist aber der Aufstieg durchs Dorf.

[› Tour 21 und 22]

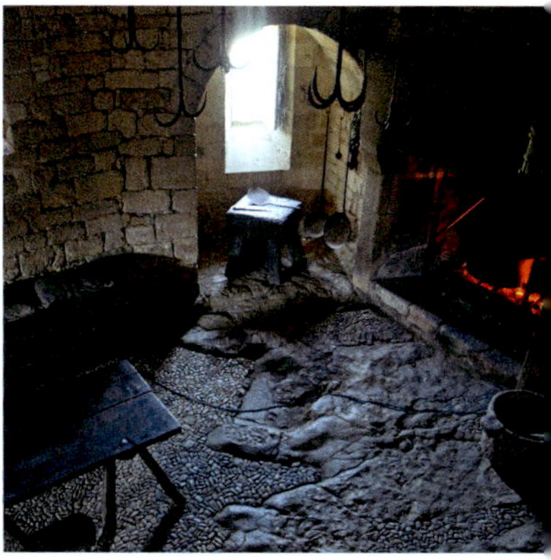

Château de Beynac: Geöffnet täglich 10–19 Uhr. €9,50, Jugend 11–16 Jahre €7, bis 10 Jahre frei. chateau-beynac.com

Das Perigord unter englischer Herrschaft

Der Hundertjährige Krieg zwischen Frankreich und England

Das Erbe der Eleonore von Aquitanien

Das Périgord liegt mitten im heutigen Frankreich, war aber im Mittelalter viele Jahre unter englischer Herrschaft. Das wirkt auf den ersten Blick irritierend, hat aber eine leicht erklärbare Ursache in der im Mittelalter üblichen Heiratspolitik der europäischen Königshäuser. Das am Atlantik gelegene Aquitanien gehörte zur Mitgift der Herzogin Eleonore von Aquitanien. Ihre Heirat mit dem französischen König Ludwig VII. sollte die Region wieder fest an das französische Reich binden. Nur leider hielt die Ehe nicht und ihre Auflösung erwies sich als folgenschwer für Frankreich.

1154 wurde Eleonore von Aquitanien durch ihre zweite Ehe mit Heinrich II. zur Königin von England. Außerdem blieb sie natürlich weiterhin Herzogin von Aquitanien, das sie zu Lebzeiten als eigenständige Region verwaltete. Nach ihrem Tod geriet Aquitanien jedoch zum Erbe der englischen Krone und blieb dies auch bis zum Ende des Hundertjährigen Krieges im Jahr 1453. So war Richard Löwenherz, der ältere Sohn Eleonores, zeitweise Eigner der Burganlage von Beynac und das nördliche Périgord blieb über ein Jahrhundert englisch. Die Dordogne war lange die Grenzlinie des englischen Einflussbereiches.

Frankreich im Hundertjährigen Krieg

Unter dem Begriff Hundertjähriger Krieg wird heute eine Reihe bewaffneter Auseinandersetzungen zwischen den Königen von England und dem französischen Adelgeschlecht der Valois bezeichnet. Sie begannen 1338 und fanden erst gut hundert Jahre später mit der Niederlage Englands ein Ende.

Nachdem der französische König Karl IV. aus dem Geschlecht der Kapetinger im Jahr 1328 ohne direkten Nachfolger starb, rückte sein Cousin Phillip IV. auf den französischen Thron. Aber auch der englische König Eduard III. erhob Ansprüche auf die französische Krone. Er war über seine Mutter Isabella de France (englische Königin an der Seite Eduard II. von 1308 – 1330) mit dem französischen Königshaus verwandt. Verwandtschaftliche Bande über die weibliche Linie waren aber in Frankreich für die Erbfolge nicht relevant. So ernannte sich Eduard III. 1340 selbst zum König von Frankreich und marschierte in Nordfrankreich ein.

Die erste große Schlacht in Crécy gewann er trotz zahlenmäßiger Unterlegenheit seiner

Truppen. 1347 endete der Krieg vorläufig mit der Eroberung der wichtigen Hafenstadt Calais. Der Einflussbereich des englischen Königs erstreckte sich anschließend über einen Teil der Bretagne und seine Besitztümer in Aquitanien.

1355 landete der »Schwarze Prinz« Eduard IV., der Sohn Eduard III., bei Bordeaux. Er führte mit Glück und Geschick die Engländer zum schnellen Sieg und nahm den neuen französischen König Johann II. gefangen. Im darauf folgenden Frieden von Brétigny musste Frankreich große Gebiete im Westen an England abtreten. Zu diesen gehörte auch die dem Périgord benachbarte Region Limousin. Ab 1369 eroberte der neue König Karl V. große Teile der besetzten Gebiete zurück und ab 1386 herrschte vorübergehend Ruhe in Frankreich.

Auf Karl V. folgten in Frankreich wenig fähige Herrscher, sodass der nächste englische König Heinrich V., ein Urenkel Heinrich II., leichtes Spiel hatte. Er erneuerte seinen Anspruch auf den französischen Thron und eroberte in kurzer Zeit große Teile Nordfrankreichs. Durch den Bund mit dem Herzogtum Burgund standen 1428 englische Truppen vor Orléans, dem Tor zu Südfrankreich, und die Lage der Franzosen war verzweifelt. Die Wende brachte eine junge Frau, die heute in Frankreich Legende und Nationalheldin ist: Das 17-jährige Bauernmädchen Johanna von Orléans konnte den jungen Thronfolger Karl VII. von ihren Visionen überzeugen: Gott selbst schicke sie, um Frankreich zu retten. Unter ihrer Führung wurde die Belagerung von Orléans durchbrochen und den Engländern Einhalt geboten. 1429 wurde der junge Karl VII. im Reims zum französischen König gekrönt.

Nach dem plötzlichen und frühen Tod Heinrich V. brach die Allianz zwischen England und dem Herzogtum Burgund. Gegen John Lancaster, der das Land für den erst einjährigen Thronfolger Heinrich VI. regierte, konnte Karl VII. die besetzten Regionen vollständig zurückerobern. 1453 unterwarf sich auch Bordeaux der französischen Krone und Aquitanien gehörte wieder zu Frankreich.

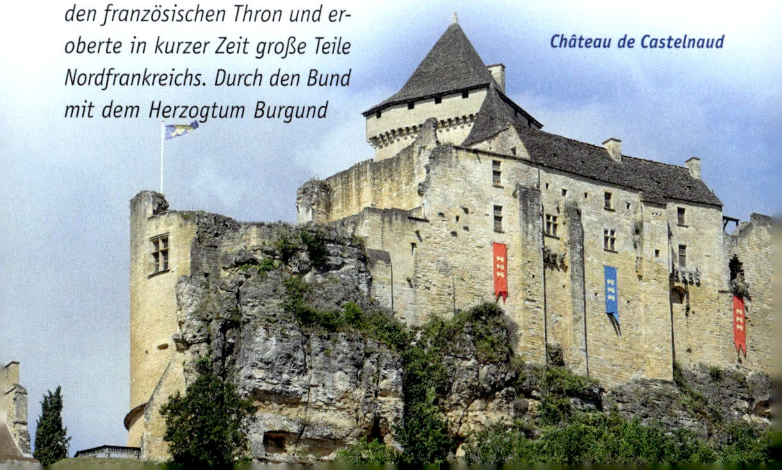

Château de Castelnaud

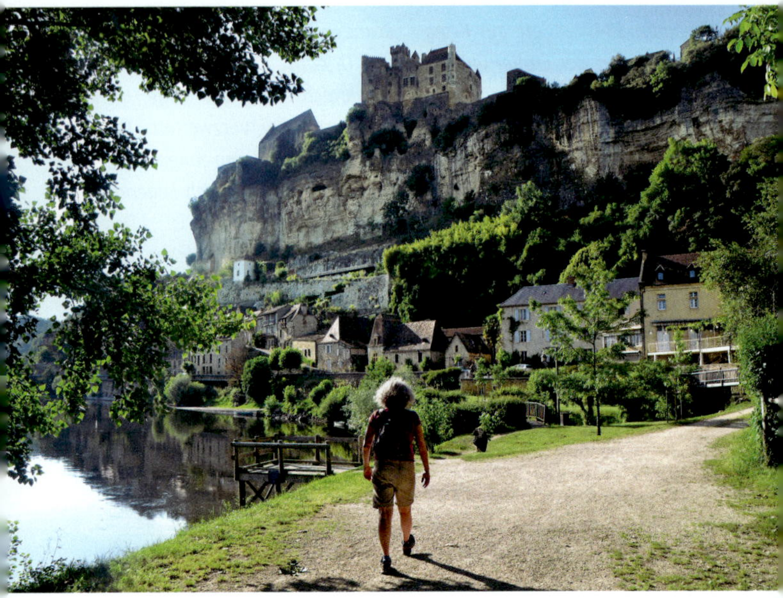

190 m

STRECKE 9 km

3 h

Variante ab 6

Tour 22: Von Burg zu Burg

Auf dem Uferweg zwischen Beynac und Castelnaud

Auge in Auge thronen die Burgen Castelnaud und Beynac auf gegenüberliegenden Felsen. Nur gut zwei Kilometer Luftlinie und das Wasser der Dordogne trennten die Kontrahenten im Hundertjährigen Krieg. Während sich in Castelnaud die Franzosen verschanzten, wurde Château Beynac von England beherrscht. Heute verbindet ein Fußweg die konkurrierenden Festungen. Immer am Fluss entlang bummelt man gemütlich vom mittelalterlich geprägten Dorf Beynac zum ebenso schönen Dörfchen Castelnaud-la-Chapelle und steigt dann steil hinauf zur einen und zur anderen Burg. Beide Anlagen kann man besichtigen. In Castelnaud informiert das Museum der mittelalterlichen Kriegsführung über Funktion und Bauweise von Katapult und Armbrust sowie die Herstellung von Rüstungen und Schwertern. Château Beynac, das in seiner Geschichte auch einmal die Burg von Richard Löwenherz war, ist in Privatbesitz und wurde aufwendig restauriert, um Stück für Stück den Originalzustand wiederherzustellen. Es vermittelt so ein besonders authentisches Bild einer mittelalterlichen Burg.

Wanderung: Vom Parkplatz in Beynac steigen wir zuerst durch die steilen Gassen des Dorfes bis zum Schloss hinauf. Die Burg wird mit Gefühl und Vorsicht restauriert – so hat man zum Beispiel die ursprünglich vorhandenen Holzspieße auf der Burgmauer wiederhergestellt. Auf **Burg Beynac** ① drehte der Regisseur Luc Besson 1999 die Geschichte der französischen Nationalheldin Johanna von Orléons (Jeanne d'Arc), die die Franzosen 1429 im zarten Alter von 18 Jahren zu großen Erfolgen gegen die Besatzer aus England führte.

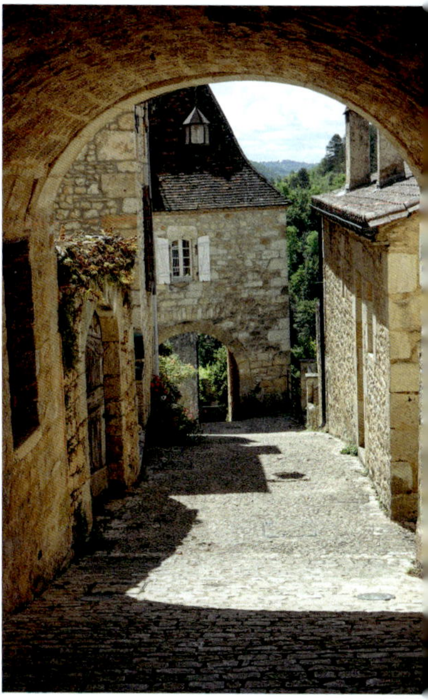

Der Aufstieg vom Flussufer zum Château de Castelnaud führt duch malerische Gassen.

Dann laufen wir durch den Ort wieder hinunter und orientieren uns auf halber Höhe an der einzigen Kreuzung nach links. Die Straße endet am nördlichen Ortsende auf der Durchgangsstraße, die wir überqueren. Wir folgen jetzt dem Weg zwischen dem **Campingplatz** und dem Fluss. Er wird mit der Zeit schmaler und führt immer

TOUREN-STECKBRIEF

Anfahrt: Kostenpflichtiger Parkplatz am westlichen Ortsende von Beynac bei GPS N 44°50'24.0", E 1°08'28.0" oder an der Brücke von Castelnaud bei **GPS N 44°48'48.0", E 1°09'10.0"**.

Öffnungszeiten:
Château de Castelnaud: April bis September von 10–19 Uhr, Juli und August 9–20 Uhr, Februar, März, Oktober 10–18 Uhr, ansonsten 14–17 Uhr. €11,90, Kinder 10–17 Jahre €6. castelnaud.com
Château de Beynac: Täglich 10–19 Uhr, €9,50, Jugend 11–16 Jahre €7, bis 10 Jahre frei. chateau-beynac.com

Charakter: Ausgesprochen reizvolle Wanderung auf einem Pfad am Fluss zwischen zwei verwunschenen Dörfern. Sehr steiler Aufstieg durch die Dorfgassen zum jeweiligen Schloss.

Mit Kindern: Suchen Sie Ihr Quartier auf einem der Campingplätze zwischen den Orten und wählen eine der Burgen zum Ziel. Vor allem die Burg Castelnaud mit ihren engen Gängen und Treppen entspricht dem Idealbild einer alten Ritterburg und fasziniert Kinder aller Altersgruppen. Beide Burgen sind auch mit dem PKW erreichbar, der Aufstieg durch das Dorf ist jedoch um einiges stimmungsvoller!

Einkehr: In Beynac und Castelnaud gute Auswahl an Restaurants. Exzellente Küche zu leicht gehobenen Preisen erwartet Sie im La Petite Tonelle in Beynac. Besonders schön und direkt am Flussufer sitzt man auf der Terrasse der Hostellerie Malville. In Castelnaud bietet die Taverne du Château schöne Plätze auf ihrer schattigen Terrasse.

Unterkunft:
Hotel: Hotel du Château in Beynac, Chambres d'hôtes Le Petit Versailles in Beynac oben am Schloss, Chambres d'hôtes Chez Gallon an der Zufahrt zum Camping La Cabane.
Camping: Camping les Magnanas, la Cabane oder le Capeyrou zwischen Beynac und Castelnaud.
Wohnmobil: Campingplätze oder Wohnmobilstellplatz an der Burg Castelnaud.

In der Nähe: Ecomusée de la Noix, Badeplatz an der Brücke von Castelnaud.

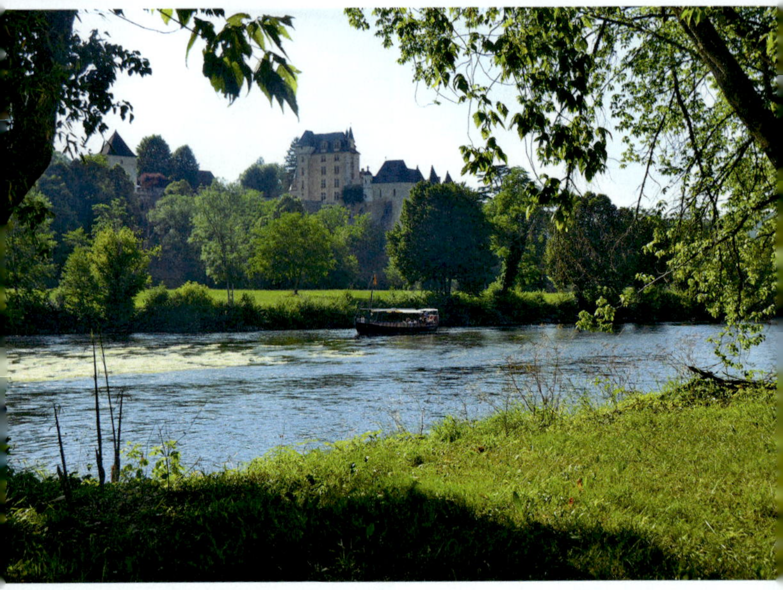

Château de Castelnaud

Das ursprüngliche Gebäude des Châteaus de Castelnaud stammt aus dem 13. Jahrhundert. Nach der ersten Epoche des Hundertjährigen Krieges ging Castelnaud in den Besitz der Briten über. 1442 wurde sie von den Truppen Karls VII. zurückerobert. So wurde dann die Dordogne zur Grenzlinie und Castelnaud zur strategisch besonders wichtigen Festung. Erst zum Ende des 15. Jahrhunderts verlor die Burg ihre militärische Bedeutung. Zur Zeit der Französischen Revolution wurde Castelnaud dann geplündert und angezündet, später nutzte man die Steine der Burgmauern als Steinbruch. Ab 1966 hat man die Anlage sorgfältig restauriert und zum Museum für mittelalterliche Kriegsmaschinen ausgebaut. Auch wenn Sie sich nicht für Katapulte interessieren: Die einmalige Lage der Burg und ihre verschachtelten Gänge und Räume machen den Besuch zum Erlebnis. castelnaud.com

am Ufer entlang zur Eisenbahnbrücke **Pont de Fayrac ③**, an der sich eine gut frequentierte Ausbootstelle für Kanus befindet. Dann laufen wir an drei weiteren Campingplätzen vorbei bis zur **Brücke von Castelnaud ④**. Auf einem Pfad steigen wir zur Fahrbahn hinauf. Auf der anderen Seite der Brücke wartet ein kleines Centre Commercial mit guter Bäckerei, einer Pizzeria und kleiner Alimentation.

Dann geht es erst einmal hinauf. Der Aufstieg zur **Burg ⑤** ist gut beschildert, aber ordentlich steil. Wir könnten jetzt in der Taverne am Museum eine Pause einlegen oder gleich die Burg besuchen. Später geht es dann auf dem gleichen Weg zurück. Auf halber Höhe weist ein Schild den Weg zum ebenfalls sehenswerten Ecomusée de la

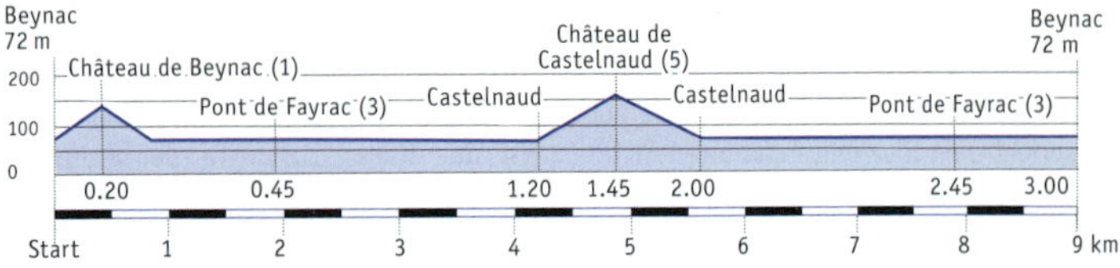

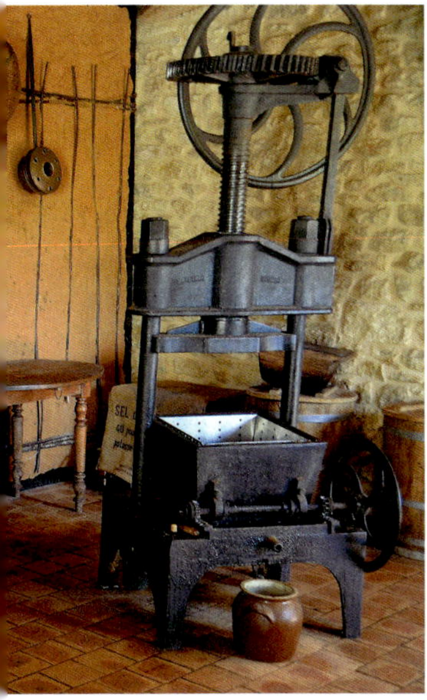

Ecomusée de la Noix
Im Museum erfahren Sie alles über die Verarbeitung von Walnüssen. Besonders interessant wird es, wenn das Mahlwerk der alten Ölmühle in Betrieb genommen wird, um aus sorgfältig geschälten Nüssen das hochwertige Öl zu produzieren, das Sie im Hofladen kaufen können.
Museum: April bis Oktober täglich 10–19 Uhr. Mühle: April bis Oktober Di bis Do 14–17 Uhr, Juli, August Mo bis Fr. €5, Kinder 10–17 Jahre €4. Tel. 0033 (0)553596963. www.ecomuseedelanoix.fr

Noix, einer noch in Betrieb stehenden Walnussmühle. Hier gäbe es auch einen Picknickplatz. Dann laufen wir auf vertrautem Weg zurück nach Beynac.

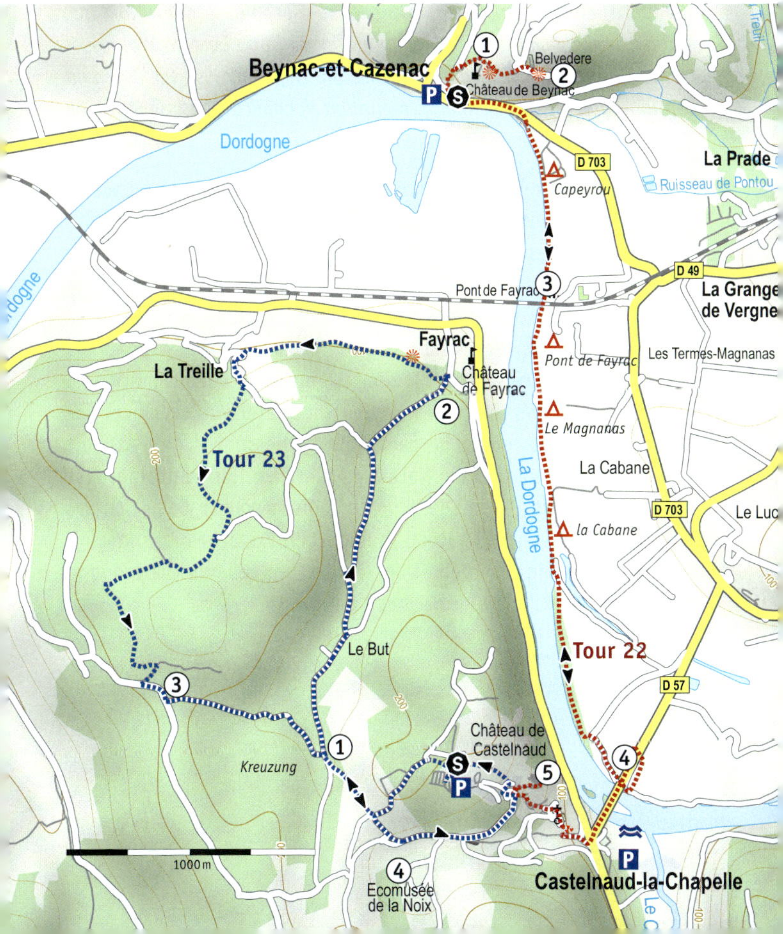

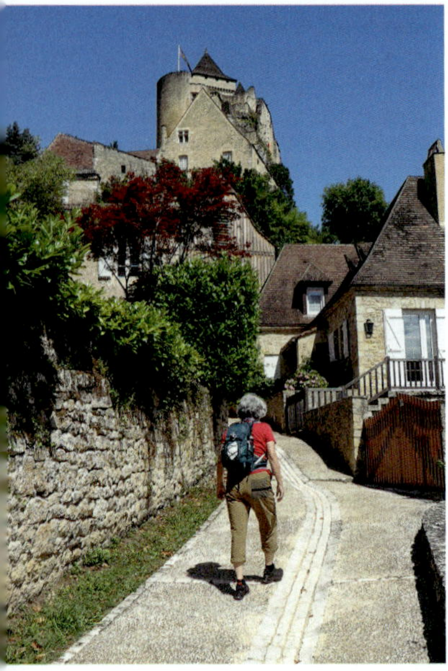

Tour 23: Boucle de Castelnaud

Waldspaziergang von Schloss zu Schloss

Zwischen Wald und Feldern führt diese angenehme Wanderrunde über die Hochebene von Castelnaud. Wir erhaschen einen Blick auf das hinter Blättern verborgene Château de Fayrac und genießen den Blick auf Beynac, durchqueren die mit alten Steinhäusern gesäumten Gassen von La Treille und und kehren durch den Wald zurück nach Castelnaud. Hier lockt noch der Abstecher zum Ecomusée de la Noix mit Direktverkauf von hausgemachtem Vin de Noix, bestem Walnussöl und ähnlichen Köstlichkeiten rund um die Walnuss. Im Juli und August ist die alte Mühle an mehreren Nachmittagen in der Woche in Betrieb.

230 m

STRECKE 8 km

2 h 45

Variante ab 6

Wanderung: Vom Picknickplatz am oberen **Parkplatz von Castelnaud** folgen wir der gelben Markierung unseres Rundweges und der Muschel des Jakobsweges in Richtung Westen. Auf der schmalen Zufahrtsstraße zum Parkplatz laufen wir so bis zur Kreuzung oberhalb der Nussmühle zurück. Wir biegen, den gelben Markierungen folgend, rechts ab und gehen weiterhin auf Asphalt bis zur nächsten **Kreuzung** (1). Hier zweigt der rot-weiß markierte GR nach links ab und hier kommen wir später zurück. Jetzt gehen wir zuerst rechts bergab. Bald verlieren wir den Asphalt unter den Füßen und ein Naturweg führt am Hang entlang, erst über eine Lichtung und dann im Wald bis **Fayrac** (2). Das Schloss ist rechts zu sehen. Château Fayrac ist in Privatbesitz und kann nicht besichtigt werden. Über Felder und über die Dordogne reicht der Blick bis hinüber nach Beynac.

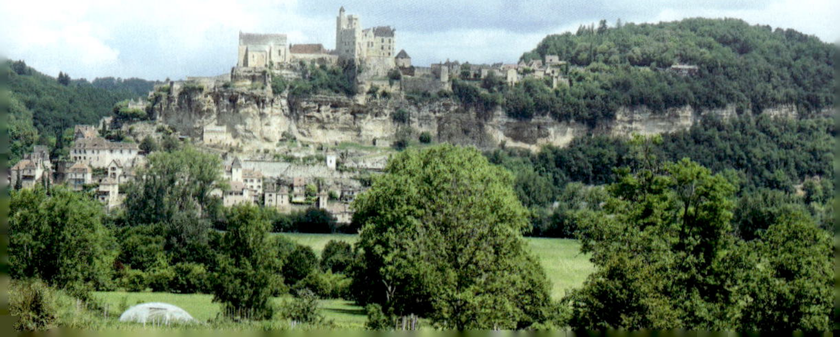

Am nächsten Abzweig steigen wir links hinauf nach **La Treille**. Wir erreichen den Ort an einem Haus mit Schwimmbad. Zwischen den Häusern folgen wir der gelben Markierung nach links und gleich wieder rechts und wandern auf einem Waldweg aus dem Dorf hinaus. Die Route durch den Wald ist gut markiert. Wir folgen den Pfosten mit den gelben Köpfen einmal rechts, dann geht es links an einer **Lichtung** entlang und an deren Ende wieder nach links.

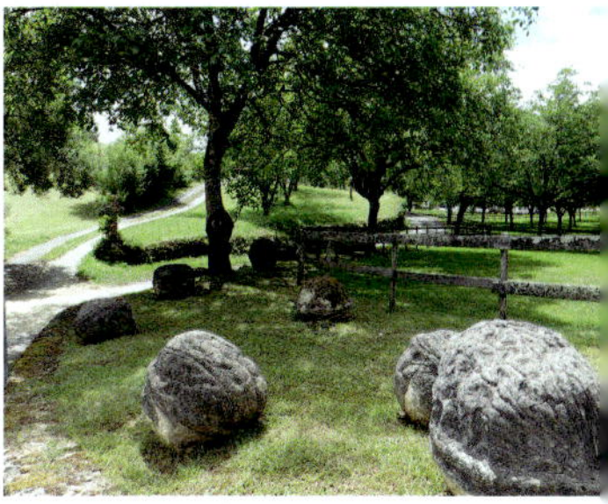

Dann laufen wir auf dem Waldweg bis zu einem **asphaltierten Fahrweg** und folgen diesem 100 Meter nach links. Wir verlassen den gelb markierten Weg und biegen links auf den leicht abwärts führenden **rot-weiß markierten und mit hellen Steinen geschotterten Fahrweg** ③ ab. Er passiert die Ansiedlung **Leyral** und trifft wieder auf die markierte Strecke und unseren Hinweg. Es geht rechts und gleich wieder links bis zur **Kreuzung** ① mit dem Blick auf das **Ecomusée de la Noix** ④. Diesmal laufen wir zum Museum hinunter und folgen der Straße am Abzweig vorbei bis zur Kurve. Hier ist der Fußweg nach Castelnaud beschildert. Er führt zunächst auf der Straße entlang, wechselt dann aber auf einen Wiesenweg, überquert eine weitere Straße und führt von hier aus zur **Burg** ⑤ hinauf und zum Parkplatz zurück.

Karte auf [› Seite 133]

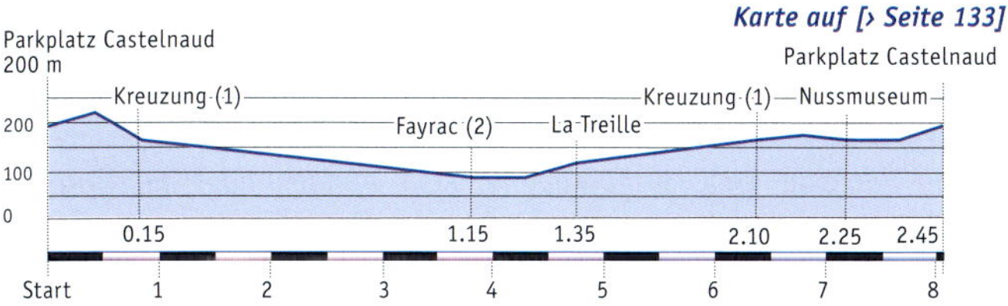

TOUREN-STECKBRIEF

Anfahrt: Von der Dordognebrücke der Zufahrt hinauf zum Ort und zur Burg folgen. Am Dorfrand gibt es bei **GPS N 44°48'56", E 1°08'41"** große Parkflächen für Besucher des Burgmuseums.

Öffnungszeiten:
Ecomusée de la Noix: Siehe **[› Seite 133]**.

Charakter: Stille Wanderung auf einem steinigen Waldweg und auf schmalen Sträßchen, kurzer Abschnitt am Rand der befahrenen Straße.

Mit Kindern: Rundweg durch das Dorf mit Besichtigung der Burg und des Ecomusée de la Noix.

Einkehr: Taverne du Château oder Picknick am Nussmuseum. Weitere Picknicktische am Parkplatz.

Unterkunft:
Hotel: B&B La Tour de Cause an der Pont de Cause im Céou-Tal.
Camping: Camping Maisonneuve mit vielen Stellplätzen direkt am Céou.
Wohnmobil: Campingplätze oder Stellplatz auf dem Parkplatz an der Burg.

In der Nähe: Badeplatz an der Brücke von Castelnaud.

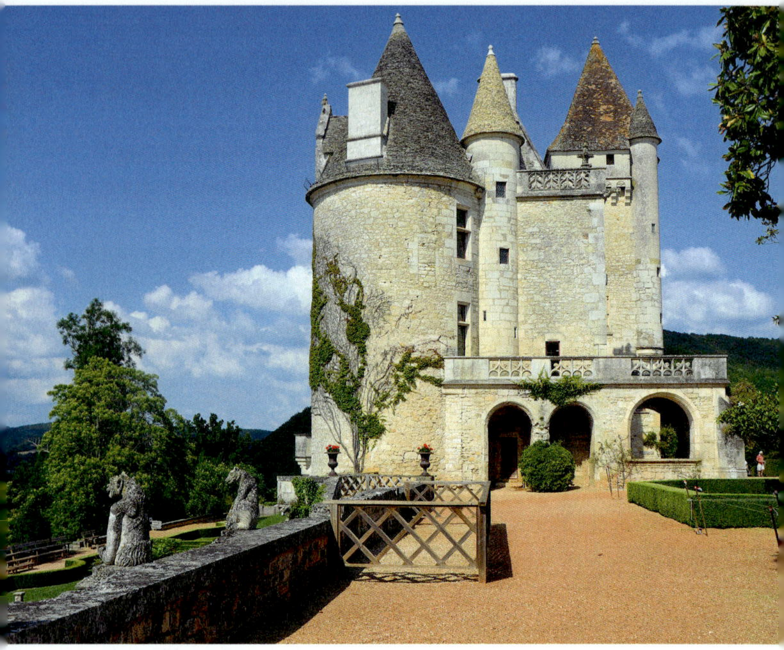

2–3 h

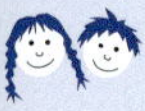

ab 6

Tour 24: Les Milandes

Josephine Bakers Märchenschloss

Ein Ensemble aus Türmchen, dazwischen lauschige Terrassen, geschmückt mit steinernen Tierfiguren – Les Milandes ist ein wirklich wohnliches Schloss. Eingebettet in eine schöne Parkanlage liegt es in nächster Nähe zur Dordogne. Kein Wunder, dass die Tänzerin Jospehine Baker sich bei ihrem ersten Besuch im Périgord im Jahr 1937 sofort in das Anwesen verliebte. Sie bewohnte das Schloss bis 1968, zeitweise mit ihrem Mann Jo Boullion und ihrer ungewöhnlichen Familie mit zwölf adoptierten Kindern aus aller Welt. So machte sie aus einem winzigen Dorf in der französischen Provinz ihre Vision eines »Village du monde«, in dem Menschen unterschiedlicher Herkunft, Hautfarbe und Religion als Freunde zusammenleben.

Les Milandes wurde 1489 von Francois de Caumont, dem Burgherrn des nahen Castelnaud, erbaut und bis 1535 als Wohnsitz genutzt. 1870 kam das Schloss in den Besitz eines reichen Industriellen, der den Hauptturm erhöhte und dem Schloss mit den in Nischen eingebetteten Terrassen, Arkaden und steinernen Tierfiguren sein heutiges verspieltes Äußeres gab. 1947 kauft Josephine Baker, die die Anlage schon seit zehn Jahren als Mieterin bewohnte, das Château. 30 Jahre war es dann Wohnsitz der

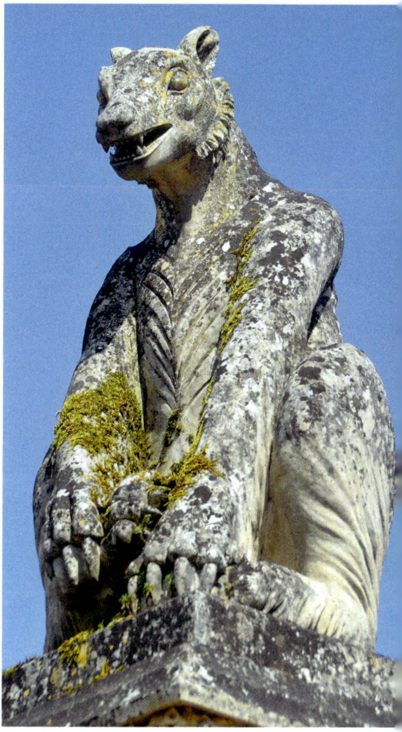

schwarzen Tänzerin, die zu Beginn ihrer Karriere durch ihre Grimassen und skandalträchtig freizügigen Kostüme berühmt wurde. In einem Teil des Schlosses kann man heute eine Ausstellung über das Leben und die Karriere der Josephine Baker besuchen. Kostüme, Fotos, Tonaufnahmen und Filme vermitteln einen Eindruck von der künstlerischen Entwicklung, ihrem außergewöhnlichen Leben und der schillernden, vielschichtigen Person, die sie war.

Neben ihrem mutigen Engagement gegen Rassismus arbeitete sie im Zweiten Weltkrieg für die Résistance und hatte als Leutnant der französischen Armee einen Pilotenschein. Viele Räume im Schloss, das die Familie Baker 1968 hoch verschuldet verlassen musste, sind noch im Originalzustand. Im Schlosspark kann man gut spazieren gehen und mehrmals täglich die Flugvorführung in der zum Schloss gehörenden Falknerei besuchen.

TOUREN-STECKBRIEF

Anfahrt: Eine schmale Straße führt von Castelnaud am Fluss entlang nach Allas-les-Mines. Auf halber Strecke biegt die Zufahrt zum Château Les Milandes links ab. Parkplatz vor dem Schloss bei **GPS N 44°49'20.0", E 1°06'51.0".**

Öffnungszeiten: Täglich 9.30–18 Uhr, Juli und August bis 20 Uhr, Mai, Juni, September bis 19 Uhr. Flugvorführung im Sommer täglich um 11.15, 15, 16.30 Uhr, im Juli und August um 11.15, 14.30, 16 und 17.30 Uhr. €12,50, Kinder 5–16 Jahre €8. Bitte überprüfen Sie die Zeiten auf der Website.
www.milandes.com

Charakter: Rundgang durch die Ausstellung ohne Führung. Beschriftung im Museum auf Französisch. Zusätzliche Infobroschüre auf Deutsch.

Mit Kindern: Im Schloss gibt es auch Fotos der bunten Adoptivfamilie, auch ein Kinderzimmer ist noch komplett möbliert. Die Zeiten der Flugvorführung im Park beachten!

Unterkunft:
Hotel: Chambres d'hôtes Les Chênes rouges in La Peyre direkt beim Schloss oder Hotels in Beynac.
Camping: Camping Maisonneuve mit vielen Stellplätzen direkt am Céou oder Campingplätze bei Beynac.
Wohnmobil: Stellplatz auf der Ferme de Bois in Veyrines de Domme bei Envaux. Auf dem Hof werden Walnussprodukte, Trüffel und Wein aus eigner Produktion verkauft. GPS N 44°49'14.0", E 1°06'11.0"

Einkehr: Brasserie im Schlosshof.

In der Nähe: Air-Park Périgord.

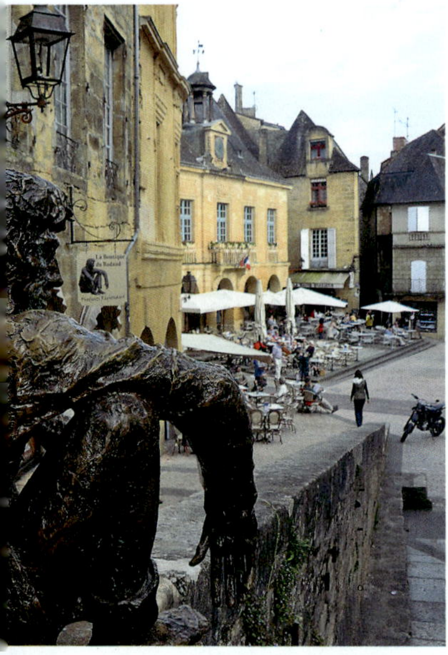

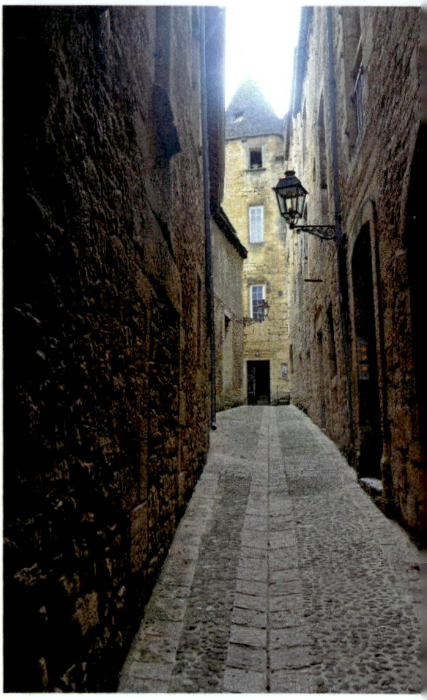

STRECKE 2 km

1 h

ab 6

Tour 25: Sarlat-la-Canéda

Ein Rundgang durch Vieux Sarlat

Vieux Sarlat, der sorgfältig renovierte und vollständig erhaltene alte Stadtkern von Sarlat, wird von der Traverse genannten Hauptstraße aus dem 19. Jahrhundert in den prunkvollen Ostteil mit schicken mehrstöckigen Stadtpalais im Stil der Gotik und der Renaissance und den volksnahen, ruhigeren Westen geteilt. Im Zentrum des touristischen Interesses stehen die Gassen und der Platz um die Kathedrale Saint Sacerdos aus dem 16. Jahrhundert. Hier finden Sie auch besonders viele Restaurants und Cafés, von deren Tischen Sie die einzigartige Atmosphäre zwischen den ockergelben Fassaden Sarlats ganz in Ruhe auf sich wirken lassen können.

TOUREN-STECKBRIEF

Anfahrt: Der Parkplatz befindet sich bei **GPS N 44°53'15.0", E 1°13'01.0"**, in der Avenue General Leclerc. Weitere große Parkplätze am Altstadtrand an der Avenue Charles des Gaulle.

Unterkunft:
Hotels in der Altstadt: La Couleuvrine, La Villa des Consuls, Chambres d'hôtes La Lanterne, Les Chambres du Glacier.
Camping: Les Acacias oder Le Montant mit Häuschen zum Mieten am Stadtrand.

Wohnmobil: Stellplatz am Rand der Altstadt bei GPS N 44°53'44.0", E 1°12'45.0". Nicht ruhig und idyllisch, dafür nur 15 Minuten Fußweg ins alte Sarlat.

Einkehr: Die Auswahl an Restaurants in der Altstadt ist riesig. Regionale Spezialitäten gibt es zum Beispiel im La Clé de Voute oder im l'Entrepôte. Les Tonton Burgers beim Office de Tourisme ist beliebt für einen schnellen Snack.

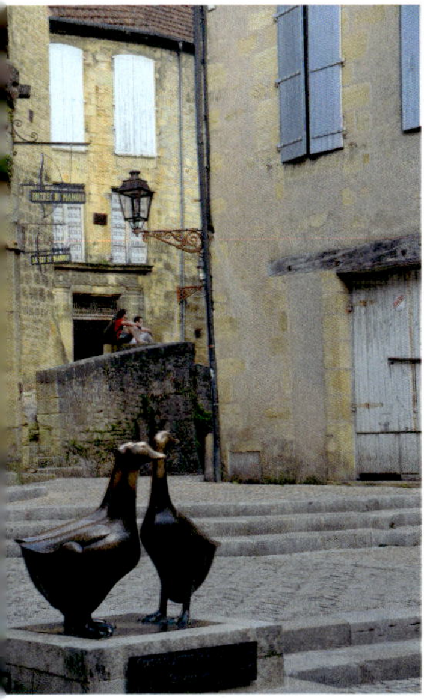

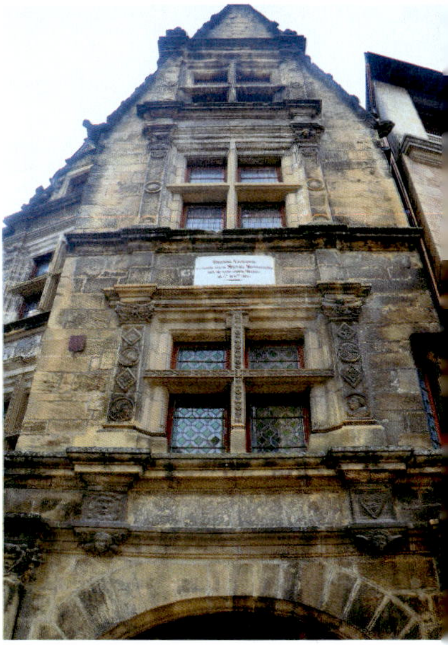

Wir beginnen unsere Runde durch die Altstadt am südlichen Zugang an der Place du 14 Juillet, wo donnerstags zwischen 16 und 20 Uhr die Stände eines Biomarktes aufgebaut werden. Wir halten uns von der Traverse rechts und treffen gleich auf die Touristeninformation. Die Place du Peyrou mit dem Haupteingang von **Saint Sacerdos** ist gleich dahinter.

Den Bau der Kathedrale begann man 1504. Da der zuständige Bischof aber schon wenige Jahre später Sarlat verließ, blieb sein Bauwerk ein ganzes Jahrhundert unvollendet. Das heutige Gebäude hat seinen Ursprung im 17. Jahrhundert. Einen großen Teil der Bürgerhäuser im Stadtzentrum hat man nach dem Hundertjährigen Krieg, in dem Sarlat fast komplett zerstört wurde, neu aufgebaut. Eines der ältesten Häuser der heutigen Stadt steht ebenfalls an der Place Peyrou. Die schmalhohe **Maison de Boétie** ist nach einem berühmten Sohn der Stadt benannt: Hier wurde 1530 der Richter und Schriftsteller Etienne de la Boétie geboren.

Hinter der Kirche versteckt sich ein kleiner, sehr alter Turm aus dem 12. Jahrhundert, die **Lanterne des morts** (Totenleuchte). Der Sinn und Zweck des merkwürdig geformten Baus ist im Lauf der Zeit verloren gegangen. Man nimmt an, dass es sich um eine Totenkapelle handeln könnte. In einem Bogen schlendern wir dann zur Place de la Liberté und die Treppe hinauf, wo eine bronzene Figur über den **Marktplatz** von Sarlat wacht. Jeden Samstag füllt sich der Platz mit Tischen voller frischer Spezialitäten – der Markt von Sarlat ist weithin bekannt.

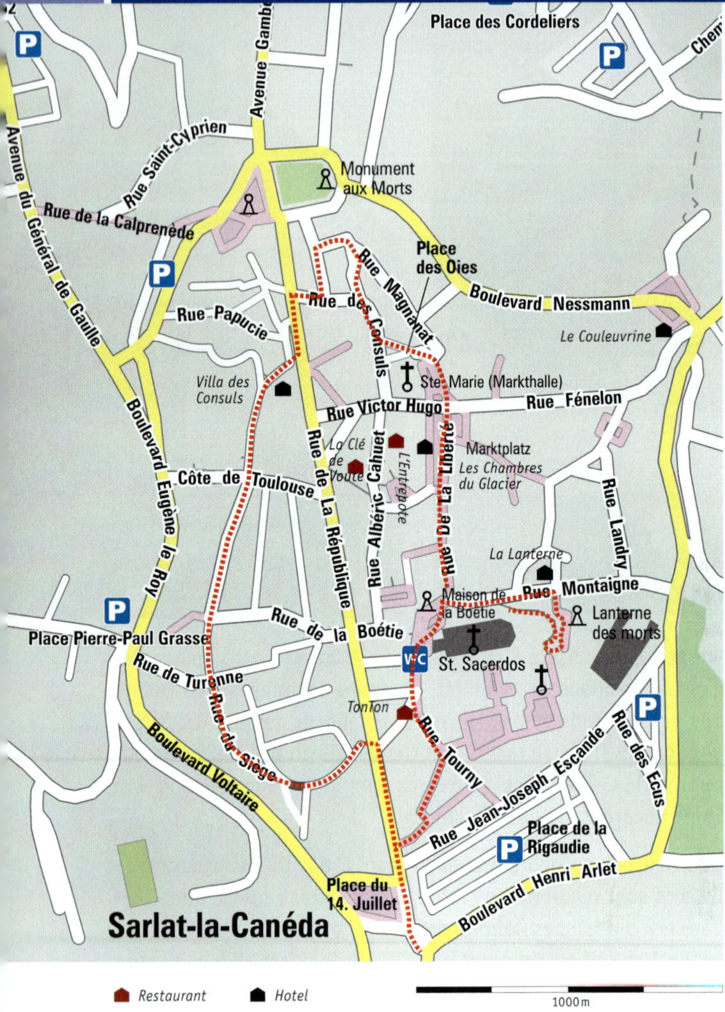

Läuft man hier oben weiter, verrät eine Gruppe goldener Gänse, dass wir den **Gänsemarkt** und das obere Ende der Altstadt erreicht haben. Hier steht außerdem die ungewöhnliche Markthalle Sarlats: **Sainte-Marie** ist eigentlich ursprünglich eine Kirche, erbaut im 15. Jahrhundert im gotischen Stil. In ihrer Geschichte war sie Salpeterfabrik, Bäckerei und Postbüro. Heute gehört sie der Stadt Sarlat und wir können hier täglich frische Produkte aus der Region kaufen. Über die Traverse wechseln wir jetzt in die stillen Gassen der westlichen Altstadt. Auch hier versorgen uns Tafeln an besonders bemerkenswerten Gebäuden mit den wichtigsten Informationen. Am Abend erwachen die Gassen im weichen Laternenlicht zu neuem Leben und Sarlat entfaltet seinen vollen Zauber. In den Sommermonaten sorgen dabei Musiker und viele Straßenkünstler für ein ganz besonderes Ambiente.

Von der Gans zur Foie Gras

Die Foie Gras, eine der beliebtesten kulinarischen Spezialitäten des Périgord, wurde schon in grauer Vorzeit entdeckt und zwar im Herbst. Dann sammeln sich die Wildgänse vor dem Flug in den Süden und sind leicht zu jagen. Damit die Energie für den langen Flug reicht, fressen die Tiere vor dem Start ohne Unterlass. Gänse und Enten sind in der Lage, ihre Energiereserven in der Leber zu speichern, wodurch diese anwächst und einen stark erhöhten Fettgehalt aufweist. Die so veränderte Leber galt schon bei den alten Ägyptern und Römern als Delikatesse.

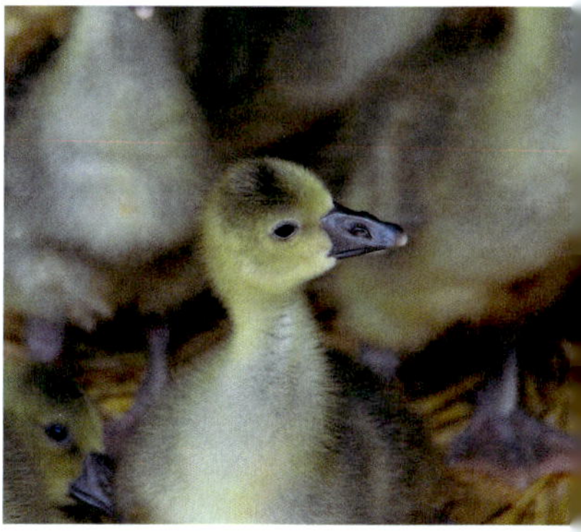

Um eine immer größere und fettere Leber zu erhalten, entwickelte der Mensch im Laufe der Zeit perfide Methoden. In den Mastbetrieben, die im Périgord traditionell weit verbreitet sind, werden die ausgewachsenen Gänse und Enten über drei Wochen bis zu viermal täglich mit fetthaltigem Maisbrei zwangsgefüttert. Dieser wird den Vögeln über ein Rohr in den Hals geschoben. Je nach Betrieb wird das mehr oder weniger sorgfältig gehandhabt. Viele kleine Farmen ziehen ihre jungen Tiere in großen Gehegen im Freien auf und stopfen vor dem Schlachten jedes einzelne Tier mit der Hand. In Großbetrieben kann das aber auch anders aussehen und gemästet wird hier per Maschine. Fakt ist auf jeden Fall, dass der Mensch in Erwartung einer besonders schweren und wertvollen Leber weit über das von der Natur vorgesehene Ziel hinausschießt. Schlachtreif gemästete Gänse und Enten können längst nicht mehr fliegen und kaum mehr laufen. Durch die Fütterung mit dem Rohr tragen sie leicht innere Verletzungen davon. Die Tierschutzorganisation Peta bekämpft daher die Praxis der Gänsemast als Tierquälerei. In Deutschland ist das Stopfen von Enten und Gänsen verboten. In Frankreich gilt die Foie Gras als Teil des kulturellen Erbes und Tierschutzbelange in diesem Falle als zweitrangig.

Viele der kleinen Betriebe im Périgord verkaufen ihre Produkte ab Hof und gewähren Besuchern Zutritt zu ihren Ställen. Wir können uns also selbst ein Bild von der regionalen Gänsemast machen, bevor wir unsere persönliche Entscheidung und unsere Wahl auf der Speisekarte treffen.

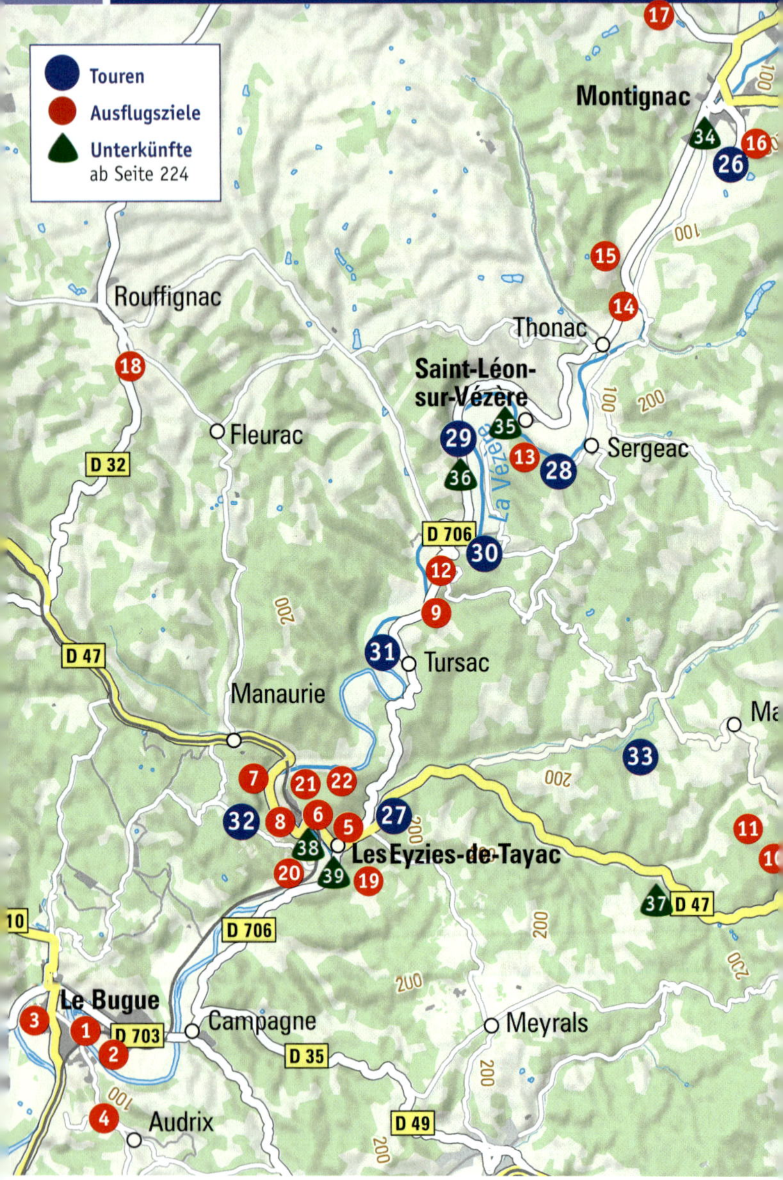

An den Ufern der Vézère fanden die Menschen vor 40.000 Jahren besonders gute Lebensbedingungen. Höhlen und Felsvorsprünge in den Steilwänden am Fluss boten Schutz und guten Ausblick. Im fruchtbaren Talgrund und auf den Hochebenen weideten große Rentierherden. In keinem anderen Tal Europas hat man so viele Wohnstätten und Kunstwerke aus der Steinzeit gefunden. Der Name »Vallée des Hommes« – das Tal der Menschen – ist nicht allzu weit hergeholt. Die Dörfer zwischen Montignac und Les Eyzies-de-Tayac haben sich mit Leib und Seele der Prähistorie verschrieben.

Le Bugue

Die Kleinstadt am unteren Vézèreufer ist das Saint Denis aus den Romanen von Martin Walker, in denen Bruno, der charismatische Chef de Police des Dorfes, seine Fälle mit nationaler Tragweite zwischen örtlichem Markt, Gänsezuchtbetrieben, Weinhandel und dem Trüffelmarkt für sein Dorf zum besten Ende führt. Jenseits der Romane ist Le Bugue eine geschäftige kleine Stadt mit Hotels, großem Supermarkt und vergleichsweise viel moderner Bausubstanz. Unbedingt lohnend ist der Besuch des riesigen Wochenmarktes, der jeden Dienstag Vormittag die Rue de Paris und den Platz an der Vézèrebrücke füllt. Außerdem hat der Ort mit dem Bauernhofmuseum Le Bournat und dem Univerland mit dem riesigen Aquarium, Hochseilparcours und üppig grüner Minigolfanlage weitere Attraktionen zu bieten, die vor allem Familien anziehen.

1 Aquarium du Perigord Noir

Besucher können im *Jardin des carpes* Karpfen füttern. Die Schildkröten lassen sich am Wasserbecken und Anaconda und Leguan im Terrarium beobachten. Im Abstand von einer halben Stunde gibt es an den Becken Programm: Es reicht vom Füttern der Fische bis zur Vorstellung der Schlangen. Eine weitere Attraktion ist der aufwendig gestaltete Alligator-Park.
Geöffnet Februar bis Mitte November, Mai und Juni 11–18 Uhr, Juli und August 10–19 Uhr, ansonsten nur nachmittags bis 12–18 Uhr. €14,90, Kinder 4–12 Jahre €11,90. www.aquariumperigordnoir.com

Neben dem Aquarium warten **»Big Bird«,** ein riesiges Klettergerüst mit typischen Hochseilgarten-Elementen, die Minigolf-Anlage **Jungle-Golf** und das **Labyrinth Préhistorique**, welches Kindern spielerisch das Leben der Menschen in der Steinzeit näher bringen soll. Es gibt auch eine Kombikarte für alle vier Attraktionen. Weitere Informationen unter www.labyrinthe-prehistorique.com.

2 Bauernhofmuseum le Bournat

Hier verbringen vor allem Familien mit jüngeren Kindern einen schönen Urlaubstag. Zwischen den historischen Gebäuden, in denen im Sommer alte Handwerkstechniken demonstriert werden, verteilen sich Schiffschaukel, Kettenkarussell, eine mechanische Pferderennbahn und verschiedene Karussells, deren Benutzung im Eintritt enthalten ist.
Geöffnet März bis September täglich 10–18 Uhr, im Juli und August bis 19 Uhr (Sonderveranstaltung bis Mitternacht im Juli, August). €16–18, Kinder 4–12 Jahre €10–11, Familie mit zwei Kindern €46–49. www.parclebournat.fr

3 Caverne de Bara-Bahau

26 Ritzzeichnungen sind die Attraktion der Höhle von Bara-Bahau. Neben den Arbeiten menschlicher Künstler haben auch Höhlenbären im Inneren der Grotte Kratzspuren hinterlassen. Am westlichen Ortsrand von Le Bugue.
Geöffnet April bis September 10–12 und 14–17.30 Uhr, Juli und August bis 18 Uhr, Mo geschlossen. Die Führung dauert etwa 35 Minuten und kostet €7,50, Kinder 6–15 Jahre €5,30. www.bara-bahau.fr

4 Gouffre de Proumeyssac

Die Höhle wird gerne als »Kathedrale der Kristalle« bezeichnet und ist eine der größten Tropfsteinhöhlen der Region. Eine besondere Attraktion ist die Fahrt in den Höhlenschlund in einer offenen Gondel (nacelle) gegen Aufpreis. Südlich von Le Bugue an der Straße nach Audrix.
Geöffnet April, Mai, Juni und erste Septemberhälfte von 9.30–18 Uhr, Juli und August 9–19 Uhr, zweite Septemberhälfte und Oktober 9.30–12 und 14–17.30 Uhr, im Winter 14–17 Uhr. €11,40, Kinder 4–15 Jahre €8,10. Mit Fahrt in der Nacelle: €19,80 bzw. €13,30, Tel. 0033 (0)553072747. Online-Buchung empfohlen unter www.gouffre-proumeyssac.com.

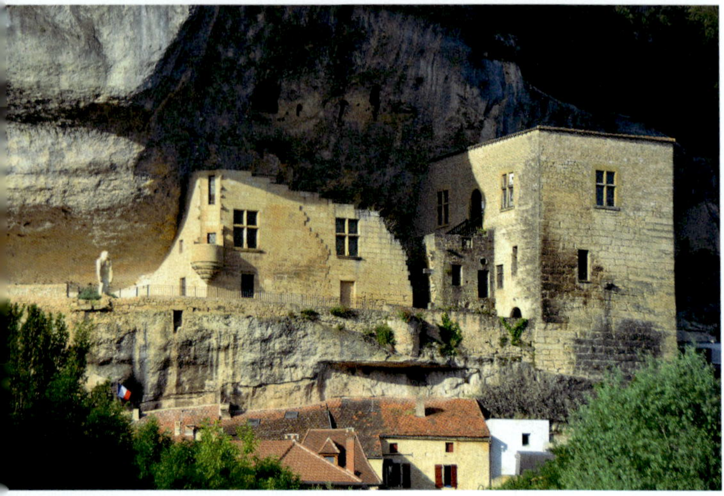

Der Abri Cro-Magnon befindet sich direkt über den Dächern des Dorfes Les Eyzies.

Les Eyzies-de-Tayac

Die Hauptstadt der Prähistorie im »Vallée des Hommes« ist eigentlich nur ein kleines Dorf an der Mündung der Beune in die Vézère. Seine Häuser sind dicht vor einer imposanten Steilwand erbaut, in der zwei große Abris, der Abri Pataud und der Abri Cro-Magnon besichtigt werden können. Westlich des Dorfes liegt mit der Laugerie Basse eine der berühmtesten und wichtigsten Ausgrabungsstätten der Kultur des Magdalénien. Nur wenige Kilometer im Umkreis trifft man auf die bemalten Höhlen von Font de Gaume und Combarelles, den Abri de Poisson, die Abris de Cap Blanc und La Madeleine, wo die prähistorische Forschung im Tal ihren Anfang nahm. In La Micoque, einer Grabung wenige Kilometer nordwestlich von Les Eyzies, fand man in mehreren Erdschichten menschliche Spuren, die über 400.000 Jahre zurückreichen. Das prähistorische Museum, in dem viele Fundstücke aus der Region verwahrt werden, ist inzwischen vom alten Steinhaus unter dem Abri in einen modernen, großzügigen Neubau gezogen. Den Ruhm, Hauptstadt der Prähistorie zu sein, hat Les Eyzies also wahrlich verdient. Das Dorf selbst ist heute touristisch geprägt. An der Hauptstraße treffen wir neben einigen Restaurants auch auf Snackbuden. An der Vézère gibt es einen Camping- und einen schönen Wohnmobilstellplatz.

5 Musée National de la Préhistoire

Die Geschichte und die Entwicklung der Menschheit in der Steinzeit ist das Thema des Museums. Zu sehen gibt es zum Beispiel Werkzeuge und Pfeilspitzen aus Feuerstein, Kunstwerke und Schmuck aus dem Magdalénien, fossile Knochen von Neandertaler und Cro-Magnon, Riesenhirsch und Wollnashorn. Alle Ausstellungsstücke sind nach Themen gruppiert und auf Tafeln erklärt.

Geöffnet Juni und September 9.30–18.30 Uhr, außer Dienstag. Juli und August täglich 9.30–18.30 Uhr. Oktober bis Mai 9.30–12.30 und 14–17.30 Uhr außer Dienstag. €6, Kinder bis 18 Jahre und Studierende bis 26 Jahre frei. musee-prehistoire-eyzies.fr

6 Abri Cro-Magnon

In dem Abri direkt über Les Eyzies entdeckte Louis Lartet 1868 fünf Skelette des modernen Homo Sapiens. Darunter waren auch eine Frau und ein Säugling. Nach diesem Fundort bekam damals der moderne Mensch seinen Namen: In Abgrenzung zum Neandertaler nannte man ihn Cro-Magnon. Seit 2010 ist im Abri ein

modernes Museum mit interaktiv und spielerisch vermittelten Informationen über die Cro-Magnon-Menschen und das Leben in der Steinzeit untergebracht. Ein Film stellt Szenen aus der Vorzeit nach, und auf einem anschließenden Spaziergang im Außengelände brüllen Säbelzahntiger und Mammut. Sehr geeignet für Familien mit Kindern.
Geöffnet April, Mai, Juni, September 10–18.30 Uhr, Juli und August 10–19.30 Uhr, Oktober 10–18 Uhr, € 7,50, Kinder 6–15 Jahre € 4. www.abri-cromagnon.com

7 Les Abris de Laugerie Basse und die Grotte du Grand Roc

Die Laugerie Basse ist eine der wichtigsten Fundstätten der Region. Die Ausgrabungen begannen 1863. Es wurden über 600 Kunstgegenstände aus dem Magdalénien gefunden, die inzwischen auf Museen in der ganzen Welt verteilt sind. Heute ist der 15 Meter tiefe Abri leer und für Laien nicht allzu spektakulär. Direkt nebenan liegt der Zugang zur schönen kleinen Tropfsteinhöhle Grand Roc. Am Hang unter dem Felsvorsprung stehen außerdem die Tische des beliebten Restaurants Laugerie Basse in einem der alten Felsenhäuser.
April bis Oktober 10–13 und 14–18 Uhr, Juli und August täglich 10–19.30 Uhr, Eintritt für Grotte und Abri € 11,70, Kinder 5–12 Jahre € 7,50. www.abris-laugerie-basse.fr

8 Fort du Roc de Tayac

Der gut erhaltene und lange vergessene Abris von Tayac wird seit kurzer Zeit wiederbelebt und kann mit Anmeldung besichtigt werden. Der Abris liegt am Ortsrand von Les Eyzies kurz vor der Laugerie Basse an der D 47.

9 Préhistoparc

Lebensgroße Figuren bevölkern das Waldgelände und die Felswand im Prehistoparc und sind in zeitlich korrekter Abfolge zu überzeugenden Szenen aus der Steinzeit arrangiert. Das Lager einer Neandertalergruppe, die Jagd auf den Riesenhirsch oder die Künstler der Cro-Magnon bei der Arbeit: Kinder und Erwachsene erleben hier die Steinzeit und die Unterschiede in der Lebensweise von Neandertalern und Cro-Magnon-Menschen plastisch erklärt und dargestellt.
Geöffnet täglich April bis Anfang November 10–17.30 Uhr, April, Mai, Juni, September bis 18.30 Uhr, Juli und August bis 19.30 Uhr. € 8,50, Kinder 5–13 Jahre € 4,80. www.prehistoparc.fr

10 Château du Puymartin

Das Märchenschloss mit Türmchen und Zinnen wurde im Hundertjährigen Krieg zerstört und 1450 neu aufgebaut. Seitdem war es ständig bewohnt und ist gut renoviert. Die Führung, die manchmal auch der Haus-

Neandertaler auf Mammutjagd im Préhistoparc. In der Realität hat der Mensch in der Steinzeit wohl eher kleinere Tiere gejagt.

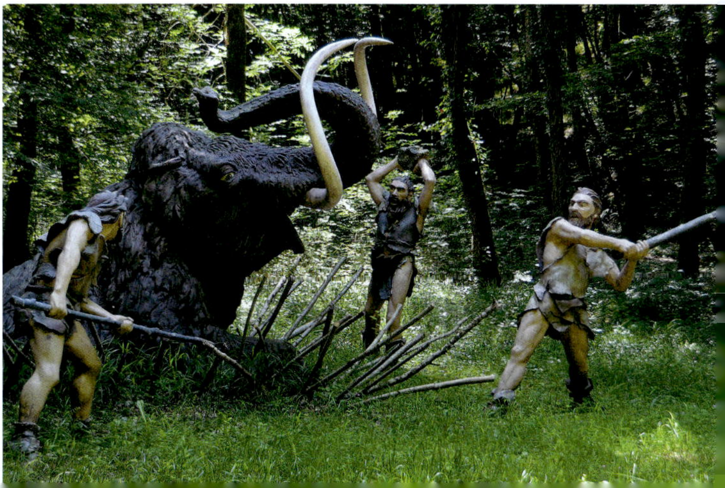

herr persönlich übernimmt, erklärt die Sammlung an antikem Mobiliar und Gemälden und natürlich die Legende der »Dame Blanche«, des hauseigenen Schlossgespenstes.
Geöffnet April bis September 10 – 18 Uhr, Oktober, November 14 – 17.30 Uhr. € 9, Kinder 6 – 12 Jahre € 4,50, Jugend 13 – 18 Jahre € 6,50. www.chateau-puymartin.com

11 Les Cabanes d'Abbé Breuil

Die Cabanes von Breuil, eine Gruppe historischer Rundbauten, sind heute gleichzeitig das Heim einer jungen Familie, bewirtschafteter Bauernhof und Freilichtmuseum. Zwischen den runden Hütten mit ihren dicken Steinwänden spazieren Schafe, Hühner, Gänse, Enten und ein Pfau über die üppig grüne Wiese und erfüllen den Hof mit Leben.

Die Rundbauten aus Trockensteinen stammen aus dem Mittelalter, gehen in ihrer Bauweise aber wohl auf weit ältere Vorbilder zurück. Mitte des 15. Jahrhunderts gehörte die Anlage zur Benediktinerabtei von Sarlat. Sie wurde verlassen, dann im 18. Jahrhundert restauriert und erneut bewohnt. Damals wurde hier Eisen verarbeitet und Arbeiter der Eisenhütten fanden in den Cabanes ihre neue Heimat.

Die ganz persönliche Geschichte der Familie, die den Hof heute betreibt, beginnt im Jahr 1949. Die Großeltern Irène und Félicien übernahmen in diesem Jahr den einsam gelegenen Hof, an dem es weder Wasser noch eine Straße und nur kargen, steinigen Boden gab. Sie kamen nicht hierher weil sie diesen Platz so toll fanden, sondern weil er das einzige war, was sie hatten. Erst ihre Kinder und ihr Enkel Jean-Marc registrierten, an welch ungewöhnlichem Ort sie hier leben. Seit 1968 steht der Hof unter Denkmalschutz, seit 1992 gilt er als historisches Monument. Geht man heute über den Hof, kann man sich gut vorstellen, dass sich hier in den letzten 200 Jahren kaum etwas verändert hat.
Geöffnet April bis September 10 – 19 Uhr, Oktober 10 – 12 und 14 – 18 Uhr. Bis Mitte November 14 – 17 Uhr. € 5,50, Kinder 6 – 12 Jahre € 3. www.cabanes-du-breuil.com

Abri de la Madeleine und Abri La Roque Saint-Christophe [› Tour 31 und 30]

12 Maison Forte de Reignac

Die Fassade ist unauffällig. Von der Straße sieht man nur eine Hauswand mit vergitterten Fenstern. Dahinter verbirgt sich eine der ungewöhnlichsten Burganlagen des Tales. Die Räume reichen weit in den Felsen hi-

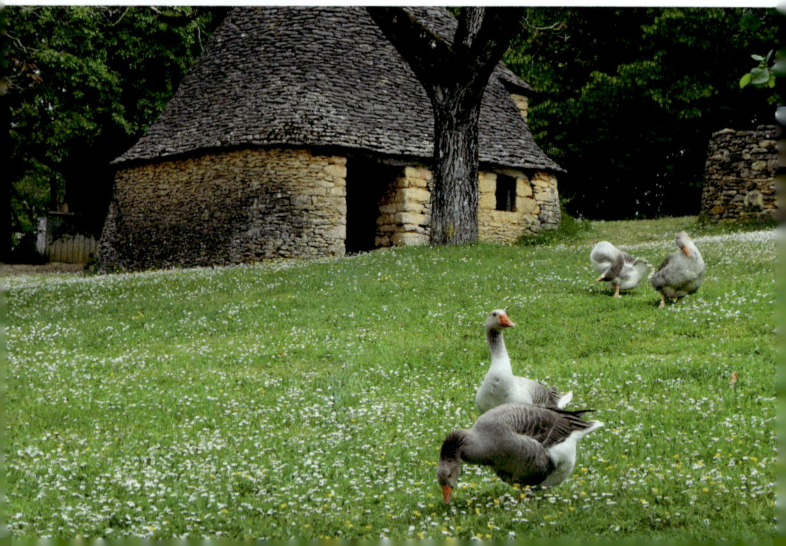

Gänse, Enten und Hühner spazieren über den Hof der Cabane d'Abbé Breuil.

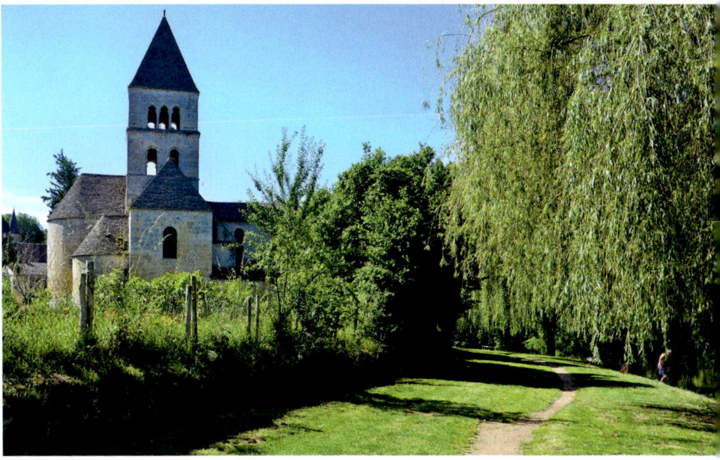

Picknicktische und Badewiese liegen in Saint-Léon direkt vor der Kirche.

nein und über mehrere Etagen bis zu einer Terrasse. Neben antikem Mobiliar im Grand Salon, dem Zimmer der Comtesse und der Burgküche gibt es auch Ritterrüstungen und eine gut ausgestattete Folterkammer zu sehen.
Geöffnet März bis November und in allen Schulferien 10–18 Uhr, April, Mai, Juni, September bis 19 Uhr, Juli und August bis 20 Uhr.
€ 9, Kinder 5–13 Jahre € 4,50.
www.maison-forte-reignac.com

Saint-Léon-sur-Vezere

Ein Schloss, eine schöne alte Kirche, mehrere gute Restaurants, ein Bistro am Fluss, ein angenehmer Badeplatz, ein einfacher Campingplatz und eine Handvoll schöner alter Steinhäuser – das ist Saint-Léon. Eines der »Plus beaux villages de France« und unser Favorit an der Vézère. Tagsüber machen Fahrradfahrer und Touristen auf Talrundfahrt ihre Pause an den Tischen der Restaurants. Im Hochsommer belebt jeden Donnerstag der Nachtmarkt die Gassen und in der Nebensaison ist es hier noch angenehm verschlafen.

13 Le Conquil

Eigentlich ist auch Le Conquil eine prähistorische Fundstätte. Pfade führen zu den ehemaligen Wohnstätten und eine Höhle mit sorgfältig aufgereihten Nischen gibt den Archäologen Rätsel auf. Im Wald über dem Abri verteilen sich lebensgroße Dinosauriermodelle und unten im Wald ist ein familientauglicher Hochseilgarten installiert. Dinopark und »Préhistobranche« sind inzwischen auch unabhängig von der Fundstätte zugänglich.
Geöffnet April bis August 10–18.30 Uhr, Kinder 5–12 Jahre € 4,50.
www.leconquil.fr

Hochseilgarten geöffnet April bis Juni 13–18 Uhr, Juli und August 10–19 Uhr. Kinder unter 1,10 Meter € 8, über 1,10 Meter € 16, Parcours ab Körpergröße 1,40 Meter € 20.
prehistobranche.fr

Dinopark geöffnet April bis Juni 10–18 Uhr, Juli und August bis 19.30 Uhr, September bis Allerheiligen 11–18 Uhr.
parc-aux-dinosaures.com

14 Château de Losse

Das Renaissanceschloss aus dem 16. Jahrhundert ist in bester Lage auf einem Felsen über dem Fluss erbaut. Davor erstreckt sich eine gepflegte Gartenanlage. Die Familie de Losse kam aus Flandern: Die Räume sind mit Mobiliar aus dem 16. und 17. Jahrhundert bestückt, die Wandteppiche stammen aus Flandern und Florenz. Das Schloss liegt nördlich von Thonac an der Vézère.
Geöffnet Mai bis September 12–18 Uhr, Juli und August 11–18 Uhr,

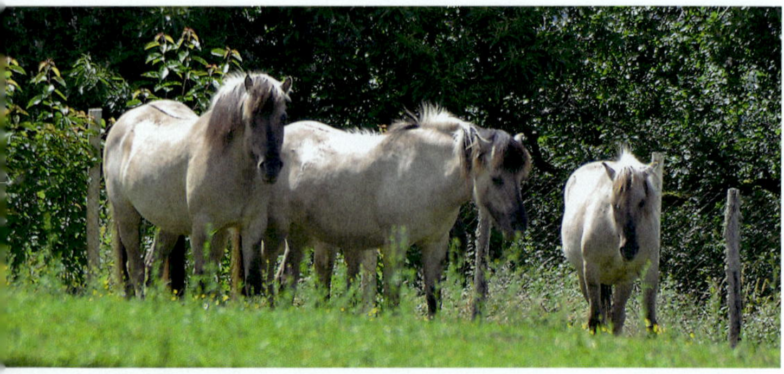

Auf dem Gelände von le Thot leben Rückzüchtungen alter Tierarten wie Auerochse, Tarpan und Przewalskipferd.

Samstag geschlossen. Die Führung dauert 45 Minuten. Infoblatt auch auf Deutsch. €9,50, Kinder 5–11 Jahre €6, Jugend 12–17 Jahre €8. www.chateaudelosse.com

Montignac

Die Vézère teilt das nette Dorf in zwei Hälften, und an jedem Ortsende führt ein Brücke über den Fluss. Das Dorfzentrum mit Läden (unter anderem einer ausgezeichneten Bäckerei) befindet sich auf der südlichen Seite des Flusses.

Lascaux II und IV

Seit 2016 gibt es einen zweiten, vollständigeren Nachbau der Höhle von Lascaux mit ihren prähistorischen Zeichnungen, der als Lascaux IV oder Lascaux Centre International bezeichnet wird. Im ungewöhnlich in die Landschaft eingepassten Neubau befindet sich auch ein Museum, in dem viele Details der Malereien mit Überblendtechnik analysiert und erklärt werden. Während die Zeit in der Höhle begrenzt ist, kann man hier draußen in aller Ruhe noch einmal die Details betrachten. Aber auch Lascaux II, die erste Nachbildung der wichtigsten Räume der Höhle, ist weiter zu besichtigen. [› Tour 26]

15 Le Parc du Thot

Das Museum von Le Thot erläutert die in Lascaux eingesetzten Techniken der Malerei und die Herstellung der Malutensilien mit Ausstellungsstücken und gut gemachten Kurzfilmen und ist eine sehr gute Ergänzung zum Besuch der Höhle. Auf dem Außengelände leben Przewalskipferde, Auerochsen, Bisons und Hirsche – Nachfahren der Tiere, die den Künstlern des Magdalenien als Modelle dienten.

Geöffnet April, Mai, Juni 10–18 Uhr, Juli und August 10–19 Uhr, September und Oktober 10–18 Uhr. € 10,50, Kinder 5–12 Jahre € 6,80, Kombitickets mit Lascaux erhältlich.

16 Le Regourdou

Nur knapp 500 Meter von der Höhle von Lascaux entfernt entdeckte Roger Constant bei der Suche nach einem weiteren Eingang zur Höhle von Lascaux den Abri von Regourdou. Dort fand man neben dem Grab eines jungen Neandertalers ein ebenfalls in ein Grab gebettetes Braunbärenskelett. Da auch in der Schweiz und in Italien bereits Bärenknochen im Siedlungsbereich der Neandertaler gefunden wurden, gehen manche Forscher von einer rituellen Verbindung aus. Auf dem Gelände von Le Regourdou ist heute neben der Höhle und einem kleinen Museum ein Gehege mit sechs Braunbären zu sehen.

Geöffnet April, Mai, Juni, September 11–18 Uhr, Juli und August 10–19 Uhr, Februar, März, Oktober 13–18 Uhr. € 6,50, Kinder 6–12 Jahre € 3,50. regourdou.fr

17 Gänsefarm Bois Bareirou

Auf der Farm, die etwa sieben Kilometer nordwestlich von Montignac liegt, wird traditionell per Hand gemästet. Sie kann ganzjährig besich-

tigt werden, auch um Vorurteile abzubauen.
Im Sommer täglich 9–19 Uhr, im Winter 9–12.30 und 15.30–19 Uhr. Zufahrt aus dem Ort beschildert. Hofladen vor Ort, Wohnmobilstellplatz auf dem Hof. www.foiegras-catinel.com

18 Grotte de Rouffignac
Etwas abseits der Vézère liegt südlich von Rouffignac eine weitere Grotte mit prähistorischen Zeichnungen. Ihr Spitzname »Höhle der hundert Mammuts« verrät schon, welches Tier am häufigsten über ihre Wände wandert. Mammuts, Steinböcke und Pferde sind geritzt oder mit schwarzen Umrissen skizziert. Die acht Kilometer lange Höhle diente im Zweiten Weltkrieg der im Périgord sehr aktiven Résistance als Unterschlupf und Waffenlager. Seit 1959 kann die Grotte de Rouffignac besichtigt werden. Eine Höhlenbahn bringt die Besucher zu den Zeichnungen.
Geöffnet von April bis Oktober 10–11.30 und 14–17 Uhr, Juli und August 9–11.30 und 14–18 Uhr. € 7,90, Kinder 6–12 Jahre € 5,20. www.grottederouffignac.fr

Baden

Richtige Badestrände gibt es an der Vézère kaum. Einen guten Zugang zum Wasser, an dem auch gebadet wird, finden Sie in **Saint-Léon** oder an der Brücke von **Lespinasse**.

Reiten und Eselwandern

19 Am Camping **Le Pech Charmant** können Sie nicht nur zwischen Eseln und Pferden auf einem Bauernhof ihr Zelt aufschlagen, sondern auch einen Esel als Wanderbegleiter leihen. Nach einer ausführlichen Einweisung dürfen Sie einen halben Tag wandern oder sich an ein mehrtägiges Trekkingabenteuer wagen. Ein Esel darf mit maximal 40 Kilo beladen werden – bei Tagestouren ohne viel Gepäck können jüngere Kinder auch auf den Eseln reiten.
Eselbegleitung für einen halben Tag €30, 1 Tag € 42, für längere Touren €38 pro Tag. Infos auch auf Deutsch. www.lepech.com

20 Am südwestlichen Ortsrand von Les Eyzies treffen Pferdefans auf ein echtes Paradies. Auf den riesigen Weiden der **Ferme Équestre des Eymaries** tummeln sich Pferde und Ponys aller Größen. Auf dem Hof gibt es urige Ferienwohnungen und eine Gite d'etape. Dörte, die Inhaberin des Reiterhofes bietet neben Reitunterricht und Ausritten auch Ponytouren und Wanderritte für Kinder und Eltern an, bei denen die Eltern wandern und die Kids auf dem geführten Pony sitzen.
Ausritte etwa €18 pro Stunde, Tagesritt €68. Ponywanderungen für Kinder und Eltern von einem halben bis zu zwei Tagen. www.les-eymaries.fr

21 Ferme de Fonluc
Reiter mit erster Geländeerfahrung sind auf der anderen Vézèreseite auf der **Ferme de Fonluc** gut aufgehoben. Herbert Backhaus zeigt seinen Gästen auf kurzen Ausritten oder Tagestouren mit Picknick die unbekannten Seiten des Tales. Auch auf der Ferme de Fonluc gibt es zwei Ferienwohnungen.
Ausritte etwa €17 pro Stunde, Tagesritt €85, 3-tägiger Wanderitt €345. fonluc.com

Outdoorsport

22 Abenteuerliche unmarkierte Pfade und Kletterpartien zu Höhlen, die in keiner Karte verzeichnet sind, versprechen **Walking Dordogne** mit ihrem zwölfstündigen Adventure Trip »Ode to Neandertal«. Es gibt aber auch kürzere Touren und sogar ein Höhlen- und Naturabenteuer für Kinder ab fünf Jahren in Begleitung ihrer Eltern. Gruppen von maximal vier Personen sorgen für individuelle Betreuung, machen sich aber auch beim Preis bemerkbar.
Dordogne Walking, Ferme de Tayac. www.walkingdordogne.com

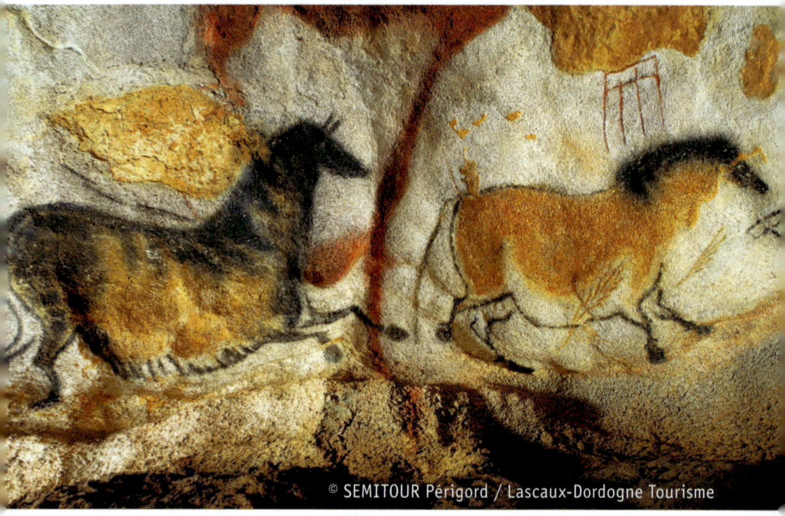

1 h 30

ab 6

Tour 26: Die Höhle von Lascaux

Die Sixtinische Kapelle der Steinzeit

Die Wände der Höhle von Lascaux sind bedeckt mit Hunderten bewegter lebendiger Tierzeichnungen: Pferde, Stiere, Auerochsen, Hirsche, Wisente, ein Wollnashorn. Felsvorsprünge modellieren die Körper, die Struktur des Steines simuliert das Fell, und Anatomie und Bewegung sind überzeugend eingefangen. Die Staffelung der Tiergruppen geschieht mit einfachen Mitteln zur perspektivischen Darstellung. Kurz: Wir stehen vor ausdrucksstarken, geschickt arrangierten Arbeiten begnadeter Künstler. Entstanden sind diese Zeichnungen vor 17.000 Jahren in einer Periode der Steinzeit, die als Magdalénien bezeichnet wird. Der Höhleneingang stürzte ein und im abgeschlossenen trockenen Klima der Höhle blieben Ocker, Kohle und Magnesiumoxid über Jahrtausende perfekt konserviert.

In keiner anderen Höhle der Region sammeln sich die Zeichnungen so konzentriert auf engem Raum. Der Vergleich mit dem Meisterwerk der Kirchenmalerei liegt nahe: Lascaux war vermutlich ein spiritueller Ort. Die Steinzeitjäger des Magdalénien lebten nicht in Höhlen und die Zeichnungen zeigen nicht ihr Jagdwild. Gegessen wurde damals nämlich hauptsächlich Rentierfleisch. Entdeckt wurde der Zugang zur Höhle 1940 von Marcel Ravidat, einem jungen Mann aus dem Dorf Les Eyzies, beim Spaziergang mit seinem Hund. Durch einen umgestürzten Baum hatte sich ein Erdloch geöffnet, in dem sein Hund verschwand. Mit Freunden kletterte er durch die Öffnung und landete direkt im

Saal der Stiere. Mit Unterstützung des Dorflehrers alarmierte man Abbé Henri Breuil, den damals engagiertesten Forscher der Prähistorie. Lascaux wurde ab 1949 für Besucher geöffnet. In 15 Jahren führte man rund eine Million Menschen in die Höhle. Doch Atemluft und Bakterien aus der Außenwelt bekamen den Farben nicht. 1963 wurde Lascaux für den Publikumsverkehr geschlossen, um die Kunstwerke zu retten.

Espace Cro-Magnon Le Thot
Das Museum von Le Thot ist der Höhle von Lascaux angeschlossen und erläutert die dort eingesetzten Techniken der Malerei und die Herstellung der Malutensilien mit Ausstellungsstücken und gut gemachten Kurzfilmen. Auf dem Außengelände leben Przewalsikpferde, Auerochsen, Bisons und Hirsche – Nachfahren der Tiere, die den Künstlern des Magdalénien als Modelle dienten.

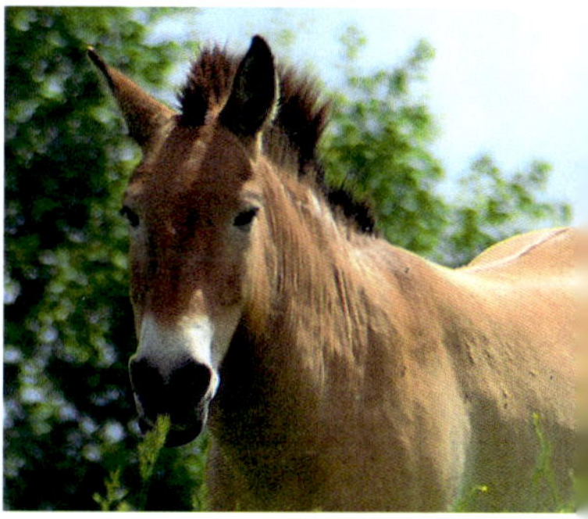

In zehnjähriger Arbeit errichtete man neben der Höhle eine millimetergenaue Nachbildung des Saales der Stiere und eines Nebenraumes. Die Künstlerin Monique Payral kopierte die Zeichnungen detailgenau mit steinzeitlicher Technik und dem Vorbild entsprechenden Naturfarben. Ab 1983 erfreute sich das neue Lascaux wieder vieler Besucher. Im Hochsommer standen die Besucher bereits am Morgen Schlange, um eine der begehrten Karten zu bekommen. So kopierte man die Höhle erneut, diesmal mit dem Einsatz modernster Technik. Im Dezember 2016 wurde dann Lascaux IV eröffnet. Hier sind jetzt zum ersten Mal alle Zeichnungen aus der Höhle zu sehen.

TOUREN-STECKBRIEF

Anfahrt: Das Lascaux IV Centre liegt am südöstlichen Ortsrand von Montignac bei **GPS N 45°03'32.0", E 1°10'07.0"** und ist im Ort gut beschildert. Um nach Lascaux II zu kommen, fahren wir am neuen Zentrum vorbei, überqueren den Kreisel und folgen dann der Beschilderung links hinauf bis zum Parkplatz.

Öffnungszeiten: Ganzjährig geöffnet. In der Wintersaison von 10–18 Uhr, April, Mai, Juni 9–19 Uhr, Mitte Juli und August 8–22 Uhr, September, Oktober von 9–19 Uhr.

Eintritt Lascaux IV: €22, Kinder 5–12 Jahre €14,50, inkl. Le Thot €26,20 bzw. €17,20.

Eintritt Lascaux II: €15,40, Kinder 5–12 Jahre €9,50.

Online-Buchung (etwas günstigerer Preis) und weitere Infos auf www.lascaux.fr.

Charakter: Museum und nachgebildete Höhle, gut verständliche Führung auf Englisch oder Französisch, im Juli und August auch auf Deutsch. Immer gut besucht und sehr lohnend.

Mit Kindern: Bereiten Sie den Besuch mit Informationen oder einer Geschichte vor. Sehr geeignet ist zur Ergänzung die Runde durch den nahen Prehistopark.

Unterkunft:
Hotel: Hotel de Lascaux oder Hostellerie La Roseraie in Montignac
Camping: Moulin de Bleufond / Montignac.
Wohnmobil: Stellplatz Montignac GPS N 45°04'05.0", E 1°09'55.0", Gänsefarm Bois Bareirou GPS N 45°05'27.0", E 1°06'42.0".

In der Nähe: Bärenpark Le Regourdou, Gänsefarm Bois Bareirou, Préhistoparc.

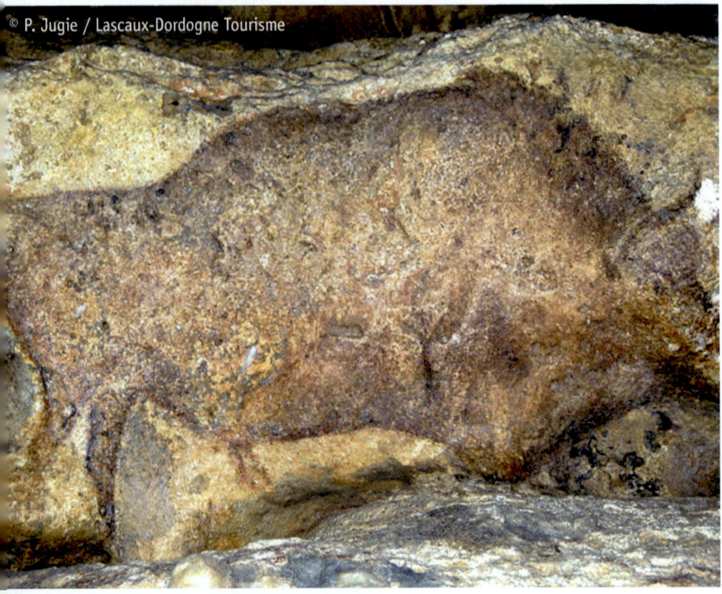

© P. Jugie / Lascaux-Dordogne Tourisme

je 1 h

ab 10

Tour 27: Die Grotten von Les Eyzies

Drei Techniken der Steinzeitkunst

Malerei, Gravur und Relief – alle drei künstlerischen Techniken der Steinzeit können Sie in den Fundstätten bei Les Eyzies betrachten – und zwar nicht als Nachbildung, sondern im Original. Um die Höhlen zu schützen, ist die Anzahl der Besucher streng limitiert und die Gruppen sind überschaubar gehalten. Die Führer erklären engagiert und mit Leidenschaft. Bei allen drei Führungen wird auch die Beleuchtung durch eine Fettlampe simuliert, was die Wirkung der Zeichnungen noch einmal deutlich verändert: Man kann erahnen, wie die Künstler der Steinzeit wohl ihre Werke gesehen haben.

Grotte de Font de Gaume (13 Personen pro Führung)
Die Zeichnungen in der Grotte de Font de Gaume sind farblich nicht so intensiv wie die Nachbildungen in Lascaux. Das Bisonfries im Eingang ist nur noch schwer erkennbar, weiter hinten gibt es zwei sehr beeindruckende ausdrucksstarke Bisons und zwei Hirsche, die zu den am häufigsten abgebildeten Werken aus Font de Gaume gehören. Bei Beginn der Führungen in den 70er Jahren wurden bis zu 1.500 Personen pro Tag durch die Höhle geführt. Heute ist der Chapelle genannte große Raum am Höhlenende geschlossen, um die Gemälde dort zu erhalten. Auch der Rest der Höhle Font de Gaume könnte in absehbarer Zeit komplett geschlossen werden.

Grotte des Combarelles (7 Personen pro Führung)
Des Combarelles ist verglichen mit Font de Gaume und Lascaux nur ein enger Gang im Fels. Die Höhlendecke war so niedrig, dass die Künstler bei der Arbeit vermutlich nicht stehen konnten. Um die Höhle für Besucher begehbar zu machen, wurde der Gang nach unten leicht erweitert. Heute noch sichtbar sind die in den Fels geritzten Konturen, die teilweise sehr detailliert Mammut, Pferde und Bisons zeigen. Reste von Farbe verraten, dass auch die Wände von Des Combarelles ursprünglich bemalt waren. Die Höhle ist vergleichsweise feucht, man geht davon aus, dass die Farben in den Jahrtausenden vom Wasser wegge-

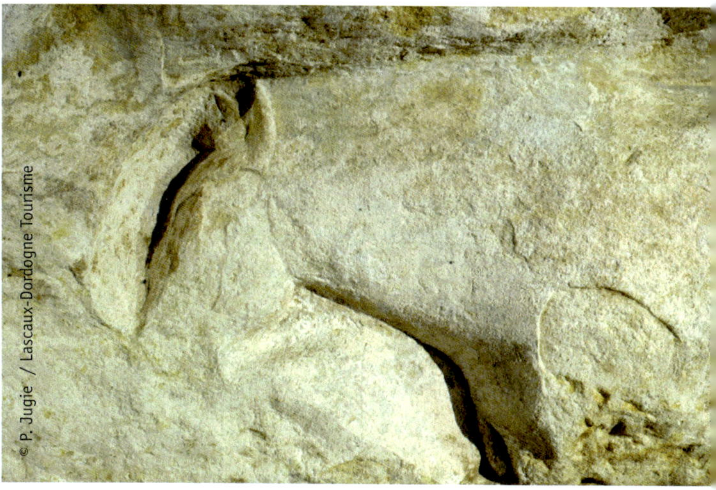

© P. Jugie / Lascaux-Dordogne Tourisme

TOUREN-STECKBRIEF

Anfahrt Die Tickets für alle drei prähistorischen Stätten bekommt man in der Billetterie Font de Gaume am Ortsrand von Les Eyzies an der D47 in Richtung Sarlat.
Inwischen ist die Buchung auch online unter **www.sites-les-eyzies.fr** möglich, was die Planung deutlich einfacher macht, denn auch außerhalb der Saison sind die Karten schnell vergriffen. Besonders im Sommer empfehlen wir, die Buchung schon vor der Reise vorzunehmen. Das Portal wird quartalsweise freigeschaltet.
Öffnungszeiten: 9.30–12.30 und 14–17.30 Uhr, im Sommer ohne Pause, Samstag geschlossen. Font de Gaume €11,50.Combarelles €11,50. Abri du Cap Blanc €8, an allen drei Plätzen Kinder und Jugendliche bis 17 Jahre kostenlos.
Charakter: Unebene Wege und unverfälschte Höhlenatmosphäre. Feste Schuhe und eine Jacke nicht vergessen.
Mit Kindern: Für prähistorisch interessierte größere Kids sind die Höhlenführungen von Font de Gaume und Combarelles schon wegen der kleinen Gruppen ein Erlebnis. Der Abri dürfte eher langweilen.
Einkehr: Hostellerie du Passeur in Les Eyzies.
Unterkunft:
Hotel: Hostellerie du Passeur im Ortszentrum oder Domaine Les Eymaries in ruhiger Lage abseits des Dorfes.
Camping: La Rivière in Les Eyzies, Le Pech Charmant zwei Kilometer außerhalb.
Wohnmobil: Wohnmobilstellplatz in Les Eyzies bei GPS N 44°56'19.0", E 1°00'35.0".
In der Nähe: Prähistorisches Museum und Abri Cro-Magnon in Les Eyzies.

waschen wurden. Die Zeichnungen sind kleiner als in den anderen Höhlen der Region, aber sehr eindrucksvoll. Die Führung in sehr kleinen Gruppen macht Combarelles zum besonderen Erlebnis.

Abri du Cap Blanc (30 Personen pro Führung)
Das Flachrelief dreier fast lebensgroßer Pferde im Abri du Cap Blanc gehört zu den wenigen erhabenen Darstellungen aus der Vorzeit. Mit kräftigem Körperbau, kurzen Beinen, kleinen Ohren und einer borstigen Stehmähne zeigen die Tiere die typischen Merkmale der Urpferde. Ein kleinerer Bison und ein Auerochse sind weniger gut erkennbar und werden erst im Seitenlicht der gedimmten Beleuchtung sichtbar. Die Entdeckungsgeschichte des Abri ist für die Forschung tragisch: Er wurde Anfang des letzten Jahrhunderts durch einen Hobbyarchäologen ausgegraben. Das Ziel war nicht Wissenschaft, sondern Schatzsuche, und man geht davon aus, dass damals einige interessante Spuren zerstört wurden. Die Fundstücke wurden an Sammler und Museen verkauft. Als die Fundstätte Anfang des letzten Jahrhunderts von der damals neu eingerichteten staatlichen Denkmalpflege übernommen wurde, fand man das Pferderelief und kleinere weggeworfene Werkzeuge. Heute ist zum Schutz des Reliefs der ehemalige Felsüberhang mit einem Gebäude geschlossen. Vom ehemaligen Abri und dem Umfeld der Pferde ist so allerdings leider nichts mehr zu erkennen.

Die Kunst der Steinzeit
In Frankreich sind zur Zeit etwa 200 Höhlen, in Spanien 150 Höhlen mit Felszeichnungen registriert. Besonders bekannt ist Altamira in Kantabrien, die bereits 1868 (Grotte de Font de Gaume: 1901) entdeckt wurde, heute aber nicht mehr zugänglich ist. Die Motive ähneln sich in allen Höhlen: Dargestellt sind Tiere, nur sehr selten auch stilisierte menschliche Figuren. Die ältesten Zeichnungen sind etwa 40.000 Jahre alt. Eine genaue Datierung ist jedoch nicht ganz einfach, da die dazu übliche C14-Methode die Existenz von Kohlenstoff voraussetzt. In Lascaux wurde die Altersbestimmung an den in der Höhle gefundenen Fettlampen vorgenommen.

Ihre Farben stellten die Steinzeitkünstler aus Ocker, Metalloxiden oder Holzkohle her. Das Pigmentpulver wurde mit Fett oder Wasser vermischt und so in einen vermalbaren Zustand gebracht. Aufgetragen hat man die Farbe mit den Fingern, mit Pinseln oder Tupfern aus Tierhaar oder zerfaserten Zweigen. Auch das Aufsprühen der flüssigen Farbe durch ein Röhrchen war eine gängige Technik. Hände oder Schablonen verwendete man dabei, um klar umrandete Kanten zu erzeugen. Die Gravuren wurden mit Feuersteinwerkzeugen geritzt.

Der Zweck der kunstvoll ausgestatteten Höhlen ist Gegenstand wissenschaftlicher Spekulation. Sicher ist, dass die Menschen nicht ihr Jagdwild malten und dass die Höhlen nicht als Behausung dienten. Man vermutet, dass es spirituelle Gründe waren, die die frühen Menschen dazu brachten, tief im Bauch der Mutter Erde liegende Räume mit Zeichnungen zu schmücken.

Tierfiguren wurden nicht nur in Wände geritzt: Diese Bisonfigur sehen Sie im Musée de Préhistoire.

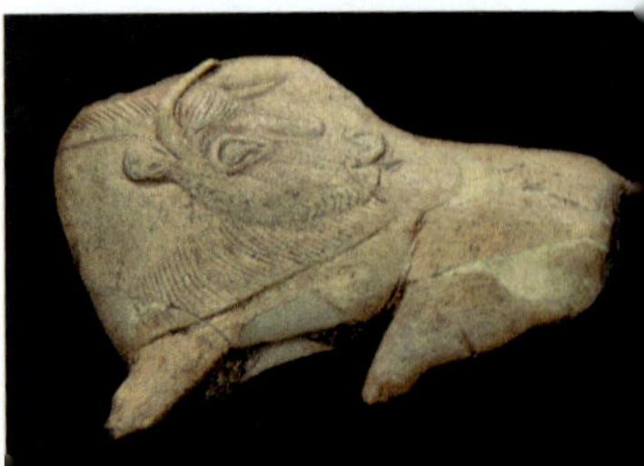

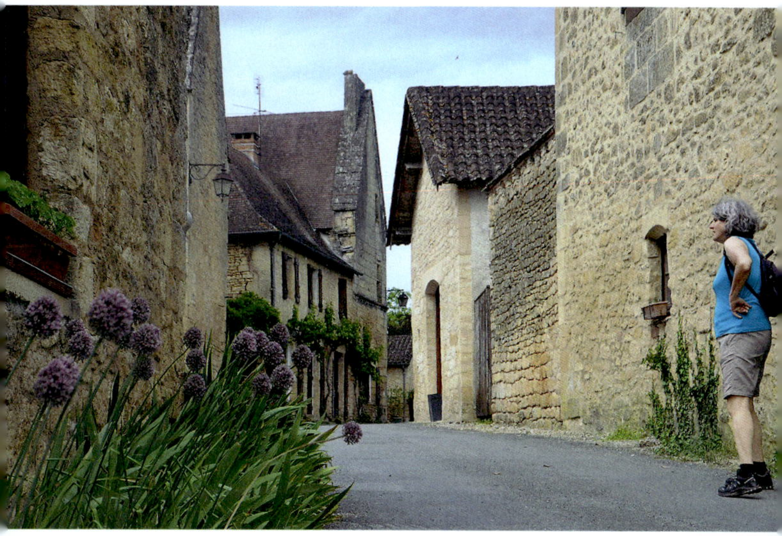

Tour 28: Von Saint-Léon nach Sergeac

150 m

STRECKE 8 km

2 h 45

Variante ab 6

Von Dorf zu Dorf am Fluss entlang

Flussufer und Hochebene – auf dieser Wanderrunde erleben Sie das Vézèretal von beiden Seiten. Ein Pfad führt am Fluss entlang zu einem Abri und weiter zum Dorf Sergeac mit engen Gassen zwischen alten Steinhäusern und der prähistorischen Siedlung von Castel Merle. Beim Rückweg über die Hochebene schweift der Blick frei und weit über die stille Landschaft mit Feldern, Weiden und Wald.

Wanderung: Vom Parkplatz laufen wir am Camping Municipal von Saint-Léon vorbei zum Ortskern an der **Vézèrebrücke**. Einen Spaziergang durch den Ort sparen wir uns bis zum Ende der Wanderrunde auf. So können wir uns dann auf mehrere empfehlenswerte Restaurants, eine kleine Alimentation und einen Glacier freuen. Auch die einladenden Bistros *Le Petit Déjeuner sur l'Herbe* und *Le Martin-Pêcheur,* wo man auch nach der Mittagszeit noch kleine Mahlzeiten bekommt, lohnen den Besuch.

Jetzt überqueren wir aber erst einmal die Brücke und wählen den unmarkierten Pfad, der gleich am anderen Ufer nach links führt. Vorbei am Abzweig zum Freizeit- und Dinopark **Le Conquil** ① laufen wir auf der Klippe über der Vézère entlang. Auf der gegenüberliegenden Flussseite schimmert die Kirche und das Schloss von Saint-Léon durch das Laub. Dazwischen stehen die Tische des Bistros auf der Wiese. Vor einem Tor schlägt unser Weg einen Bogen nach links in Richtung Fluss hinunter und führt am Gelände

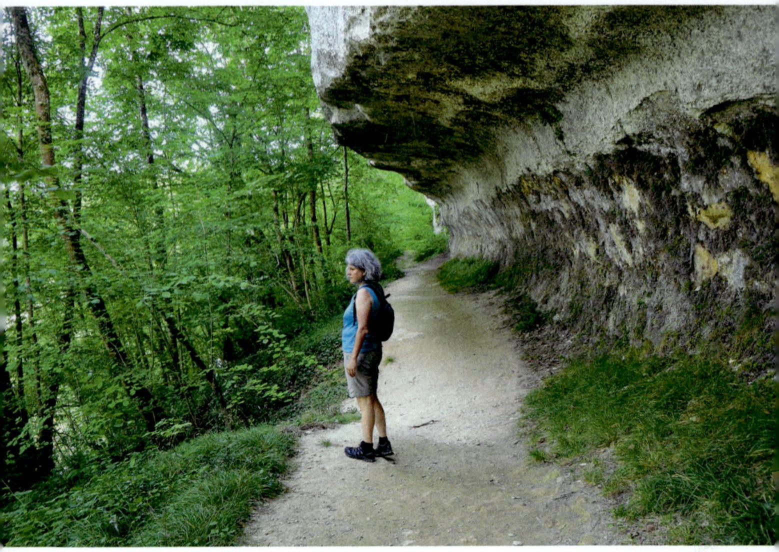

Sogar der Fußweg nach Sergeac verläuft unter einem Abri

von Le Conquil entlang. Wir bleiben dabei ein Stück über dem Fluss. Einen Abzweig nach rechts ignorieren wir, dann steigt der Weg an. Rechts vom Weg befindet sich eine Felswand. Etwas weiter wandern wir dann unter einem Felsüberhang hindurch. In der Mitte des Abri befindet sich eine gefasste **Quelle** ②, die eine sehr alte Form der Wasserreinigung umsetzt: Das Wasser wird in einem überdachten Becken gesammelt. Schmutz und Verunreinigungen sinken im Becken nach unten und an der Oberfläche fließt aus einem schmalen Auslass sauberes Wasser aus der Quelle.

Kurz hinter dem Abri erreichen wir einen Tümpel. An diesem geht es links zu einer schmalen Straße. Rechts befindet sich der **Park von Castel Merle** ③ in Sichtweite. Wir biegen links ab und laufen auf der Straße zum Ort **Sergeac** mit einer romanischen Kirche aus dem 12. Jahrhundert und schönen alten Steinhäusern.

TOUREN-STECKBRIEF

Anfahrt: Die Wanderung beginnt in Saint-Léon-sur-Vézère an der Flussbrücke. Am Dorfrand ist bei **GPS N 45°00′42.0″, E 1°05′28.0″** ein Parkplatz ausgeschildert.
Charakter: Schattiger Uferweg bis Sergeac, Überquerung der Hochebene auf breiten Waldwegen und einer schmalen Straße. Technisch unkompliziert.
Mit Kindern: Spannender Weg am Fluss und unter einem Abri zum Park von Castel Merle als lohnenswertes Familienziel in Sergeac. Eventuell am Fluss zurücklaufen und nicht über die Hochebene.
Einkehr: Le Petit Déjeuner sur l'Herbe, Restaurant La Poste, Auberge du Pont, Lou Camillou alle in Saint-Léon.
Unterkunft:
Hotel: Auberge de Castel-Merle in Sergeac.
Camping: Camping Municipal Saint-Léon.
Wohnmobil: Wohnmobilstellplatz Saint-Léon bei GPS N 45°00′44.0″, E 1°05′24.0″.
In der Nähe: Hochseilgarten und Dino-Park Le Conquil.

Wer nur eine kurze Wanderung machen möchte, läuft hier auf dem gleichen Weg zurück.

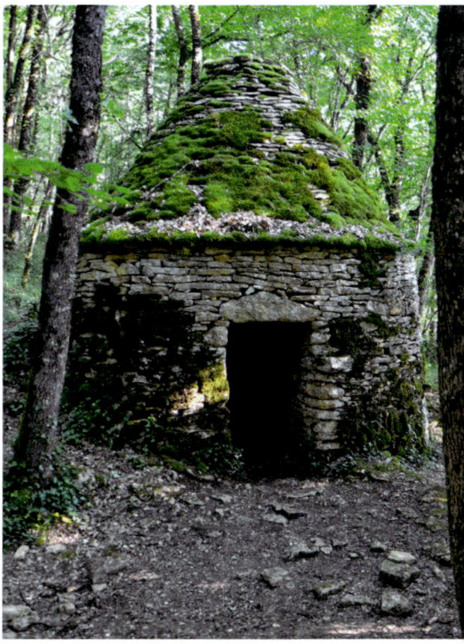

Cabane im Wald über Sergeac

Auch der längere **Rundweg** führt ein Stück zurück und auf dem bereits bekannten Sträßchen aus dem Ort hinaus. An der ersten **Kreuzung** ③ folgen wir zuerst dem Fahrweg zur **Auberge de Castel Merle** und an der gleich darauf folgenden Gabelung dem mit einem Wanderer markierten linken Weg den Berg hinauf. An der gleich darauf folgenden **Kreuzung** wählen wir den leicht abfallenden Naturweg rechts und folgen für die nächsten Kilometer der gelben Markierung des in Sergeac beginnenden **Sentier des Cabannes**. Sie führen uns in einem Bogen um die Zelte von Castel Merle herum und dann in vielen Kurven immer leicht ansteigend durch den Wald hinauf.

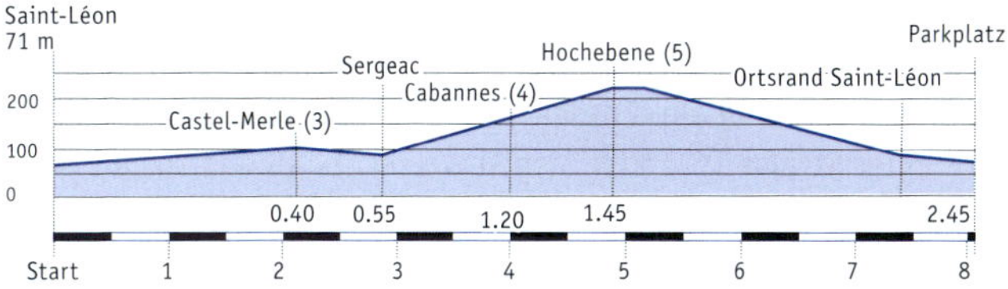

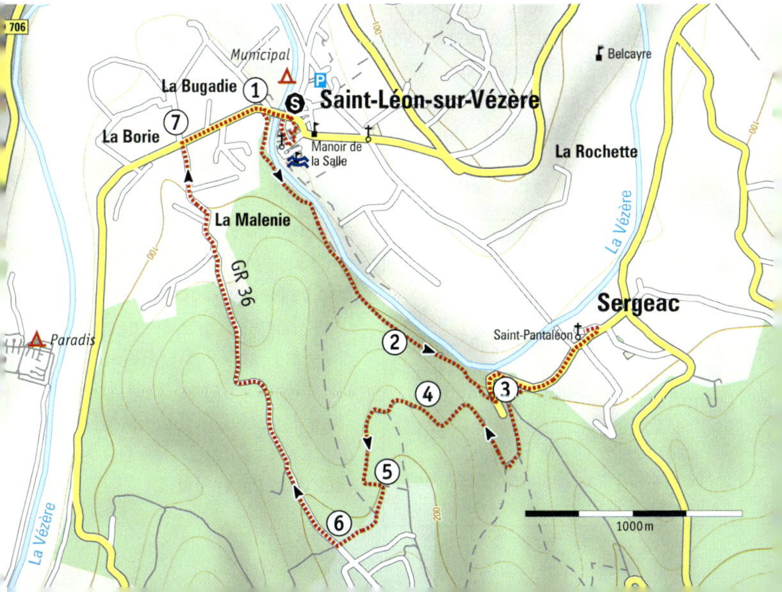

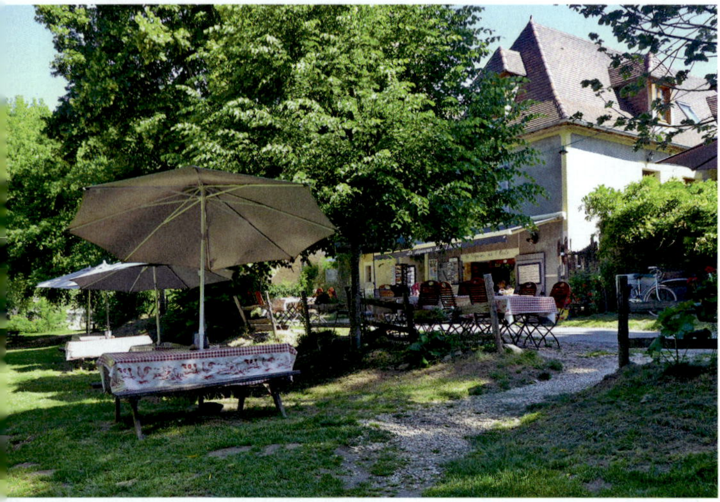

Idylle am Fluss – das Cafe »Le Petit Dejeuner sur l'Herbe« in Saint-Léon

Etwa auf halbem Weg stehen rechts im Wald zwei der alten, mörtellos aus Feldsteinen aufgeschichteten **Schutzhütten (Cabannes)** ④, nach denen der Weg benannt ist.

Nach gut zwei Kilometern geht es nach einer Linkskurve noch einmal steil und schnurgerade bergauf. Hier verlassen wir die gelben Markierungen und biegen beim Erreichen einer **Lichtung** ⑤ rechts in einen im Sommer ziemlich zugewachsenen Wiesenweg am Waldrand ein. Er führt durch eine Senke und dann hinauf zu einer **Straße** ⑥. Hier biegen wir rechts ab und folgen jetzt dem GR36 (Makierung rot-weiß) bis Saint-Léon.

Die meiste Zeit wandern wir auf einem asphaltierten Fahrweg – erst mit schönem Weitblick, dann geht es durch den Wald wieder hinunter bis zu den ersten Wohnhäusern. Dahinter treffen wir auf die **Straße** ⑦ zwischen La Roque Saint-Christophe und Saint-Léon. Rechts erreichen wir in wenigen Minuten die **Brücke über die Vézère**. Wir überqueren diese und nehmen den ersten Abzweig nach rechts, der uns vorbei an den einladenden Tischen der **Auberge du Pont** zum Flussufer und zum empfehlenswerten Imbiss **Le Martin-Pêcheur** bringt. Dann kommen wir an der Kirche und am **Petit Dejeuner sur l'Herbe** vorbei und erreichen das Schloss. In einem Bogen geht es durch den Ort zurück zum Parkplatz.

Site préhistorique de Castel-Merle – Steinzeit zum Anfassen

Auf dem Gelände von Castel Merle liegen mehrere Abris mit einem tollen Blick über das Flusstal. Auf der Anlage versucht man die Steinzeit vor allem für Kinder greifbar zu machen. Sie dürfen im Park mit der Speerschleuder werfen, mit Ocker malen und sich als Archäologen betätigen.

Geöffnet So bis Fr April bis Juni 14–17 Uhr, Juli und August 10–18 Uhr und im September 14–17 Uhr. Eintritt €7,50, Kinder 6–10 Jahre €4,50. www.castel-merle.com

Der Mensch in der Steinzeit
Vom Neandertaler zum Cro-Magnon

Der moderne Mensch kommt aus Afrika. Dort entwickelte sich in der frühen Steinzeit der Homo erectus, der als Vorfahre der beiden Menschengattungen Homo neandertaliensis und Homo sapiens gilt. Die ältesten Steinwerkzeuge, gefunden in Äthiopien, sind etwa 2,6 Millionen Jahre alt. Zu diesem Zeitpunkt datieren wir den Beginn der Altsteinzeit, auch Altpaläolithikum genannt. Vor etwa zwei Millionen Jahren wanderten die ersten Menschen ins östliche Europa, konnten aber vorerst die großen Gebirge nicht überqueren. Den Weg nach Mitteleuropa fand der Homo erectus über Spanien. Die ältesten Skelettfunde in Deutschland sind zwischen 400.000 und 650.000 Jahre alt.

Seit etwa 300.000 Jahren tragen die gefundenen Knochen physiognomische Merkmale des Neandertalers. Es beginnt das Mittelpaläolithikum, das von langen Eiszeiten geprägt ist. Die Neandertaler waren von stämmig kompaktem Körperbau und gut an die Kälte angepasst. Sie lebten nicht in Höhlen, sondern zogen mit den Tierherden, um zu jagen. Sie stellten bereits komplexe Werkzeuge aus Stein und Knochen her und verwendeten Birkenpech zur Montage von Klingen in eine Halterung. Man geht davon aus, dass Neandertaler das Feuer bereits gut zu nutzen verstanden.

In Afrika entwickelte sich aus dem Homo erectus ein neuer Menschentyp mit längeren Gliedmaßen und einem markanten Kinn. Ihm fehlen auch die dicken Augenwülste des Neandertalers. Der Homo Sapiens perfektionierte die Bearbeitung des Feuersteins, stellte Schmuckstücke und aufwendig geschmückte Kleidung her. Er jagte nicht nur mit einfachen Speeren, sondern auch mit Pfeil und Bogen und dem Speerwerfer – einem kurzen Hebel, der dem Speer bei gleicher Präzision eine enorme Reichweite verlieh.

Homo sapiens erreichte vor etwa 45.000 Jahren über Asien Mitteleuropa und traf dort auf den Neandertaler. Wie diese Begegnung verlaufen sein könnte, ist ein wichtiger Aspekt der neueren Forschung über die Frühzeit. Es wäre möglich, dass der moderne Mensch – in Europa als Cro-Magnon bezeichnet – seinen Vorgänger ausrottete. Wahrscheinlicher ist jedoch, dass sich beide Rassen vermischt haben, wobei das Erbgut des Cro-Magnon wohl dominant weitergeben wurde. Laut aktueller Forschung tragen die meisten heutigen Menschen auch einen geringen Anteil Neandertaler-Genome im Erbgut.

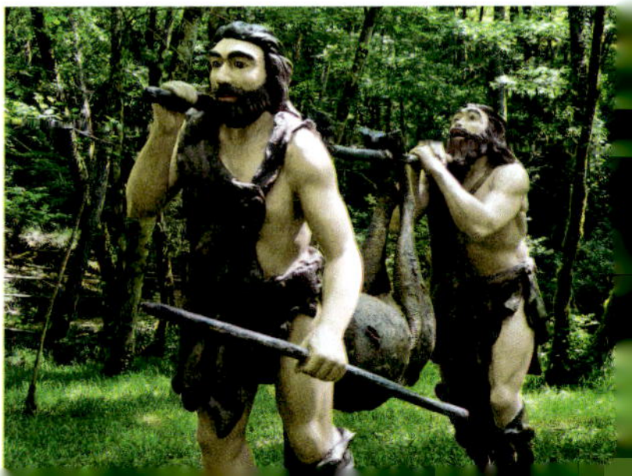

Der Neandertaler: Jagdszene im Préhistoparc

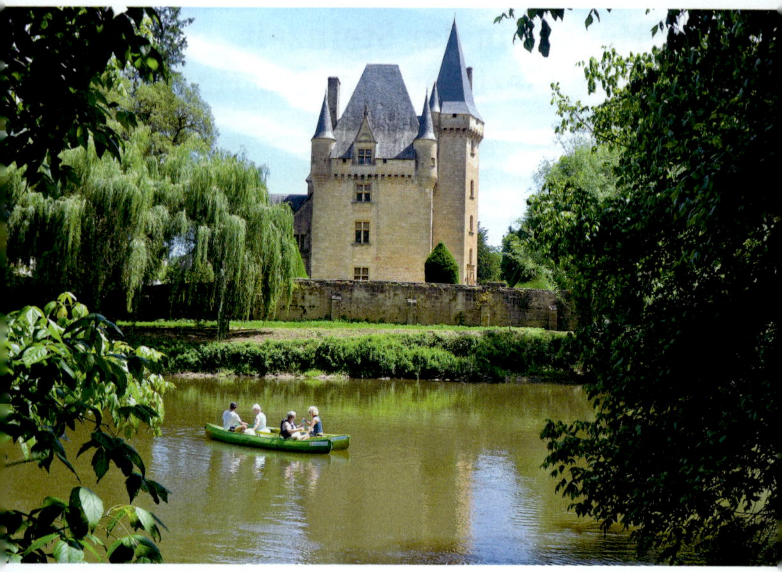

STRECKE 25 km

5–6 h

ab 6

Tour 29: Mit dem Kanu auf der Vézère

Flusstour durch die Vorzeit

Die Ufer der Vézère sind gesäumt mit prähistorischen Fundstätten. Bei dieser Paddeltour treibt das Kanu direkt unter den Felswänden der uralten Siedlungen La Roque Saint-Christophe und La Madeleine sowie an manchem namenlosen Abri vorbei. Vom Wasser sehen wir diese noch einmal aus einem völlig neuen Blickwinkel. Zwischen diesen Höhepunkten gleiten wir durch eine stille Landschaft und zwischen Felsen hindurch. Der eine oder andere flotte, aber harmlose Kiesbankschwall sorgt bei Kanuneulingen für ein wenig Aufregung. Ansonsten ist Paddeln auf der Vézère eine meditative Sache.

Kanutour: An der Brücke von Thonac werden die Kanus abgeladen. Vor dem Start bekommen Kanuanfänger eine kurze Einführung in die Paddeltechnik. Dann geht es los.

Die Vézère ist hier oben nicht breit und auch nicht besonders tief. Immer wenn eine Kiesbank in den Fluss ragt, wird das Wasser auf einer Seite zusammengedrängt und entwickelt flottere Strömung. Fahren Sie solche Stellen immer mitten in der Hauptströmung. Man erkennt die optimale Stelle an der Spitze, genannt Strömungs-V, welches man am besten mit der Kanuspitze ansteuert. Außerhalb der Hauptströmung ist das Wasser oft nicht tief. Wer strandet, muss aus dem Boot, bis dieses wieder genug Wasser unter dem Kiel hat. Nützlich zum Orten der flachen

TOUREN-STECKBRIEF

Anfahrt: Der Kanuverleih Canoës APA befindet sich in Saint-Léon. Durchqueren Sie den Ort, fahren über die Flussbrücke und biegen dann rechts zum Fluss ab. Parkplatz bei **GPS N 45°00'42.0", E 1°05'13.0"**.

Charakter: Technisch unkomplizierte Kanutour mit vielen landschaftlichen Höhepunkten. Auch für Anfänger geeignet. Für den ersten Versuch reichen die 20 Kilometer ab Saint-Léon oder eine Halbtagestour. An schönen Sommertagen wird es auf dem Fluss recht voll.

Kanuverleih: Canoës APA in Saint-Léon: €55 für zwei Personen im Kanu oder Familientarif €75 für zwei Erwachsene und zwei Kinder. Gutes Material, auch Old Town Kanadier. www.canoevezere.com

Canoë Family in Saint-Léon am Parkplatz: Bieten eher kürzere Touren an. www.canoe-family.com

Canoës Les 3 Drapeaux in Les Eyzies an der Flussbrücke am Ziel der Fahrt: €52 für zwei Personen, Tarif für zwei Erwachsene und zwei Kinder €72. canoes-3drapeaux.fr

Alle Tarife inklusive Transfer.

Mit Kindern: Einfache Kanutour mit vielen Höhepunkten und der Möglichkeit eines zünftigen Picknicks am Fluss. Hier sind auch Kinder gerne dabei. Mit jüngeren Kindern erst in Saint-Léon starten, 20 Kilometer sind erst mal weit genug. Bitte beachten Sie auch die Hinweise zum Paddeln mit Kindern auf [› Seite 20].

Einkehr: Restaurants in St.Léon.

Unterkunft:

Hotel: Hostellerie du Passeur in Les Eyzies, Relais de la Côte de Jor.

Camping: Camping Municipal in Saint-Léon oder Camping La Rivière in Les Eyzies.

Wohnmobil: Wohnmobilstellplatz Saint-Léon bei GPS N 45°00'44.0", E 1°05'24.0" oder Wohnmobilstellplatz in Les Eyzies bei GPS N 44°56'19.0", E 1°00'35.0".

In der Nähe: Hochseilgarten und Dino-Park Le Conquil, Badeplatz in Saint-Léon, Prähistorisches Museum in Les Eyzies.

Stellen sind auch die weißen Blütenfelder des **Wasserhahnenfußes**, die im Frühsommer allgegenwärtig sind. Wo es blüht, ist das Wasser meist besonders flach.

Thonac – Saint-Léon: 4 km

Schon hinter der ersten Kurve ragt rechts über uns eine imposante Felsspitze mit dem **Château de Belcayre** (1) auf. Viel zu schnell sind wir vorbei. Kurz darauf folgt links ein Anleger, von

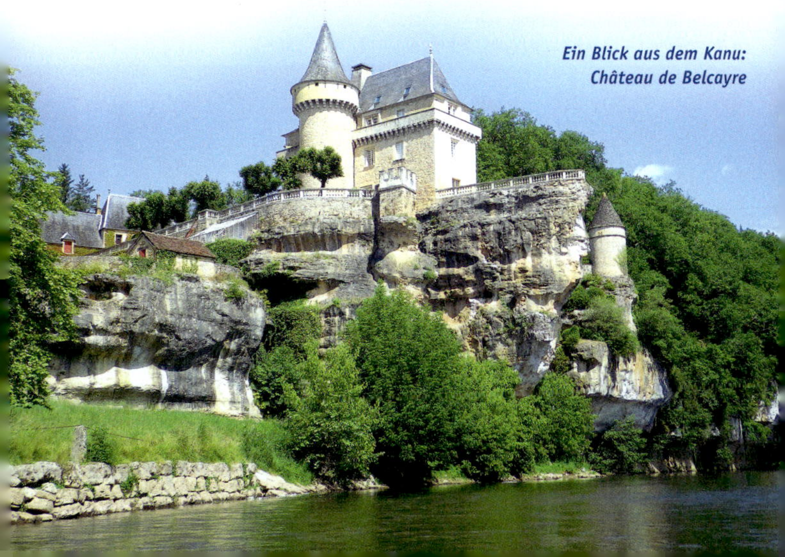

Ein Blick aus dem Kanu: Château de Belcayre

dem man zum winzigen Dörfchen **Sergeac** hinaufwandern könnte. **[› Tour 28].** Noch einen Kilometer weiter kommt rechts das Schloss von Saint-Léon in Sicht und dahinter der Badeplatz am Bistro »Le Déjeuner sur l'herbe« mit einladenen Tischen unter den Bäumen auf der Uferwiese. Wer erst später essen möchte, bekäme hier auch Kuchen und Brot auch zum Mitnehmen.

Saint Léon – Lespinasse: 9 km
Direkt hinter der **Brücke von Saint-Léon** wartet ein flotter Schwall, den man am besten ganz rechts vor der Uferbefestigung des Campingplatzes fährt. Links hinter der Brücke befindet sich der Anleger des Kanuverleihs. Dann geht es ruhiger weiter und der Fluss windet sich in großen Schleifen durch Felder und Wiesen. Rechts fahren Sie am Anleger des komfortablen **Camping Paradis** vorbei. Dann steuert man gerade auf eine Felswand zu. Der Fluss zieht einen engen Bogen nach rechts und über uns wandern winzige Menschen durch die Felsgalerien von **La Roque Saint-Christophe** ②. Der Abri ist fast zu nah und man muss im Kanu ordentlich den Hals verrenken, wenn man da oben etwas erkennen möchte. Wer in Ruhe gucken will, legt rechts vor der folgenden Brücke an und hat dann ausreichend Abstand zur Felswand. 2,5 Kilometer weiter folgt beim Ort **Lespinasse** die nächste Brücke. Links dahinter kann man am Gelände eines ehemaligen Campingplatzes gut anlegen und Pause machen.

Lespinasse – Les Eyzies: 12 km
Das Wasser ist hier unten am Fluss tiefer und die Strömung wird immer weniger. Wir paddeln jetzt fleißig, um vorwärts zu kommen. Dann folgt kurz vor La Madeleine linker Hand wieder eine Felswand und drückt die Vézère in einen engen Bogen. Kurz darauf klebt rechts oben die Kapelle von **La Madeleine** ③ in den Felsen.

Die Kapelle der frühen Siedlung von La Madeleine ist vom Fluss aus gut zu sehen.

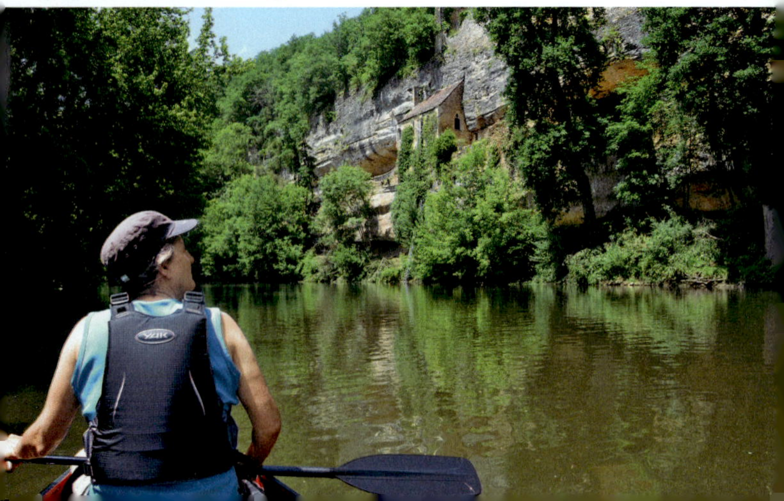

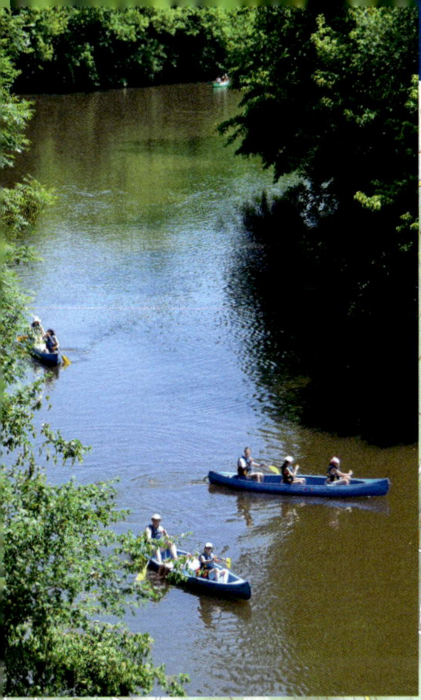

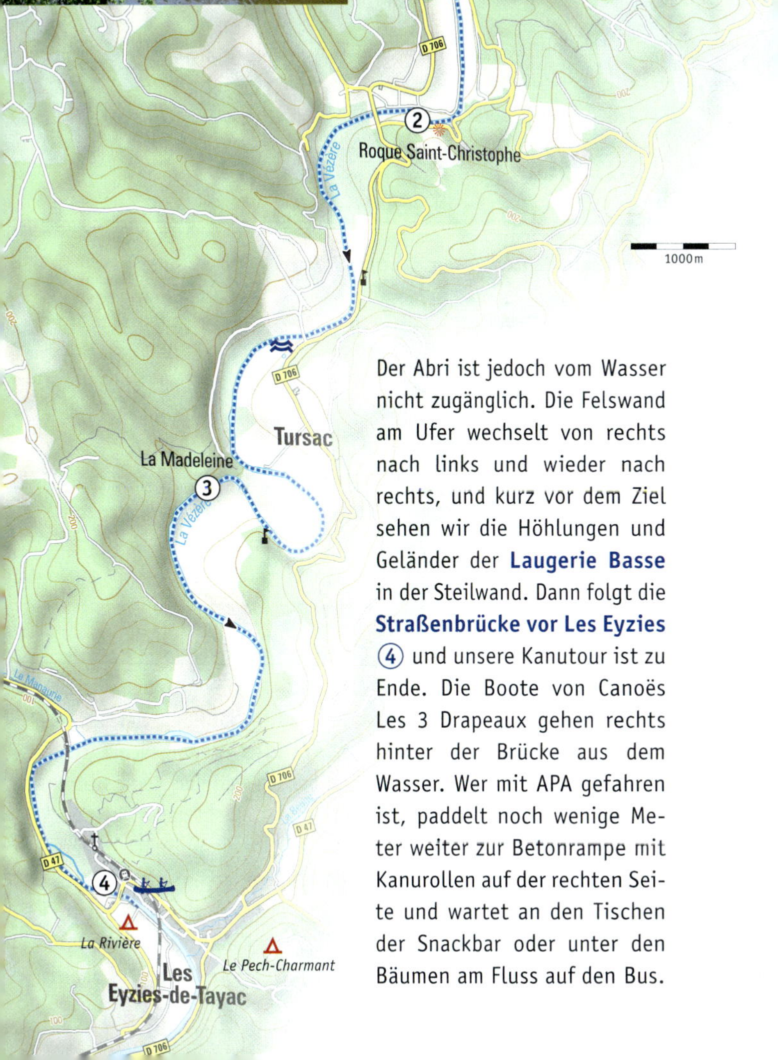

Der Abri ist jedoch vom Wasser nicht zugänglich. Die Felswand am Ufer wechselt von rechts nach links und wieder nach rechts, und kurz vor dem Ziel sehen wir die Höhlungen und Geländer der **Laugerie Basse** in der Steilwand. Dann folgt die **Straßenbrücke vor Les Eyzies** (4) und unsere Kanutour ist zu Ende. Die Boote von Canoës Les 3 Drapeaux gehen rechts hinter der Brücke aus dem Wasser. Wer mit APA gefahren ist, paddelt noch wenige Meter weiter zur Betonrampe mit Kanurollen auf der rechten Seite und wartet an den Tischen der Snackbar oder unter den Bäumen am Fluss auf den Bus.

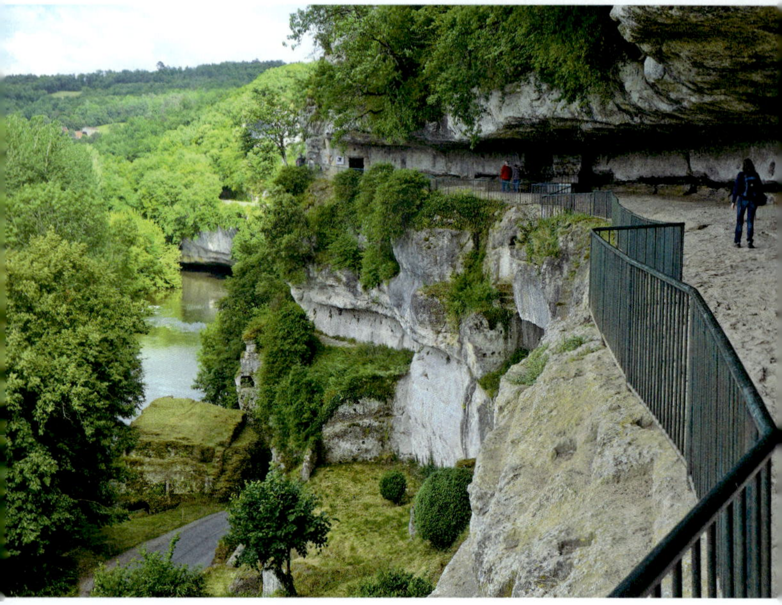

STRECKE 1 km

1 h

ab 4

Tour 30: La Roque Saint-Christophe

Hier leben Menschen seit 50.000 Jahren

Auf der gigantischen Terrasse im 80 Meter hohen Fels am Ufer der Vézère lebten in der Blütezeit des Höhlendorfes über 500 Menschen. In der Steinzeit schätzte man die sichere Lage hoch über dem Fluss, den weiten Blick über die Weidegründe des Wildes und die Nähe zum Wasser. Im Mittelalter wurde der Felsen dann zur Festung ausgebaut. Von oben ließ sich der Wasserweg leicht kontrollieren, der Ausguck war auf den höheren Terrassen platziert. Treppen und Leitern verbanden die einzelnen Etagen des Dorfes zu einer lebendigen Stadt im Berg. Im späten Mittelalter wurde Saint-Christophe im Rahmen der Religionskriege zerstört und komplett demontiert.

Der mächtige Felsen von Saint-Christophe war schon in der frühen Steinzeit ein privilegierter Ort. Das Klima war in den Flusstälern des Périgord vergleichsweise mild. Während die Hochebenen noch von Eis bedeckt waren, wurde es in den geschützten Taleinschnitten unter der Steilwand bereits wärmer, sodass hier Tier und Mensch genügend Nahrung fanden. Wald gab es hier zu dieser Zeit noch nicht. Durch die Steppenlandschaft zogen große Rentierherden. In unmittelbarer Nachbarschaft zum Abri, in Le Moustier, hat man ein Skelett und Spuren der Besiedlung durch Neandertaler gefunden. Dem Neandertaler folgte dann der Cro-Magnon-Mensch. Der Felsen von Saint-Christophe dürfte ohne

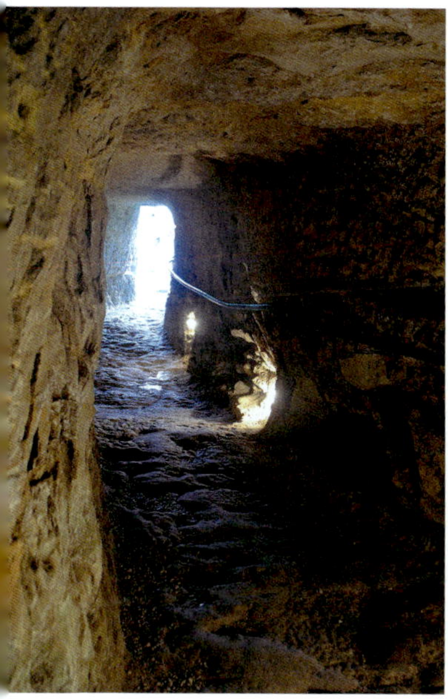

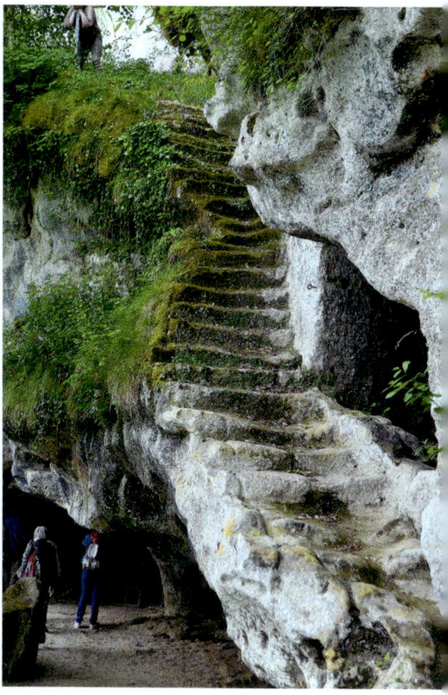

Unterbrechung bewohnt gewesen sein. In der Steinzeit schlossen die Menschen die Felsnischen mit Häuten und Weidengeflecht zu abgeschlossenen Räumen. Als die Menschen sesshaft wurden, entstanden in den Fels eingepasste Häuser. Die Bauweise bezeichnet man in Frankreich als »village troglodytique« – Höhlendorf. Die meisten heute noch sichtbaren Spuren im Fels stammen aus dem Mittelalter. Kerben im Stein verraten, wo Balken für Terrassen und Hausdächer saßen, Nischen dienten als Regale und Schränke. Unter dem Fels gab es sogar eine Kirche. Auf Basis dieser Informationen hat man ein Modell der alten Siedlung gebaut, das im Abri zu sehen ist.

TOUREN-STECKBRIEF

Anfahrt: Von Les Eyzies kommend auf der D 706 bei Moustier vor der Brücke über die Vézère rechts abbiegen, durch den Engpass zwischen Felsen und Fluss manövrieren und den Schildern zum Parkplatz bei **GPS N 44° 59'16.0", E 1° 04'14.0"** folgen. Von Saint-Léon erreichen Sie Roque Saint-Christophe auf der D 66.

Öffnungszeiten: Ganzjährig ab 10 Uhr und bis mindestens 17 Uhr geöffnet. April bis Juni bis 18.30 Uhr, Juli und August 9.30 – 19.30 Uhr.
€ 9 – 10, Kinder 5 – 13 Jahre € 5.
www.roque-st-christophe.com

Charakter: Gut abgesicherte Steige und Felstreppen führen auf die riesige Terrasse. Ein großer Teil der Anlage ist überdacht und kann auch bei feuchtem Wetter oder großer Hitze besichtigt werden.

Mit Kindern: Begleitheft für Kinder an der Kasse. In den Sommerferien werden im Abri verschiedene alte Handwerke wie zum Besipiel Holzschnitzen und die Bearbeitung von Feuerstein demonstriert.

Einkehr: Snackbar am Eingang zum Abri.

Unterkunft:
Hotel: Auberge de Castel-Merle in Sergeac.
Camping: Camping Municipal Saint-Léon
Wohnmobil: Wohnmobilstellplatz Saint-Léon bei GPS N 45° 00'44.0", E 1° 05'24.0".

In der Nähe: Le Conquil, Prähistorisches Museum, Badeplatz in Saint-Léon.

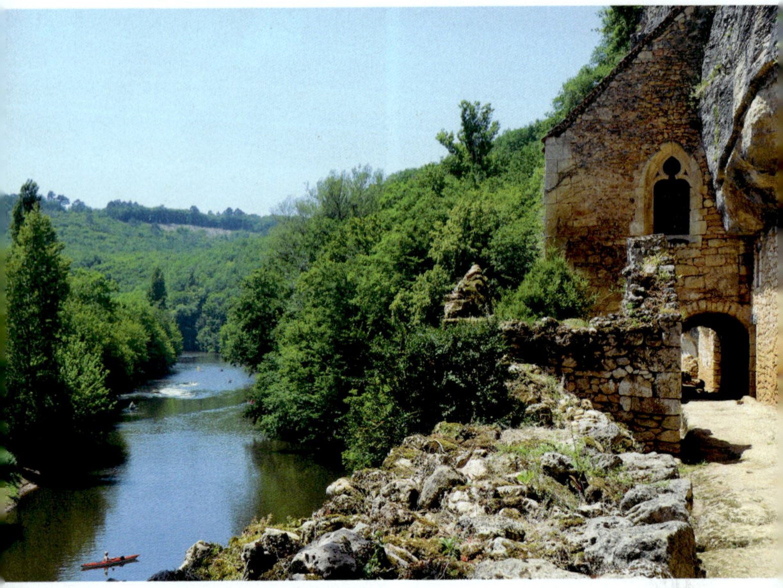

STRECKE
1 km

1 h

ab 4

Tour 31:
La Madeleine

Wo das Magdalénien seinen Anfang nahm

Wahrzeichen und Blickfang der prähistorischen Fundstätte La Madeleine ist die an den Fels geschmiegte Kapelle aus dem frühen Mittelalter, deren karger gut erhaltener Innenraum auch heute noch Würde ausstrahlt. Ebenso eindrucksvoll sind der Blick über den Fluss und die stille Lage im Wald – weit weg von der zivilisierten Welt. Doch das, was La Madeleine eigentlich berühmt gemacht hat, kann man gar nicht sehen. In dem Abri unterhalb des für Besucher begehbaren troglodytischen Dorfes begann im 19. Jahrhundert die Erforschung der prähistorischen Vergangenheit im Périgord.

Der französische Jurist und Paläontologe Édouard Lartet und der englische Bankier Henry Christy, engagierte Liebhaber der steinzeitlichen Kunst, begaben sich in Frankreich auf die Suche nach Plätzen, die für Menschen der Steinzeit attraktiv gewesen sein könnten. Sie hatten einen guten Riecher: 1863 entdeckten sie bei Grabungen im Abri von La Madeleine kunstvoll verzierte Werkzeuge, Waffen und Schmuckstücke aus Stein, Rentierhorn und Knochen. Besonders viel Aufmerksamkeit erregte das Bildnis eines Mammuts, graviert in das Fragment eines Mammuthornes. Das Fundstück belegt, dass Mensch und Mammut zur gleichen Zeit die Erde besiedelten, was bis dahin als unwahrscheinlich galt. Die meisten Fundstücke aus dem Abri stammten aus dem

Zeitrahmen zwischen 18.000 und 12.000 vor unserer Zeitrechnung und fallen damit in das Endstadium der letzten Eiszeit. Diese Periode wird heute nach den ersten Funden hier im Périgord als Magdalénien bezeichnet.

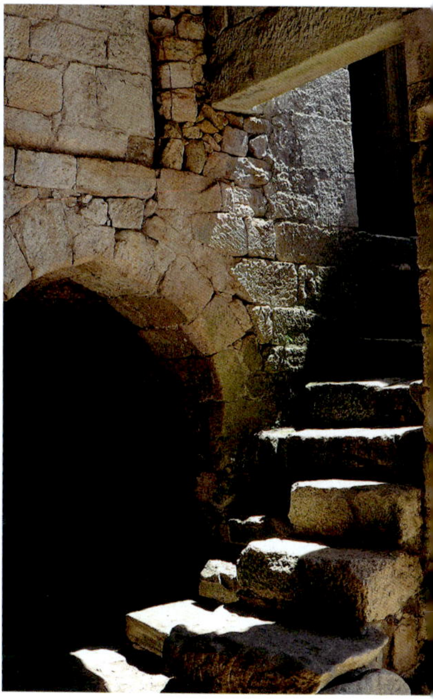

Die Kapelle im Abri ist gut erhalten.

Die ersten Bewohner der troglodytischen Siedlung kamen um das Jahr 1.000. Sie flohen vor plündernden Horden aus den Dörfern in die Einsamkeit. Ihre Häuser bauten sie aus Holz in den Abri. Die Mauerreste, die wir heute hier sehen, und die oberhalb gelegene Burg Petit-Marzac wurden im Hundertjährigen Krieg errichtet. Die Kapelle, eine Mixtur aus romanischem und gotischem Stil, ist die Namensgeberin des Ortes: Sie ist der Heiligen Magdalena gewidmet. Auch in friedlicheren Zeiten blieb das Dorf bewohnt. Die Lage direkt an der Wasserstraße der Vézère auf der, wie auch auf der Dordogne, Holz und landwirtschaftliche Produkte transportiert wurden, war vorteilhaft und brachte über Jahrhunderte Wohlstand ins Dorf und in die ganze Region. Erst mit der Erfindung der Eisenbahn und der industriellen Revolution, die bis heute nicht so richtig im Tal angekommen zu sein scheint, verloren die Flüsse als Handelswege an Wichtigkeit.

TOUREN-STECKBRIEF

Anfahrt: Der Abzweig zur Anlage ist von der D 706 bei Lespinasse beschildert. Von dort noch gut ein Kilometer schmale Straße zum Parkplatz im Wald.

Öffnungszeiten: Februar 10 – 17.30 Uhr, März, April, November 10 – 18 Uhr, Mai, Juni, September bis 19 Uhr, im Juli und August 9.30 – 20 Uhr. €7,90, Kinder 5 bis 12 Jahre €4. Heft mit Erklärungen auf Deutsch an der Kasse ausleihbar.
www.la-madeleine-perigord.com

Charakter: Kurzer Fußweg durch den Wald zur Siedlung über dem Flussufer. Gut befestigte Wege.

Mit Kindern: Sowohl die kleine Kirche als auch einige Räume der ehemaligen Gebäude unter dem Abri kann man betreten. In manchen ist es sogar richtig dunkel, sodass La Madeleine auch für Kinder spannend ist.

Einkehr: Keine.

Unterkunft:
Hotel: Hostellerie du Passeur im Ortszentrum oder Domaine des Eymaries in ruhiger Lage abseits des Dorfes.
Camping: La Rivière in Les Eyzies.
Wohnmobil: Wohnmobilstellplatz in Les Eyzies bei GPS N 44°56'19.0", E 1°00'35.0".

In der Nähe: Grotten und Abri von Les Eyzies, Prähistorisches Museum.

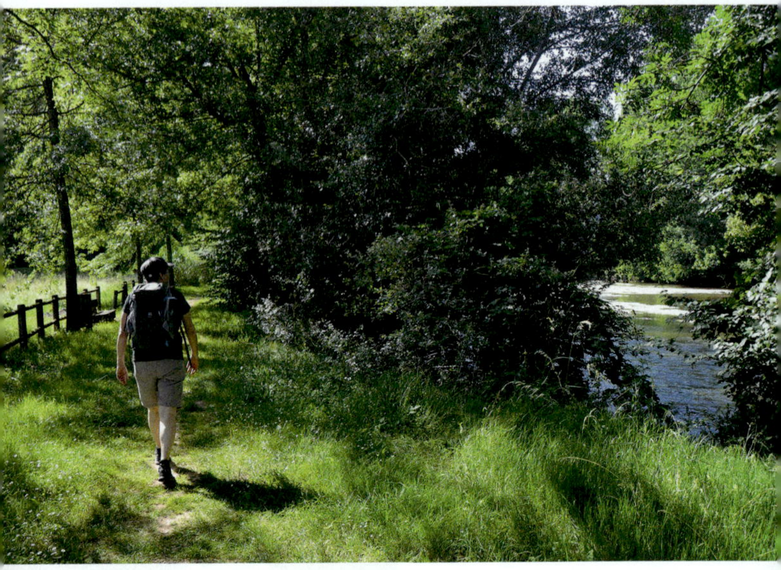

100 m

STRECKE 9,5 km

3 h 15

ab 8

Tour 32: Auf der Boucle de la Gorge d'Enfer

Rundweg bei Les Eyzies

Durch Wälder, Felder und eine Schlucht, über die Hochebene, durch kleine Ansiedlungen und am Fluss entlang – die Eindrücke dieser Wanderrunde so sind vielfältig wie die Landschaft rund um das Dorf Les Eyzies. Wer hier wandert, versteht schnell, warum das liebliche Tal schon seit der frühen Steinzeit von Menschen bewohnt war.

Wanderung: Vom Parkplatz laufen wir flussaufwärts aus dem Dorf hinaus. Ab dem gleich darauf folgenden **Wohnmobilstellplatz** ist unser Rundweg beschildert. Am Platzeingang informiert eine Tafel mit Karte über die markierten Wanderwege rund um das Dorf. Vorbei am Kanuverleih »Canoe Vallée Vézère« erreichen wir dann eine Brücke über den Fluss. Wir überqueren diese und folgen direkt danach der gelben Markierung nach links. Unser Weg führt unter der **Brücke** ① hindurch am Flussufer entlang. Nach etwa 200 Metern stoßen wir auf die Straße. Unterhalb der Steilwand mit dem Fort de Tayac, das gerade für Besucher hergerichtet wird und mit einer Führung besichtigt werden kann, laufen wir ein kurzes Stück auf einem separaten Fußweg neben der Straße, bis unser gelb markierter Weg auf der gegenüberliegenden Straßenseite nach links abbiegt.

Durch die düstere **Gorge d'Enfer** ② steigen wir hinauf zu einem finsteren, feuchten Felsüberhang. Der Wald wird lichter und wir treffen auf eine **Straße**, folgen ihr ein kurzes Stück nach links und biegen gleich wieder im spitzen Winkel nach rechts ab. Ein angenehmer Sandweg führt leicht ansteigend durch den Wald bis zu einer **Lichtung mit zwei Bauernhöfen** ③. Hier geht es links die Straße hinunter bis zu einem kleinen Häuschen mit idyllischem Garten, vor dem uns die gelben Wegweiser wieder nach rechts auf einen schönen Waldweg schicken. Dieser endet wenig später auf einem Fahrweg, dem wir nach links folgen.

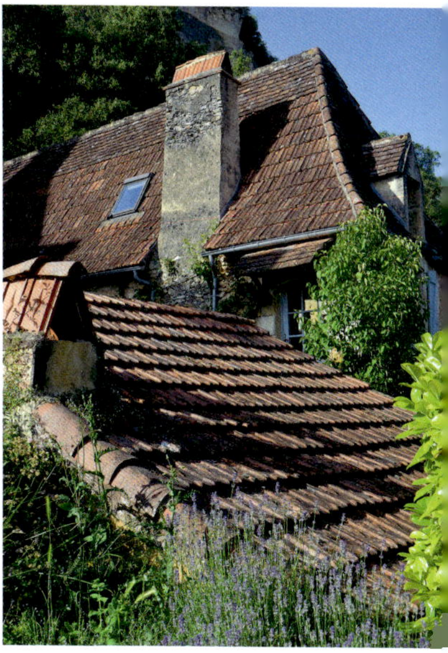

An einem künstlich angelegten **Teich** in Privatbesitz vorbei geht es zur nächsten Wegverzweigung. Wir folgen dem links leicht ansteigenden Schotterweg. Kurz darauf sehen wir die ersten Häuser der winzigen Ansiedlung **Le Peuch** ④ vor uns. Die Häuser sind hier genauso in den Hang gebaut, wie man es auf den Rekonstruktionen von La Madeleine oder Roque Saint-Christophe sehen kann. Das Ganze ist liebevollst arrangiert und ausgestattet und einige der Häuschen beherbergen Feriengäste. Idyllischer kann man kaum wohnen.

Wir überqueren die Bahnlinie noch nicht und wandern am Haus vorbei auf dem Waldweg weiter. Kurz darauf treffen wir auf die **Ferme des Eymaries** ⑤, deren Pferdeweiden sich durch das ganze Tal ziehen. Ein paar hundert Meter weiter verwöhnt das Viersternehotel **Domaine des Eymaries** seine Gäste. Dann verlässt unsere Wanderrunde das »Tal der Pferde« und kurz darauf

TOUREN-STECKBRIEF

Anfahrt: Parkplatz Vézère im Ortszentrum von Les Eyzies-de-Tayac beschildert, **GPS N 44°56'15.0", E 1°00'39.0".**

Charakter: Landschaftlich reizvolle Rundwanderung auf breiten Wegen durch Wald und Felder und mit mäßigen Steigungen.

Markierung: Gelb markiert mit Farbbalken und Pfosten.

Mit Kindern: Junge Pferdefans kommen im Tal rund um Eymaries auf ihre Kosten. Ansonsten ist diese Runde technisch unkompliziert aber für viele Kinder zu lang.

Unterkunft:

Hotel: Hostellerie du Passeur im Ortszentrum oder Moulin de la Beune am Dorfrand, Domaine des Eymaries.

Camping: La Rivière in Les Eyzies, Le Pech Charmant zwei Kilometer außerhalb des Ortes.

Wohnmobil: Wohnmobilstellplatz in Les Eyzies bei GPS N 44°56'19.0", E 1°00'35.0".

In der Nähe: Reiterhöfe Ferme de Fonluc und Ferme des Eymaries, Höhlen und Abris in Les Eyzies.

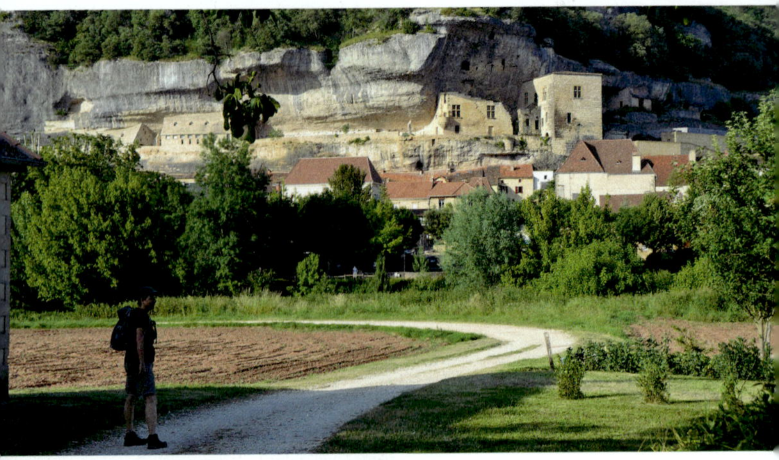

überqueren wir die **Bahnlinie.** Ab hier führt der Rundweg durch Felder und Wiesen. In einiger Entfernung ragen mächtige Felswände auf und man schaut direkt auf einen Abri, der hoch oben in den Felsen liegt.

Kurz darauf kommt **Les Eyzies** in Sicht. Zuerst sieht man die Felswand über dem Dorf, dahinter den Abri Pataud, der auch besichtigt werden kann. Im Fels kleben einige Häuser. Dort wo die Statue des Neandertalers steht, der heute ein Wahrzeichen des Ortes ist, befand sich früher das prähistorische Museum, das vor wenigen Jahren in einen Neubau weiter rechts am Hang umgezogen ist. Mit schönem Dorfblick laufen wir weiter bis zum Fluss. Am linken Ufer geht es zurück bis zur Brücke am Kanuverleih und auf der anderen Flussseite zurück zum Parkplatz.

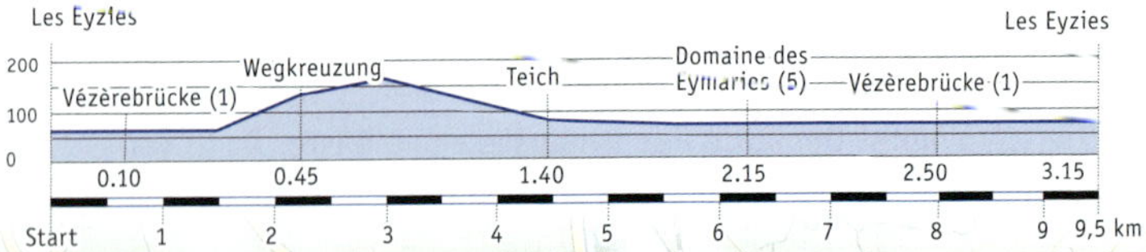

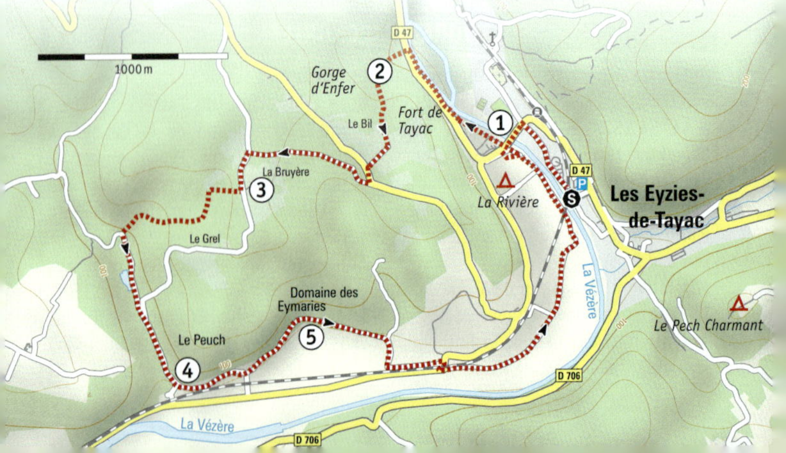

Tour 33: Château de Commarque

Eine Festung im Tal der Beune

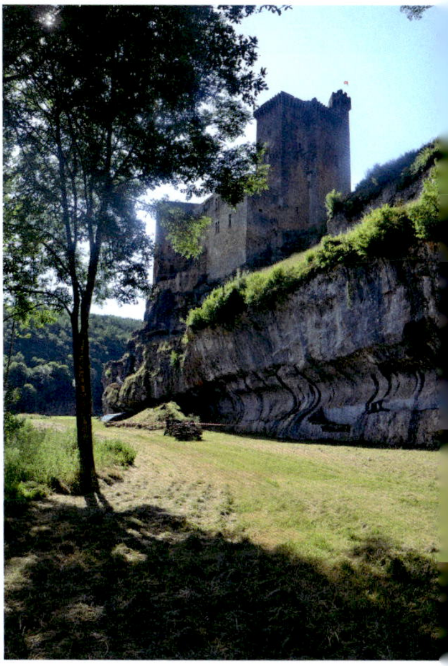

Von der Turmspitze der Burg des Rittergeschlechtes von Beynac überblickt man das komplette Tal. Gegenüber auf der anderen Seite der Beune beginnt um das kleinere Château de Laussel das Gebiet der Grafen von Périgord. Innerhalb der Mauern von Commarque befinden sich in nächster Nähe die Wehrtürme der verbündeten Ritterschaften von Commarque und Escars.

So etwa muss die Realität in Commarque vor 800 Jahren ausgesehen haben. **Commarque** ① ist mehr als ein Schloss. Der hoch aufragende Turm des Donjons ist Teil eines größeren Wehrdorfes, das im Mittelalter zum Besitz der Bischöfe von Sarlat gehörte. Die Wehrtürme der Anlage wurden im 12. Jahrhundert erbaut, vorher gab es an dieser Stelle bereits ein troglodytisches Dorf. Dass das Tal auch in der Steinzeit bewohnt war, beweist eine Höhle mit prähistorischen Ritzzeichungen unter der Festung, die leider nicht besichtigt werden kann.

30 m

STRECKE 1,5 km

2 h

ab 4

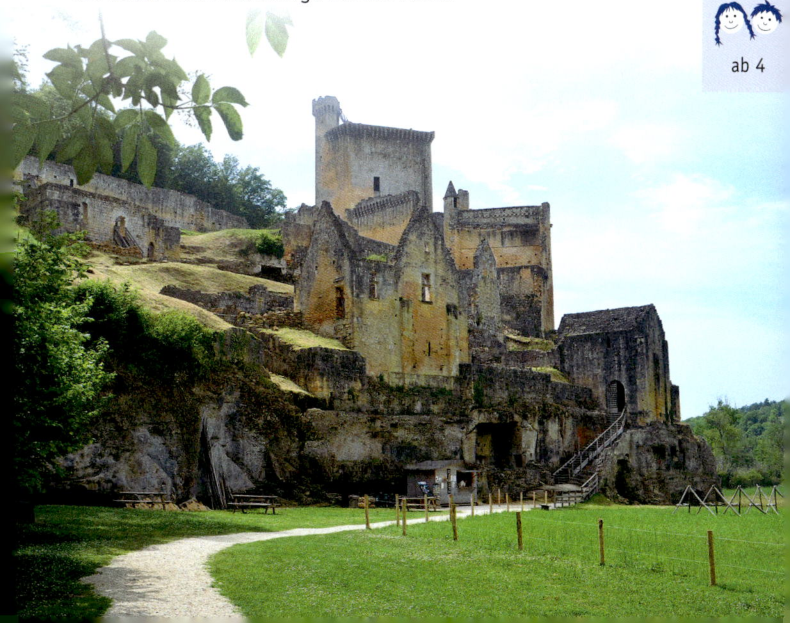

TOUREN-STECKBRIEF

Anfahrt: Von Les Eyzies auf der D47 in Richtung Sarlat fahren. Beim Weiler Bénivet ist links der Abzweig zum Schloss markiert. Auf schmalsten Sträßchen geht es von hier aus noch etwa drei Kilometer weiter zu einem Parkplatz im Wald bei **GPS N 44°56'11.0", E 1°06'10.0"**. Von hier aus läuft man etwa zehn Minuten zur Ruine, der Weg ist markiert.

Öffnungszeiten: Mai, Juni und September 11–19 Uhr, Juli, August 10.30–19.30 Uhr. €8.80, Kinder 6–12 Jahre €4,50, Jugend 13–1 Jahre €5,50. Im Hochsommer Bogenschießen und Steinbildhaueratelier zum Mitmachen. www.commarque.com

Charakter: Frei zugängliche Burganlage, an der Kasse bekommen Sie eine ausführliche Dokumentation auf Deutsch.

Mit Kindern: Spannender und aufregender kann eine Burganlage kaum sein. Auf der Wiese vor der Burg kann man picknicken und am klaren Bach spielen.

Einkehr: Eis und Süßigkeiten an der Kasse.

Unterkunft:
Hotel: Chambres d'hôtes Maison de Marquay in Marquay, Chambres d'hôtes Douceurs Périgourdines auf Biobauernhof zwischen Commarque und Marquay oder Hotels in les Eyzies.
Camping: Le Moulin du Roch an der D47.
Wohnmobil: Wohnmobilstellplatz in Les Eyzies bei GPS N 44°56'19.0", E 1°00'35.0".

In der Nähe: Château de Puymartin Cbanes d'Abbé Breuil.

Besucht man heute die Anlage, ist der Blick vom Burgturm beinahe unverändert. Grüne Wiesen umrahmen die Beune, das einzige sichtbare Gebäude ist Schloss Laussel. Außer dem gut erhaltenen mehrstöckigen Donjon der Ritter von Beynac stehen vom mittelalterlichen Wehrdorf von Commarque nur noch die Grundmauern. 1968 begann der heutige Besitzer und Nachfahre

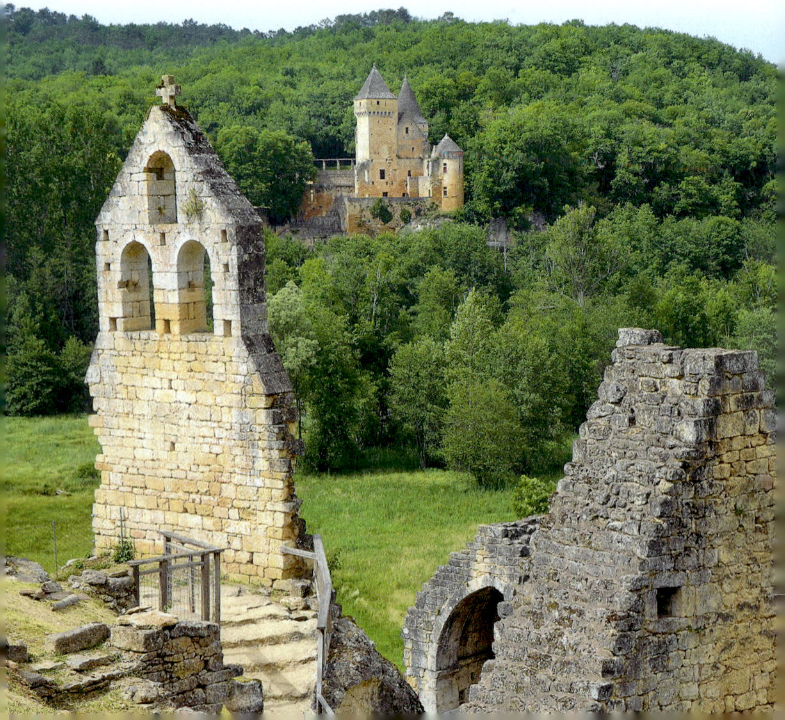

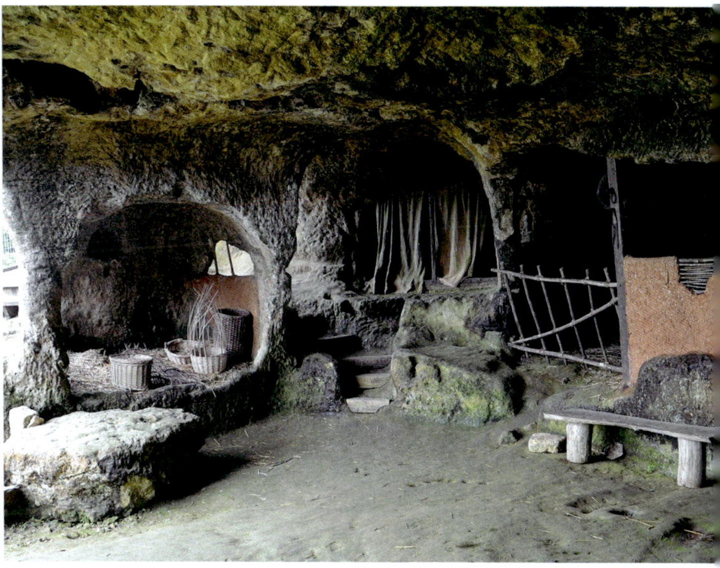

der Ritter von Commarque die von Büschen und Bäumen überwucherte Anlage freizulegen. Neben der Kapelle und dem Grundaufbau der Anlage kamen dabei auch Reste des älteren troglodytischen Felsendorfes zum Vorschein, die mit authentischem Inventar versehen einen recht wohnlichen Eindruck machen. Höhepunkt des Besuches ist jedoch unbestritten der Weg durch die Räume des großen Wehrturmes und der Aufstieg über die Metalltreppe auf die höchste Ebene des Turmes.

Abstecher zur Ruine im Wald

Wenn wir auf dem Weg zur Burgruine dem grün markierten Weg links hinauf in den Wald folgen, kommen wir nach etwa fünf Minuten zur Ruine eines Wohnhauses ②, die halb überwachsen im Wald steht. Wer »Lost Places« mag, sollte auf dem Rückweg noch hier hinauf steigen. Die grünen Markierungen gehören übrigens zu einem Rundweg, der nicht mehr instandgehalten wird. Sie enden etwa einen Kilometer weiter oben im Wald an einem neu aufgeforsteten Windbruch.

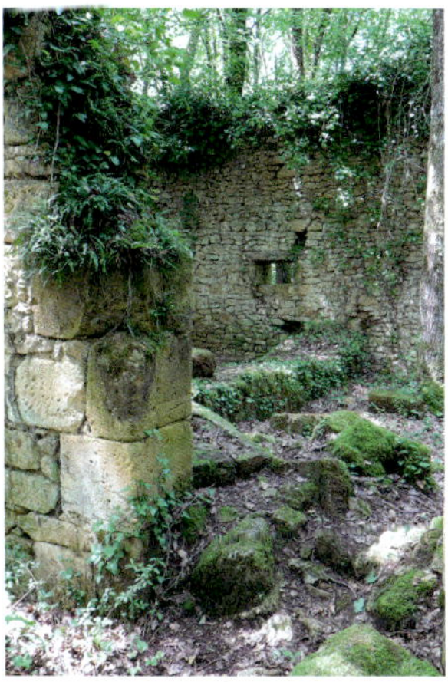

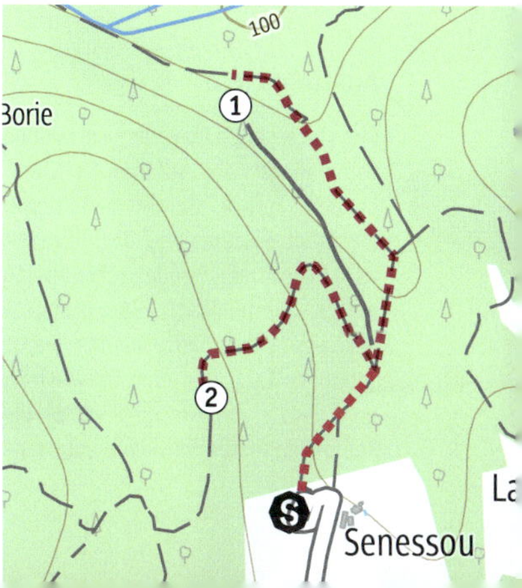

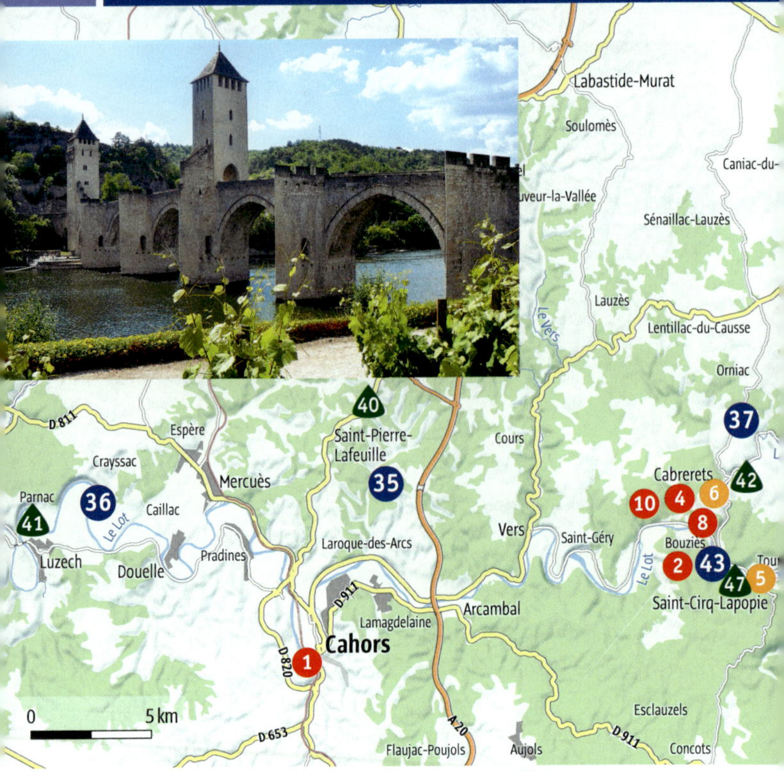

Das Tal des Lot, nur einen Katzensprung über die einsamen Causses de Quercy von der Dordogne entfernt, bietet noch einmal neue Eindrücke. Um die Stadt Cahors, die sich in eine Flussschleife kuschelt, bedecken Reben die steinigen Hänge. Im Sommer wird der Lot gerne mit dem Hausboot befahren. Der Fluss ist mit vielen niedrigen Wehren gebändigt, die von Booten über Schleusen umfahren werden. Meistbesuchte Ziele sind das auf einem Felssporn gelegene Saint-Cirq-Lapopie und die Höhle von Pech-Merle mit einigen eindruckvollen Zeichnungen aus der Steinzeit. Das benachbarte nur wenig touristische Tal des Célé ist besonders reizvoll zum Wandern, Radfahren und Paddeln.

Ausflugsziele

Der stolze Kuppelbau der Kathedrale von **Cahors** geht auf das 11. Jahrhundert zurück. Schon damals war die Stadt Bischofssitz. Die Blütezeit von Cahors als Handelszentrum lag im 13. Jahrhundert. 1332 gründete der aus Cahors stammende Papst Johannes XXII. hier eine Universität. Im Frieden von Bretigny wurde die Region dann für 68 Jahre englische Provinz und der Ruhm verfiel. Heute ist Cahors eine lebendige Kleinstadt. Neben der Kathedrale ist die Brücke Pont Valentré, die den Lot überspannt und Teil des Jakobsweges ist, eine der wichtigsten Sehenswürdigkeiten. Die goldene Muschel des Jakobsweges ziert den Weg vom Lot zum örtlichen Pilgerbüro. Ansonsten ist Cahors Zentrum des gleichnamigen Weinanbaugebietes, das sich eines sehr guten Rufes erfreut.

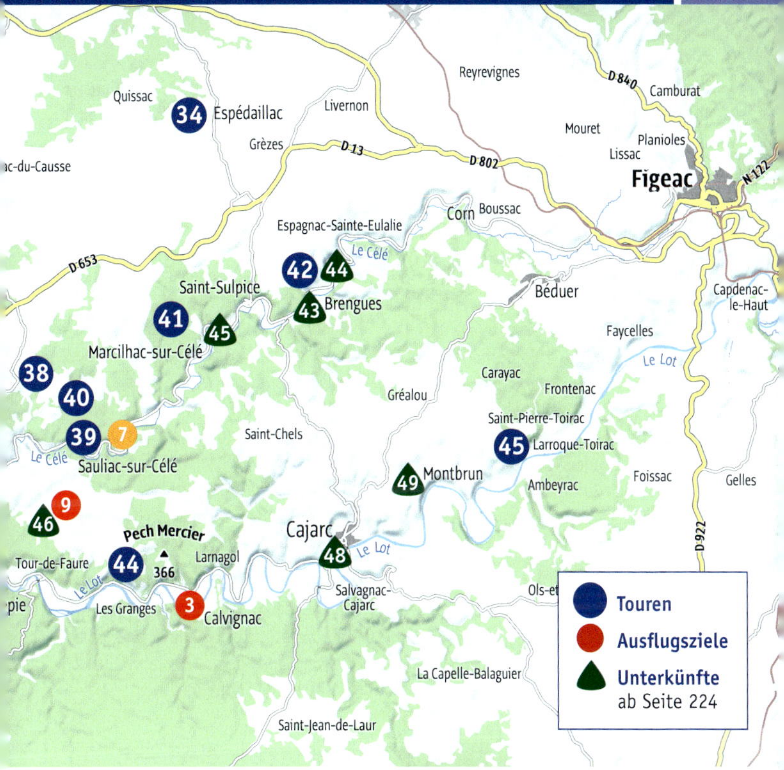

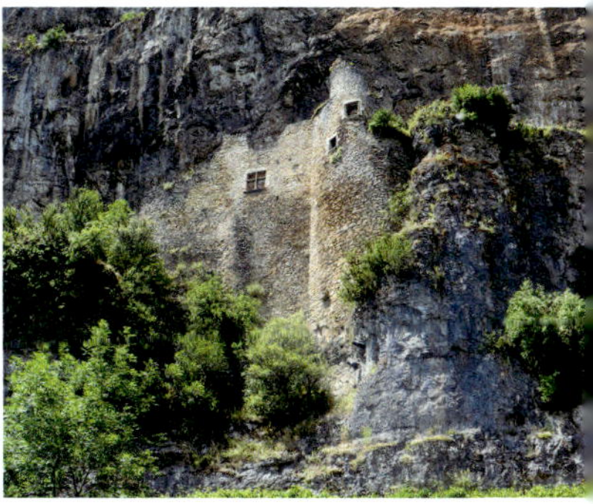

1 Eine Bootsfahrt von Cahors

Die Ausflugsboote von Croisières Fénélon kreuzen von Cahors flussaufwärts durch die Weinberge nach Luzech und flussabwärts nach Saint-Cirq-Lapopie. In beiden Richtungen sind am Ufer Burgen und Schlösser zu bewundern und es werden mehrere Schleusen passiert.

Tagestour mit Mittagessen auf dem Boot €65, Kinder 3 bis 10 Jahre €37. Reservierung Tel. 0033 (0)565301655 oder per mail. Mehr Infos unter www.bateau-cahors.com.

Châteaux des Anglais

Sieben der ungewöhnlichen Felsenfestungen zählt man zwischen Cahors und Brengues in den Steilwänden am Ufer von Lot und Célé. Die vor Höhlen und Abris in den Fels gemauerten Burgen dienten den Bewohnern der Dörfer vermutlich als Schutzraum bei Angriffen. Die übliche Bezeichnung Château des Anglais (Schloss der Engländer) ist historisch nicht ganz korrekt. Die Felsenburgen wurden zwar auch im Hundertjährigen Krieg genutzt, jedoch nicht von den Engländern erbaut. Sie sind älter. Ihr Ursprung geht auf das 10. und 12. Jahrhundert zurück. Sehr gut erhalten sind die Festungen von Bouziès (an der Flussbrücke) und das Château de Diable in Cabrerets [› Tour 39]. Die meisten Festungen sind aus Sicherheitsgründen nicht zugänglich. In Brengues am Célé und bei Autoire [› Tour 42 und 10] kommt man jedoch ganz nahe an zwei der Ruinen heran.

Ganz besonders malerisch kleben die Steinhäuser von **Saint-Cirq-Lapopie** in den Felsen über dem Lot. Der Ort lebt vom Tagestourismus: In den engen romantischen Gassen reihen sich in gut restaurierten alten Häuschen Läden mit Kunsthandwerk und kleine Restaurants aneinander. Der Blick von der Plattform an der Ruine des Schlosses erlaubt einen weiten Blick auf das Tal, durch das sich der Lot schlängelt. Eine Pilgerherberge und das zentral gelegene Hotel Auberge du Sombral ermöglichen die Übernachtung im mittelalterlichen Dorf. Auf besonders schönem Weg nähert man sich Saint-Cirq-Lapopie über den in den Fels geschlagenen Treidelweg von Bouziès. **[› Tour 43]**

2 Bootstour auf dem Lot

Die Flussfahrt von Bouziès nach Saint-Cirq-Lapopie dauert eine gute Stunde und bietet einen tollen Blick vom Fluss auf das spektakulär gelegene Dorf. Im Juli und August können Sie auch mit den flachen Holzbooten für 75 Personen zum Hafen unterhalb von Saint-Cirq fahren und über den Treidelweg nach Bouziès zurücklaufen **[› Tour 43]**.

Die Boote liegen in der »base nautique« von Bouziès. Fahrpreis €14, egal ob mit oder ohne Wanderung. Reservierung unter Tel. 0033 (0)565317225 oder croisieres-saint-cirq-lapopie.com.

3 Château de Cénevières

Das Schloss aus dem 13. Jahrhundert ist heute noch bewohnt und so sind es die Mitglieder der Familie, die Sie hier mit viel Engagement und Wissen durch ihr Heim führen. Zu sehen sind unter anderem ein Säulengang und Deckengemälde im Stil der Renaissance, die Hauskapelle und Fresken aus der griechischen Mythologie im Alchemieraum. Ganz nebenbei besticht die Schlossanlage durch einen tollen Ausblick.

Geöffnet Februar bis November von 10–17 Uhr, montags geschlossen. €8, Kinder 7–13 Jahre €4. Führungen auf Englisch oder Französisch. Buchung auf www.chateau-cenevieres.com.

Marcilhac-sur-Célé

Im Zentrum des kleinen Ortes am Célé versteckt sich die Ruine eines Klosters aus dem 12. Jahrhundert. **[› Seite 207, Tour 41]**

Cabrerets

Um den kleinen Platz im Ortszentrum versammeln sich eine Handvoll Restaurants und ein Lebensmittelgeschäft. Am Dorfrand liegt ein einfacher Campingplatz am Fluss. Am anderen Ortsende überragt das örtliche Schloss den Célé. Cabrerets ist angenehm verschlafen.

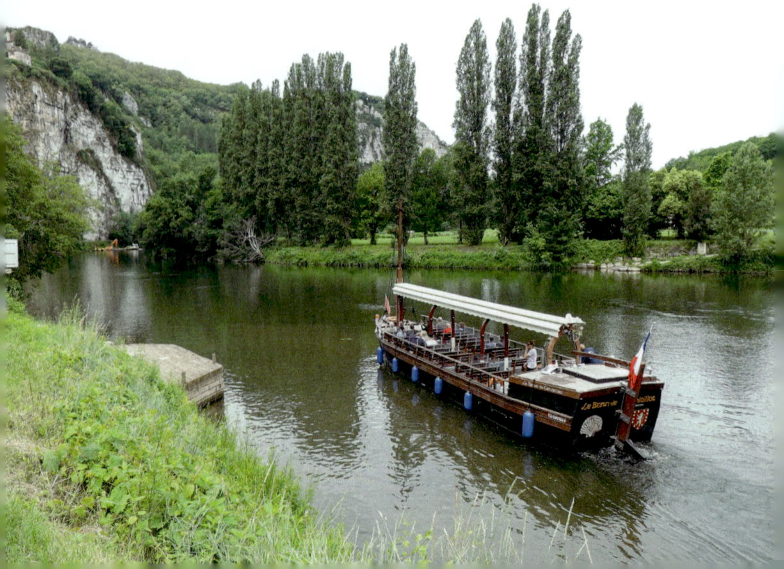

4 Grotte de Pech Merle

Die wichtigste Sehenswürdigkeit von Cabrerets ist die Höhle von Pech Merle, in der neben schönen Tropfsteinformationen auch prähistorische Zeichnungen gefunden wurden. Besonders eindrucksvoll und vollkommen anders im Stil als die Tiere von Lascaux ist das berühmte Motiv der gepunkteten Pferde. Besonders auffällig sind außerdem die vielen gesprühten Negativformen von Händen an den Höhlenwänden.

Geöffnet März bis Oktober, 9.30–12 und 13.30–17 Uhr, im Juli und August keine Mittagspause.
€14, Kinder 5–14 Jahre €8,50, Kinder unter 5 Jahre €3,50. Die Besucherzahl ist limitiert, deshalb unbedingt reservieren unter www.pechmerle.com

Cajarc

Schon seit dem Mittelalter ist die Kleinstadt eine Station der Pilger auf der Via Podiensis. So steht im Ort neben der Kapelle Sainte-Madelaine die Ruine einer Pilgerunterkunft aus dem 12. Jahrhundert. Außerdem gibt es in Cajarc durch die Lage an der früher recht frequentierten Schiffahrtsroute auf dem Lot auch schon immer Handwerk und ein wenig Industrie.

Capdenac-le-Haut

Der Ort thront auf einer Bergspitze über dem Lot und liegt doch im Schatten der alten Pilgerstadt Figeac. In den schmalen Gassen zwischen den Bruchsteinhäusern geht es meist geruhsam zu. Es gibt kleine Plätze mit Weitblick ins Tal und einen trutzigen Wehrturm mit hübschem Bauerngarten, der zur gut erhaltenen Stadtmauer gehört.

Figeac

Der Ursprung der Stadt geht auf eine Klostergründung im 8. Jahrhundert zurück. Figeac kam durch seine Lage am Pilgerweg zu Wohlstand. In der gepflegten Altstadt stehen heute noch viele Stadthäuser aus dem 13. bis 16. Jahrhundert – meist dreistöckig und mit einem Arkadengang im Erdgeschoss. Aufgrund der gut erhaltenen Bausubstanz zählt Figeac zu den sogenannten »Grand Sites de France«. Außer der stimmungsvollen Altstadt lohnen auch die im Jahr 1092 geweihte Kirche Saint-Sauveur und die Basilika Notre-Dame du Puy den Besuch.

Baden

5 Badeplatz Saint-Cirq-Lapopie

Eine öffentliche Badewiese mit gutem Zugang zum Wasser finden Sie vor dem Campingplatz zu Füßen des Dorfes Saint-Cirq-Lapopie.

6 Badeplatz Cabrerets

Am Ortseingang von Cabrerets wird am Kiesufer unterhalb des Schlosses und des Steingebäudes der alten Mühle gebadet. Im Sommer kann man hier außerdem die Kanuten beobachten, die die lange Bootsrutsche im Célé hinuntersausen, um die Stufe des Mühlenwehres zu überwinden.

7 Badeplatz Sauliac

Eine Kiesbank mit Zugang zum flachen Wasser erlaubt hier eher ein Sonnenbad und das Plantschen im flachen Wasser als ein richtiges Bad im Fluss. [› Tour 40]

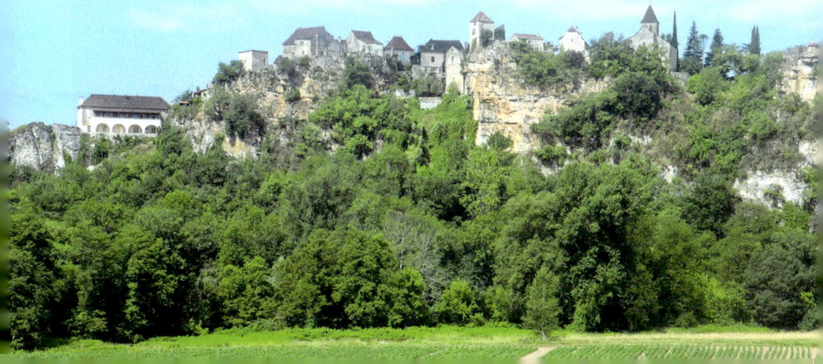

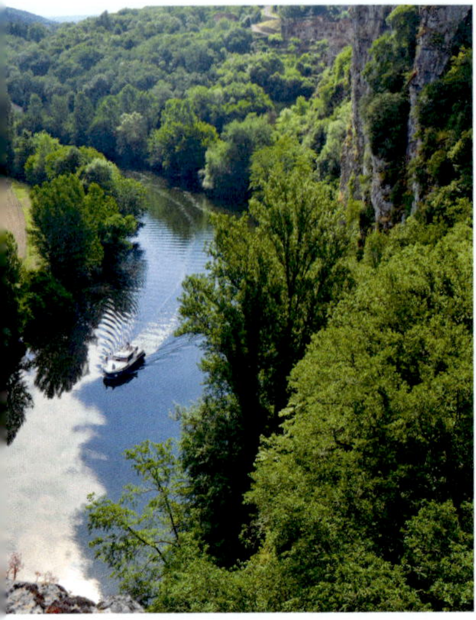

Outdoorsport

Die **Via Podiensis** ist die beliebteste Route des Jakobsweges in Frankreich. Sie führt von Le Puy-en-Velay nach St. Jean-Pied-de-Port. Hinter Figeac am Rande des Quercy haben die Pilger die Wahl, ob sie durch das Tal des Célé wandern und dann durch Cabrerets und St. Cirq wieder auf die Hauptroute stoßen, die am Lot entlang nach Cahors führt. Der Weg durch das Tal des Célé auf dem GR651 ist aber auch eine interessante Route für eine kürzere Wanderung.

Mit dem Hausboot auf dem Lot

Eine Flussstrecke von 130 Kilometer mit schönen Dörfern am Ufer erwartet Sie auf einer einwöchigen Fahrt mit einem voll ausgestatteten Hausboot, das nach einer Einweisung ohne Bootsführerschein gefahren werden kann. Geschlafen wird an Bord. Fahrräder ermöglichen Erkundungstouren an Land. *Boote leihen Sie zum Beispiel in Bouziès bei www.lot-navigation.com oder auch www.locaboat.com, www.karinmerkle-hausboote.de.*

8 Kalapca Loisirs

Höhlentouren, Klettern, Canyoning Via Ferrata, Mountainbiketouren – bei Kalapca Loisirs in Conduché können Sie nicht nur Kanus mieten **[› Tour 39]**. Wer draußen unterwegs sein will und das Abenteuer sucht, ist hier genau richtig. www.kalapca.com

9 Aire naturelle Les Cadichons

In der Einsamkeit zwischen Lot und Célé liegt der Naturcamping Les Cadichons. Hier kann man mit den Eseln des Hofes auf Wanderschaft gehen, sein Zelt aufschlagen und eine Jurte, ein Tipi oder eine Ferienwohnung mieten. Ein Idyll für Naturfreunde. *Eselwandern pro Tag und Esel €50, Camping €6 pro Person, Mindestaufenthalt 3 Tage. www.les-cadichons.com*

10 Ferme equestre du Pech Merle

Das Reitzentrum in der Nähe der Höhle von Pech Merle ermöglicht fortgeschrittenen Reiterinnen und Reitern geführte Tages- und Halbtagesritte im Tal von Lot und Célé. *Halbtagesritt €40, Tagesritt mit Mittagessen €120, Tel. 0033 (0)611932523. www.pechmerle.fr*

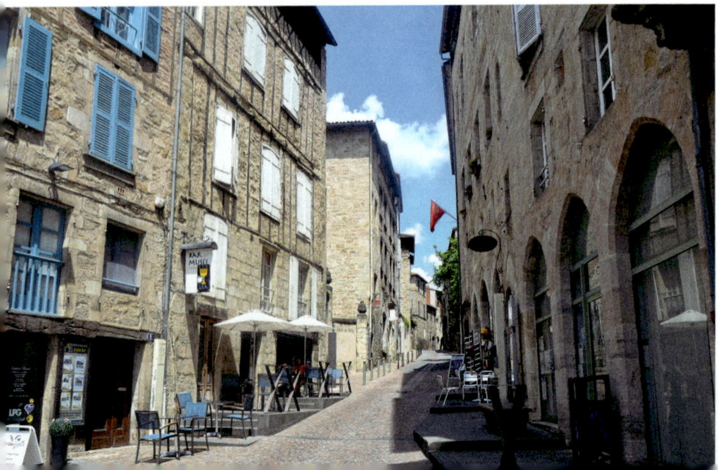

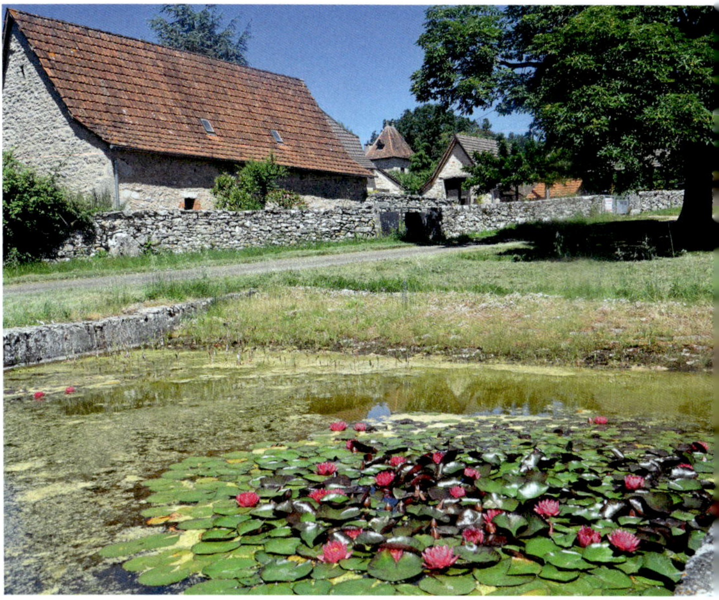

Tour 34: Rund um Espédaillac

65 m

STRECKE 3,6 km

1 h

ab 6

Ein Dorf auf der Causse de Gramat

Eine leicht hügelige Landschaft mit vielen kleinen Mäuerchen zwischen den Weiden, flache Steinbecken, die als Wasserreservoir dienen, und stattliche Steinhäuser mit gepflegten Gemüsegärten bestimmen die Optik eines typischen Dorfes auf den Causses. Espédaillac ist ein besonders hübsches Dorf mit vielen alten Steingebäuden. Dieser kurze Rundweg führt uns auch durch Wald und Felder in der Umgebung und in verborgene Winkel des Ortes.

TOUREN-STECKBRIEF

Anfahrt: Von Gramat kommend der D 14 über Reilhac bis nach Espédaillac folgen und bei **GPS N 44°38'07.0", E 1°46'21.0"** im Ortszentrum parken.
Vom Tal des Célé fahren wir in Marcilhac oder Saint Sulpice gen Norden in Richtung Gramat, um nach Espédaillac zu kommen.

Markierung: Erste Hälfte des Weges mit gelben Farbbalken markiert.

Charakter: Einfacher Spaziergang auf ebenen, breiten Wegen und kleinen Straßen durch das Dorf und seine Umgebung. Wenig Schatten.

Mit Kindern: Technisch unkompliziert aber für Kinder nicht ganz so spannend. Die Wege sind auch mit Kinderwagen oder Kinderfahrrad passierbar. Am oberen Reservoir kann man Enten angucken.

Einkehr: Auberge Belleville mit sehr guter Küche zu leicht gehobenen Preisen und schattigen Plätzen im Innenhof.

Unterkunft:
Hotel: Le Mas du Sire, Quissac.
Camping und Wohnmobil: Im Célétal oder bei Rocamadour.

In der Nähe: Rocamadour, Tierpark Gramat, Tal des Célé.

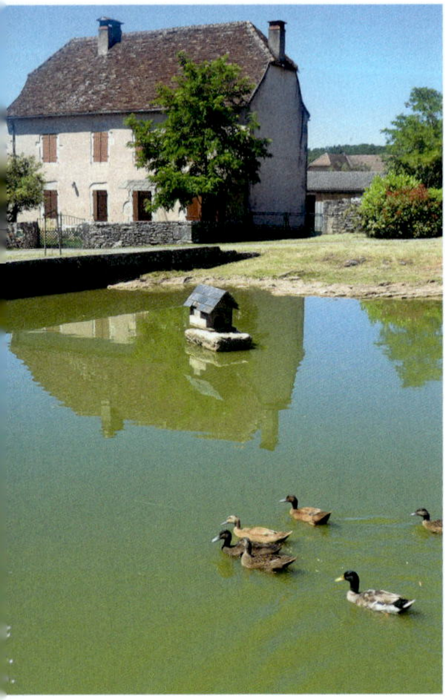

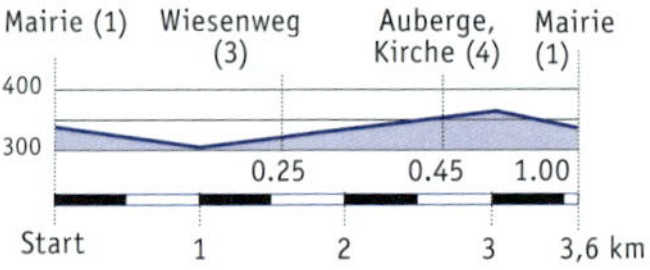

Wanderung: Wir beginnen unsere Runde vor dem **Rathaus** ① (Mairie), wo auch eine Infotafel steht, die den kompletten Weg zeigt. Wir variieren die Route ein bisschen und kürzen im zweiten Teil ab. Trotzdem haben wir am Ende der Runde einen guten Eindruck von der typischen Bauweise eines Dorfes auf der Causse de Gramat. Wir gehen von der Mairie die Straße hinunter bis zum flachen, für die Causses typischen **Wasserbecken**, in dem Regenwasser aufgefangen wird. Der Kalkboden der Hochebenen lässt Regen sofort abfließen, die Wasserbecken sind auf der Hochebene daher allgegenwärtig und werden heute hauptsächlich zum Bewässern von Pflanzen genutzt.

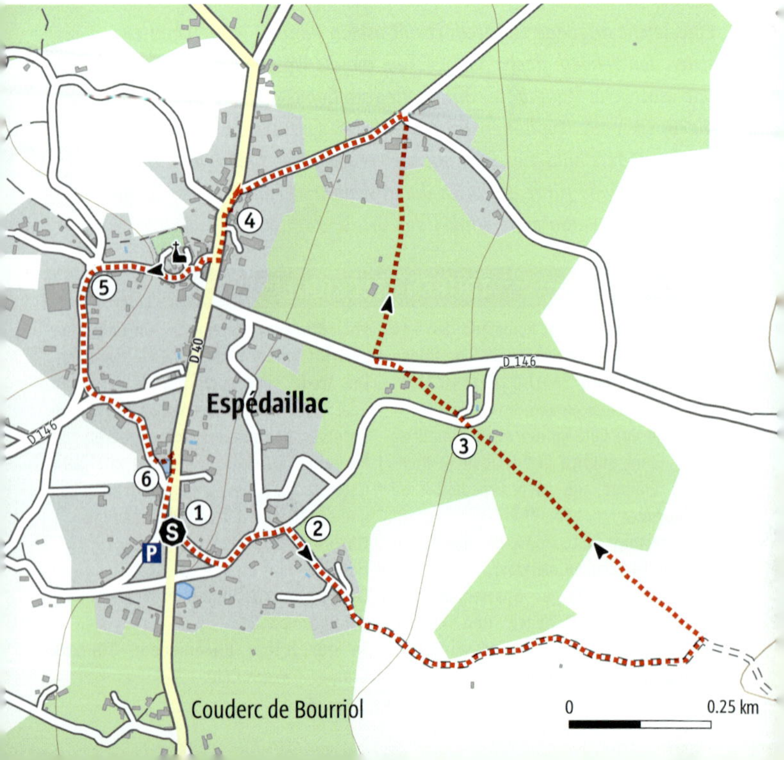

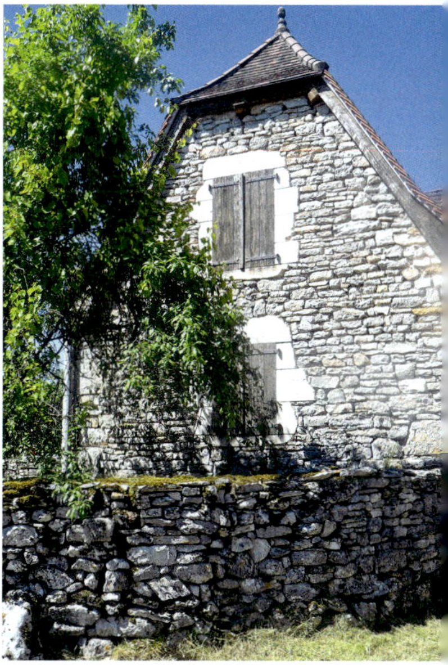

Der gelb markierte Weg führt vor dem Wasserbecken links die Straße hinunter. An der **ersten Verzweigung** ② wählen wir den rechten Weg, an der nächsten noch einmal. Jetzt befinden wir uns auf einem Schotterweg, der leicht abfallend durch Wiesen und vom Dorf weg führt. Bis zur nächsten Kreuzung gehen wir ein ganzes Stück, dann biegen wir links in einen angenehmen, leicht schattigen Weg zwischen Steinmauern ein. Wenn dieser das **erste Haus des Ortes** ③ erreicht, heißt es aufpassen. Die links abzweigende Straße ist falsch. Erst wenn man ein paar Schritte rechts in der Auffahrt des auf der rechten Seite stehenden Hauses hinaufgeht, sieht man den **Wiesenweg**, der zwischen den beiden Privatgrundstücken beginnt. Hier geht es weiter.

Kurz darauf stehen wir auf einer **Straße**. Wir biegen links ab und folgen gleich darauf dem Wanderweg nach rechts. Noch einmal geht es zwischen bemoosten Mauern entlang bis zum nördlichen Ortsrand. Hier folgen wir der schmalen Straße nach links, bis wir die Hauptstraße erreichen. Diese spazieren wir links hinunter, vorbei am einladenden **Gasthof** ④ und bis zur Kirche. An der **Kirche** verlassen wir dann den markierten Weg und biegen hinter dieser rechts ab und gehen das Sträßchen hinauf bis wir einen **Platz** ⑤ erreichen. Hier biegen wir links ab und befinden uns wieder auf dem markierten Wanderweg. Wir folgen der Markierung bis zur nächsten Kreuzung. Hier geht der Wegs leicht links versetzt geradeaus weiter und wenig später stehen wir am **zweiten Wasserreservoir** ⑥ des Dorfes, an dem auch ein Picknicktisch zu finden ist. Von hier aus ist die Mairie bereits zu sehen.

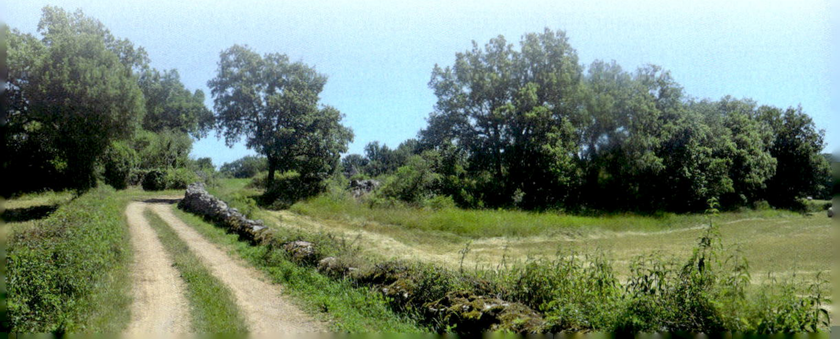

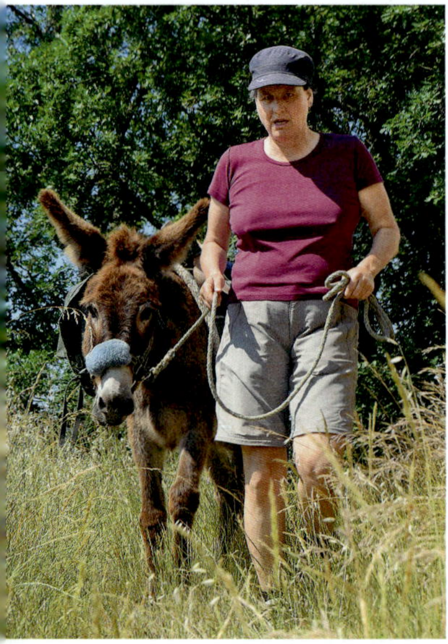

Tour 35: Mit Esel auf dem Jakobsweg?

Wandern mit Esel ist besonders: Statt einem schweren Rucksack auf dem Rücken haben Sie einen Führstrick in der Hand, wählen den Pausenplatz mit dem saftigsten Gras und streicheln in der Wanderpause eine weiche, warme Eselnase. Im Tal des Célé trifft man auf eine Variante des französischen Jakobsweges mit perfekter Infrastruktur für Reisende mit Pferd oder Esel. Es gibt hier mehrere Herbergen, die auch auf vierbeinige Pilger eingerichtet sind. Die siebentägige Tour auf dem Jakobsweg gehört daher zu den Klassikern im Eselstall von Rando Pas-d'Âne nördlich von Cahors. Genauso gut kann man auch erst einmal für ein paar Stunden mit einem der Esel Bekanntschaft schließen – dazu stehen mehrere Rundtouren in den Hügeln um den Stall zur Wahl. Diese kurzen Touren für einen Tag oder ein abenteuerliches Wochenende eignen sich auch besonders für Familien. Größere Kinder werden begeistert den Esel führen und die Kleinsten dürfen sich auch zwischendurch auf dem Eselrücken vom Wandern erholen.

180 m

STRECKE 8 km

3 h

ab 4

Eine schöne Halbtagestour zum Schnuppern führt zum nahegelegenen Château Roussillon und ist hier im Anschluss beschrieben. Für begeisterte Eselwanderer eignet sich aber auch die Zweitagestour nach La Devèze als Einstieg, wo Sie auf der »Ânerie« von Martine Jouclas, einer Pionierin der französischen Eselwanderszene, willkommen sind. Martine spricht übrigens gut Deutsch.

Rundweg zum Schloss Roussillon

Unser Spaziergang mit Caramell

Wanderung: Auf der schmalen Straße vor dem **Stall** wandern wir rechts bis zum **Bauernhof** und zur ersten **Kreuzung** ①, an der wir links abbiegen. Kurz darauf wählen wir noch einmal links den abzweigenden Schotterweg. Diesem folgen wir etwa 200 Meter bis zum ersten Abzweig, dem wir abermals links über eine Lichtung folgen. Dann steigt der Weg sanft an. Einen Abzweig in der ersten Kurve ignorieren wir und folgen weiter dem Schotterweg, der ständig leicht an Höhe gewinnt. **Auf der Höhe** angekommen wird das Schloss von Roussillon auf dem gegenüberliegenden Hügel sichtbar und wir gehen rechts auf dem Bergrücken entlang. Kurz darauf treffen wir auf einen Bauernhof. Der Weg führt zwischen den Gebäuden hindurch. Hinter den Häusern biegen wir an einem weißen Kreuz links ab und folgen der Straße. Schon nach wenigen Minuten zweigt links ein schöner **Waldweg zwischen Trockensteinmauern** ② ab. Dieser Weg ist auch mit einer

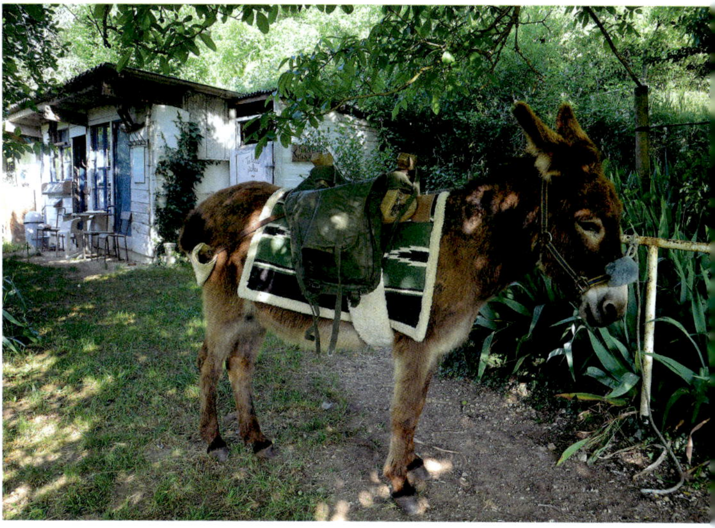

Für unsere kurze Tour reichen die kleinen Packtaschen. Sie werden gleichmäßig beladen und am Sattel befestigt. Dann ist Caramell startklar.

TOUREN-STECKBRIEF

Anfahrt: Von der D 820, die von Gourdon in Richtung Cahors führt, biegen Sie elf Kilometer vor Cahors links nach Francoulès ab. Hinter dem Ort führt die schmale D 22 rechts nach Valroutié. Wir durchqueren das Dorf, bleiben auf der D 22 und bleiben am nächsten Abzweig rechts im Tal. Kurz darauf führt eine Brücke über den Bach. Hier ist der Eselstall mit einem Holzwegweiser nach rechts ausgeschildert. Wir fahren an einem Bauernhof vorbei. Dann folgt links der Straße der Eselstall oben auf dem Foto.

GPS N 44° 30′38.0″, E 1° 28′30.0″.

Der Eselstall: Geöffnet April bis September, Halbtagestour €40, Tagestour €55. Auch Wanderungen mit Begleitung möglich. Bitte vorher anmelden.

Rand'ô pas-d'âne: Tel. 0033 (0)662867733. Rudimentäre Französischkenntnisse sind notwendig. Mag und Patrick sind sehr engagiert, sprechen aber nur Französisch.
randopas-dane.wifeo.com

Charakter: Der beschriebene Rundweg verläuft auf guten, wenig begangenen Wegen, Pfaden und schmalen Sträßchen und ist teilweise markiert.

Mit Kindern: Ein Esel am Führstrick weckt bei Kindern ungeahnte Ausdauer beim Wandern, die Jüngsten (bis etwa sieben Jahre) können sich zwischendurch auf dem Eselrücken vom Laufen erholen.

Einkehr: Picknick aus der Satteltasche.

Unterkunft:
Hotel: Hotel Jean XXII in Cahors.
Camping: Camping Municipal in Cabrerets, Camping Les Graves in St. Pierre Lafeuille
Wohnmobil: Stellplatz in Cahors bei GPS N 44° 26′25.0″, E 1° 26′28.0″.

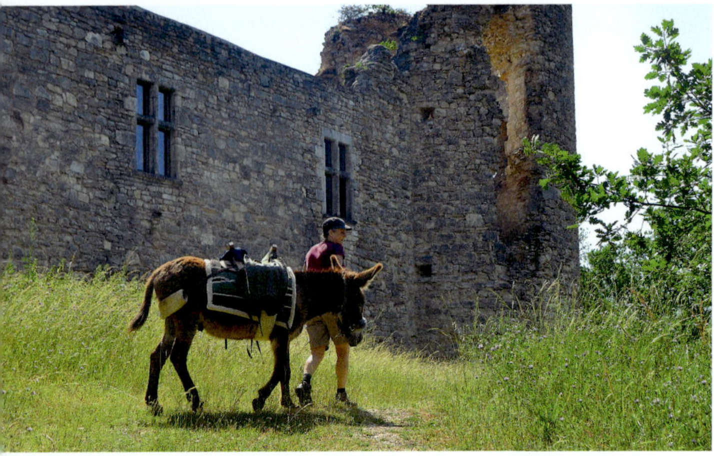

grünen Tafel markiert und führt uns zu einer **Ferienanlage** aus mehreren Steinhäusern. Wir durchqueren die Anlage und kommen zu einer **Straßenkreuzung**, an der wir auf der mittleren Straße mit dem Schild zur »Route Nationale« weiterlaufen. Von dieser zweigt kurz darauf ein mit grünem Pfeil markierter Waldweg zur »fontaine« ab. Wir laufen jedoch noch ein kurzes Stück geradeaus und folgen dann links der Straße, die zwischen Neubauten zum **Château Roussillon** ③ führt. Auf dem gelb markierten Wanderweg geht es rechts am Schloss vorbei, einmal um das Gebäude herum und unterhalb der Zugangsbrücke in Kehren durch den Wald hinab bis zum Weg, der zur Quelle führt. Diesem folgen

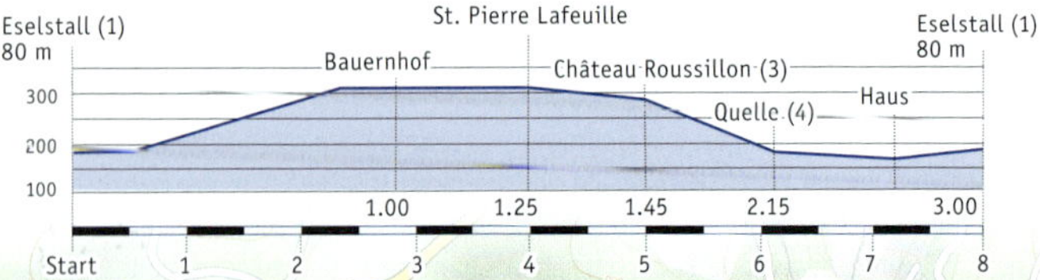

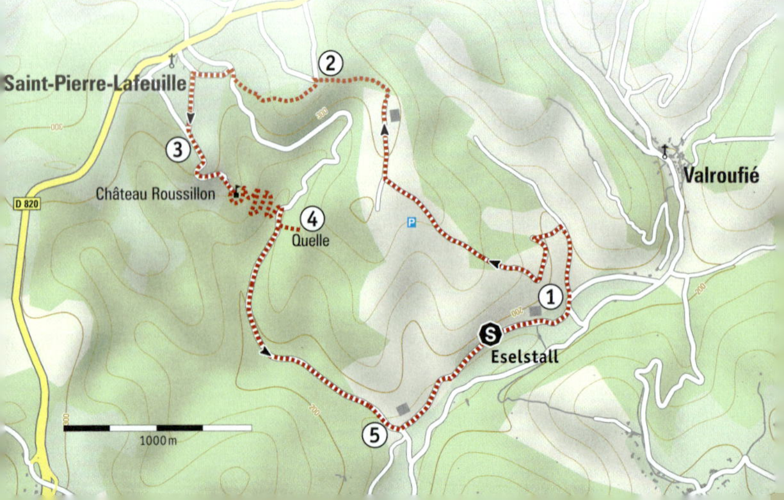

wir rechts. Wer an einem schattigen Platz rasten möchte, wählt kurz darauf den Abstecher nach links zur »**fontaine**« ④. Hier fließt das Quellwasser in zwei betonierte Becken und speist dann einen Bach. Zwei Baumstämme bieten eine Sitzgelegenheit und einer der Bäume eignet sich auch als Anbindeplatz für unseren Esel.

Zurück auf dem Hauptweg geht es noch ein Stück durch den Wald, dann mündet unser Weg auf eine Straße am Waldrand, der wir bis zu einer **Wegkreuzung mit Haus** ⑤ folgen. Das Holzschild Rando Pas-d'Âne verrät es: Dies ist das Wohnhaus von Mag und Patrick. Jetzt laufen wir nur noch ein kurzes Stück links an der Straße entlang, bis wir wieder am Eselstall stehen.

Die grünen Berge von Cahors

Eselabenteuer für zwei kurzweilige Tage

Eine schöne Wanderrunde führt vom Stall von Rando Pas-d'Âne hinauf auf die Hochebene nach La Devèze, wo die Eselfachfrau Martine Jouclas mit ihrem Team zukünftige Eselbesitzer in allen wichtigen Details der Eselkunde unterrichtet. In ihrer Ânerie stehen einige einfache Gästezimmer und ein Zeltplatz auf der Wiese zur Verfügung, gegessen wird gemeinsam am großen Tisch. Der Weg hinauf führt durch den malerischen Rousseau de Noaillac. Zurück geht es dann durch das ebenso reizvolle Tal der Rouze. Wegbeschreibung und Karte bekommen Sie mit Ihrem Esel bei Rando Pas-d'Âne. Mit zehn und 15 Kilometern sind die Etappen überschaubar und es bleibt auch genug Zeit für Pausen. Proviant und Gepäck finden Platz in den Tragetaschen am Sattel des Esels und Sie wandern unbeschwert durch eine stille Landschaft weit abseits der gängigen Touristenpfade.

Haltung, Fütterung, Pflege und das Reiten und Fahren von Eseln sind seit vielen Jahren die Passion von Martine Jouclas. Die Kurse auf ihrer Anerie vermitteln Interessierten fundiertes Eselwissen. www.anerie.com

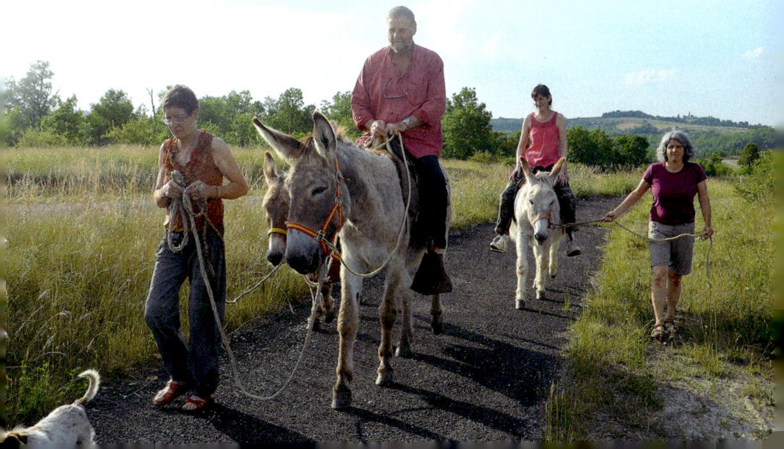

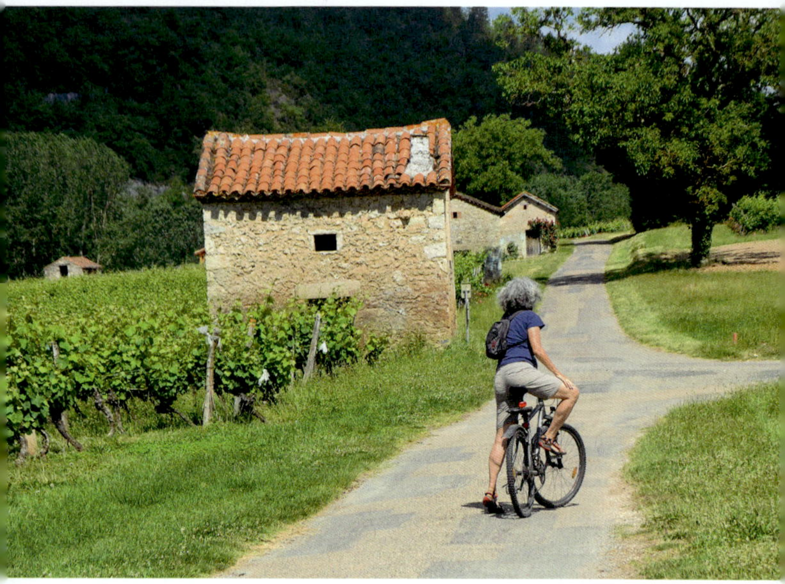

180 m

STRECKE
30 km

3–4 h

Variante ab 6

Tour 36: Durch die Weingärten von Cahors

Eine Radtour an den Mäandern des Lot

Luzech, Parnac und Mezèls gehören mit zu den wichtigsten Orten des traditionsreichen AOC-Weinbaugebiets von Cahors. Unsere Fahrradroute auf dem markierten Lot-Radweg führt mitten durch die Reben, vorbei an kleinen Schlössern, in denen Weingüter residieren, und zu schönen Rastplätzen am Fluss. Neben den drei namhaften Adressen Château Saint Didier in Parnac, Château Lagrezette bei Mezèls und dem Château de Caïx bei Luzech liegen an unserer Route auch noch mehrere kleine Weingüter, in denen Sie probieren und einkaufen können. Und auch wenn Sie sich gar nicht für Wein interessieren, werden Sie an der landschaftlich äußerst attraktiven Radrunde Ihre Freude haben.

Zwischen Luzech und Douelle zieht der Lot vier große Schleifen. Die direkte Straßenverbindung zwischen den Orten beträgt knappe acht Kilometer, unser Radweg folgt jedoch den gemächlichen Mäandern des Flusses. Am Rand der Verbindungsstraße reihen sich Weingüter, neue Häuser und auch ein wenig Gewerbe. Das Land innerhalb der Flussschlingen träumt dagegen ungestört vor sich hin. Wir radeln auf schmalen Asphaltwegen zwischen Obstbäumen und Weinreben. Die stattlichen Weingüter residieren hier im Zentrum des berühmten Weinbaugebietes Cahors vorzugsweise in einem der vielen kleinen Schlösser.

Luzech – Douelle: 18 km

Von unserem Parkplatz an der Badestelle in Caix folgen wir der Straße zurück nach Luzech. Hier treffen wir auf den Lot-Radweg. und die grünen Markierungen, die im Ortszentrum beginnen. Zum Warmradeln starten wir in die ebene **erste Schleife bei Luzech**, die mit einer stillen Landschaft aus Reben und kleinen Steinhäuschen erfreut. Die Route ist immer in beide Richtungen markiert, was den Einstieg erst einmal nicht ganz eindeutig macht. Wir fahren vom Parkplatz an der westlichen Brücke ortsauswärts in die erste Flussschleife hinein.

Der Weg zieht einen großen Bogen. Ganz unten treffen wir auf eine schöne, alte **Kirche** ①. Dann geht es nach Luzech zurück und durch den Ort bis zum Kreisel. Wir folgen der grünen Fahrradspur, überqueren die Brücke (Fahrtrichtung Cahors) und biegen gleich links in die **zweite Schleife** ein. Sie führt am Lot entlang zum **Wehr von Luzech** ② und in einem großen Bogen nach Lemouzy. Wer kürzen möchte, kann diesen Bogen auch auslassen und geradeaus durch den Ort **Lemouzy** fahren. Egal wie wir entscheiden: Es geht in Lemouzy erst einmal ordentlich bergauf.

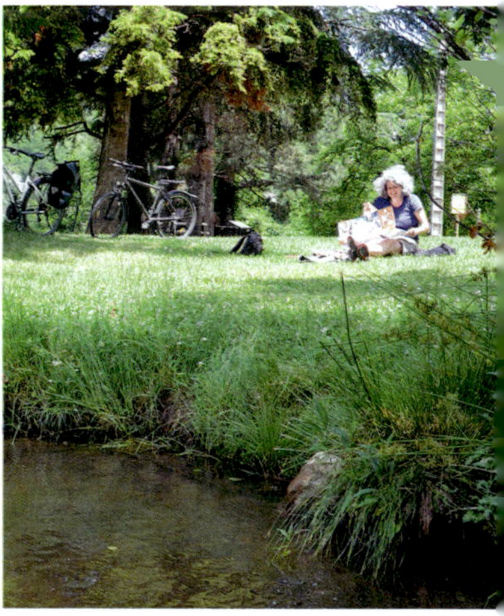

Die **dritte Schleife** ist einer der schönsten Teile der Rundtour. Der Fahrradweg berührt die D8 und führt dann links steil hinun-

TOUREN-STECKBRIEF

Anfahrt: Von Cahors kommend an der Ortseinfahrt von Luzech den Hinweisschildern zum Campingplatz folgen und rechts am Lot entlang zum Parkplatz vor dem Camping bei **GPS N 44°29'28.0", E 1°17'42.0"** fahren.

Fahrradverleih: Direkt an der Strecke gibt es leider keinen Verleih. Die nächste Station ist an der Touristeninfo in Cahors.

Markierung: Hinweg auf dem Lot-Radweg, Rückweg unmarkiert.

Charakter: Anspruchsvolle Radrunde mit einigen steilen Abschnitten auf kleinen Straßen ohne Autoverkehr auf markiertem Radweg. Eine kurzes Stück führt der Radweg jedoch direkt an der Route Nationale entlang.

Mit Kindern: Auch mit jüngeren Kindern machbar ist die kurze Rundtour von Luzech durch die erste Schleife des Lot. Mit Größeren kann man die Runde bis zum Bootsrastplatz bei Parnac erweitern.

Einkehr: Auberge du Vieux Douelle in Douelle (an der Brücke weiter in den Ort).

Unterkunft:
Hotel: Domaine Le Peyrou bei Luzech.
Camping: Camping Municipal Les Berges de Caïx.
Wohnmobil: Stellplatz Luzech vor dem Campingplatz GPS N 44°29'27.0", E 1°17'41.0".

In der Nähe: Cahors.

ter. Auf einem hoppeligen Sträßchen geht es rasant bergab nach **Parnac**. Der Radweg streift das Dorf, in dem mehrere bekannte Weingüter liegen, nur am Rande. Ein Abzweig links vom Weg führt zum Lot zu einer Site de pêche (Angelplatz) und zum **Weingut Château de Parnac**. Am Fluss befinden sich hier ein Anleger für Hausboote und eine schöne **Picknickwiese** ③.

Zurück auf dem Radweg passieren wir den Direktverkauf der **Domaine Château Saint Didier** und durchqueren dann eine Obstplantage. Auf dem Weg hinauf zur D8 treffen wir auf eine weitere Domaine mit Direktverkauf. Jetzt folgt der einzige Wegabschnitt auf einer vielbefahrenen **Straße** ④. Es geht flott bergab, sodass dieser weniger angenehme Abschnitt schnell erledigt ist. Vor einer Entsorgungsstation für Wohnmobile entkommen wir der D8 in ruhigere Gefilde. Die Stelle ist gut markiert, denn Sie dürfen hier nicht auf der Nationalstraße weiterfahren.

Der letzte Bogen ist flach und überschaubar. Vorbei am nur im Sommer geöffneten **Camping Municipal** und einer **Badestelle** ⑤ erreichen wir die ersten Häuser und die Schleuse von **Douelle**.

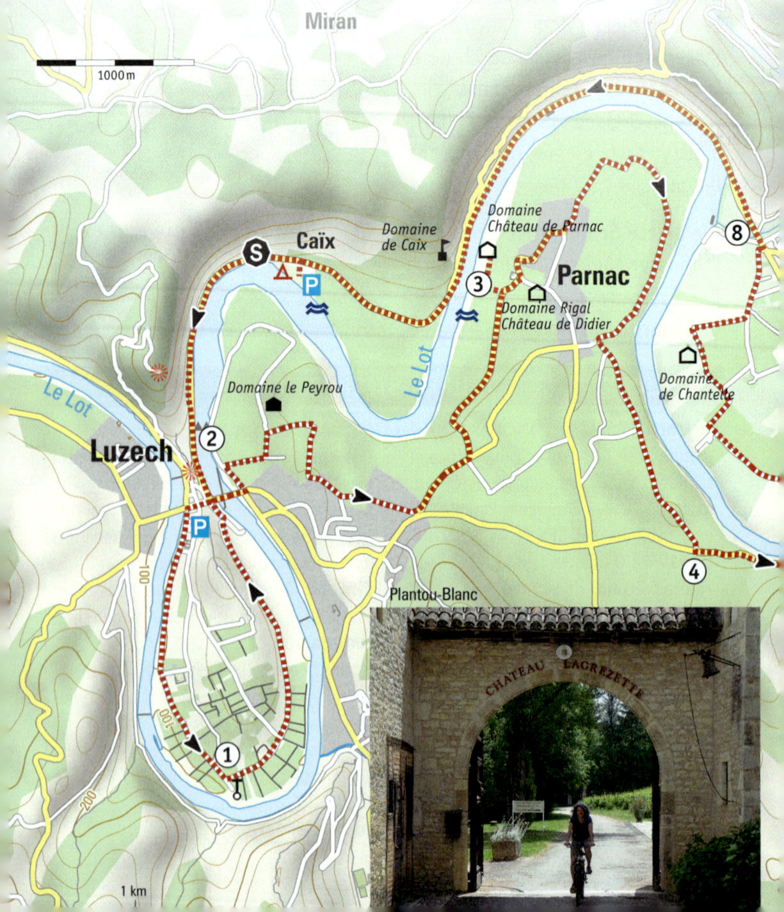

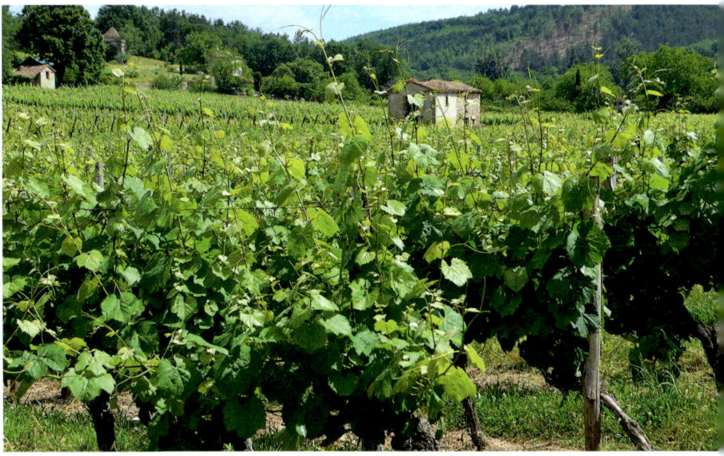

Unsere Runde führt jetzt über die Brücke ans andere Flussufer. Wenn Sie im Restaurant einkehren möchten, fahren Sie erst weiter ins Dorf hinein, wo man am Flussufer in der Auberge du Vieux Douelle oder im benachbarten Le Marine gut essen kann.

Douelle – Lagrezette – Caillac – Caïx – Luzech
Auf der Rückfahrt verlassen wir den markierten Radweg und sind auf schmalen, wenig befahrenen Straßen unterwegs. Gleich hinter der Brücke geht es links und dann am ersten Abzweig wieder links nach Caillac/**Château de Lagrezette** ⑥. Ab hier folgen

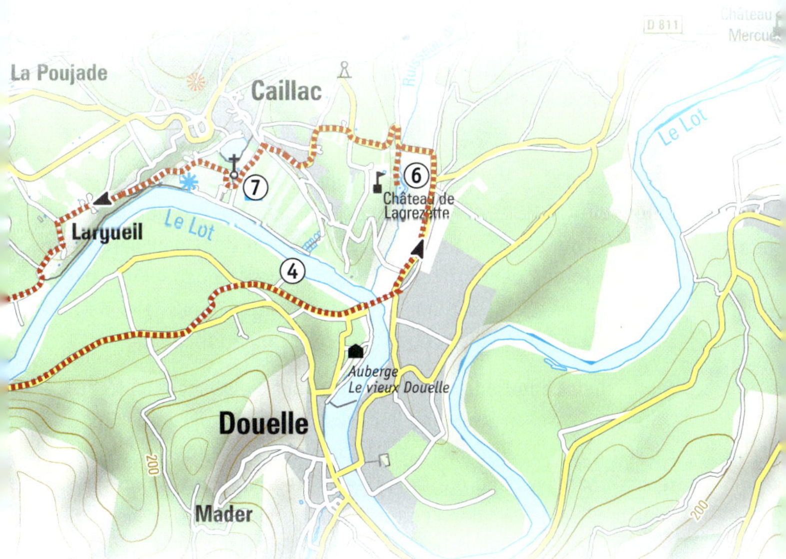

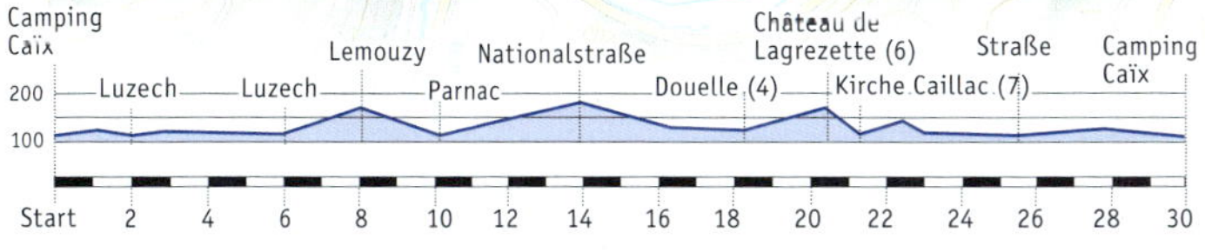

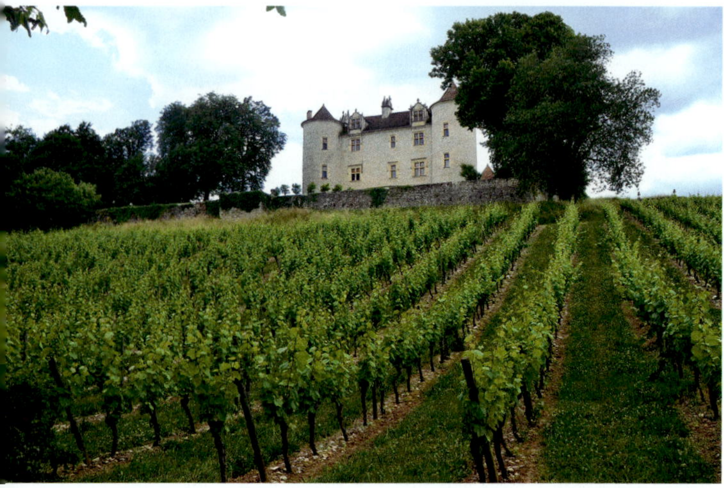

Das Weingut Château Lagrezette mit Degustation und Direktverkauf

wir den Wegweisern zum Château. Auch dieses Schlösschen beherbergt ein Weingut mit Direktverkauf und Dégustation. Sollte also in den Radtaschen noch ein wenig Platz sein... Auf dem weiteren Weg kann man das Schloss von allen Seiten betrachten – vorausgesetzt, die Kondition lässt es zu. Noch einmal fahren wir steil bergauf. Kaum oben angekommen, folgen wir dem Wegweiser links nach **Caillac** und zur **Eglise Romaine** ⑦. An den ersten Häusern geht es links und im großem Bogen zum Fluss hinunter. Vorbei an einem kleinen See mit öffentlichem Badeplatz und Picknicktisch rollen wir dann links hinunter auf den Kirchturm zu. Ein Besuch lohnt unbedingt, die Kirche aus dem 12. Jahrhundert hat einen ganz eigenen Charme.

Zwischen Kirche und See radeln wir auf dem Asphaltweg weiter und ein letztes Mal stramm bergauf. Blicke über das Flusstal belohnen die Mühe. Der Weg endet an den Häusern des Dorfes **Largueil**. An der Kreuzung im Ort sausen wir links den Berg hinab und folgen dem dritten Lot-Mäander durch noch mehr sattgrüne Reben. Die zugehörige Domaine liegt links am Weg. Direkteinkauf und Weinprobe sind selbstverständlich möglich.

Im Örtchen **Lapoujade** stoßen wir dann auf die schmale **D145** ⑧ , die uns zwischen Steilwand und Fluss nach Caïx und zurück nach Luzech geleitet. Kurz vor Caïx beherbergt ein weiteres Schloss rechts oben am Hang die **Domaine Château de Cayx** – eines der edelsten Weingüter der Region. Weniger nobel geht es im Dorf selber zu. Zwei kleine Domaines liegen zwischen den wenigen Wohnhäusern, und die Base nautique mit Bootsverleih, Restaurant, Badeplatz mit Sandboden und Picknicktischen bietet am Ziel einen attraktiven Platz, um den Tag ausklingen zu lassen.

Bordeaux, Bergerac, Cahors – Weinland seit 2000 Jahren

Divona Cadurcorum, wie Cahors vor 2000 Jahren hieß, schätzten schon die Römer für seinen Wein. Im 14. Jahrhundert war Cahors dann eine wichtige Handelsstadt und der Hauptlieferant der Importweine nach England. Nach dem Hundertjährigen Krieg, der für den bis dahin englischen Wirtschaftsstandort das Ende bedeutete, übernahm das nahe Bordeaux die Vorherrschaft im Weinhandel und hat diese Position bis heute gehalten. Die benachbarten Anbaugebiete Cahors und Bergerac, weiter vom Meer und den Handelshäfen entfernt, gerieten ins Abseits.

Das **Bordelais** ist berühmt für seine hochwertigen Rotweine, die bevorzugt aus den Reben Merlot, Cabernet Sauvignon und Cabernet Franc gekeltert werden und zu den teuersten Weinen Frankreichs gehören. Dabei bestimmt die Klassifikation des produzierenden Weingutes den Preis und die Klasse des Weines.

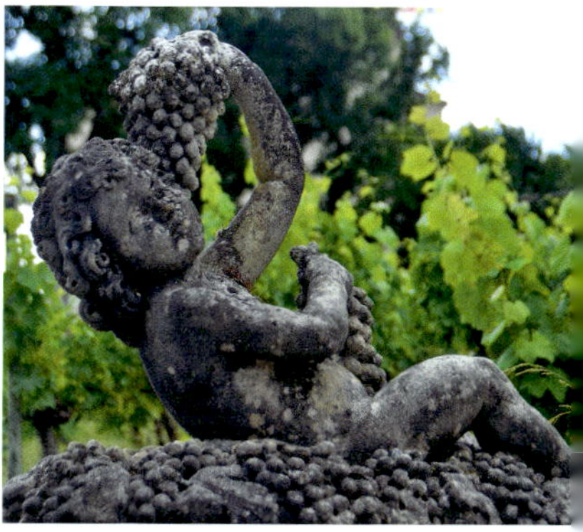

Das direkt an das Bordelais anschließende **Bergerac** kann auf ähnliche klimatische Bedingungen zurückgreifen, und so werden hier auch dieselben Reben gepflanzt. Seit 1936 ist Bergerac als AOC-Region mit den Apellationen *Bergerac* und *Côtes de Bergerac* anerkannt. Den fruchtigen weißen oder roten *Bergerac* sollte man jung trinken, der gehaltvollere *Côte de Bergerac* ist länger lagerfähig. Die beiden Sorten unterscheiden sich durch die Wahl der Trauben: Während im *Bergerac* der Merlot dominiert, wird ein *Côtes de Bergerac* vom Cabernet Sauvignon geprägt. Eine besondere Rolle spielt im Bergerac der süße, spät gelesene Weißwein Monbazillac, der am linken Ufer der Dordogne wächst. Die Edelfäule der Trauben wird durch den herbstlichen Morgennebel am Fluss besonders begünstigt.

Im Weinbaugebiet von **Cahors** hat man sich anders spezialisiert: Am Ufer des Lot und auf den trockenen Kalkplateaus über dem Fluss wird vorrangig aus der Rebsorte Malbec ein tiefroter, schwerer Rotwein gekeltert. Die Lagen ganz unten am Flussufer bringen dabei einen etwas leichteren, fruchtigen Wein hervor, der jung getrunken wird, während der lehmige Boden der Plateaus für die schwereren, langlebigen Weine sorgt.

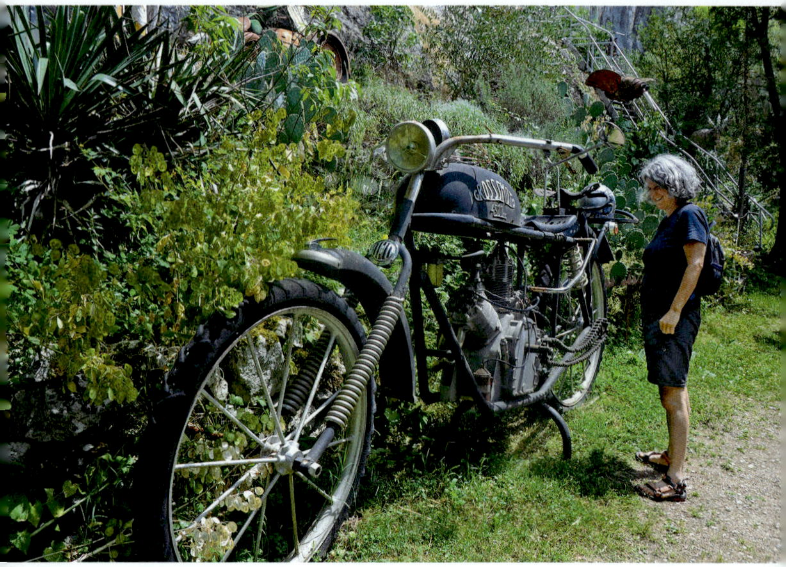

1 h

ab 8

Tour 37: Im Reich der Fantasie

Bertrand Chenu und sein ungewöhnlicher Blick auf die Welt

Mit Tachoaugen und einem gewaltigen Auspuffrüssel fixiert die riesige Stechmücke im Musée de l'Insolite die Besucher, daneben wachsen bunte Riesenblumen aus dem Gestrüpp des Gartens und ein verrosteter Bus transportiert wirre Touristen. Die Räume des alten Steinhauses quellen über von großen und kleinen Figuren, dreisten Ideen und skurrilen Gestalten. Als Poesie des Banalen bezeichnet der Künstler Bertrand Chenu sein Werk, das aus dem Müll der zivilisierten Welt entsteht und allen, die Spaß an schrägen Ideen haben, einen vergnüglichen Besuch bereiten wird.

Eine uralte rostrote Ente wächst aus der Klippe über dem Haus. Daneben sitzen merkwürdige Gestalten auf rostigen Motorrädern. So erkennt man das Musée de l'insolite von der Straße am Flussufer. Der Künstler begrüßt seine Gäste persönlich. Mit wallendem grauen Bart und langem Haar sieht er genauso aus, wie man sich einen Künstler vorstellt. Monsieur Chenu ist Autodidakt und ein begnadeter Sachensucher. Seine Objekte entstehen aus alltäglichen Dingen, Fundstücken, vom Zahn der Zeit verändert und verziert. 1988 entdeckte er das verfallene Haus an der Klippe, kaufte und renovierte es. Aus Fundstücken und Alltagsschrott entstanden die ersten Skulpturen, die schon bald Garten und Haus bevölkerten. Eines seiner ersten Werke war die Kuh mit Tauchermaske, gefunden auf dem Grund des Célé, die im Eingangs-

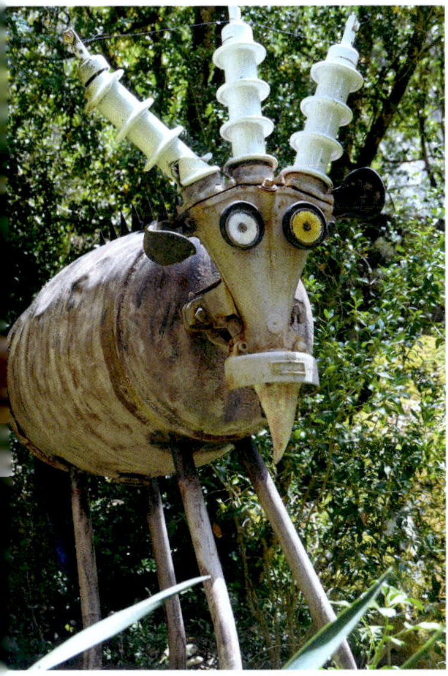

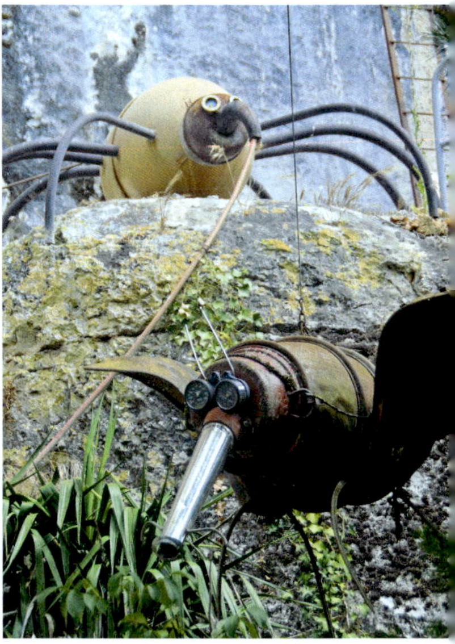

bereich zu finden ist. Die filigraneren Arbeiten stehen gut geschützt in den beiden Häusern, die monumentalen Stücke sind im Garten untergebracht und verändern sich dort unter dem Einfluss der Natur. Vieles erklärt sich dem Besucher von selbst, manches Stück braucht aber erst seinen auf einen kleinen Zettel gekritzelten Namen, um dem Betrachter ein breites Grinsen zu entlocken. Der entsprechende französische Wortschatz oder ein gutes Wörterbuch vertiefen daher das Vergnügen des Besuches. Auch eine Frage beim Urheber der Werke hilft weiter. Er erklärt gerne und spricht auch ein paar Worte Englisch – auch wenn er das erst einmal nicht so gerne zeigt.

TOUREN-STECKBRIEF

Anfahrt: Das Museum liegt in einer Kurve direkt an der D 41 zwischen Cabrerets und Sauliac bei **GPS N 44°31'20.0", E 1°40'37.0".**

Öffnungszeiten: April bis Oktober 9–19 Uhr, Juli, August bis 20 Uhr. €3, Kinder 3–13 Jahre €2 zuzüglich einer kleinen Gebühr für eine Fotoerlaubnis. Fotografieren Sie nicht vom Parkplatz aus. Der Künstler verteidigt seine Werke ab und zu vehement und lautstark gegen den »Raub« durch Vorbeifahrende. Ansonsten ist er jedoch ein friedlicher und zuvorkommender Mensch. www.museedelinsolite.com

Charakter: Wir entdecken im »Museum« Kunst im Sinne von ungewöhnlichen Ideen, zweckentfremdeten Alltagsgegenständen und gekonnt recyceltem Schrott präsentiert in völlig ungestyltem kreativen Chaos.

Mit Kindern: Unter 1400 ausgestellten Objekten werden es wohl eher die großen Objekte im Garten sein, die auch Kindern gut gefallen.

Unterkunft:
Hotel: Auberge de La Sagne in Cabrerets, Chambres d'hôtes l'Autre Chemin in Sauliac
Camping: Municipal Cabrerets
Wohnmobil: Stellplatz Bouziès bei GPS N 44°29'00.0", E 1°38'44.0"

In der Nähe: Cabrerets, Grotte de Pech-Merle, Badeplatz Cabrerets und Sauliac.

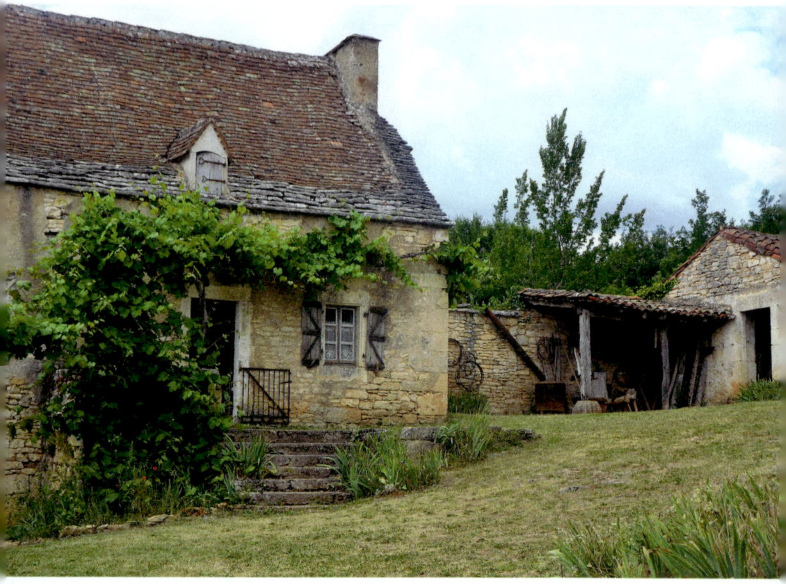

STRECKE
2 km

2–3 h

ab 4

Tour 38: Vom Mittelalter zur industriellen Revolution

600 Jahre Landwirtschaft im Freilichtmuseum von Cuzals

Der Duft von frischem Brot zieht über das Gelände, vor den alten Hofgebäuden der Domaine von Cuzals werden Körbe geflochten und im Gebäude nebenan kann man ländliche Töpferwaren aus dem letzten Jahrhundert betrachten. In Cuzals erleben Sie die Landwirtschaft und das typische Landleben im Quercy vom Mittelalter bis zur Zeit unserer Urgroßmütter.

Der Weg durch das Gelände beginnt an einer archäologischen Ausgrabung des übernächsten Jahrtausends. Was werden Archäologen wohl in 2000 Jahren von unserer Kultur entdecken? Ganz normale Altagsgegenstände wie Wecker, Flaschen, Autoteile? Die Interpretation der Fundstücke wird – wie heute auch – der Fantasie der zukünftigen Generationen überlassen sein. Ob wir wohl immer richtig liegen?

Mit dieser Aufforderung zum kritischen Blick wandern wir zum ersten Hof. Im Steinhaus des Mittelalters teilen sich Mensch und Vieh einen Raum. Die Ausstattung ist einfach und unterscheidet sich gar nicht so sehr von dem, was wir bereits in den nachgebauten Siedlungen der Steinzeit gesehen haben. Die Feuerstelle ist das Zentrum des Raumes, wenige Gefäße aus Ton und Weidenrohr bestücken die Küche und den zentralen Sitzplatz, einfache Pritschen dienen als Bett.

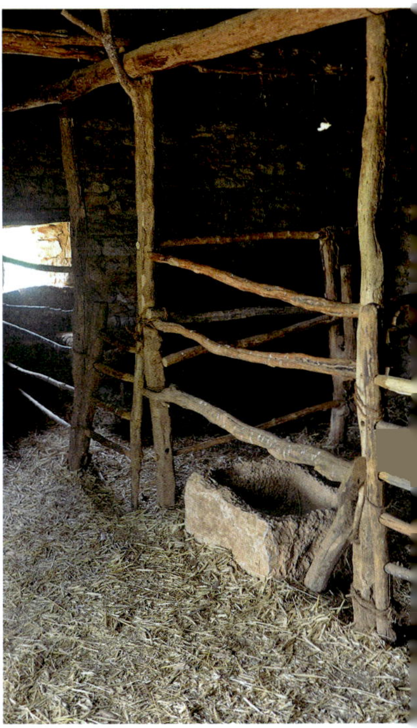

Hier lebt das Vieh noch im Haus der Menschen: Die Entwicklung des Lebens im ländlichen Quercy seit dem Mittelalter ist Thema des Freilichtmuseums von Cuzals.

Erst mit der industriellen Revolution veränderte sich allmählich auch das Leben der einfachen Landbevölkerung. Die Häuser werden größer und man unterscheidet zwischen Wohn- und Lagerräumen. Der Wohnraum der Familie unterteilt sich in mehrere getrennte Räume und die Tiere haben ihr Quartier in einem der Nebengebäude. Hier finden sich auch Brotbackofen, Werkstatt und der Schmiedeplatz. Daneben liegt der Schuppen, in dem die ersten Landmaschinen und Gerätschaften abgestellt werden. Pflug und Mähmaschine werden noch von Ochsen oder Pferden gezogen.

Die allerersten Traktoren revolutionieren dann die Landwirtschaft erneut. In der Scheune hinter dem Schloss, das einst das Zentrum des Anwesens von Cuzals war, stehen Traktoren aus einem ganzen Jahrhundert. Die meisten von ihnen sind auch heute noch fahrtüchtig.

TOUREN-STECKBRIEF

Anfahrt: Cuzals liegt im Hinterland von Sauliac und ist von der D 41 ausgeschildert. Die schmale Straße endet am Parkplatz bei **GPS N 44°31'52.0", E 1°41'54.0"**.

Öffnungszeiten: Von Mai, Juni September Mi bis So 14 – 18 Uhr, Juli und August täglich 10 – 18 Uhr. €5, Jugend ab 12 Jahren € 2,50, Kinder kostenlos.

Charakter: Museumsdorf mit Gebäuden aus der Zeit des frühen Mittelalters bis zum typischen Bauernhof des Quercy aus dem letzten Jahrhundert. Mit funktionsfähigen Werkstätten und Bäckerei und authentisch ausgestatteten Höfen.

Mit Kindern: Ein Museum zum Anfassen: Alle Räume sind frei zugänglich. In den Werkstätten werden alte Handwerkstechniken demonstriert und können selbst ausprobiert werden. Besonders viele Attraktionen für Kinder gibt es in den Sommermonaten am Mittwochnachmittag.

Einkehr: Café auf dem Gelände am Schloss von Cuzals.

Unterkunft:
Hotel: Auberge de La Sagne und Chambres d'hôtes Atypiques in Cabrerets.
Camping: Municipal Cabrerets.
Wohnmobil: Stellplatz Bouziès bei GPS N 44°29'00.0", E 1°38'44.0".

In der Nähe: Grotte de Pech Merle, Musée de l'Insolite.

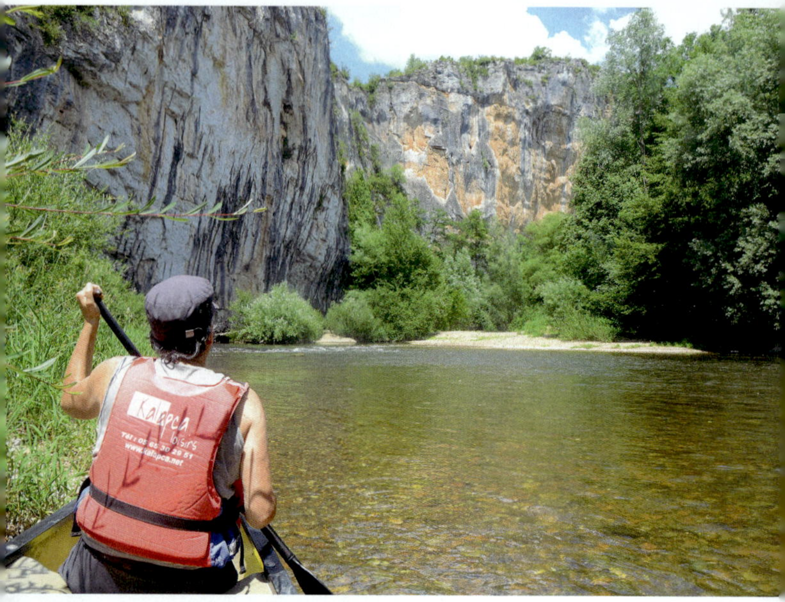

STRECKE
22 km

5 h

ab 6

Tour 39: Auf dem Célé

Paddeltour von Marcilhac nach Conduché

Einmal ruhig, dann wieder mit flotter Strömung schlängelt sich der Célé durch eine einsame Wald- und Felslandschaft und passiert dabei nur wenige Orte. Im oberen Abschnitt bei Marcilhac sind uns gleich mehrere Biber begegnet. Zwei rasante Bootsrutschen sorgen unterwegs für Spannung und einige Bootsrastplätze für eine entspannte Pause. Ein weiterer Höhepunkt ist die Fahrt durch das Dorf Cabrerets, vor dem das Château des Anglais – eine alte Festung – gut getarnt direkt in den Fels gemauert ist.

Von der Kanubasis in Conduché geht es mit dem Kleinbus nach Marcilhac, wo an der Einsetzstelle an der Brücke nach einer kurzen Einweisung die Fahrt beginnt.

Marcilhac – Bootsrutsche Monteils: *Paddelzeit etwa 1 Stunde*
Die Tour beginnt mit einer ruhigen Strecke mit kleinen Kiesbankschwällen und ohne große Probleme. Uns sind hier an einem stillen Morgen vier Biber und drei Reiher begegnet. Vor dem Wehr wird das Wasser tiefer und die Strömung immer weniger. Ein Schild auf der linken Seite kündigt das Wehr an, die Einfahrt in die **Bootsrutsche** (1) ist deutlich markiert. Eine frische Dusche für Frontfrau oder Frontmann ist am

In Marcilhac können wir zum Einkauf von Proviant die ausgezeichnete Bäckerei im Ort empfehlen.

unteren Ende kaum zu vermeiden.

Monteils – Sauliac:
Paddelzeit etwa 1,5 Stunden

Hinter der Straßenbrücke von Monteils folgt auf der rechten Seite ein Rastplatz mit Picknicktischen. Anlegen ist hier nicht ganz einfach, da der Platz direkt an einer kleinen Schnelle gelegen ist. Kurz darauf folgen weitere flotte Schwälle mit niedrigem Wasser.

An der nächsten Brücke liegt das Dorf **Sauliac sur Célé** und am Ende des Flussbogens klebt das alte Dorf Sauliac hoch oben im Felsen. Zuerst taucht auf der linken Seite schemenhaft das **Château de Geniez** hinter den Bäumen auf, dann sieht man die Häuser oben im Fels. Rechts lädt hier ein **Badeplatz mit breiter Kiesbank** ② zur Rast ein. Im Juli und August öffnet hier auch eine Snack-Bar.

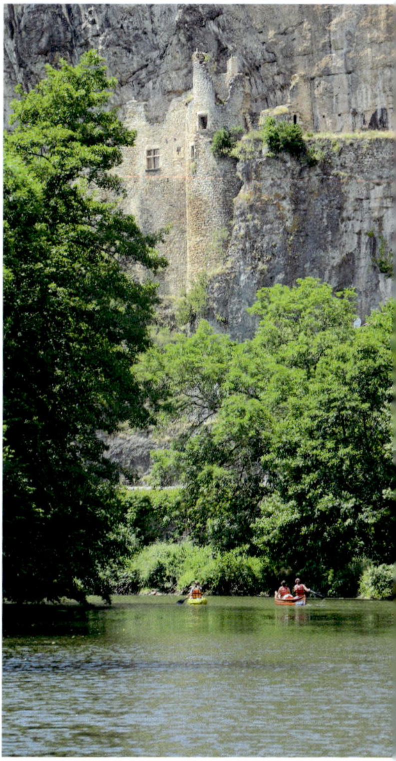

Eine Legende erzählt, dass im Felsen hinter den Mauern des Château de Diable in einer Höhle der Teufel haust. Um den Zugang zu versperren, wurde vor langer Zeit die Festung gebaut. Seitdem ist der Teufel gefangen.

TOUREN-STECKBRIEF

Anfahrt: Die Basisstation von Kalapca Loisirs liegt in Conduché an der Kreuzung von D 41 und D 662 zwischen Bouziès und Cabrerets bei **GPS N 44°28'43.0", E 1°39'02.0"**. www.kalapca.com

Kanuverleih: Das Büro von Kalapca Loisirs ist an der Straßenkreuzung in Conduché leicht zu finden. Das Gelände hat direkten Zugang zum Célé. Im engagierten Team wird auch Englisch gesprochen. Im Hochsommer gibt es teilweise Mitarbeiter mit Deutschkenntnissen. Kanumiete für einen Tag €26 pro Person im Zweier-Kanadier, inkl. Transfer.

Charakter: Ruhig fließender Kleinfluss mit ein paar flotten Stellen und drei fahrbaren Bootsrutschen. Die letzte Rutsche bei Cabrerets ist lang und recht flott. Auch für sportliche Anfänger geeignet.

Mit Kindern: Abwechslungsreiche, durch die Bootsrutschen sportliche Tour, die auch größeren Kindern Spaß machen wird. Mehrere Badestellen und Kiesbänke zum Pause machen.

Einkehr: In der Hochsaison einfache Snack-Bar am Rastplatz von Sauliac, Restaurant les Deux Vallées in Conduché.

Unterkunft:
Hotel: Auberge de La Sagne, Chambres d'hôtes Atypiques, Cabrerets.
Camping: Municipal Cabrerets.
Wohnmobil: Stellplatz Bouziès bei GPS N 44°29'00.0", E 1°38'44.0".

In der Nähe: Grotte de Pech Merle, Badeplatz Cabrerets.

Sauliac - Cabrerets: *Paddelzeit etwa 1 Sunde 45 Minuten*
Landschaftlich folgt jetzt der aufregendste Teil der Strecke. Die Felswände rücken streckenweise dicht an den Fluss und bilden eine spannende Kulisse und die ein oder andere anspruchsvolle Durchfahrt. Etwa drei Kilometer nach Sauliac sorgt eine kleine **Stufe im Fluss** ③ für lautes Rauschen. Sie ist am linken Rand gut fahrbar. Bei niedrigem Wasserstand setzt das Kanu an der Kante jedoch leicht auf. Besonders reizvoll ist der zwei Kilometer später folgende Bereich. Vor einer **Felswand** macht der Célé eine Wendung um 90 Grad, dann geht durch einen Engpass und in eine harmlose Schnelle. Wenig später verschwindet der Fluss unter einem Felsüberhang. Dann wird es wieder ruhiger und wir nähern uns langsam dem Dorf **Cabrerets**. Zuerst treiben wir am Camping vorbei, dann schauen wir direkt auf das in den Felsen gebaute **Château des Anglais** ④, auch als Teufelsfestung bezeichnet.

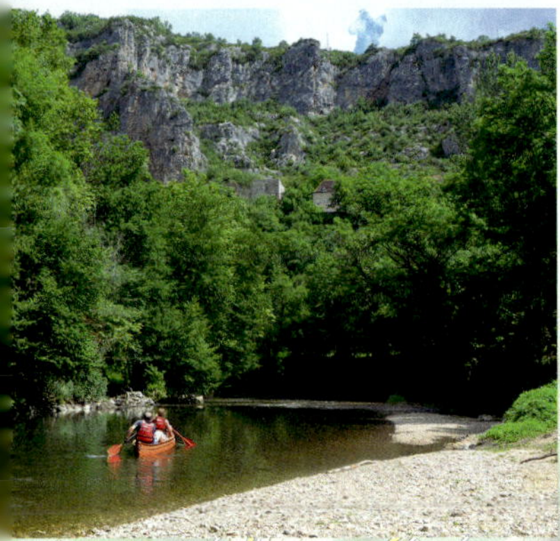

Es folgen die Häuser von Cabrerets und am Ortsende das nächste Wehr mit **Bootsrutsche** ⑤. Die Rutsche befindet sich links außen. Bitte vergewissern Sie sich vor der Fahrt, dass sich am unteren Ende keine Badegäste im Wasser befinden. Die Rutschpartie, bei der man

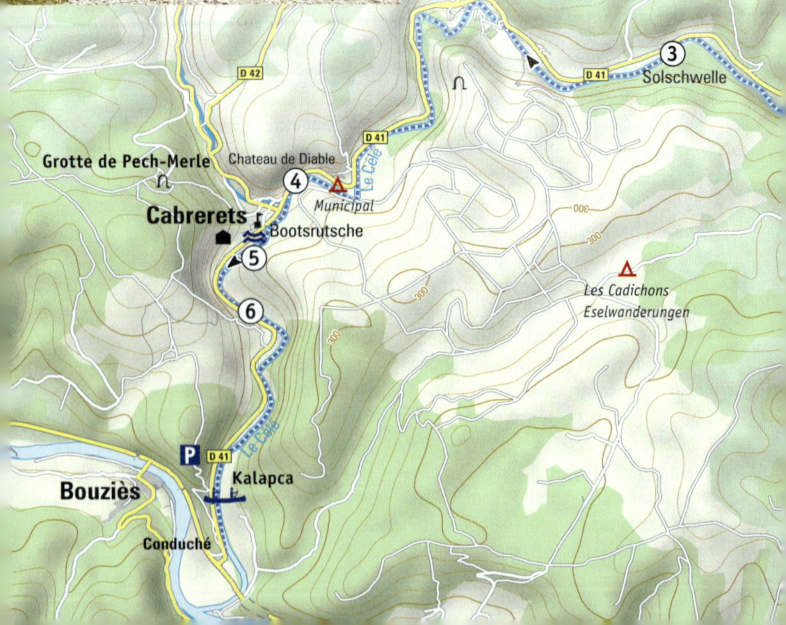

ordentlich Tempo bekommt, endet am Badeplatz von Cabrerets. Unten kann man an einer breiten Kiesbank problemlos anlegen. Direkt oberhalb an der Straße befindet sich zwischen der alten Mühle und dem Schloss eine Bäckerei. Es gibt hier Sandwiches, Kaffee, Getränke und Kuchen und einige einladende Tische vor dem Laden.

Cabrerets - Conduché: *Paddelzeit etwa 45 Minuten*
Kurz nach dem Ort liegt mitten im Fluss ein dicker **Felsen** ⑥. Rundherum ist das Wasser ungewöhnlich tief. Kletterseile ermöglichen Geübten den Weg auf den Stein und einen Sprung ins tiefe Wasser. Von diesem Platz paddelt man weitere 30 Minuten ohne besondere Höhepunkte zurück zum Anleger von Kalapca.

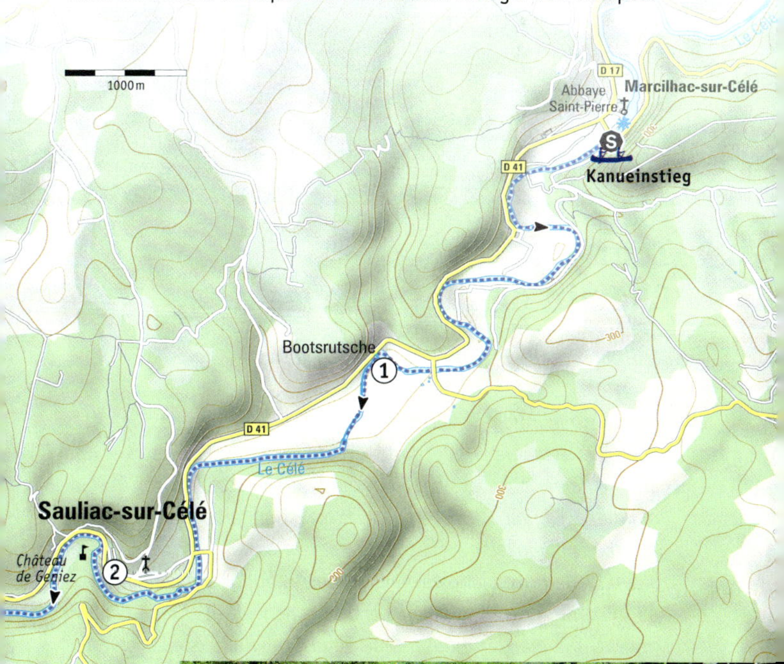

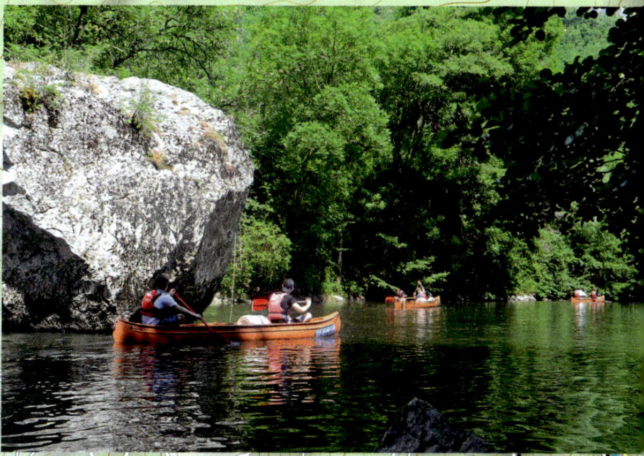

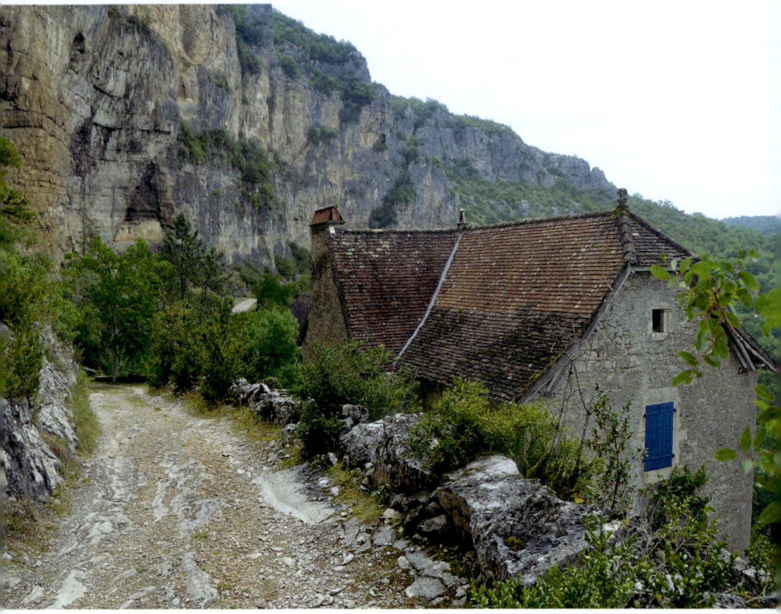

200 m

STRECKE 5 km

1 h 45

ab 6

Tour 40: Chemin de Pierre Levée

Siedlungsgeschichte um Sauliac-sur-Célé

Vorbei an mehreren Caselles und den Steinmauern eines Gehöftes leiten uns schmale Pfade durch Wald, Felsen und Wiesen – und ganz nebenbei auch ein bisschen durch die Geschichte der Besiedlung dieser Region. Zwischen den Trockensteinmauern, die einst die Hochebene in einzelne Weiden teilten, geht es dann wieder hinunter zu den Resten des mittelalterlichen Dorfes Sauliac, das abenteuerlich in den Hang gemauert in sicherer Lage weit über dem Flusstal schwebt. Die meisten Häuser sind verlassen. Heute siedeln die Bewohner des Dorfes lieber weiter unten in weniger dramatischer Lage und in der Nähe des Célé, der das idyllische Tal durchfließt.

Wanderung: Am Picknickplatz gehen wir zum Steinhäuschen mit WC. Dahinter zeigt eine **Infotafel** unseren Weg. Wir überqueren die Straße und steigen auf der gegenüberliegenden Seite einen Pfad hinauf. Er endet auf der Dorfstraße. Wir folgen dieser rechts durch die erste Kurve, bis kurz hinter der **Mairie** (1) links ein Pfad steil bergan führt. Er ist mit *Chemin du Vieux Sauliac* und *GR 651* markiert und führt auf einen höher gelegenen Fahrweg, auf dem wir links aus dem Ort hinaus laufen. Kurz darauf biegt unser Pfad, markiert mit einem blauen Pfeil, rechts ab. **Punkt** (2) befindet sich an einem Durchgang in der Steinmauer auf der rechten Seite und am Eingang zu einer **Höhle.** Dann führt der Weg durch den Wald und steigt dabei stetig an, bis wir die **Hochebene** oberhalb der Klippen erreicht haben. Unterwegs markieren die **Punkte ③ und ④** des Pfades die beste Aussicht ins Tal des Célé. Oben angekommen weist der nächste blaue Pfeil nach rechts. Hier führt ein Abstecher etwa 500 Meter zu einem **Dolmen ⑤**, der im Gestrüpp der Hochebene verborgen ist. Auf dem gleichen Weg geht es zurück zur Kreuzung und dann den rechten Pfad entlang.

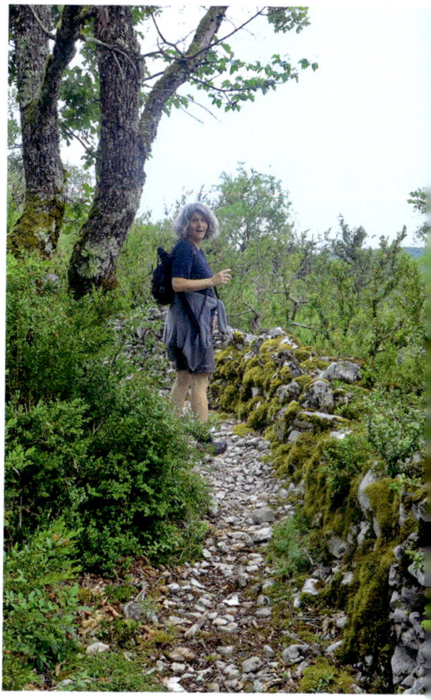

Die Wege auf der Hochebene sind von niedrigen Steinmauern begrenzt.

Zwischen Steinmäuerchen durchqueren wir lichten Wald bis zu einer Hausruine mit einer **Caselle ⑥** – einem runden Steinhäuschen, das früher von den Hirten auf der Hochebene als Lagerraum und Unterschlupf genutzt wurde. Dahinter überqueren wir einen Weg und es geht langsam wieder bergab. Die Bäume werden niedriger und der Blick reicht weit über das Tal. Durch einen Durchschlupf in der Mauer kommen wir an **Punkt ⑦** auf eine verlassene Weide. Auch hier gibt es ein gut erhaltenes Häuschen aus Trockensteinen zu sehen.

Kurz darauf führt ein weiterer Abstecher nach rechts zu einem Ensemble alter Häuser, das einmal ein Hof gewesen sein könnte. Die Gebäude sind in Trockenbauweise ohne Mörtel aufgeschichtet. Kurz darauf mündet unser Pfad auf einen breiten **Schotter-**

TOUREN-STECKBRIEF

Anfahrt: Start vom Picknickplatz am Célé bei **GPS N 44°31'06.0", E 1°43'09.0"** auf der Höhe von Sauliac an der D 41 oder am Parkplatz an der Kirche in Sauliac.

Charakter: Schmale Pfade zwischen bemoosten Steinmäuerchen führen über die Hochebene und zu alten Hirtenhütten und einer Höhle.

Mit Kindern: Die abwechslungreiche Wegführung mit vielen Zwischenzielen macht diese Wanderrunde zu einer optimalen, spannenden Kinderwanderung.

Unterkunft:
Hotel: Auberge de La Sagne, Chambre d'hôtes Atypiques, Cabrerets.
Camping: Municipal Cabrerets, Aire naturelle Les Cadichon.s
Wohnmobil: Stellplatz Bouziès bei GPS N 44°29'00.0", E 1°38'44.0".

In der Nähe: Musée de l'Insolite, Grotte de Pech Merle, Bauernhofmuseum Cuzals.

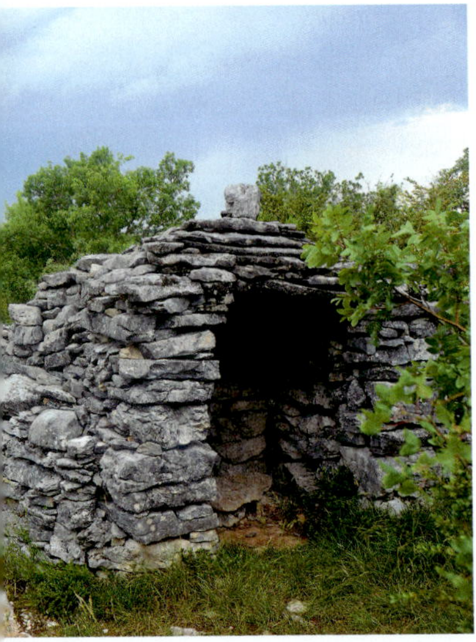

weg, auf dem wir, links laufend, das ganze Tal überblicken können. Vor uns tauchen die ersten im Hang klebenden Häuser des **alten Dorfes Sauliac** ⑧ auf. Der Dorfteil unter der schützenden Klippe wurde im 19. Jahrhundert verlassen. Man zog um ans Ufer des Flusses, wo es sich deutlich bequemer leben ließ. Nur wenige Häuser oben am Hang sind heute noch bewohnt. Eine Infotafel mit einer Karte von 1828 lässt erahnen, wie Sauliac damals aussah. Wir gehen immer geradeaus, bis wir wieder auf den Abzweig zum Dorfzentrum treffen. Auf bekanntem Weg laufen wir zum Kirchplatz zurück oder weiter bergab bis zum Ufer des Célé.

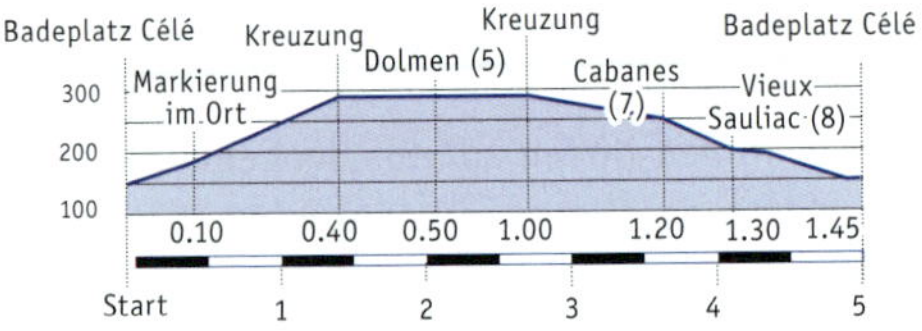

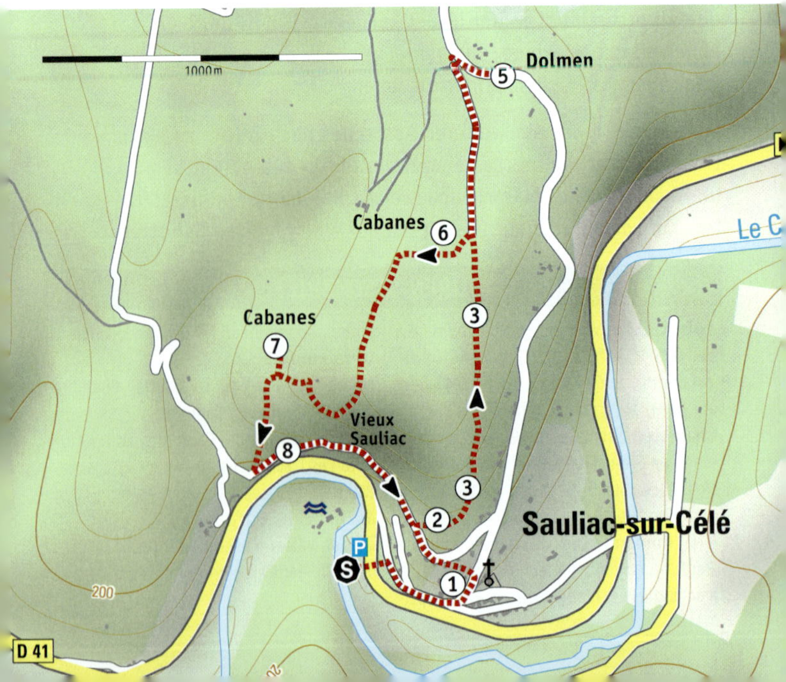

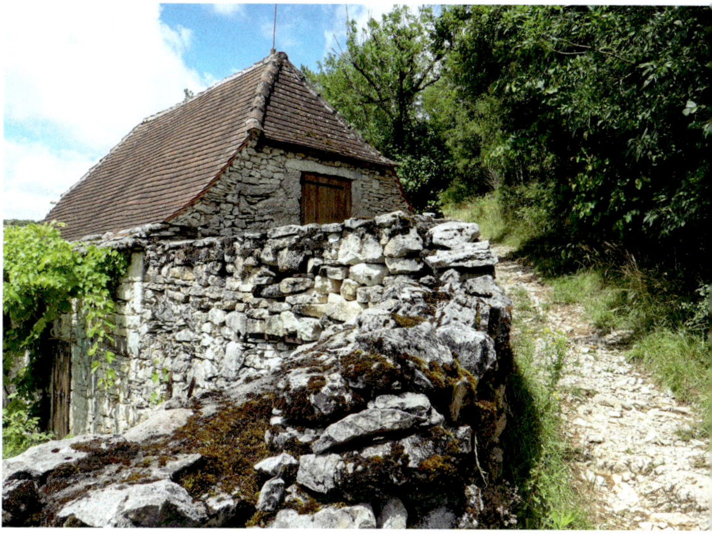

Tour 41: Circuit des Caselles

170 m

STRECKE 9 km

3 h

ab 8

Rundweg auf der Hochebene von Marcilhac

Auf der Hochebene über Marcilhac stehen besonders viele der malerischen Caselles. Die Schutzhütten sind ohne Mörtel aus Steinen aufgeschichtet, die Dächer der meisten Häuser tragen einen dichten Pelz aus Moos. Innen bleibt es auch an heißen Tagen angenehm kühl. Im Sommer können wir das auch selbst testen, denn alle Steinhäuser am Rundweg sind frei zugänglich. Sie stehen in einem verwilderten, von Steinmauern durchzogenen Gelände zwischen Felsbrocken und hohem Gras. Von Steinmauern gesäumte Wanderpfade führen von einer Hütte zur andern.

TOUREN-STECKBRIEF

Anfahrt: Der Ort Marcilhac-sur-Célé liegt am Ufer des Célé und ist von Figeac oder Cabrerets auf der D 41 zu erreichen. Parken können wir am westlichen Ortsrand an der Straße bei **GPS N 44°33'09.0", E 1°46'10.0"** oder auf dem Parkplatz im Ortszentrum.

Markierung: Durchgängig mit gelben Farbbalken markiert.

Charakter: Spannende Wanderrunde mit mehreren Abstechern zu in Trockenbauweise wiederaufgebauten Caselles und Ruinen alter Steinhäuser. Die Klosterruine in Marcilhac ist ein weiteres Highlight.

Mit Kindern: Mit Kindern lässt sich die Runde leicht etwas kürzen, indem wir den westlichen Bogen weglassen. Die interessantesten Siedlungsruinen und Caselles befinden sich bei ④ und ⑦ ganz in der Nähe von Marcilhac.

Einkehr: Sehr gute Bäckerei zum Einkauf von Proviant in Marcilhac.

Unterkunft:
Camping und Wohnmobil: Camping Marcilhac, Camping Municipal le Cantal in Cabrerets.

In der Nähe: Klosterruine in Marcilhac, Musée de Cuzals.

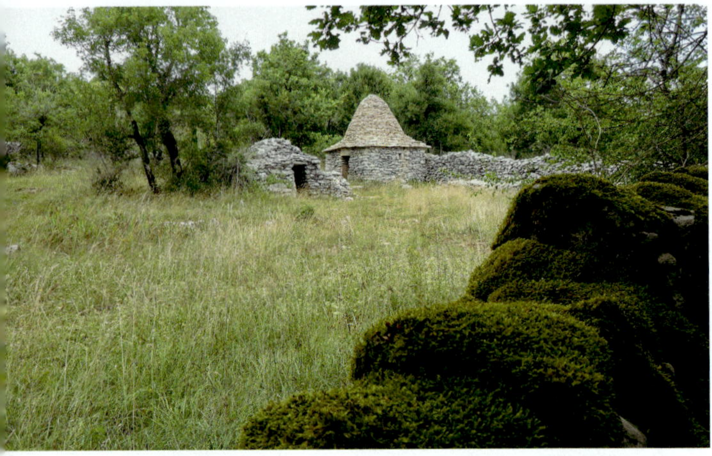

Wanderung: Vom Parkplatz im Zentrum gehen wir zurück zum Parkplatz am Ortseingang und dort rechts die Straße hinauf. Der Weg gehört zum GR 651, einer Nebenstrecke des Jakobswegs und ist rot-weiß markiert. Wir gehen die Straße hinauf zur **Schule an der Place Falret** ① und folgen den Wanderwegmarkierungen nach links. Am Straßenende geht es noch einmal links auf einen schmalen Schotterweg, der ab jetzt gleichmäßig ansteigend am Hang entlangführt. Je höher wir kommen, desto besser wird der Blick über das Tal. Hinter einer Serpentine nach rechts treffen wir auf einen breiteren Weg. Hier ist an einem **Wegweiser** ② auch der Circuit des Caselles beschildert. Wir folgen dem Holzpfeil nach rechts und verlassen dabei den Weitwanderweg. Ab hier ist unsere Route nur noch mit gelben Farbstreifen markiert.

Wenige Schritte weiter treffen wir auf eine schmale Asphaltstraße und biegen rechts ab. Autos fahren hier nur selten, daher laufen

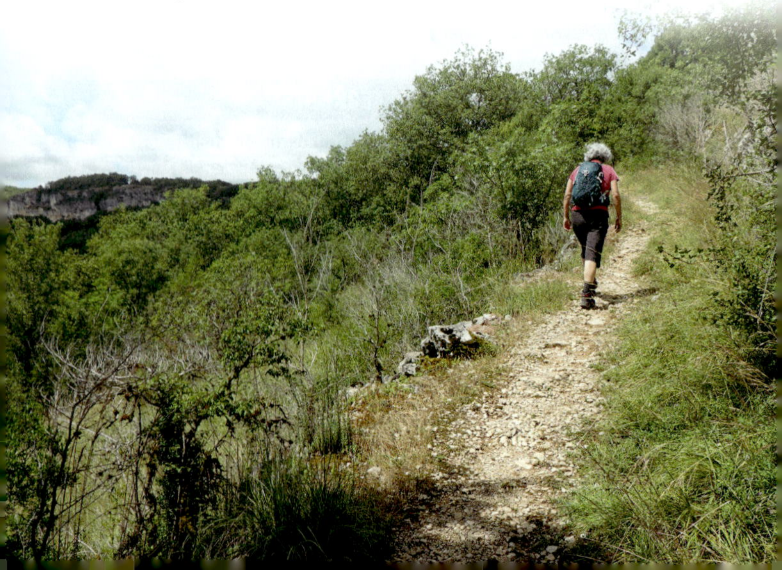

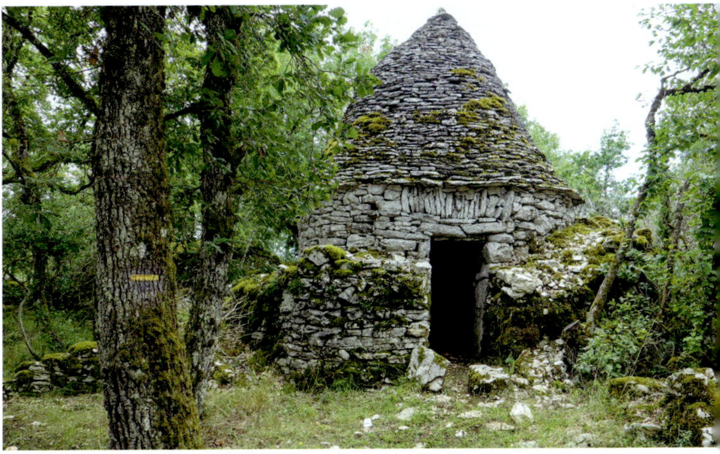

wir weiterhin gemütlich und mit Weitblick am Hang entlang und passieren dabei einige Wohnhäuser. An der ersten **Verzweigung** bleiben wir links und oben auf der Hochebene, etwa 400 Meter weiter biegen dann links ab. An der nächsten **Kreuzung** ③ ist geradeaus ein Abzweig zu einem Teich beschildert, der Weg dorthin war aber bei unserem Besuch mit einem Zaun versperrt.

Wir biegen also gleich nach rechts ab und wandern an den letzten Häusern vorbei. Dann führt unser Weg zwischen zwei Steinmäuerchen und wir lassen die Zivilisation erst einmal hinter uns. Kurz darauf steht links am Weg eine erste einzelne **Caselle** ④. Sie hat einen rechteckigen Grundriss, aber trotzdem ein rund angelegtes Dach. Im Inneren kann man gut erkennen, wo einmal der Kamin war. Es sieht aus, als wäre die Hütte auch schon als Stall genutzt worden.

Wir folgen dem Weg zwischen den Steinmauern bis zu einem Asphaltweg. Hier geht es links und gleich wieder links. An der zweiten Kreuzung kann man links in der Wiese gut auf einen **Dolmen** ⑤ schauen, der aber leider vom Weg nicht erreichbar ist. Zwischen Steinmauern geht es weiter und leicht bergab. An einer T-Kreuzung treffen wir auf den GR 651, dem wir nach links folgen.

Dann stoßen wir auf eine **Straße** ⑥ und biegen hier noch einmal links ab. Etwa 300 Meter weiter verlassen wir sie in einer Linkskurve und wandern geradeaus auf einem steinigen Weg weiter. Kurz darauf führt rechts ein **Abstecher zu mehreren Caselles** ⑦. Im Umfeld der letzten Steinhütte sind die Grundmauern etlicher Gebäude zu entdecken. In den Mauern des Hauses neben der Rundhütte sind Regale und Nischen in die Wände eingelassen und noch gut erhalten.

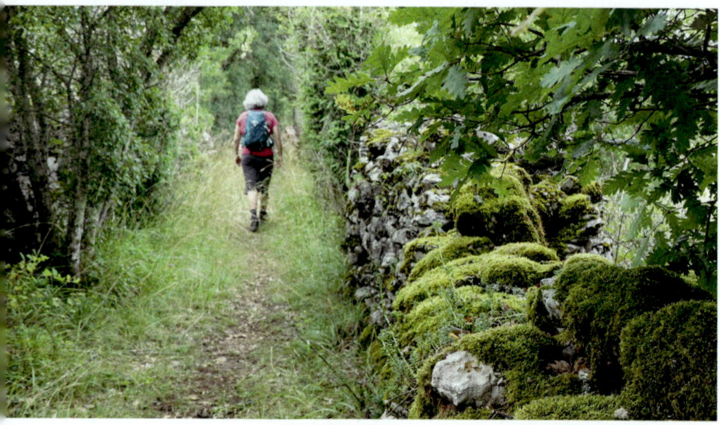

Zurück auf dem Hauptweg folgt nach weiteren 300 Metern auf der linken Seite ein **Bogen, der sich vom Weg entfernt**. Auch hier sind Mauerreste und eine besonders idyllisch gelegene Caselle zu entdecken. Durch einen **Torbogen** ⑧ geht es zurück auf den Weg und wir stehen direkt auf einer Kreuzung. Der rot-weiß markierte Weitwanderweg führt hier links ins Dorf hinunter. Wir folgen der gelben Markierung geradeaus auf den zweiten Bogen des Rundwegs.

Wir wandern weiterhin zwischen den Steinmauern der Weideflächen, diese werden hier aber immer wilder und sind üppig mit Büschen bewachsen. Auch der Weg wird enger und ist streckenweise etwas zugewachsen. An einer ersten **Kreuzung** ⑨ treffen wir an einem Fahrweg wieder auf ein Haus. Wir folgen nicht der Straße, sondern biegen hier rechts in einen schlecht erkennbaren Pfad ab. Nach einiger Zeit werden die Weiden gepflegter und sind mit Elektrozaun gesichert und wir nähern uns einem Haus. Etwas später steht rechts am Weg noch einmal die Ruine eines Hauses. Wie alle weiteren Bauwerke am zweiten Teil der Runde ist sie abgesperrt und nicht zugänglich. Der Weg schlägt jetzt einen Bogen, dann folgen wir der gelben Markierung nach

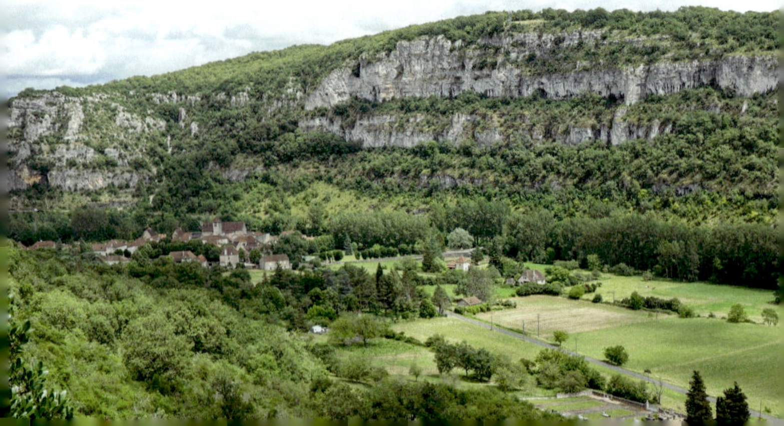

links. Kurz darauf treffen wir erneut auf den GR 651 ⑩, dem wir nach links folgen.

Wir passieren eine letzte Caselle und stoßen an einem Haus auf die **Asphaltstraße** ⑩. Hier steht am Straßenrand ein kleiner Altar aus Stein. Wir stehen jetzt wieder am Rand der Klippe und können weit ins Tal hinunterschauen.

Wir überqueren die Straße und laufen auf einem Pfad hinunter zur **Kreuzung mit Wegweiser** ②, die wir schon vom Hinweg kennen. Hier geht es rechts bergab, durch die Serpentine und immer geradeaus am Hang entlang bis wir die Schule wieder erreichen. Rechts kommen wir zum Parkplatz zurück.

Das Kloster von Marcilhac

Das Benediktinerkloster von Marcilhac wurde im 12. Jahrhundert gegründet und entwickelte sich schnell zu einem wichtigen Stopp der Pilger auf dem Jakobsweg. Es wurde im hundertjährigen Krieg zerstört und steht heute als Ruine ohne Dach im Zentrum des Dorfes. An den Säulen im recht gut erhaltenen Kapitelsaal sind einige interessante Reliefs mit Figuren erhalten. Die Kirche ohne Dach wirkt außerdem ganz besonders malerisch.

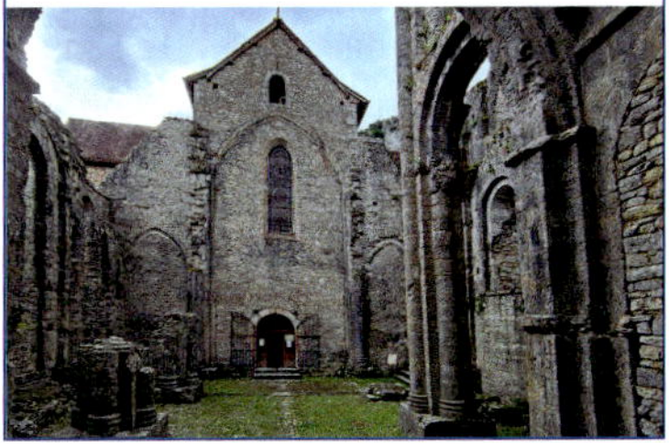

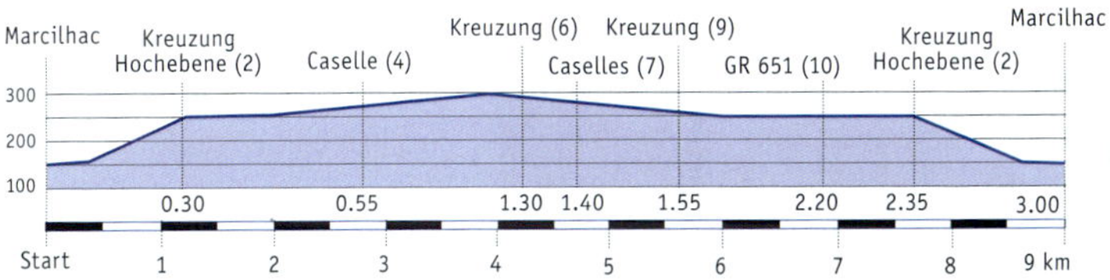

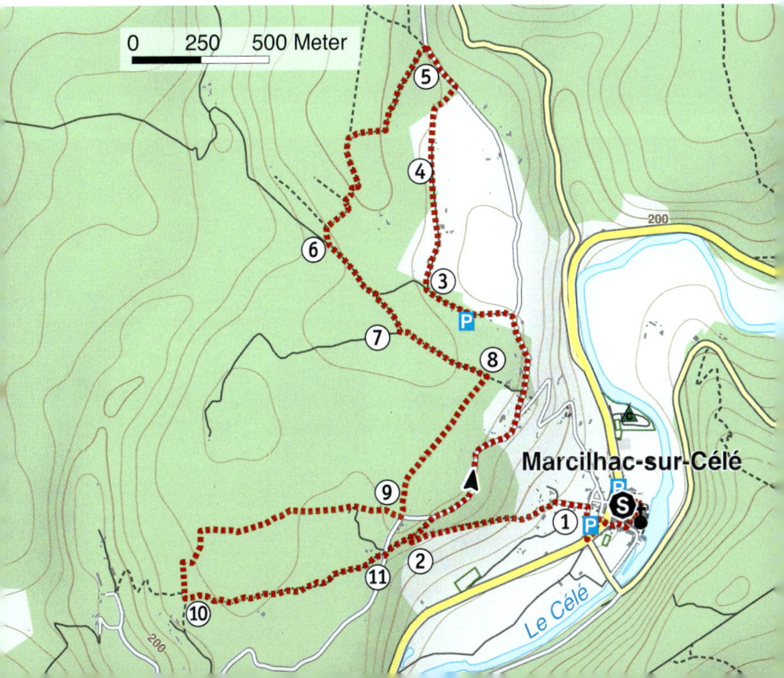

Caselles und Cabanes – Steinhütten in Trockenbauweise

Caselles sind runde, in Trockensteinbauweise erbaute Steinhütten. Sie werden auch als Cabanes bezeichnet – in der Provence nennt man sie Bories. Gemeint ist immer die gleich Art von Bauwerk. Betrachtet man die Bautechnik genauer, erkennt man viele Details, die auch bei sehr alten Bauwerken, wie den torreanischen Türmen auf Korsika, den sardischen Nuraghen oder den irischen Bienenkorbhütten zu sehen sind. Dazu gehören zum Beispiel die geschickte Schichtung der Dachsteine, Lüftungsöffnungen und Nischen und der Einsatz großer Steinplatten zur Stabilisierung eines Eingangs.

Während Nuraghen und torranische Festungen aus der Bronzezeit stammen, sind Caselles oder Cabanes längst nicht so alt. Sie scheinen zwar schon im 15. Jahrhundert als einfache Unterkünfte für Hirten, oder Vieh üblich gewesen zu sein. Die mörtelfreie Bauweise mit grob behauenen Steinen war auf den Causses, den Hochebenen zwischen Lot und Dordogne, aber noch bis ins weit ins 19. Jahrhundert ziemlich verbreitet. Die meisten Caselles (oder Cazelles, wie sie auch geschrieben werden) sind also jüngeren Baudatums. Die Hütten wurden aber nicht dauerhaft bewohnt, sondern dienten als Schutzhütten für Hirten und Schafe und wurden als Schuppen genutzt.

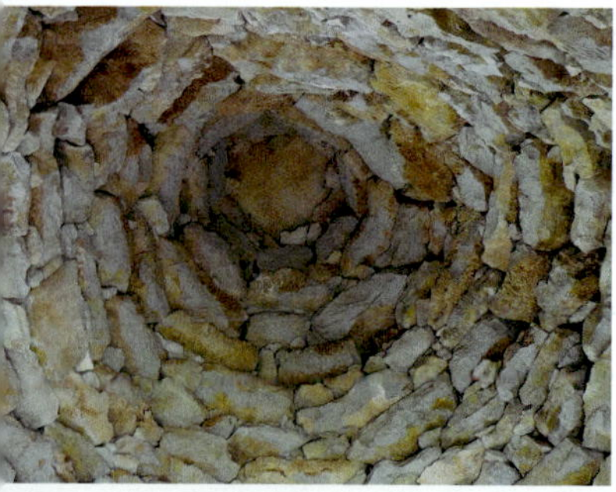

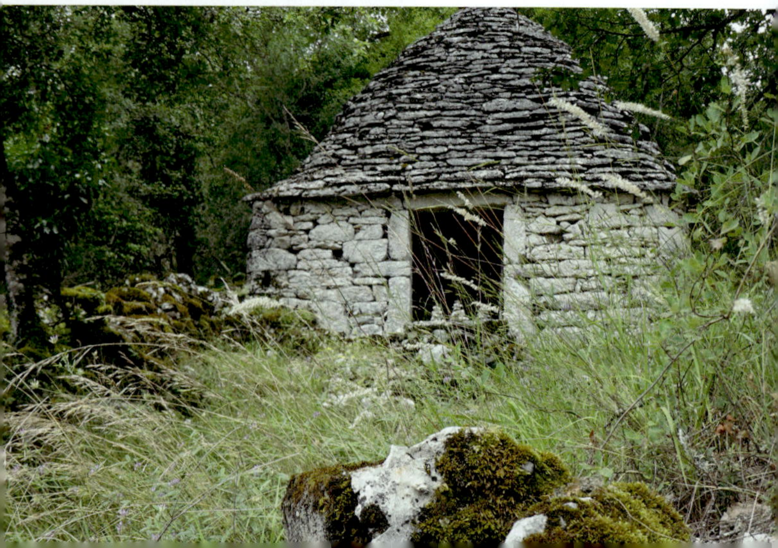

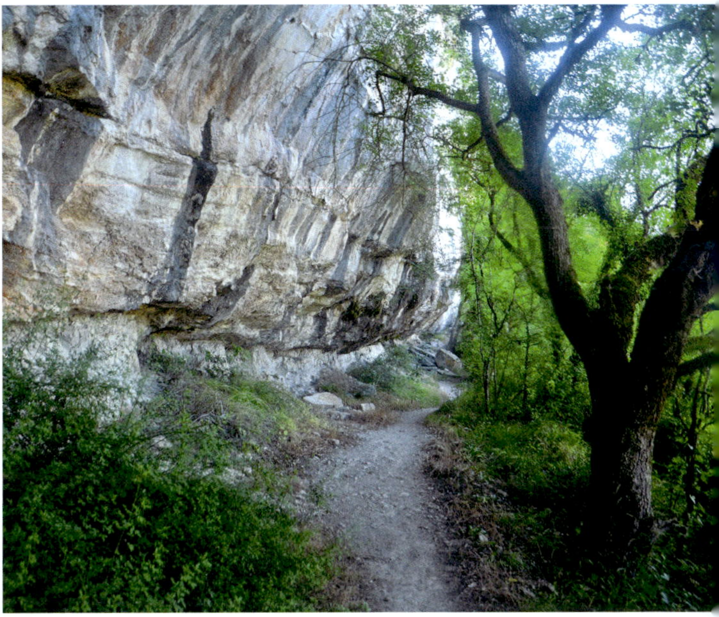

Tour 42:
Sentier des Falaises

200 m

STRECKE 5,5 km

2 h

ab 6

Der Klippenweg von Brengues

Das Dörfchen Brengues im Tal des Célé wirkt ein bisschen der Welt entrückt, was man eigentlich nicht verstehen kann. Der schön gelegene Camping Municipal mit einer netten Badestelle unten am Fluss ist ein einladendes Quartier und oberhalb des Dorfes führt ein besonders spannender, kaum begangener Pfad unter den Klippen entlang zu den Resten eines Château des Anglais. Dahinter geht es weiter zu einem Aussichtspunkt mit tollem Blick auf das hübsche kleine Kloster Espagnac-Sainte-Eulalie.

TOUREN-STECKBRIEF

Anfahrt: Der Ort Brengues liegt am Ufer des Célé und ist von Figeac oder Cabrerets auf der D41 zu erreichen. Parken kann man unterhalb des Ortes am Abzweig zum Camping Municipal bei **GPS N 44°34'35.0", E 1°49'60.0".**

Markierung: Durchgängig markiert mit gelben Farbbalken.

Charakter: Spannende Kurzwanderung für trittsichere Wanderer auf schmalen, aber gut angelegten Pfaden.

Mit Kindern: Perfekte Kinderwanderung – nicht zu lang und auf abenteuerlichen Wegen. Allerdings sollten bereits etwas Wandererfahrung und passende Ausrüstung (Wanderschuhe) vorhanden sein. Vorsicht mit dem Abgrund oben an der Klippe!

Einkehr: Keine.

Unterkunft:
Hotel: Chambre d'hôtes l'Autre Chemin.
Camping und Wohnmobil: Camping Municipal Brengues, Camping Le Moulin Vieux.

In der Nähe: Kloster Sainte-Eulalie.

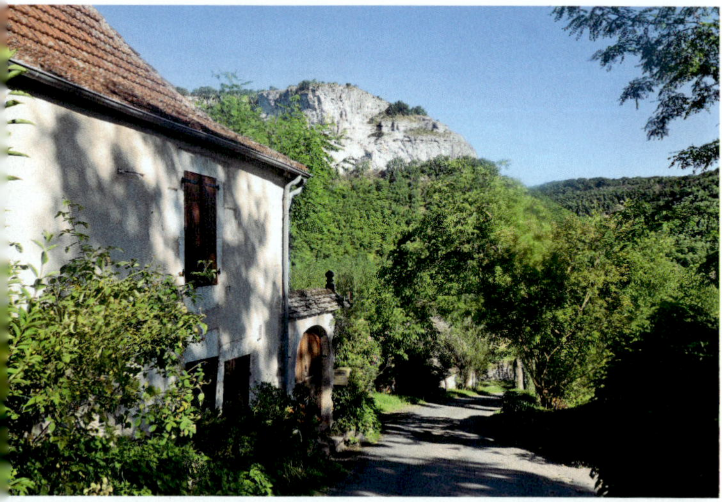

Wanderung: Vom Parkplatz oder vom Campingplatz laufen wir die Straße zur **Kirche** hinauf, an der die gelben Markierungen unseres Wegs beginnen. Wir gehen auf der Straße weiter bergan bis zu den **letzten Häusern**. In der nächsten Kurve zweigt rechts im spitzen Winkel ein steiniger Pfad ab. Er führt links an dem dort stehenden Haus vorbei und steigt sogleich kräftig an. Oben angekommen befinden wir uns am Fuß der Felsabbrüche der **Klippen von Brengues**. Der Weg ist hier recht schmal und rechts geht es steil abwärts, sodass Trittsicherheit notwendig ist.

Der erste markante Punkt am Klippenweg ist ein gut erhaltenes **Steintor** ①. Hinter dem Tor wird der Weg immer schöner und schlängelt sich zeitweise um dicke Felsbrocken. Kurz vor dem Wegende ist links über uns die Mauer des **Château des Anglais** ② zu sehen. Dann geht es links hinauf zu einigen Häusern und gleich hinter dem zweiten wieder rechts. Wir kommen kurz hintereinander zu zwei **Lavoirs** ③, mit Steinhäuschen umbauten Quellen, und nähern uns wieder dem Rand des Plateaus. Bald ist

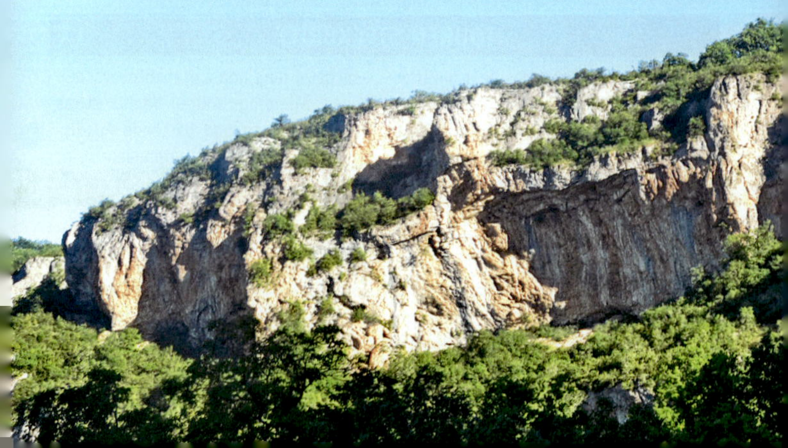

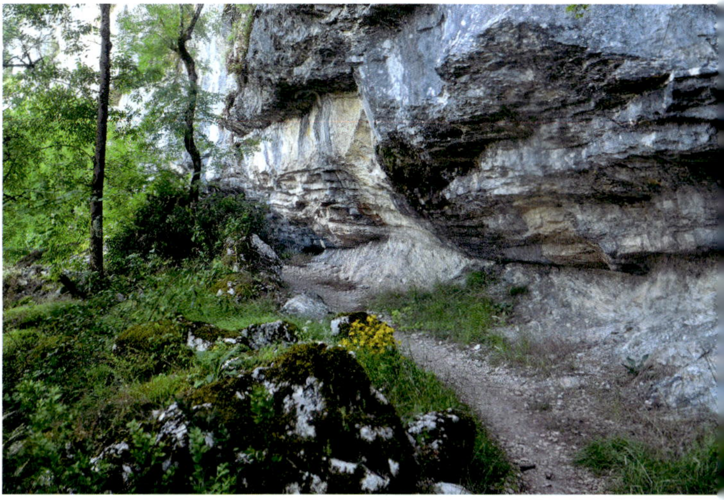

der Ausblick vom Weg über das Tal wieder genauso gut wie auf dem Klippenweg – nur haben wir jetzt auch noch die Steilwand im Blick, vor der wir eben noch gewandert sind. Der Weg macht eine Linkskurve und der Ausblick wechselt. Dann geht es rechts durch ein Drahttor auf einen abzweigenden Pfad, der zu einem Aussichtspunkt mit Wiesengelände führt. Von hier können wir auch die Anlage des Klosters **Espagnac-Sainte-Eulalie** von oben betrachten, das unter anderem Wanderern auf dem Jakobsweg eine Unterkunft bietet.

Am Ende des Plateaus steht eine **Funkantenne** ④. Vor der Antenne geht es links und kurz darauf noch einmal links durch ein **Zauntor**. Der Weg teilt sich und wir wählen den rechten, der zwischen Steinmauern leicht ansteigt. Am einzigen Abzweig halten wir uns

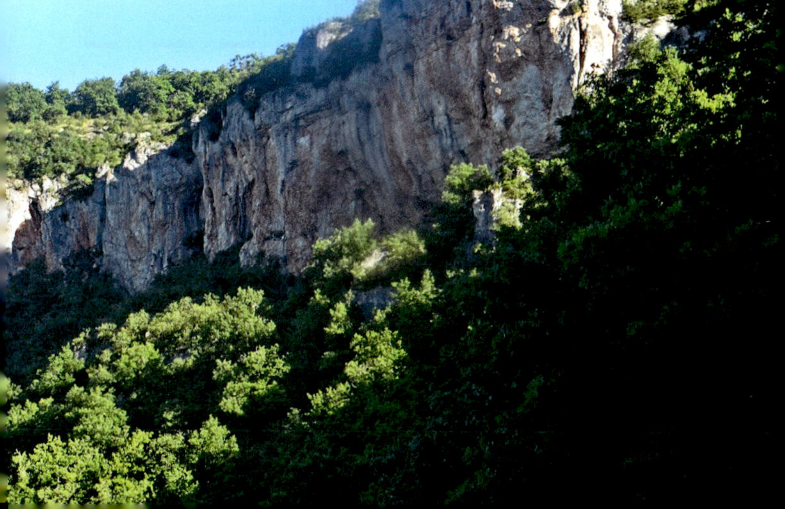

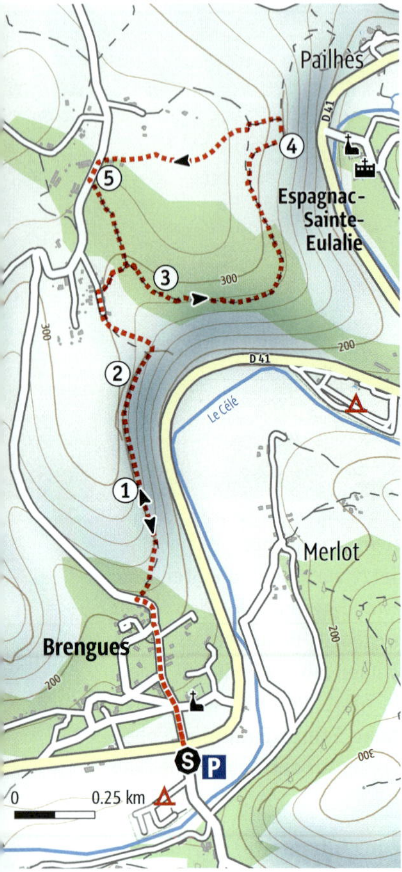

links und wandern bald an einem Wohnhaus vorbei. Dahinter treffen wir auf die **Straße** und biegen links ab.

Schon nach wenigen Schritten auf der Straße geht es am ersten Abzweig nach links. Der breite **Grasweg** ⑤ ist mit einem Schild »Sentier des Falaises« markiert. Nach 300 Metern treffen wir dann auf unseren Aufstiegsweg und gehen den schönsten Teil des Weges noch einmal von der anderen Seite. Wieder in Brengues angekommen können wir jetzt rechts noch einen Bogen durch das Dorf einbauen, bevor wir zum Parkplatz zurückkehren.

Die Verlängerung des Weges auf dem ebenfalls markierten **Sentier des Anglais** ist weder landschaftlich noch von der Wegführung besonders spannend und daher nicht unbedingt zu empfehlen.

Am Camping Municipal liegt unterhalb eines Naturwehrs ein kleiner **Badeplatz** mit breiter Kiesbank, an dem nicht nur Campinggäste baden. Der Zugang ist über die Kanueinsetzstelle rechts neben der Brücke möglich.

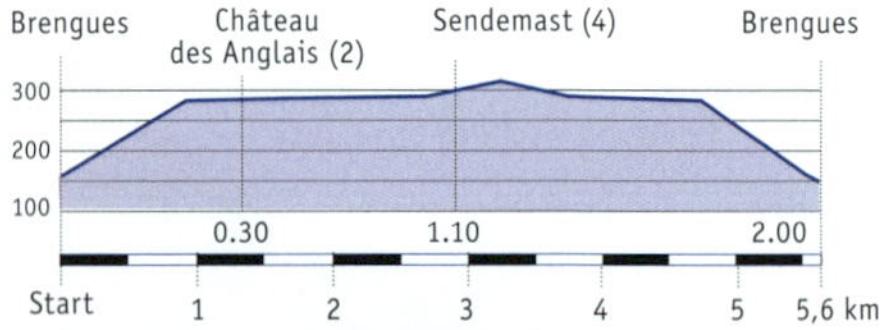

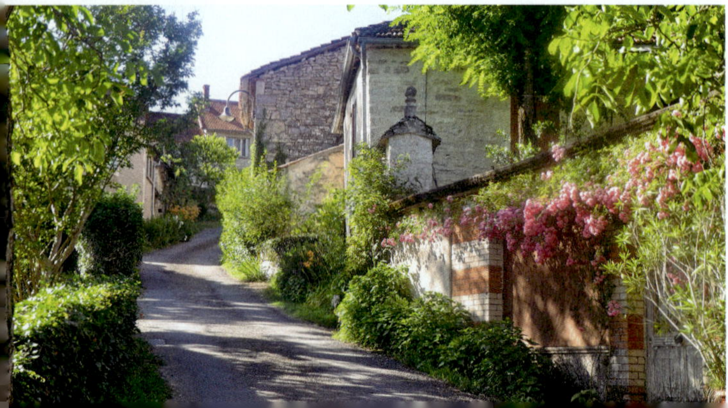

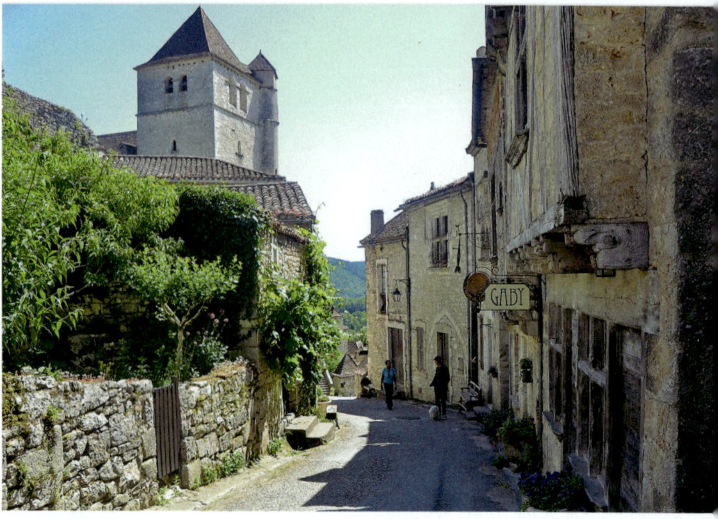

Tour 43: Historisches Kleinod am Lot

Der Treidelweg nach Saint-Cirq-Lapopie

200 m

STRECKE 8 km

3 h

ab 6

Die Steinhäuser von Saint-Cirq-Lapopie staffeln sich eng gedrängt am Felshang über dem Lot. Kein unschöner Neubau stört das Bild des mittelalterlich anmutenden Dorfes – der Ort steht unter Denkmalschutz. Ebenso pittoresk und ungewöhnlich ist der Weg, der von Bouziès hier hinaufführt: Der Chemin de Halage ist ein alter Treidelweg, der aus Raummangel als Galerie in den Fels des Flussufers geschlagen wurde. Ein Weg im künstlich angelegten Abri, der Ochsen und Männern ermöglichte, die schwer beladenen Holzboote der Schiffer gegen die Strömung den Fluss hinaufzuziehen.

TOUREN-STECKBRIEF

Anfahrt: Startpunkt ist der Parkplatz am Bootsanleger in Bouziès bei **GPS N 44°29'03.0", E 1°38'38.0".**

Charakter: Landschaftlich grandiose Kurzwanderung zu einem der schönsten Dörfer Frankreichs. Ebener Weg am Fluss, Aufstieg zum Dorf auf kurzem aber steilem Waldpfad, der Rückweg führt sanfter bergab.

Mit Kindern: Die Wanderung ist spannend und nicht zu lang und damit perfekt für Familien. Der Aufstieg zum Dorf erfordert jedoch auch für Kinder feste Schuhe mit rutschfesten Sohlen und ein wenig Kondition.

Einkehr: Le Cantou, L'Oustal oder La Table du Producteur in Saint-Cirq-Lapopie.

Unterkunft:
Hotel: Chambres d'hôtes à la Source und Auberge du Sombral, Saint-Cirq-Lapopie, Hotel les Falaises in Bouziès.
Camping: Camping de la Plage in Saint-Cirq-Lapopie, Municipal in Cabrerets.
Wohnmobil: Stellplätze in Les Bouziès bei GPS N 44°28'59.0", E 1°38'44.0" am Ausgangspunkt der Wanderung oder in Saint-Cirq-Lapopie am Campingplatz bei GPS N 44°28'15.0", E 1°40'47.0".

In der Nähe: Grotte de Pech-Merle, Le Château de Cénevières.

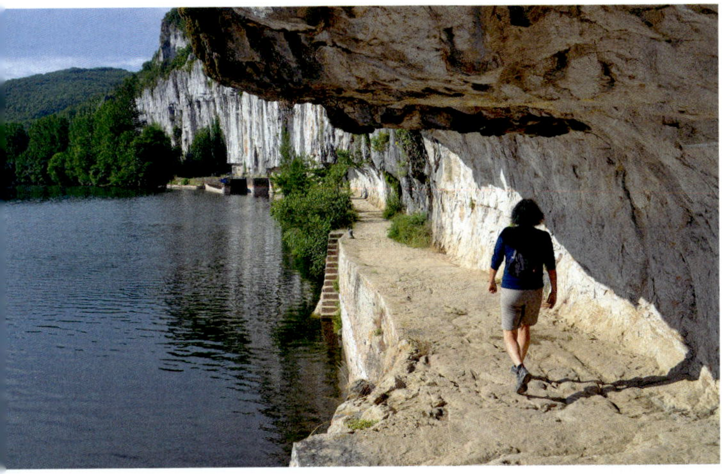

Auf dem Treidelweg am Ufer des Lot zogen Ochsen und Pferde die schwer beladenen Holzboote der Gabariers gegen die Strömung zurück zum Heimathafen.

Wanderung: Vom Parkplatz in Bouziès folgen wir den Wegweisern zum **Chemin de Halage**. Vorbei am Wohnmobilparkplatz geht es zwischen zwei Pfosten über die Wiese in den Wald – rechts neben uns ragt die Steilwand auf, links liegt der Fluss. Dann rücken die Felsen näher ans Wasser und der **Treidelpfad** beginnt. Der Weg wurde hier sorgfältig in den Fels geschlagen. Ein modernes Relief in der Wand neben dem Fluss wird wohl den Archäologen der Zukunft Rätsel aufgeben.

Nach etwa 800 Metern treffen wir auf einen Seitenkanal mit **Schleuse** ①, der die Ausflugs- und Hausboote um ein niedriges Wehr herum führt. Hier wird das Tal wieder weiter und der Weg findet am Flussufer ausreichend Raum. Wenig später biegt vom breiten Fußweg ein Pfad ab, auf dem wir am Lot entlang weiterlaufen. Der markierte Wanderweg (gelb und rot-weiß) zweigt kurz darauf rechts ab. Wir bleiben unten am Wasser und durchqueren ein **Wäldchen.** Dahinter macht unser Pfad eine Rechtskurve und endet an einer schmalen **Straße** ②.

Dieser folgen wir etwa 500 Meter nach links. Dann führt ein **Waldpfad** rechts hinauf. 600 Meter nach Saint-Cirq-Lapopie, verspricht der Wegweiser. Dazu geht jetzt steil hinauf. Kurz vor dem Ziel weist ein Schild auf einen **Aussichtspunkt** hin. Hier kann man auf einen Felsblock klettern, der aufregend hoch über dem Lot aufragt. Aber Vorsicht! An den Rändern geht es senkrecht in den Abgrund. Auf Kinder muss man hier gut aufpassen.

Nach zwei weiteren Kehren erreichen wir das Dorf zwischen Eisdiele und Touristeninformation. Auf den Mauerresten des **Château de Cardaillac** ③ bietet ein weiterer Aussichtspunkt guten Fluss-

blick. Rechts aufwärts finden wir Geschäfte mit Kunsthandwerk, Souvenirs, natürlichen Düften und Kosmetika sowie Schmuck. Darüber und dazwischen gibt es mehrere Restaurants. Unsere Favoriten befinden sich jedoch unterhalb der belebtesten Gassen: Das **Le Cantou** und das **L'Oustal** liegen nur wenige Häuser voneinander entfernt und bieten jeweils wenige gemütliche Sitzplätze auf der schattigen Terrasse und eine ausgezeichnete Küche zum fairen Preis. Schauen Sie einfach, welches Tagesmenü ihnen zusagt, und kommen Sie rechtzeitig. Mittagessen (déjeuner) serviert man zwischen 12 und 14 Uhr.

Für den Rückweg folgen Sie oben am Berg dem Fußweg bis zum zweiten **Parkplatz mit Aussichtspunkt** ④. Hier führt zwischen Straße und Parkplatz ein Waldpfad mit gelber Wanderwegmarkierung bergab. Er mündet nach 200 Metern in einen Asphaltweg. Diesem folgen wir rechts bis in die nächste Kurve. Hier geht es geradeaus auf einen schönen Wanderpfad, der uns beinahe eben am Hang entlang bis zu einer Kreuzung geleitet. Wir verlassen hier den gelb markierten Weg und folgen den orangen Farbpunkten rechts den Hang hinab. Unten erreichen wir die Asphaltstraße, biegen links ab und stehen kurz darauf wieder auf dem Uferweg. Wir durchwandern noch einmal den Treidelweg und erreichen dann wieder unseren Parkplatz.

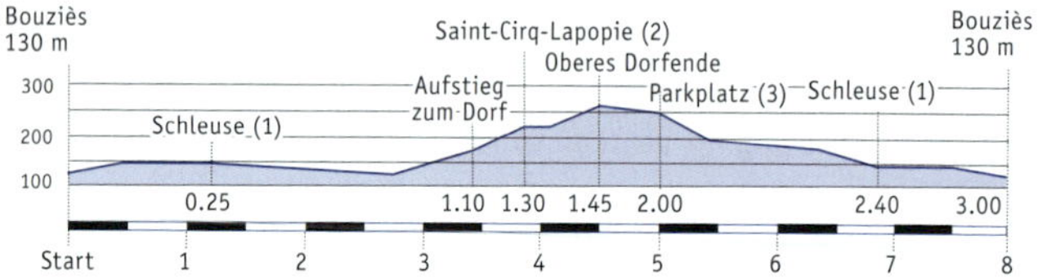

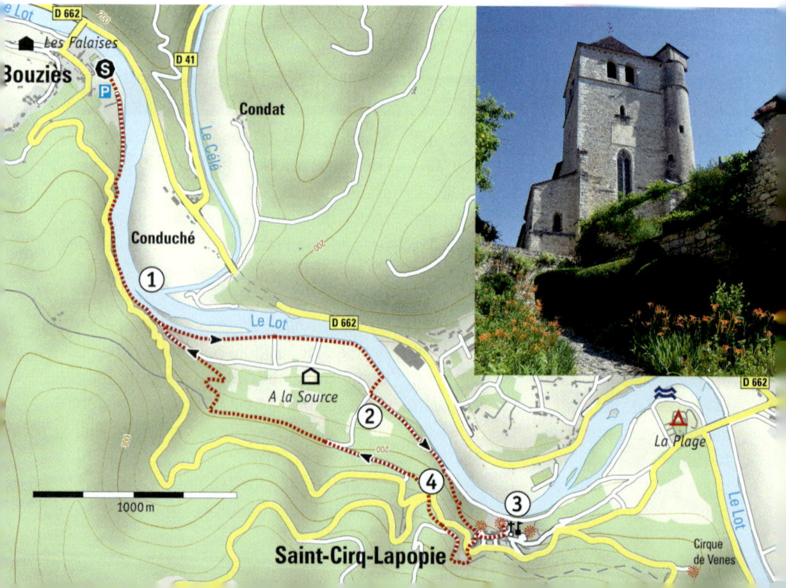

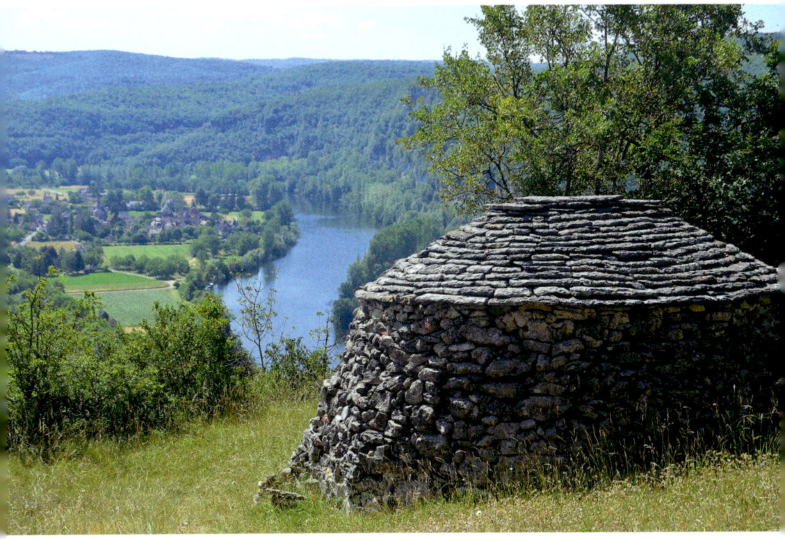

230 m

STRECKE
7,5 km

2 h 45

ab 8

Tour 44: Chemin des Cazelles

Der Klippenweg von Saint-Martin-Labouval

Zwischen Flussufer und Hochebene führt ein aufregender Pfad durch den Fels und auf die Klippe hoch über dem Ufer des Lot. Hier oben am Rand der Hochebene stehen auch die ersten drei Cazelles in schönster Lage mit weitem Talblick. Die alten, aus Steinen aufgeschichteten Rundhütten dienten den Hirten früher während der Weidezeit als einfache Zuflucht vor Wind und Wetter. Weitere Hütten verschiedener Bauart und die Ruine eines alten Hofes gibt es am Wegrand zu entdecken.

TOUREN-STECKBRIEF

Anfahrt: Von Cabrerets der D662 am nördlichen Lotufer zwölf Kilometer folgen bis zum Dorf Saint-Martin-Labouval. Der Wanderweg beginnt am Platz vor der Kirche, wo man bei **GPS N 44°27'53.0", E 1°44'03.0"** im Schatten alter Bäume parken kann.

Markierung: Gelbe Farbbalken.

Charakter: Wanderrunde vom Flusstal auf die Hochebene und auf einem Klippenweg über dem Tal. Der markierte Weg passiert mehrere gut erhaltene alte Hirtenunterkünfte in Trockenbauweise. Am Klippenweg (etwa 800 Meter) sind Trittsicherheit und Schwindelfreiheit sowie Wanderschuhe notwendig.

Mit Kindern: Für Familien mit Wandererfahrung ist der Weg auch mit sicher wandernden größeren Kindern begehbar. Der perfekte Platz für ein Picknick ist die Wiese mit den Caselles an Punkt ④.

Unterkunft:
Hotel: Chambres d'hôtes à la Source und Auberge du Sombral, Saint-Cirq-Lapopie
Camping: Camping de la Plage in Saint-Cirq-Lapopie, Camping Municipal Cajarc.
Wohnmobil: Stellplätze in Saint-Cirq-Lapopie und Cajarc.

In der Nähe: Château de Cénevières, Fromagerie des Gariottes.

Wanderung: Die Markierung des Chemin des Cazelles beginnt am Kirchplatz von **Saint-Martin-Labouval**. Durch die Dorfgassen wandern wir zum Lot hinunter. Dann geht es rechts auf einen Wiesenweg, an Gemüsegärten vorbei und zu einem **Anlegeplatz für Boote** ① am Flussufer. In einem Rechtsbogen laufen wir von hier hinauf zur Straße, der wir ein kurzes Stück nach links folgen bis wir rechts abbiegen und die Bahnlinie unterqueren können. Markiert ist jetzt der Abzweig nach rechts, der in einem großen Bogen auf einem steilen Asphaltweg hinaufführt. Wir wandern an einer Gite vorbei, dann folgen zwei Steinhäuser vor einer Felswand, an der **Ruinen von semitroglodytischen**, also in den Fels gebauten, **Häusern** ② zu sehen sind. Der Pfad dorthin ist kaum mehr zu erkennen und beginnt hinter den beiden Häusern und dem Brunnen zwischen dem Steinkreuz und der geschotterten Parkbucht rechts der Straße.

In der folgenden Kurve führt rechts ein Pfad in den Wald. Er führt stetig bergauf, bis wir eine **Hochebene** erreichen. Achtung, **hier** ③ führt der öffentliche Wanderweg mitten durch ein Feld. Zwei Holzpfosten mit gelber Markierung weisen den Weg quer über das Feld und anschließend in einen Weg zwischen Mauern, der zeitweise von Brombeerranken zugewuchert ist (dann links am Feldrand vorbeigehen).

Weiter geht es auf einem schattigen Pfad im Wald und dann links in mehreren Bögen hinauf in Richtung der Klippen. Oben angekommen markiert **Punkt** ④ den Weg zu **drei Cazelles** in unvergleichlicher Lage. Die größte der runden Steinhütten steht alleine. Etwas weiter oben am Hang lehnen sich zwei weitere Häuschen dicht aneinander. Von der Wiese hat man einen grandiosen Blick ins Tal des Lot. Einen besseren Rastplatz kann man sich kaum wünschen.

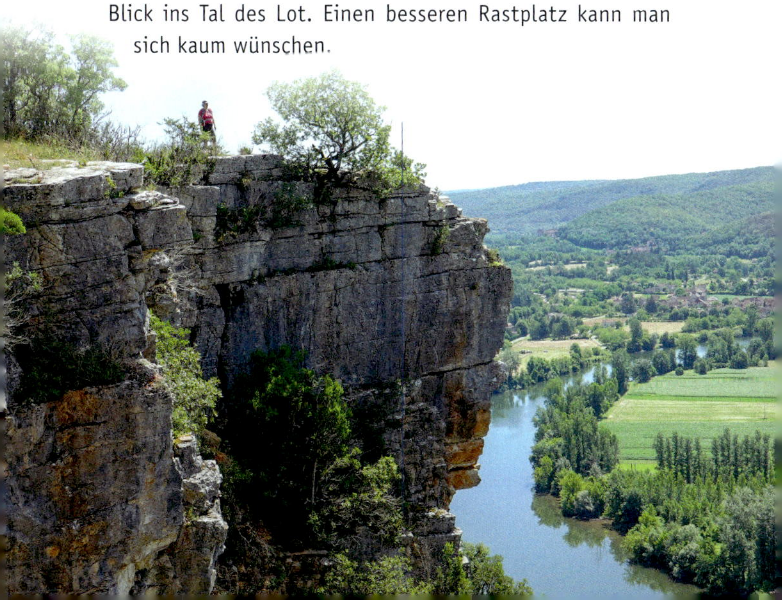

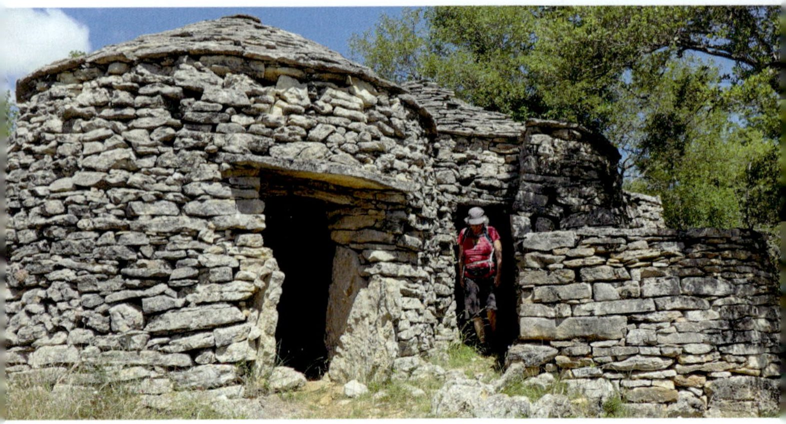

Nach einer Pause geht es auf einem spektakulären **Wanderpfad** mit ständig wechselndem Blickwinkel immer **am Rand der Klippen** entlang. Für diesen Teil des Weges sollte man halbwegs schwindelfrei sein. Mitwandernde Kinder gehören hier oben unter die Aufsicht eines Erwachsenen. Viel zu schnell erreichen wir dann **Punkt** ⑤, ein Felsplateau auf einer weit ins Tal ragenden Klippe. Hier können wir noch einen letzten Blick auf das Tal des Lot werfen, bevor wir ein kurzes Stück auf dem Klippenweg zurücklaufen, um den Weg zu suchen, der auf die Hochebene führt. Hier fehlte bei unserem Besuch die Markierung. Statt dessen war der Abzweig mit einem improvisierten Zaun versperrt. Der gesuchte Weg führt am Rand der Wiese entlang. Nach etwa 100 Metern sind auch wieder Markierungen zu sehen und der Weg wird schnell breiter.

Wir wandern zwischen Feldern hindurch, an einem Haus vorbei und treffen auf eine **Kreuzung** ⑥. In einer Linkskurve in Sichtweite eines Bauernhauses biegen wir nach rechts ab und durchqueren dabei ein Weidetor aus Draht, das aber meist offen ist. Die gelben Wegmarkierungen sind hier gut zu sehen. Zwischen Steinmauern wandern wir hinunter bis zur nächsten Kreuzung. Rechts führt ein Abzweig zu den nächsten **Cazelles**. Das Dach der beiden Hütten ist dicht mit einer Tarnkappe aus Moos bewachsen. Der Eingang liegt wie immer auf der am besten geschützten Seite. Die größere der beiden Hütten hat einen rechteckigen Grundriss, gleicht in der Bauweise jedoch den Rundhütten.

Zwischen Steinmauern geht es weiter. Auf einem schattigen Pfad laufen wir bis zur Straße und zum **Punkt** ⑦ und stehen direkt vor einem schön restaurierten ehemaligen Bauernhaus. Bei genauer Betrachtung erkennt man typische Elemente der traditionellen Bauweise wie die Scheune im Hintergrund und den Zugang zur ersten Etage über eine Außentreppe mit kleiner

Terrasse. Von hier aus folgen wir etwa 500 Meter der Straße bis links ein Wiesenweg abzweigt. Er kürzt einen Bogen der Straße ab und führt dabei zu den **Ruinen eines kleinen Gehöfts** ⑧. Man erkennt ein größeres Gebäude mit Nebengebäuden und etwas unterhalb zwei weitere gut erhaltene Cazelles.

Dann führt der Weg auf die Straße, die wir aber nach wenigen Schritten wieder verlassen, um links in einen schmalen Fahrweg einzubiegen. Wir laufen bis zu einer Dreieckskreuzung, an der ein schönes altes **Metallkreuz** ⑨ steht, und biegen hier rechts in einen Waldpfad ab. Er führt stetig bergab, kreuzt eine Straße und endet dann an den ersten Häusern von Saint-Martin auf Asphalt. Kurz vor der Straße steht links des Pfades ein verlassenes Steinhaus. Unterhalb liegt die zugehörige Quelle: Ein Bach sprudelt hier aus einem Felsen.

Um die **Bahnlinie** zu überqueren, folgen wir der Straße nach rechts. Wild wuchernde Büsche verraten, dass hier schon lange kein Zug mehr gefahren ist. Vom Bahnübergang sind es dann nur noch ein paar Meter zurück zum schattigen Platz vor der Kirche.

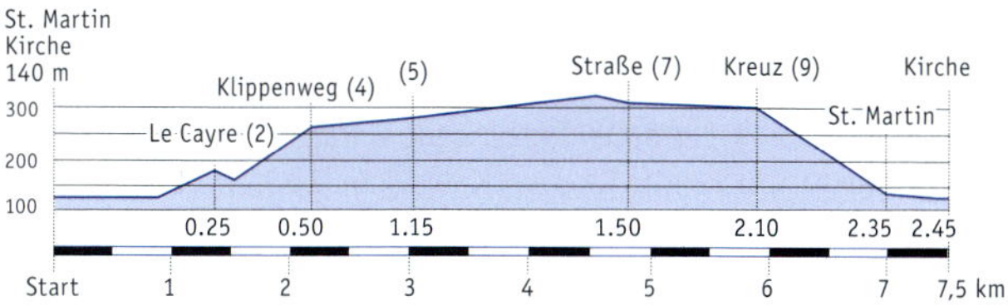

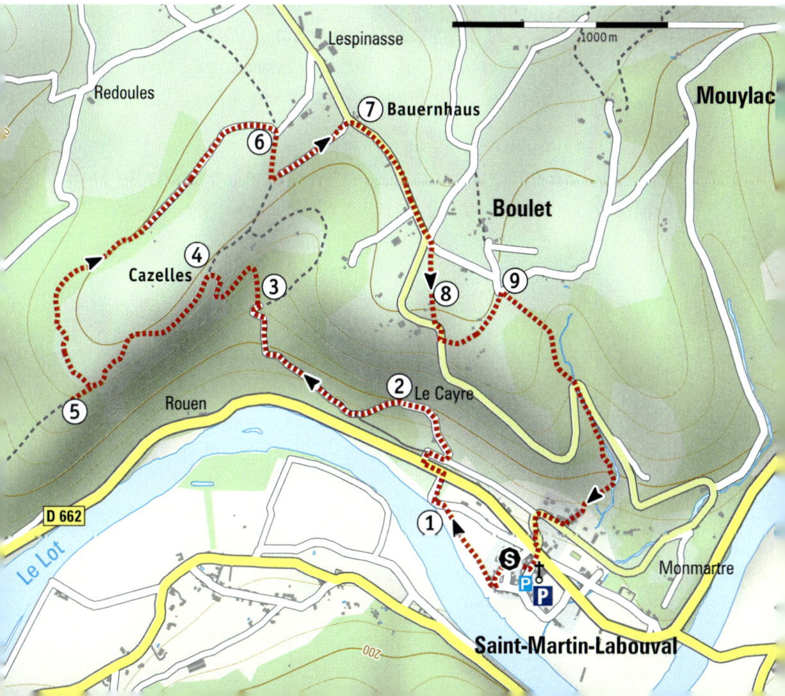

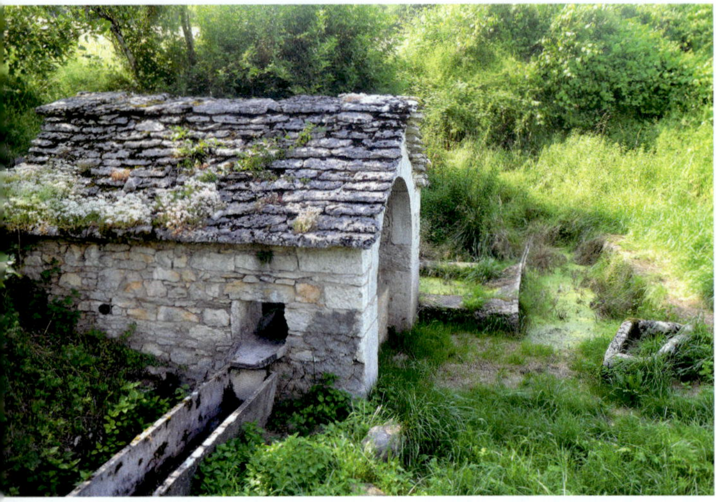

250 m

STRECKE 6,5 km

2 h 15

ab 8

Tour 45: Die Hochebene von Larroque-Toirac

Auf dem Sentier »De mas en mas sur le causse«

Das hübsche Dorf Larroque-Toirac liegt unten im Tal des Lot. Auf halber Höhe klebt ein imposantes Schloss in der hinter den Häusern aufragenden Felswand der Causse. Oben auf der Hochebene stehen gut verteilt die für die Region typischen Bauernhöfe, »Mas« genannt, die jeweils einen eigenen Namen tragen. Der Weg führt uns recht abwechslungsreich an der Klippe entlang, über Weideland und auf schmalen Pfaden durch den Wald. Unterwegs gibt es ein altes Wasserhaus, einen kleinen Dolmen und etliche schöne Steinhäuser zu sehen.

Wanderung: Vom Parkplatz folgen wir der **Asphaltstraße zum Schloss** ① hinauf. Kurz bevor wir dieses erreichen, biegen wir

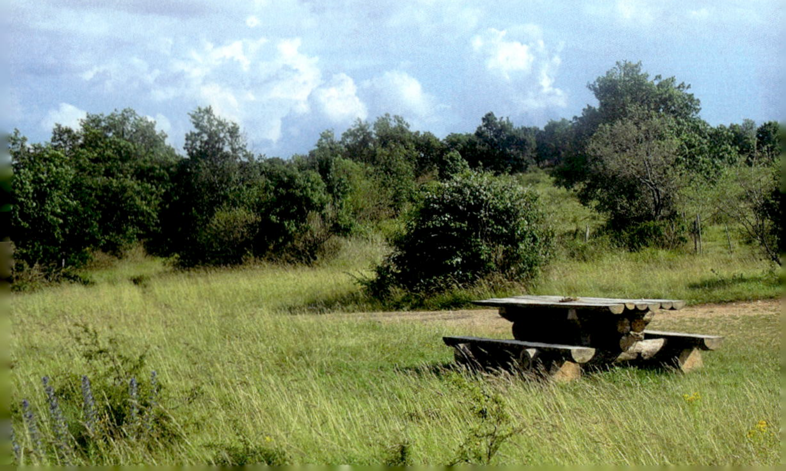

TOUREN-STECKBRIEF

Anfahrt: Von Figeac die D 662 über Faycelles an den Lot wählen und am nördlichen Flussufer bis Larroque-Toirac fahren. Am zweiten Abzweig rechts ins Dorf abbiegen (man sieht beim Abbiegen am Ende der Straße das Schloss). Links dem Wegweiser zum Schlossparkplatz folgen und an der Mairie vorbei zur Kirche und zum am Straßenende gelegenen Parkplatz bei **GPS N 44°31'11.0", E 1°56'23.0"** fahren.
Markierung: Blaue Farbpunkte.
Charakter: Einfache Rundwanderung in abwechslungsreicher Landschaft, kurzer aber steiler Aufstieg auf einem Wanderpfad. Der Weg ist gut markiert.
Mit Kindern: Technisch ist die Wanderrunde auch für Kinder kein Problem. Der Platz am Picknicktisch auf der Hochebene eignet sich gut für eine ausgiebige Picknickpause.
Einkehr: Keine.
Unterkunft:
Hotel: Le Mas de Garrigue in Calvignac, Le Mas du Cerf in Saint-Pierre Toirac.
Camping: Camping Municipal in Cajarc.
Wohnmobil: Stellplatz Capdenac-Le-Haut.
In der Nähe: Château Cénevières, Capdenac le Haut.

links in den im spitzen Winkel steil von der Straße abzweigenden **Wanderpfad** ein. Ab hier ist unser Weg blau markiert. Zuerst sehen wir an den Bäumen auch noch eine rote, eine gelbe und eine violette Markierung. Bis zur Hochebene verlaufen alle Wanderwege des Ortes auf dem gleichen Pfad. Dieser führt jetzt mit vielen Kehren und vielen schönen Ausblicken auf das Tal des Lot stetig bergan.

Oben angekommen zweigen der gelbe und der violette Weg rechts ab und wir folgen nur noch den blauen und den roten Punkten. Kurz darauf geht es nach rechts durch ein **günes Metalltor** (wieder schließen!) auf eine Schafweide. Wir wandern jetzt ein kurzes Stück an der Abbruchkante der Klippen entlang, die die Hochebene begrenzen. Kurz bevor wir die Weide wieder verlassen, zweigt auch der rote Weg links ab. Wir folgen den blauen Punkten bis zu einer schmalen **Asphaltstraße**, der wir ein kurzes Stück nach links folgen. Nach wenigen Schritten zweigt unser Wanderpfad wieder rechts ab.

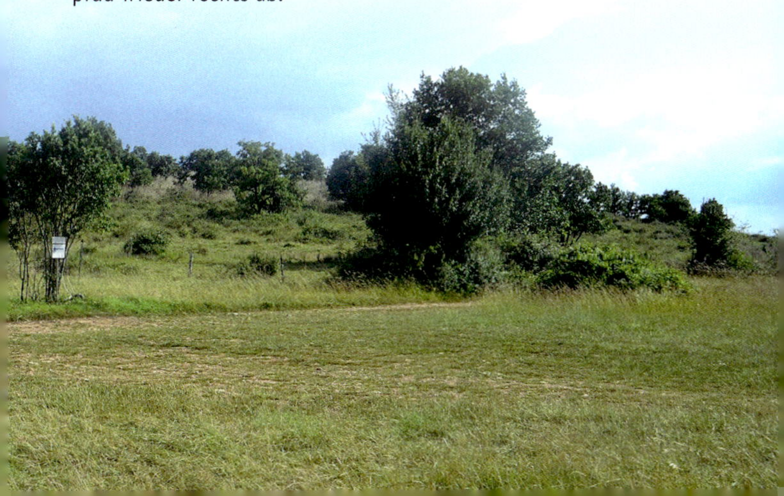

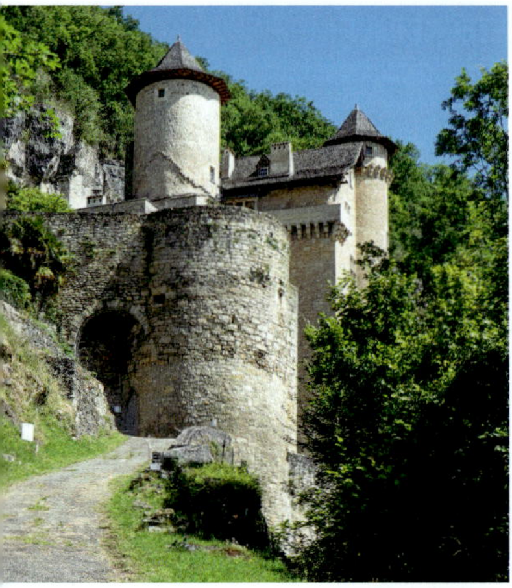

An der nächsten **Verzweigung** wählen wir den rechten Weg, der durch den Wald hinunter führt und auf einem breiteren Feldweg endet. Hier führt ein Abstecher von 100 Metern zu einem alten **Wasserreservoir** ②. Das kleine Schild auf dem Brunnenrand verkündet, dass es sich bei der algendurchsetzten Brühe im Wasserbecken nicht um Trinkwasser handelt. Das wäre allerdings nicht unbedingt notwendig gewesen.

Zurück an der Kreuzung folgen wir weiter dem breiten Waldweg, bis wir zur **Ruine eines Hauses** kommen. Hier geht es links weiter: an der Ruine vorbei auf einen leicht zugewucherten **Pfad zwischen bemoosten Steinmauern**. Dieser endet abermals auf einem Fahrweg. Wir biegen links ab und folgen dem breiten Weg bis zu einer Kreuzung an einem Wiesenplatz. Der Blick reicht hier über die Hügel der Causse und am Wegrand steht ein **Picknicktisch** ③. Der perfekte Platz für eine Pause, wenn die Sonne nicht zu heiß brennt.

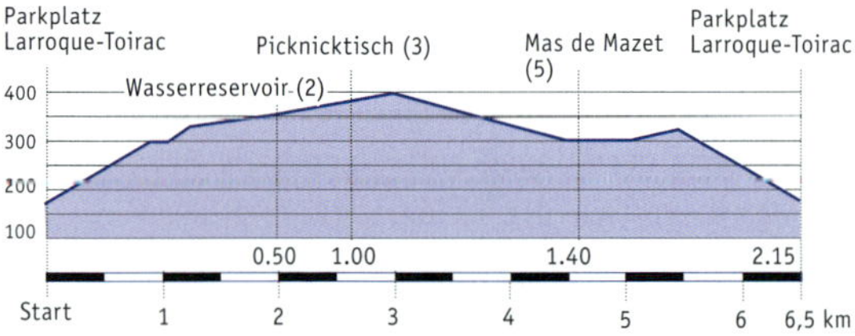

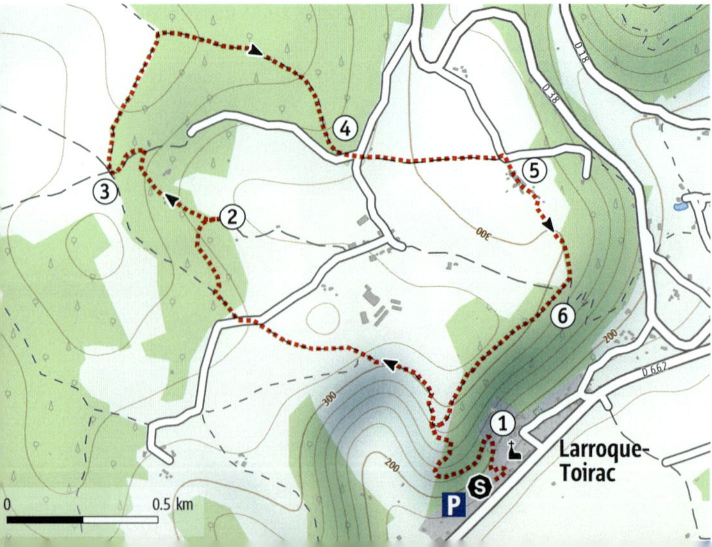

Unsere **blauen Punkte** bekommen ab hier wieder Gesellschaft: Den Rest des Weges verlaufen der blaue und der rote Weg auf einer Route. Diese führt am Tisch vorbei und dann nach rechts in einen angenehmen **Weg zwischen halbhohen Steinmäuerchen**. Etwa 200 Meter weiter steht links direkt am Weg ein kleiner **Dolmen**. An der Wegkreuzung dahinter hat ein Scherzkeks ein etwas **zu helles blaues Kreuz auf einen Stein** am nach rechts führenden Weg gesprüht. Dieser ist trotzdem richtig. Direkt dahinter sehen wir die vertrauten roten und blauen Farbpunkte. Wir biegen also rechts ab und marschieren auf dem leicht abfallenden Weg zwischen Steinmäuerchen weiter. Er endet auf einer schmalen **Asphaltstraße** ④, der wir links zu einer Kreuzung folgen. Hier biegen wir rechts auf die breitere Straße ab, bis links im spitzen Winkel ein **ziemlich zugewucherter Pfad** zwischen zwei hohen Hecken beginnt. Er ist schlecht markiert, stimmt aber trotzdem. Wir winden uns also zwischen vorwitzigen Brombeerranken hindurch und registrieren nur wenige gelbe Farbpunkte als Markierung. Sobald die ersten Häuser des **Mas de Mazet** ⑤ in Sicht kommen, wird der Weg breiter und gepflegter. Der schön restaurierte Hof ist nicht mehr bewirtschaftet, sondern ein stilvolles Feriendomizil.

An den letzten Häusern wird die Straße zum Feldweg und wir nähern uns wieder dem Rand der Hochebene. An der nächsten Verzweigung haben wir die **Wahl** ⑥. Die offizielle **blaue Wegmarkierung** führt hier hinunter zur Straße und kommt dabei noch an einer zweistöckigen Cazelle (Hirtenhaus aus Trockenstein) vorbei. Unten angekommen, müssen wir dann ein kurzes Stück rechts der D662 folgen und dann rechts das Dorf durchqueren. Alternativ können wir oben am Abzweig auch **der roten und der gelben Markierung** folgen, die uns auf einem breiten Schotterweg zum Ende unseres Aufstiegsweges zurückbringen. Auf dem vertrauten Pfad geht es dann direkt zurück zum Parkplatz – ohne den Wegabschnitt auf der Straße. Diese Wegvariante ist ein Stückchen kürzer, der Weg steigt dafür aber noch einmal kurz an.

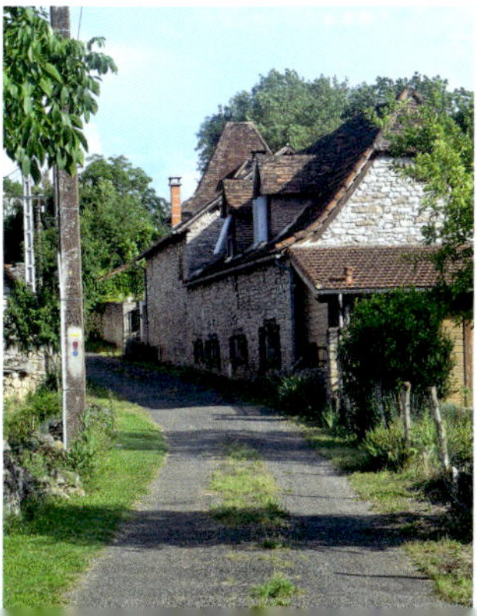

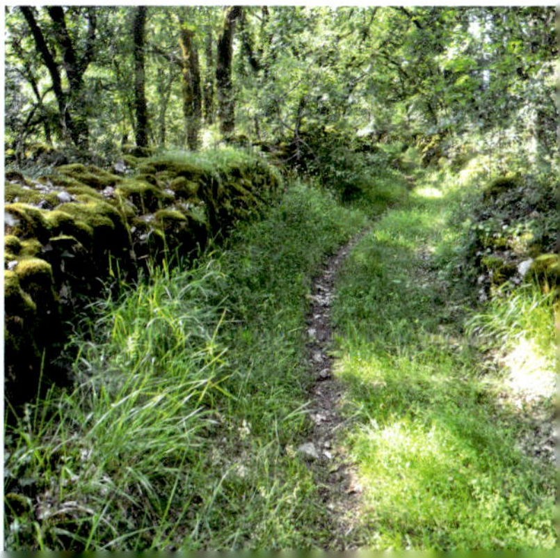

Unterkunft und Übernachtung

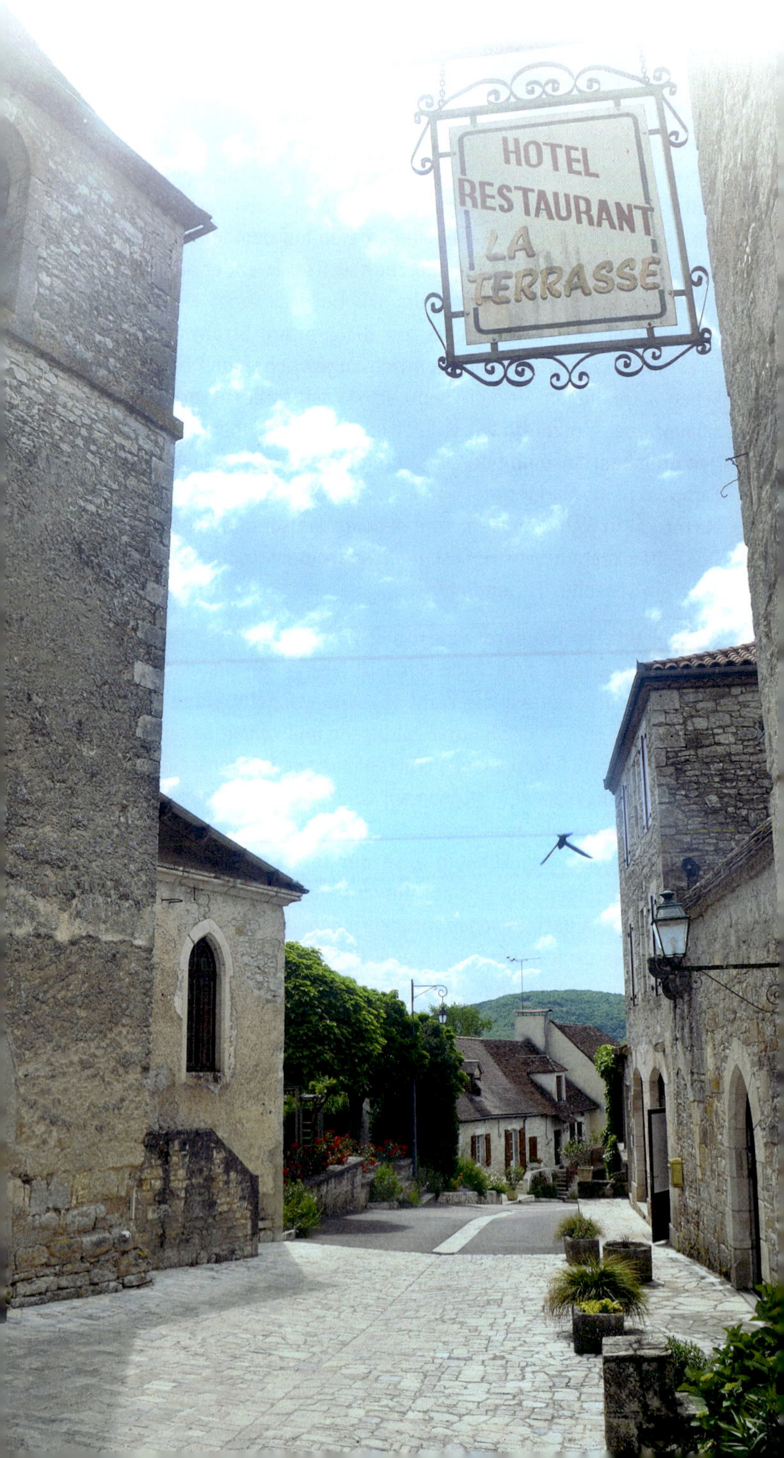

Hotel und Chambre d'hôtes

In vielen Dörfern an Dordogne, Lot und Vézère finden Sie kleine, oft familiär geführten Hotels. Die von uns vorgeschlagenen Unterkünfte sind dabei eher nach Charme und ursprünglichem Charakter ausgewählt als nach größtmöglichem Komfort. Die gängigen Preise für ein Mittelklassehotel liegen in der Region zwischen 60 und 100 Euro für ein Doppelzimmer. Wie überall in Frankreich üblich, ist das Frühstück nicht im Übernachtungspreis inbegriffen und wird mit sechs bis zwölf Euro pro Person extra berechnet. Wer schon immer einmal im Schloss übernachten wollte, hat im Land der tausend Schlösser reichlich Auswahl. Diese Unterkünfte sind meist etwas teurer, dann aber auch entsprechend komfortabel ausgestattet. Zusätzlich gibt es im ländlichen Raum viele empfehlenswerte Privatunterkünfte, die als Chambres d'hôtes bezeichnet werden und in etwa dem englischen Bed and Breakfast entsprechen. Ein Chambre d'hôtes bietet nicht den Service eines Hotels, ist aber eine gute Möglichkeit, auch mit Einheimischen in Kontakt zu kommen. Das Frühstück ist hier inklusive und wird manchmal gemeinsam am großen Tisch eingenommen. Einige Gastgeber bieten unter dem Namen Table d'hôtes auch abends ein Essen an. Üblich ist hier ein Menü inklusive Getränke zum Festpreis. Eine gute Table d'hôtes ist der perfekte Platz, um die landestypische Küche kennenzulernen.

Gorges de la Dordogne

A L'Australienne

Familiäres Chambre d'hôtes auf einem 200 Jahre alten Bauernhof etwa acht Kilometer östlich von Bort-le-Orgues.
€€. Route de Lanobre 1, Champs sur Tarentaine, Tel. 0033 (0)471787012.
alaustralienne.jimdofree.com

Chambre d'hôtes Le Pradel

Vier Zimmer in einem schön restaurierten Steinhaus aus dem 18. Jahrhundert mit freiem Blick über Wiesen.
€€. Monceaux-sur-Dordogne,
Tel. 0033 (0)660406541.
www.lepradelchambresdhotes.com

Les Roulottes du Petit Bois

Zwei liebevoll eingerichtete Schäferwagen aus Holz für bis zu vier Personen. Buchbar über Booking.com oder Gites.fr. *€€. Neuvic.*

Domaine de Mialaret

Sieben Zimmer im kleinen Schloss auf dem Campingplatz Mialaret. Alternativ können auch Chalets und Safarizelte gemietet werden.
€€. Neuvic, Tel. 0033 (0)555460250.
lemialaret.com

Domaine du Sable

Familiäres Chambre d'hôtes mit zwei Zimmern und Sitzplätzen im großen Garten.
€€, Saint-Julien-aux-Bois
Tel. 0033(0)555919685
www.domainedusable.com

Chateau le Bois

Zimmer in einem kleinen Schloss. Großer parkähnlicher Garten mit Pool und Sonnenliegen. Außerdem gibt es in Nebengebäuden auf dem Gelände zwei Ferienhäuser.
€€, Saint-Julien-aux-Bois
Tel. 0033(0)684215049
www.chateaulebois.fr

Obere Dordogne / Quercy

Auberge Les Flots bleus**
Terrasse und Zimmer mit Flussblick, am Rand des alten Ortskernes.
€€. Place du Monturu, Beaulieu, Tel. 0033 (0)555910621. www.hotel-flotsbleus.com

Hôtel Le Fénélon**
Mit kleinem Pool und einfach eingerichteten Zimmern, im schönen Dorf Carennac, Restaurant im Haus.
€€. Carennac, Tel. 0033 (0)565109646 www.hotel-fenelon.com

Chambre d'hôtes La Farga
Fünf einfache helle Zimmer, kleiner Pool und sehr gute Table d'hôtes.
€€. Carennac, Tel. 0033 (0)565331897. la-farga-bed-breakfast-carennac. hotelmix.fr

Hôtel de Charactère Le Cantou 354
Am Dorfrand des malerischen Loubressac, Terrasse mit grandiosem Blick, gutes Restaurant.
€€. La Place, Loubressac, Tel. 0033 (0)565382058. www.hotel-lecantou354.com

Auberge de la Fontaine**
Logis de France, im Ortszentrum des mittelalterlichen Dorfes, Restaurant.
€€. Autoire, Tel. 0033 (0)565108540. www.auberge-de-la-fontaine.com

Le Terminus des Pélérins**
Logis de France, stimmungsvolle Lage am Fuß der großen Treppe im Zentrum des mittelalterlichen Ortes.
€€. Place Carretta, Rocamadour, Tel. 0033 (0)565336214. www.terminus-des-pelerins.fr

Hôtel Les Falaises**
Schöner Garten im Innenhof, 300 m zum Fluss mit Badestelle und Kanuverleih.
€€. Gluges, Tel. 0033 (0)565271844. les-falaises.com

Auberge de l'Ile**
Logis de France, gepflegte Zimmer in altem Haus am Dorfrand, 400 m zum Fluss, dort Kanu- und Fahrradverleih.
€€. Creysse, Tel. 0033 (0)565322201. www.auberge-de-lile.com

Hôtel La Terrasse***
In einem Schlösschen am Hang über der Dordogne gelegen, mit Weitblick und urigem Ambiente. Individuell eingerichtete komfortable Zimmer und erstklassiges Restaurant.
€€–€€€. Meyronne, Tel. 0033 (0)974566530. www.hotel-la-terrasse.com

Untere Dordogne / Périgord

Chambre d'hôtes L'Ombrière
Vier stilvoll eingerichtete Zimmer für je zwei Personen, keine Haustiere.
€€–€€€. Vitrac, www.lombriere.com

Hôtel Plaisance***
Komfortabel, guter Service, großer Pool, gutes Restaurant, an der Uferstraße gelegen.
€€–€€€. Vitrac, Tel. 0033 (0)553313939. hotelplaisance.com

Hôtel La Treille**
Logis de France mit sieben gepflegten Zimmern, ausgezeichnetes Restaurant.
€–€€. Vitrac, Tel. 0033 (0)553283319. www.latreille-perigord.com

Hôtel Esplanade***
Stilvolles Haus in grandioser Lage an der Promenade de Falaises mit Blick über das Tal, zentral in Domme gelegen.
€€–€€€. Domme, Tel. 0033 (0)553283141. www.esplanade-perigord.com

Le Moulin Rouge
Drei schöne Zimmer in einer restaurierten Mühle direkt am Teich.
€€. Am Ortsrand von Cenac, Route de Sarlat D50, Tel. 0033(0)553282366.

Hôtel La belle Etoile***
Stilvoll möblierte Zimmer, im Dorf direkt am Fluss gelegen, sehr gutes Restaurant mit gehobenen Preisen.
€€. La Roque-Gageac, Tel. 0033 (0)532951. hotel-belle-etoile-dordogne.fr

Manoir de la Malartrie
Liebevoll und engagiert geführt, acht individuell gestaltete Zimmer im kleinen Schloss, Terrasse, großer Pool.

€€€. La Roque-Gageac, Tel. 0033 (0)55329351. www.chambresdhotes-lamalartrie.com

B&B La Tour de Cause
Fünf Zimmer im liebevoll restaurierten alten Steinhaus, Pool, keine Haustiere. *€€€. Pont de Cause (Céou-Tal) Tel. 0033 (0)553303051. latourdecause.com*

Hôtel du Château**
Einfaches Hotel an der Dordogne, im Zentrum von Beynac. *€€. Beynac, Tel. 0033 (0)553291920. www.hotelduchateau.fr*

Chambre d'hôtes Le Petit Versailles
Charmante Gastgeber, gutes Preis-Leistungsverhältnis, oben am Schloss. *€€. Beynac, Tel. 0033 (0)671885972. www.lepetitversailles.fr*

Chambre d'hôtes Chez Gallon
Gastfreundlich und angenehm, ausgezeichnetes Preis-Leistungsverhältnis. *€–€€. Lieu dit La Cabane, Vézac, Tel. 0033 (0)553303329. www.chezgallon.com*

Chambre d'hôtes Balcon en Fôret
Komfortabel, stilvoll, traumhafte Zimmer, ruhige Lage, geniales Frühstück, zehn Minuten Fußweg ins Dorf. *€€€. Tral-Pech, Beynac, Tel. 0033 (0)641251862. www.ladordogne.info*

Hôtel Domaine de Monrecour***
Anwesen mit kleinem Märchenschloss etwas abseits von Beynac, Zimmer im Nebengebäude oder im Schloss. *€€€. Saint-Vincent de Cosse, Tel. 0033 (0)553283359. monrecour.com*

La Villa des Consuls
Biohotel in zentraler Lage der Altstadt, einige Zimmer mit Terrasse. *€€€. Rue Jean-Jacques Rousseau 3, Sarlat-la-Canéda, Tel. 0033 (0)553319005. www.villaconsuls.fr*

Les Chambres du Glacier**
Gepflegte kleine Pension mit sehr charmantem Service in einem alten Stadthaus aus dem 16. Jahrhundert. *€€€. Rue de la Liberté 9, Sarlat-la-Canéda. Buchbar über booking.com.*

Hôtel La Couleuvrine***
Stilvoll und urig in einem Turm der Stadtmauer, verschiedene Zimmerkategorien, gutes Restaurant. *€€. Place de La Bouquerie 1,Sarlat-la-Canéda, Tel. 0033 (0)553592780. www.la-couleuvrine.com*

Chambre d'hôtes La Lanterne
Liebevoll und mit viel Gastfreundschaft geführte Pension in einem alten Gemäuer am Rand der Altstadt. *€€. Rue Montaigne 9, Sarlat-la-Canéda, Tel. 0033 (0)553590518. www.sarlat.biz*

Auberge du Bon Acceuil**
Moderne Zimmer im alten Steinhaus, ruhige Lage oben im zauberhaften autofreien Ort Limeuil, Restaurant mit Tischen im Innenhof. *€€. Limeuil, Tel. 0033 (0)553633097. www.au-bon-accueil-limeuil.com*

Chambre d'hôtes Les Chênes rouges
Privatquartier mit drei liebevoll eingerichteten Zimmern nahe beim Schloss. *€€–€€€. La Peyre, Tel. 0033 (0)961661986. www.leschenesrouges.fr*

Le Manoir de Bellerive****
Edel gestyltes Herrenhaus im großen Garten in ruhiger Lage am Fluss, sehr komfortable Zimmer, Sauna und Pool. *€€€–€€€€. Route de Siorac, Le Buisson-de-Cadouin, Tel. 0033 (0)553221616. www.bellerivehotel.com*

Tal der Vézère

Hôtel Le Lascaux***
Charmantes kleines Hotel mit Garten und angenehmen Zimmern. *€€. Avenue Jean Jaurès 109, Montignac, Tel. 0033 (0)553518281. www.hotel-lascaux-24.fr*

Hostellerie La Roseraie***
Stadthaus im Dorfzentrum auf der ruhigeren Seite der Vézère, Zimmer komfortabel und liebevoll eingerichtet. *€€€. Place d'Armes 11, Montignac, Tel. 0033 (0)553505392. www.laroseraie-hotel.com*

Auberge de Castel-Merle
Freundliche Zimmer im alten Gemäuer einer ehemaligen Farm, in Alleinlage großer Garten, sehr gutes Frühstück.
€€. Sergeac, Tel. 0033 (0)553507008. www.hotelcastelmerle.com

Le Relais de la Côte de Jor
Charmantes Chambre d'hôtes oberhalb von Saint-Léon in einsamer Lage, großer Garten mit Pool und schöne Zimmer.
€. Saint-Léon, Tel. 0033 (0)553507447. www.lerelaisdejor.com

Hostellerie du Passeur***
Zentrale Lage im Ortszentrum, schöne Zimmer, gutes Restaurant.
€€–€€€. Place del la Mairie, Les Eyzies de Tayac, Tel. 0033 (0)553069713. www.hostellerie-du-passeur.com

Moulin de la Beune
Ruhige Lage am Dorfrand, mit idyllischem Garten direkt am Bach und gutem Restaurant, freundliche Zimmer.
€€. Les Eyzies-de-Tayac, Tel. 0033 (0)553069433. moulindelabeune.com

Domaine des Eymaries****
Komfortable Wohnungen in renoviertem Herrenhaus, Pool, in Alleinlage nahe an einem Reitstall.
€€€. Les Eyzies, Tel. 0033 (0)608688009. www.domaine-des-eymaries.com

Ferme de Tayac
Liebevoll gestaltete Zimmer in altem, gut restauriertem Farmhaus, umfangreiches Outdoorprogramm ab Hof.
€€–€€€. 14 Rue de Tayac, Les Eyzies de Tayac, Tel. 0033 (0)637852909. www.fermedetayac.com

Chambre d'hôtes Le Peuch
Ein einziges großes Zimmer mit Zugang zum Garten und ein Ferienhaus in toller Lage bei Les Eyzies.
€€€. Le Peuch Saint Sour, Les Eyzies de Tayac, Tel. 0033 (0)553466034. www.lepeuch.com

Chambre d'hôtes Douceurs Périgourdines
Zimmer auf einem Biobauernhof zwischen Commarque und Marquay, Hofladen mit glutenfreiem Gebäck.
€€. Marquay, Tel. 0033 (0)553590152. douceurs-perigourdines.com

Chambre d'hôtes Maison de Marquay
Edel gestylte Zimmer in altem Steinhaus im Dorf.
€€–€€€. Marquay, Tel. 0033 (0)553595359. www.maisondemarquay.fr

Lot und Célé

Chambre d'hôtes Le Mas du Sire
Ein Zimmer in andalusischem Stil und eines in den Farben der Camargue auf einem Reiterhof auf der Causse.
€€. Quissac, Tel. 0033 (0)669448779. www.masdusire.com

Hôtel Jean XXII**
Sympathisches Hotel am Stadtrand.
€€. Rue Edmond Albe 2, Cahors, Tel. 0033 (0)565350766. hotel-jeanxxii.com

Domaine Le Peyrou
Drei Zimmer und Ferienwohnungen auf ehemaligem Weingut, traumhaft schön in einem großen Park gelegen.
€€. Luzech, Tel. 0033 (0)565305198. www.lepeyrou.com

Chambres d'hôtes Atypiques
Ungewöhnliche Zimmer mit schwebenden Betten, dazu eine Unterkunft in der Cabane und im Tipi.
€€€–€€€€. Le Bout du Lieu, Cabrerets, Tel. 0033 (0)565214897. www.chambresdhoteatypique.com

Auberge de La Sagne
Sympathisches Logis de France am Dorfrand von Cabrerets mit acht kleinen Zimmern, gutes Restaurant.
€€. Route grotte du Pech Merle, Cabrerets, Tel. 0033(0)565312662. www.aubergedelasagne.com

Chambre d'hôtes l'Autre Chemin
Uriges Steinhaus mit drei angenehmen Zimmern, schönem Innenhof und riesigem Garten im Dorf Sauliac.
€€. Les Fargues, Sauliac-sur-Célé, Tel. 0033 (0)565319164.

Chambre d'hôtes La Source
Einfache aber schöne Zimmer im Steinhaus eines Biobauernhofes am Lot unterhalb von Saint-Cirq-Lapopie.
€–€€. Lieu dit Castan, St.-Cirq-Lapopie, Tel. 0033 (0)621724356. www.alasource46.fr

Auberge du Sombral
Kleines Hotel mit acht Zimmern in einem alten Steinhaus im Dorfzentrum.
€€. Place Sombral, Saint-Cirq-Lapopie, Tel. 0033 (0)565312608. www.lesombral.com

Le Mas de Garrigue
Von einem irischen Paar geführtes stilvolles Chambre d'hôtes in einem Jagdschlösschen aus dem 15. Jahrhundert.
€€€. Calvignac, Tel. 0033 (0)565539331. www.masdegarrigue.com

La Métairie haute
Zwei Zimmer mit Frühstück und auf Wunsch auch mit Abendmenü auf einem typischen Bauernhof auf der Hochebene über Marcilhac
€€. Marcilhac, Tel. 0033 (0)684174328. www.lametairiehaute.fr

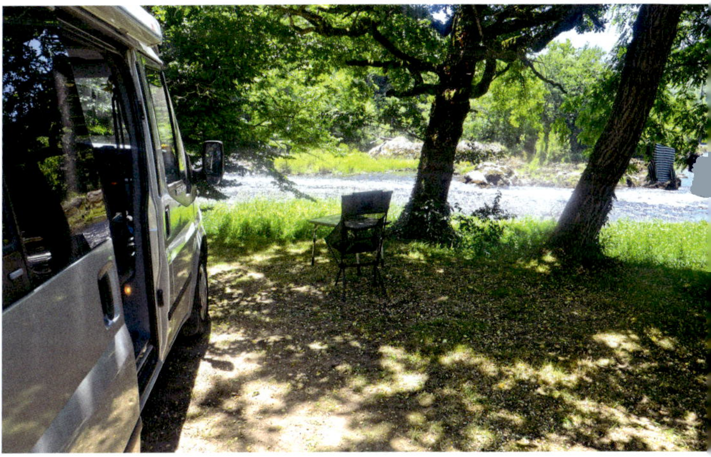

Mit Zelt oder Wohnmobil

Das Tal der Dordogne ist ein Paradies für Camper. Hier gibt es Plätze für jeden Geschmack: Einfach oder komfortabel ausgestattet, in der Nähe eines der stimmungsvollen mittelalterlichen Dörfer oder mitten in einsamer Natur. Die Plätze in unserer Auswahl liegen fast alle direkt am Flussufer und natürlich in der Nähe unserer Tourenvorschläge. Zusätzlich sind in vielen Dörfern Stellplätze für Wohnmobile angelegt. Dort übernachtet man gegen eine geringe Gebühr oder sogar kostenlos. Hinweise auf diese Plätze finden Sie mit den zugehörigen GPS-Daten im jeweiligen Tourensteckbrief.

Die Saison an der Dordogne beschränkt sich auf Juli und August. Sind Sie in der Nebensaison unterwegs, funktioniert die übliche Campingplatzinfrastruktur oft nur auf Sparflamme: Laden und Restaurant öffnen meist frühestens Mitte Juni, ebenso der Pool. Nur die morgendliche Versorgung mit frischer Baguette und Croissants funktioniert in Frankreich jederzeit.

Gorges de la Dordogne

1 Les Aubazines, Sarroux
Komfortabler Platz mit Badeufer und Stellplätzen am Stausee, auch Mietbungalows und Zimmer.
Geöffnet Mai bis September, 2 Pers. €14–20, Tel. 0033 (0)555960838. www.les-aubazines.com

2 Les Bruyères, Auriac
Camping Municipal an einem kleinen See mit eigenem Badestrand. Mit Hecken unterteilte Wiesenplätze.
Geöffnet April bis Oktober, 2 Pers. €12, Tel. 0033 (0)0555282597. www.camping-lesbruyeres-auriac.com

3 Domaine du Lac de Feyt
Einfacher Campingplatz direkt am Seeufer. Es werden auch Blockhäuser und voll ausgestattete Zelte vermietet.
Geöffnet April bis Oktober, 2 Pers. €15, Tel. 0033 (0)555282542. www.les-aubazines.com

4 Camping Le Gibanel
Landschaftlich schön gelegen in einer Dordogneschleife am Chateaux Gibanel. Viele Plätze am Dordogne-Ufer, das wie ein See wirkt.
Geöffnet Juni bis September, 2 Pers. €20–30, Tel. 0033 (0)564102020. www.camping-gibanel.com

5 Camping l'Echo du Malpas
Viele Häuschen und Hauszelte, Pool mit Rutsche. Zwischen Straße und Fluss. Guter Zugang zum Wasser an breiter Kiesbank.
Geöffnet April bis September, 2 Pers. €20–30, Tel. 0033 (0)555915277. camping-echo-du-malpas.com

6 Camping Europe, Argentat
Schönes naturnahes Gelände unterhalb eines kleinen Schlosses, tolle Plätze am Fluss, Sanitäranlagen eher zweckmäßig aber okay, Kanuverleih.
Geöffnet April bis Oktober, 2 Pers. €21–23, Tel. 0033 (0)555280770. www.camping-europe-argentat.fr

7 Camping au Soleil d'Oc
Komfortabler Platz am Hang mit Laden und Restaurant. Im Sommer Animation und Badestelle am Fluss. Überdachter Pool mit Kinderbecken. Kanuverleih.
Geöffnet Mai bis 15. November, 2 Pers. €17–34, Tel. 0033 (0)555288484. www.campingsoleildoc.com

Obere Dordogne / Quercy

8 Camping Le Vaurette
Komfortabler Platz mit schönem Uferbereich, Pool und guten Sanitäranlagen. Immer gut besucht und oft fest in holländischer Hand.
Geöffnet Mitte Mai bis September, 2 Pers. €18,50–33,50, Tel. 0033 (0)555280967. www.vaurette.com

9 Camping Beaulieu sur Dordogne
Sehr großer, beliebter Platz auf einer Insel in der Dordogne mit vielen Stellplätzen am Wasser. Über eine Brücke geht es direkt in die Altstadt. Großer Pool, Restaurant und gepflegte Sanitäranlagen.
Geöffnet Mitte April bis September, 2 Pers. €19–46, Tel. 0033 (0)555910265. europe.huttopia.com

10 Camping La Garrigue, Loubressac
Schattige Plätze, Pool und Bar, vermietet auch Mobilhomes.
Geöffnet April bis September, 2 Pers. €16–20,50, Tel. 0033 (0)565383488. www.camping-lagarrigue.com

11 Camping Les Cigales, Rocamadour
Komfortabler Platz mit viel Schatten und Pool, am Ortsrand im oberen Teil des Dorfes ruhig im Grünen gelegen.
Geöffnet April bis Oktober, 2 Pers. €22–28. Tel. 0033 (0)466600700, www.camping-les-cigales.com

12 Camping Les Chalets sur la Dordogne, Girac
Ruhig gelegener Platz mit schönem Kiesstrand und schattigen Stellplätzen.
Geöffnet Mitte April bis September, 2 Pers. €14–20,50, Tel. 0033 (0)565109333. www.camping-chalet-sur-dordogne.com

13 Camping l'Eau vive, Carennac
Schattig, einfache Sanitäranlagen, zehn Minuten Fußweg nach Carennac.

Geöffnet Juni bis Oktober, 2 Pers. €16–22, Tel. 0033 (0)565109739. www.camping-lot-eauvive.com

14 **Camping les Falaises**, Gluges
Einfacher, naturnaher Platz mit schattigen Stellplätzen und schöner Kiesbank am Flussufer.
Geöffnet Mai bis Mitte September, 2 Pers. €12–17, Tel. 0033 (0)565373778. www.camping-lesfalaises.com

15 **Camping le Port**, Creysse
Schöner schattiger Uferbereich. Moderne Sanitäranlagen, toller Pool mit Bar am Eingang. Angenehme Bungalows mit Küche und WC, Kanu- und Fahrradverleih am Platz, Organisation von Kletter- und Höhlentouren.
Geöffnet Mitte April bis September, 2 Pers. €15–26, Tel. 0033 (0)565322082. www.campingduport.com

16 **Camping la Plage**, Meyronne
Einladendes Gelände mit großen Bäumen und lichtem Schatten. Gute Sanitäranlagen.
Geöffnet Mai bis September, 2 Pers. €14–20, Tel. 0033 (0)565322326. www.camping-laplage.com

17 **Camping les Borgnes**, Saint-Sozy
Pool, ansonsten einfache Ausstattung, Kanuverleih am Platz.
Geöffnet Mai bis Mitte September, 2 Pers. €18, Tel. 0033 (0)235216963. www.campinglesborgnes.fr

18 **Camping Beauregard**, Pinsac
Schönes Gelände am Fluss mit sehr einfachen Sanitäranlagen.
Geöffnet Mitte Juni bis Mitte September, 2 Pers. €15, Tel. 0033 (0)565370602. www.tourisme-lot.com

19 **Camping Verte Rive**, Souillac
In ruhiger Lage im Grünen östlich von Souillac, gute Ausstattung, Pool und angenehmer Badeplatz am Fluss, Fahrradverleih.
Geöffnet April bis September, 2 Pers. €12–22,50, Tel. 0033 (0)565378596. www.camping-laverterive.com

Untere Dordogne / Périgord

20 **Camping Le Bourniou**, St. Julien
Schattige Plätze, gute Sanitäranlagen und eine sehr schöne Uferpartie mit Liegewiese und Kiesbank sowie angenehmer Bar. Sehr netter Platz!
Geöffnet Juni bis September, 2 Pers. €12–16, Tel. 0033 (0)553298339. www.camping-bourniou.com

21 **Le Rocher de La Cave,** Carsac
Schönes breites Kiesufer vor einer eindrucksvollen Steilwand, sehr ruhig, schattige Plätze, Snack-Bar.
Geöffnet Mai bis Mitte September, 2 Pers. €16–27, Tel. 0033 0)553281426. www.rocherdelacave.com

22 **Camping Beau Rivage,** Cénac
Sehr gepflegte komfortable Anlage mit vielen Häuschen, Pool und guten Sanitäranlagen, Domme ist zu Fuß erreichbar. Breite Kiesbank am Fluss.
Geöffnet Mitte Juni bis 5. September, 2 Pers. €15–26, Tel. 0033 (0)553283205. www.beaurivagedordogne.com

23 **Camping le Perpetuum**, Cénac
Schattige Plätze etwas abseits vom Wasser, gute Sanitäranlagen, Pool, Kanu- und Fahrradverleih.
Geöffnet Mitte Mai bis September, 2 Pers. €19–29, Tel. 0033 (0)553283518. www.campingleperpetuum.com

24 **Camping Municipal**, Cénac
Ebener Wiesenplatz am Flussufer in sehr guter Lage direkt am Ortsrand von Cénac unterhalb von Domme, sehr einfache Sanitäranlagen.
Geöffnet Mitte Juni bis September, 2 Pers. €14, Tel. 0033 (0)553283191.

25 **Camping Le Montant**, Sarlat
Komfortabler Platz westlich von Sarlat mit überdachtem Pool, Animation, vielen Häuschen, Mietwohnwagen und gutem Restaurant.
Geöffnet Mai bis September, 2 Pers. €13,50–25, Tel. 0033 (0)553591850. www.camping-sarlat.com

26 Camping Les Acacias, Sarlat
Komfortabler Platz mit viel Schatten und Pool am südlichen Stadtrand.
Geöffnet April bis September, Bourg de la Canèda, 2 Pers. €20–34, Tel. 0033 (0)553310850. www.acacias.fr

27 Camping La Plage, La Roque-Gageac
Schattige Stellplätze, gute Sanitäranlagen, am öffentlichen Badeplatz und in der Nähe der Durchgangsstraße.
Geöffnet März bis Oktober, 2 Pers. €15–23, Tel. 0033 (0)553295083. www.camping-laplage.fr

28 Camping Maisonneuve, Castelnaud
Viele Stellplätze am Flussufer und ein Badeplatz im kristallklaren Céou, beheizter Pool und moderne Sanitäranlagen. Ein sehr charmanter Platz.
Geöffnet April bis Oktober, 2 Pers. €17–30, Tel. 0033 (0)553295129. www.campingmaisonneuve.com

29 Camping la Cabane, Vézac
Durch eine Hecke vom Fluss getrennt, sehr schattige Plätze, gute Sanitäranlagen, Pool, etwa 20 Minuten auf dem Uferweg nach Beynac.
Geöffnet Mai bis September, 2 Pers. €14–20, Tel. 0033 (0)553295228. lacabanedordogne.com

30 Camping les Magnanas, Vézac
Schönes Wiesengelände an der Dordogne, hohe alte Bäume, Blick auf Schloss Fayrac, sehr einfache Sanitäranlagen, 15 Minuten auf dem Uferweg nach Beynac.
Geöffnet Mitte Mai bis September, 2 Pers. €14–17, Tel. 0033 (0)553295179. www.sarlat-camping.com

31 Camping Le Capeyrou, Beynac
Am Flussufer, aber mit Zaun abgetrennt, teilweise schattige Plätze, gepflegte Sanitäranlagen, schöner Blick auf Beynac.
Geöffnet Mai bis September, 2 Pers. €15–30, Tel. 0033 (0)553295495. www.campinglecapeyrou.com

32 Camping Le Pont de Vicq, Cadouin
Schöner Uferbereich mit Liegewiese, großer Pool, Laden und Bar.
Geöffnet April bis Oktober, 2 Pers. €13–23, Tel. 0033 (0)553220173. www.campinglepontdevicq.com

33 Camping Port de Limeuil
Großzügig parzellierte Plätze, große Wiese am Fluss und an einer breiten Kiesbank mit Blick auf Limeuil. Sehr gepflegte Anlage mit Pool und guten Sanitäranlagen. Gute Basis zum Erkunden beider Täler: Vézère und Dordogne.
Geöffnet Mai bis September, 2 Pers. €17–35, Tel. 0033 (0)553632976. www.leportdelimeuil.com

Tal der Vézère

34 Moulin de Bleufond, Montignac
Parzellierte Plätze, Zugang zum Fluss, gute Sanitäranlagen, Pool, am südlichen Ortsrand.
Geöffnet April bis Mitte Oktober, 2 Pers. €16–28, Tel. 0033 (0)553518395. www.bleufond.com

35 Camping Municipal, St. Léon
Kleiner Platz direkt an der Vézère am Ortsrand von St. Léon. Etwas wenig Schatten, öffentliche Sanitäranlagen neben der Touristeninformation, benachbart Wohnmobilstellplatz.
Geöffnet Mai bis September, 2 Pers. €17, Tel. 0033 (0)553507316. www.saint-leon-sur-vezere.fr

36 Camping Paradis, St. Léon
Großzügige Stellplätze auf dem üppig begrünten Platz, schöne Mietbungalows und Zelte, gepflegte Sanitäranlagen, Restaurant, Laden, Fahrrad- und Kanuverleih.
Geöffnet April bis Oktober, 2 Pers. €25–33, Tel. 0033 (0)553507264. le-paradis.fr

37 Le Moulin du Roch
Sehr gut ausgestatteter Platz mit schöner beheizter Poolanlage zwischen Les Eyzies und Sarlat.
Geöffnet Mitte Mai bis Mitte September, 2 Pers. €25–36, Komfortplatz ab €41, Tel. 0033 (0)673638896. www.moulin-du-roch.com

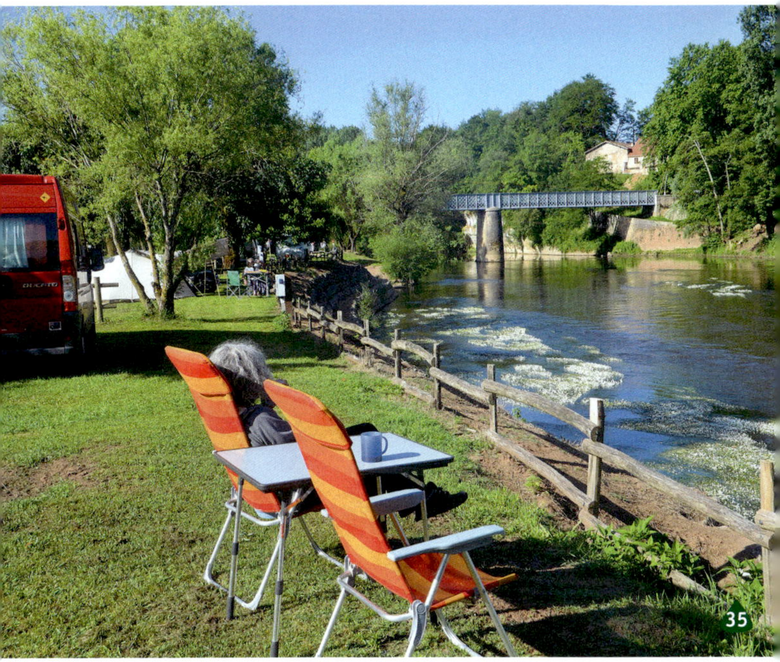

38 La Rivière, Les Eyzies
Komfortabler Platz am Ortsrand in der Nähe des Flusses, Restaurant und Pool, parzellierte Plätze, üppig bepflanzt, liegt recht nah an der Straße. Fußweg ins Dorf etwa zehn Minuten.
Geöffnet April bis September, 2 Pers. €16–25, Tel. 0033 (0)553069714. lariviereleseyzies.com

39 Le Pech Charmant, Les Eyzies
Bauernhofcamping mit Ziegen, Eseln und Pferden, im Grünen etwa zwei Kilometer südwestlich des Ortes, viel Platz, viel Ruhe, großer Pool und Sauna, Möglichkeit zum Eselwandern. Deutschsprachige Rezeption.
Geöffnet Mitte Mai bis Oktober, 2 Pers €15–34, Tel. 0033 (0)553359708. www.lepech.com

Lot und Célé

40 Les Graves, Saint-Pierre-Lafeuille
Ebener Wiesenplatz am Ortsrand, Pool und Fahrradverleih.
Geöffnet April bis Oktober, 2 Pers. €16–21, Tel. 0033 (0)565368312. www.camping-lesgraves.com

41 Camping Les Berges de Caix, Luzech
Kleiner Campingplatz am Lotufer in Richtung Caix, zugehöriger Wohnmobilstellplatz ganzjährig geöffnet, einfache Sanitäranlagen, Bar und öffentlicher Badeplatz.
Geöffnet Juli bis August, 2 Pers. €15, Tel. 0033 (0)565210786.

42 Camping Municipal Le Cantal, Cabrerets
Schönes Wiesengelände mit Bäumen am Célé, ordentliche Sanitäranlagen, sehr nette Betreuung (der Monsieur kommt abends zum Kassieren). Zehn Minuten Fußweg zum Ort mit Bäckerei, Alimentation und mehreren Gasthöfen.
Geöffnet Mitte April bis Mitte Oktober, 2 Pers. €11, Tel. 0033 (0)565312661.

43 Camping Municipal, Brengues
Weitläufiger Wiesenplatz unter hohen Bäumen gegenüber einer Klippe, einfache Sanitäranlagen, flache Badestelle mit Kiesbank am Célé.
Geöffnet Juli bis September, 2 Pers. €13, Tel. 0033 (0)581480699. www.brengues.org/camping-municipal

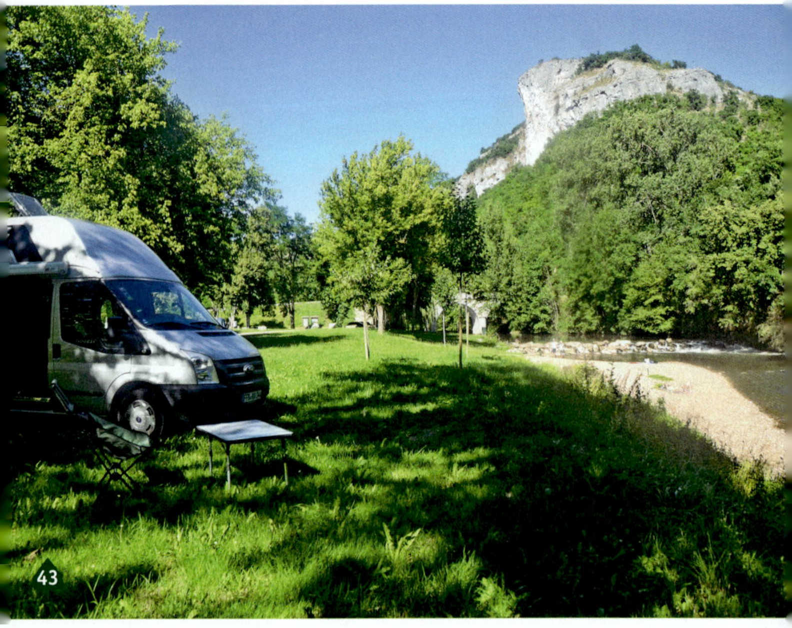

43

44 Camping Le Moulin Vieux
Komfortabler Campingplatz mit schönen Schattenplätzen am Flussufer und gepflegten Sanitäranlagen. Pool, Minigolf- und Spielplatz und in der Saison gutes Restaurant.
Geöffnet Mitte April bis Oktober, 2 Pers. €13–17,50, Tel. 0033 (0)565400041. www.camping-lemoulinvieux.com

45 Camping Le Pré de Monsieur
Gelände am Ortsrand des hübschen Dorfes Marcilhac und direkt am Flussufer gelegen. Schattige Plätze auf Wiesenboden unter großen Bäumen, einfache Sanitäranlagen, im Sommer Restaurant am Eingang.
Geöffnet Mitte April bis Oktober, 2 Pers. €13–17,50, Tel. 0033 (0)565400041. www.camping-lemoulinvieux.com

46 Aire naturelle des Cadichons
In der Einsamkeit zwischen Lot und Célé. Nur für Zelte. Voll ausgestattete mongolische Jurte und Tipi zu vermieten. Eselwanderungen. Einfache Sanitäranlagen, Table d'hôtes.
Geöffnet Mai bis September, €6 pro Person, Mindestaufenthalt 3 Tage, Tel. 0033 (0)565309156. www.les-cadichons.com

47 Camping de la Plage, St. Cirq-Lapopie
Am Lotufer neben dem öffentlichen Badeplatz, schattige Plätze, ordentliche Sanitäranlagen, Fußweg ins Dorf etwa 20 Minuten bergauf. Wohnmobilstellplatz vor dem Campingplatz.
Geöffnet April bis September, 2 Pers. €16–22, Tel. 0033 (0)565302951. www.campingplage.com

48 Camping le Terriol, Cajarc
Charmant und familiär geführter Campingplatz am Stadtrand von Cajarc, schattige Plätze und saubere Sanitäranlagen. Kurze Fußwege zum Lot und ins Stadtzentrum von Cajarc.
Geöffnet Mai bis September, 2 Pers. €14–15,50, Tel. 0033 (0)565407274. www.campingleterriol.com

49 Camping Les cournoulises, Montbrun
Kleiner Platz am Ortsrand unterhalb des Dorfes Montbrun und am Ufer des Lot. Lichter Schatten unter hohen Bäumen, gute Sanitäranlagen, freies WLAN.
Geöffnet Juli bis September, 2 Pers. €12–13,50, Tel. 0033 (0)615530058 . www.lescournoulises.fr

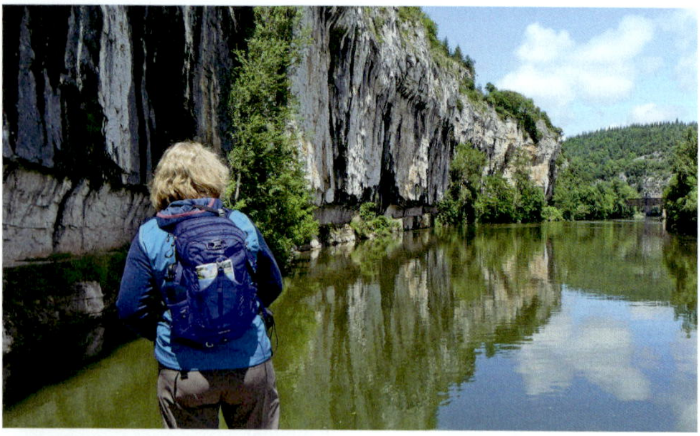

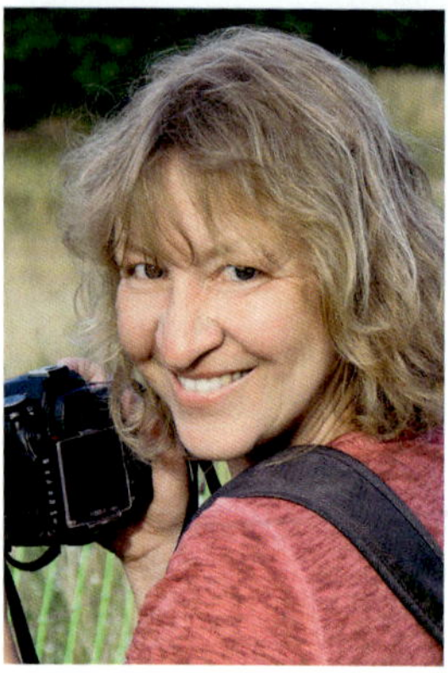

Stefanie Holtkamp

Grafik-Designerin, Autorin und Mutter von zwei Kindern recherchiert, erwandert und schreibt seit über 20 Jahren Reiseführer.

»In das Tal der Dordogne, habe ich mich vor vielen Jahren auf einer Kanutour verliebt. Seither zieht es mich immer wieder auf den Fluss und in diesen wildromantischen Winkel Frankreichs.«

Alle »Naturzeit aktiv« Wander- und Reisehandbücher werden vor Ort recherchiert, von den Autor*innen komplett erwandert und natürlich auch regelmäßig aktualisiert.

www.naturzeit-blog.de

ist unser Blog zu den Naturzeit-Büchern. Hier gibt es Infos und Tipps für alle, die gerne in der Natur unterwegs sind, und aktuelle Ergänzungen zu unseren Büchern, bevor diese Berücksichtigung in der nächsten Auflage finden.

Campingplatz geschlossen? Wegbeschreibung nicht mehr aktuell? Etwas Neues entdeckt? Wir freuen uns sehr, wenn Sie uns über positive und negative Erfahrungen berichten und stellen diese gerne allen Lesern zur Verfügung. Bitte schreiben Sie uns unter **info@naturzeit-verlag.de**

Druckerzeugnis
www.natureoffice.com/DE-928-26XDADY
klimaneutral
durch CO_2-Ausgleich

Gedruckt auf Papier aus nachhaltiger Wldwirtschaft

3. Auflage Mai 2022
Naturzeit Reiseverlag
82288 Kottgeisering
www.naturzeit-verlag.de
info@naturzeit-verlag.de

Vertrieb: Geo Center, 70794 Filderstadt

Druck: Druckerei Louis Hoffmann, 96242 Sonnefeld, lh-druckerei.de

Satz, Gestaltung und Illustrationen: Stefanie Holtkamp, Naturzeit Reiseverlag

Kartenbasis: outdooractive Kartographie, Geoinformationen © Outdooractive © OpenStreetMap (ODbL) - Mitwirkende - www.openstreetmap.org

GPS-Daten: GPX522DD381

Bildnachweis: Seite 21 Regina Stockmann, Seite 76 und 77 Gouffre de Padirac, Seite 150 SEMITOUR Périgord / Lascaux-Dordogne Tourisme, Seite 152 und 153 P. Jugie / Lascaux-Dordogne Tourisme

Alle weiteren Fotos: Stefanie Holtkamp

ISBN 978-3-944378-38-1

Aktuelle Angaben unterliegen einem ständigen Wandel. Daher sind alle Informationen über Freizeitangebote, Restaurants und Campingplätze, insbesondere die Angaben von Öffnungszeiten, Telefonnummern und Preisen, trotz sorgfältiger Recherche nur eine Momentaufnahme. Alle schriftlichen und bildlichen Informationen in diesem Buch erfolgen nach bestem Wissen und Gewissen der Autorin. Eine Haftung durch Verlag und Autorin kann nicht übernommen werden, soweit ein Schaden nicht an Leben, Körper oder Gesundheit eingetreten ist, es sei denn, unsere Verantwortung beruht auf Vorsatz oder grober Fahrlässigkeit.

OUTDOOR-REISEFÜHRER FÜR FAMILIEN

Breite Wanderwege finden Kinder gähnend langweilig. Pirscht man dagegen auf schmalen Pfaden durch Wald und Wiesen, riecht das Ganze gleich nach Abenteuer und wird viel spannender. Gibt es dann noch Pausenplätze, an denen man Tiere beobachten, am Wasser spielen und klettern kann, dazu ein Picknick oder ein richtiges Lagerfeuer, wird Wandern auch für Kinder interessant.

› Abenteuertaugliche Routen durch die Natur im Kinderformat: zu Fuß, mit dem Fahrrad oder dem Kanu.

› Jede Tour mit Karte, Höhenprofil, GPS-Track, übersichtlichem Tourensteckbrief und vielen stimmungsvollen Fotos.

› Die besten Badeplätze und Ausflugsziele für Familien.

› Campingplatzführer und andere Übernachtungstipps.

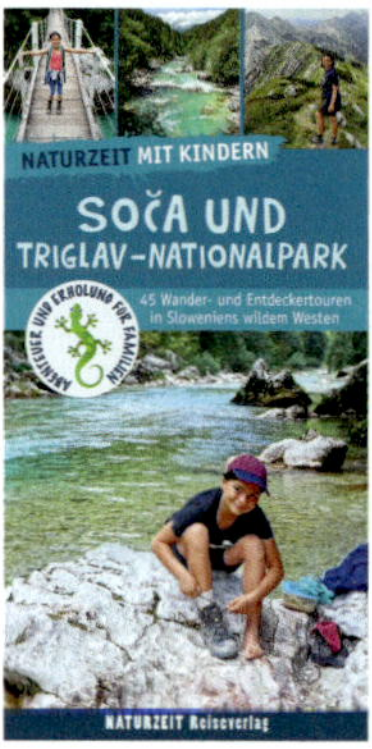

ISBN 978-3-944378-34-3
1. Auflage 2022, **€ 18,00**

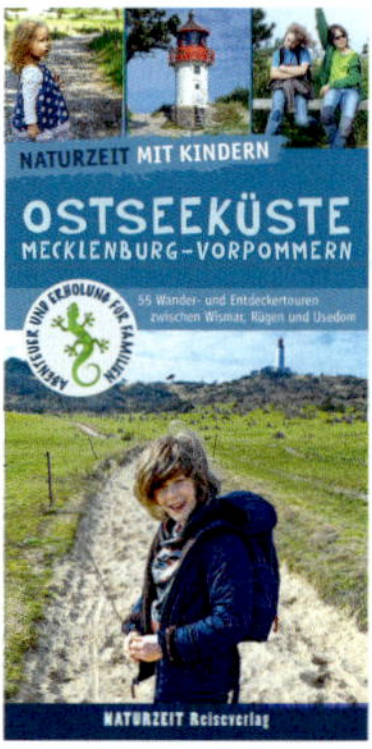

ISBN 978-3-944378-36-7
2. Auflage 2022, **€ 19,00**

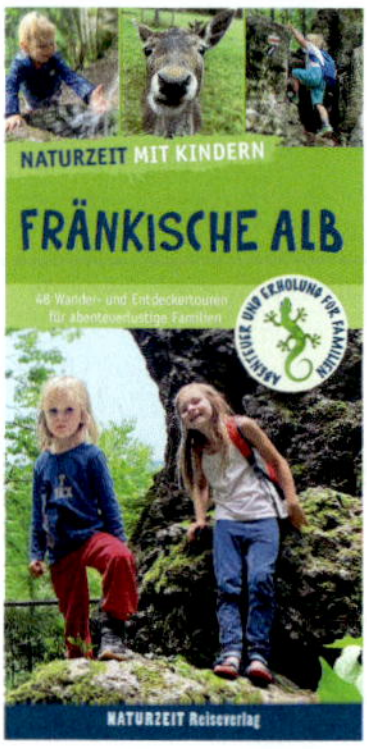

ISBN 978-3-944378-35-0
1. Auflage 2022, **€ 18,00**

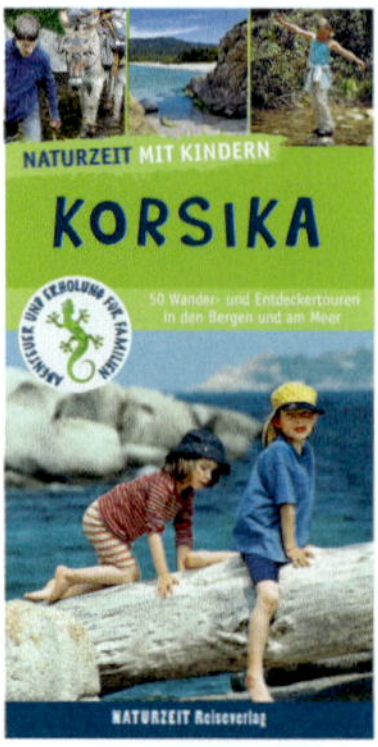

ISBN 978-3-944378-39-8
7. Auflage 2022, **€ 20,00**

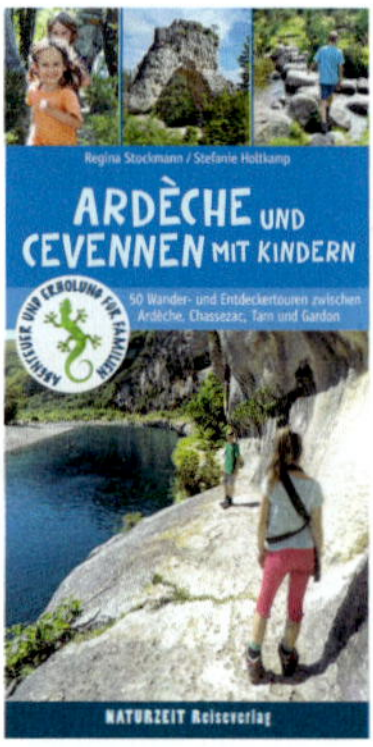

ISBN 978-3944378-19-0
1. Auflage 2019, **€17,90**

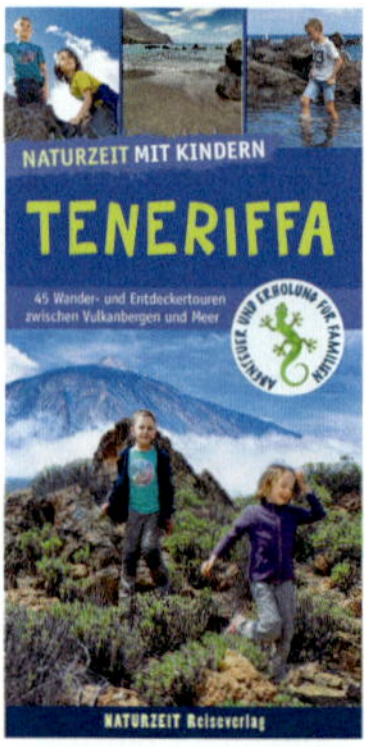

ISBN 978-3-944378-32-9
1. Auflage 2022, **€ 20,00**

MEHR ALS NUR EIN WANDERFÜHRER: »NATURZEIT AKTIV« TOURENBÜCHER

Die Reihe »Naturzeit aktiv« richtet sich an alle, die gerne mit Ruhe und Zeit in der Natur unterwegs sind. Bei der Auswahl der Touren legen wir Wert auf eine bunte Mischung aus Wanderungen, Fahrradrouten, Kanutouren und besonders interessanten Ausflugszielen. Länge und Schwierigkeitsgrad der Touren orientieren sich an Wanderern mit durchschnittlicher Kondition, so dass sich die Bücher besonders gut für »Genusswanderer« eignen.

- abwechslungreiche Routen durch die Natur zu Fuß, mit dem Fahrrad oder dem Kanu
- die schönsten Badeplätze
- wichtige Sehenswürdigkeiten
- Campingführer und Übernachtungstipps
- jede Tour mit topographischer Karte, übersichtlichem Tourensteckbrief und vielen stimmungsvollen Fotos
- große Übersichtskarte in der hinteren Umschlagklappe

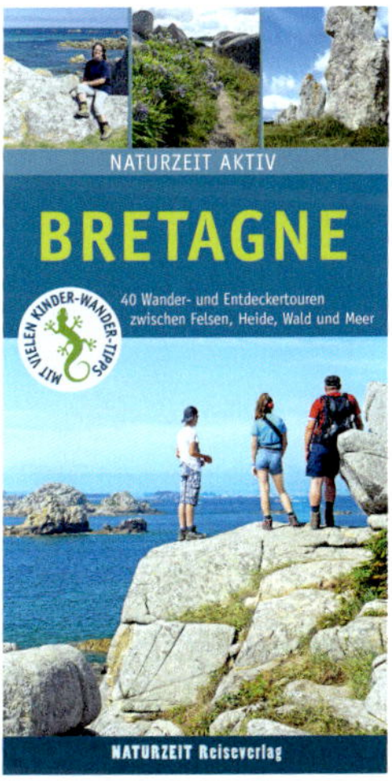

ISBN 978-3944378-26-8
1. Auflage 2020, **€ 16,90**

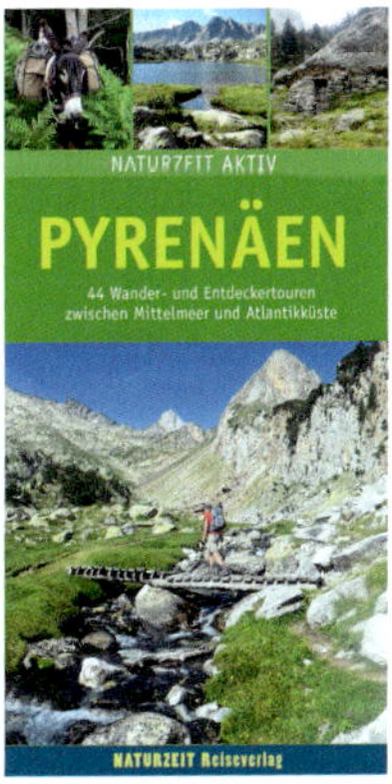

ISBN 978-3-944378-16-9
1. Auflage 2018, **€ 16,90**

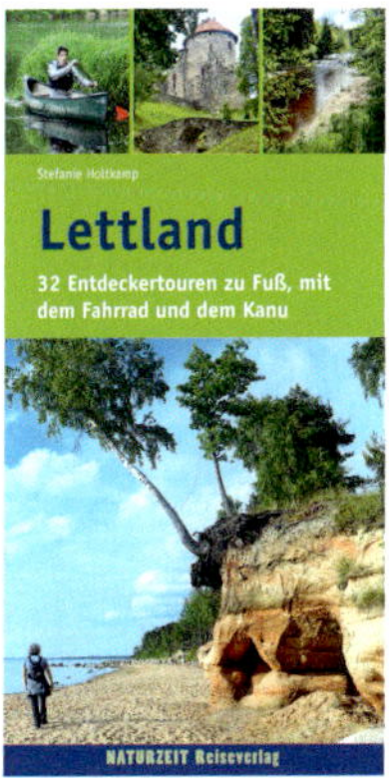

ISBN 978-3-944378-07-7
1. Auflage 2016, **€ 14,90**

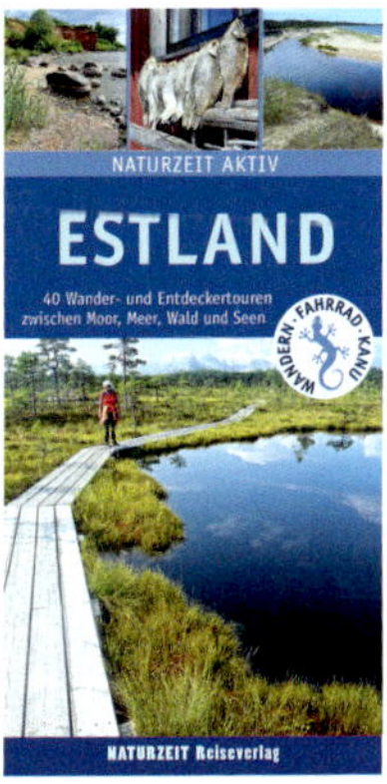

ISBN 978-3-944378-27-5
2. Auflage 2020, **€ 16,90**

Weitere Informationen und eine Leseprobe zu jedem Buch unter
www.naturzeit-verlag.de

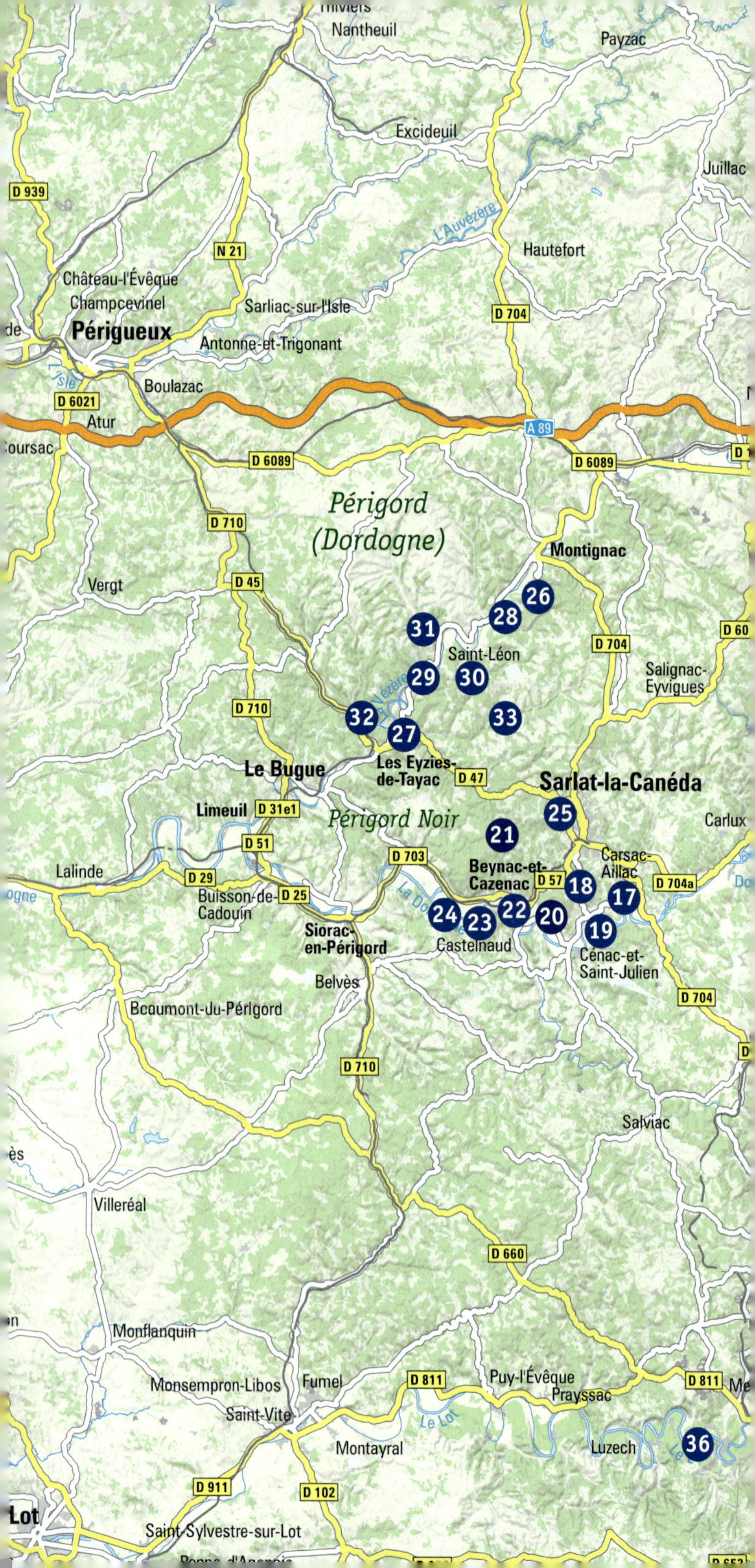

Nantheuil
Payzac
Excideuil
Juillac
D 939
L'Auvézère
N 21
Hautefort
Château-l'Évêque
Champcevinel
Sarliac-sur-l'Isle
D 704
Périgueux
Antonne-et-Trigonant
L'Isle
Boulazac
D 6021
Atur
A 89
D 6089
D 6089
Périgord
(Dordogne)
D 710
Montignac
D 45
Vergt
26
28
31
D 704
D 60
Saint-Léon
29
30
Salignac-
Eyvigues
D 710
32
33
27
Le Bugue
Les Eyzies-
de-Tayac
D 47
Sarlat-la-Canéda
Limeuil
D 31e1
Périgord Noir
25
Carlux
21
D 51
D 703
Carsac-
Aillac
Lalinde
Beynac-et-
Cazenac
D 29
D 57
18
D 704a
17
Buisson-de-
Cadouin
D 25
22
24
20
23
19
Siorac-
en-Périgord
Castelnaud
Cénac-et-
Saint-Julien
Belvès
D 704
Beaumont-du-Périgord
D 710
Salviac
Villeréal
D 660
Monflanquin
Monsempron-Libos
Fumel
D 811
Puy-l'Évêque
Prayssac
D 811
Saint-Vite
Le Lot
Montayral
Luzech
36
D 911
D 102
Lot
Saint-Sylvestre-sur-Lot